U0946709

新编 办公室主任工作实务全书

张　浩◎编著

中国文史出版社

图书在版编目（CIP）数据

新编办公室主任工作实务全书／张浩编著．—北京：中国文史出版社，2017.1

ISBN 978－7－5034－8694－4

Ⅰ．①新… Ⅱ．①张… Ⅲ．①办公室工作 Ⅳ．①C931.4

中国版本图书馆 CIP 数据核字(2016)第 279014 号

责任编辑：詹红旗　戴小璇

出版发行：**中国文史出版社**
社　　址：北京市海淀区西八里庄 69 号院　邮编：100142
电　　话：010－81136606　81136602　81136603（发行部）
传　　真：010－81136655
印　　装：廊坊市海涛印刷有限公司
经　　销：全国新华书店
开　　本：1/16
印　　张：25.75
字　　数：490 千字
版　　次：2017 年 3 月北京第 1 版
印　　次：2023 年 4 月第 6 次印刷
定　　价：49.80 元

目　录

上　编　办公室主任工作实务

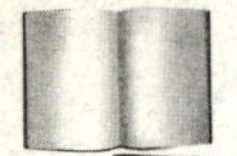

下 编 办公室主任工作艺术

上　编

办公室主任工作实务

第一章　办公室主任工作概述

第一节　办公室主任工作概述

一、办公室主任工作的含义

通常，人们把某一组织中为领导工作服务的综合性办事机构的行政领导称为办公室主任。我国的各级各类机关、团体、企事业等组织和单位中都设有为领导工作、机关工作和员工服务的办事机构，这个机构的负责人就是办公室（少数层次较高的组织设办公厅）主任。

办公室主任这一职务具有双重性。办公室主任的任职者身份既是办公室人员中的一员，同时又是办公室队伍当中的管理者和指挥员。这种双重性的特点，决定办公室主任这一角色在办公室内部是一室之长，对全室工作和人员负有领导的责任；对外则是单位领导和全体员工的联络员、服务员；也有的办公室主任同时是本单位领导集体中的一员，这样他又是办公室上级领导机构的成员。

二、办公室主任工作的特点

1. 政治性

办公室主任必须协助本单位的领导，贯彻执行党的路线、方针和政策，自觉遵守国家的法律法规，推行本单位的规章制度。无论是起草各种文件，或者向上级汇报情况，对下传达领导指示和意图，还是办理各种具体的行政事务，以及接待来信来访，都要体现党的路线、方针和政策，遵循国家的法律法规和单位的规章制度。

2. 辅助性

办公室主任的工作是围绕领导工作来展开的。因此，办公室作为辅助性的服务机构，决定办公室主任工作的基本职责是当好领导的助手和参谋，也就是只能根据领导的指示和决定行事，绝不可越俎代庖。即使可以向领导建议处理问题的办法和方案，但下达或执行这一办法和方案，仍须经过领导批准或明确指示。

3. 全面性

办公室主任作为领导的助手和参谋，对凡与领导工作有关的活动，不论是实际执行，还是研究讨论，也不管内容是否涉及政治、经济，或者科技、文教、卫生、体育，都应当给予辅助和关注，甚至其他职能部门不管的杂事，也要主动加以关心、协调解决。

4. 事务性

由于办公室主任工作的一些特点，决定其工作要花费大量的时间，投入很多的精力。上自领导决策的形成和发布，下到来宾的接待和安排，都与办公室主任有关。从会议记录、文件形成，到执行、督促、签字、盖章；从来信处理、接待员工，到谈心教育和评优颁奖等，可以说事无巨细，几乎都要办公室主任关心、检查。

5. 保密性

由于办公室主任直接为领导的各项工作服务，对领导的意图、人员的任免和处理事项、有关文件和资料都有接触，甚至了如指掌。对此，办公室主任不但要教育和监督有关人员保守秘密，还应当严格要求自己自觉地守口如瓶。

第二节　办公室与办公室工作

一、办公室的概念

办公室是指各单位具体设置的综合性工作机构，它的工作主要是处理本单位内综合性的日常事务，制订单位内部的有关规章制度，对单位内各机构之间的关系进行协调以及处理有关收、发业务等，它的工作范围视单位的性质而定，一般说来，可归纳为：人员的配备与管理，行政执行中的检查、协调和监督，文书处理、档案管理、财务管理、物资供应、办公设施、后勤管理以及一些具体的业务活动。

办公室是协助领导机关的首长办理专门事项、起辅助和协调整个日常工作作用的部门。

组成一个办公室的必备条件：

（1）办公地点。即办公的专用房间。

（2）办公目的。办公目的要根据一个组织制定的工作目标而定。办公室一般还制定管理的目的、人员工作的目的、财产资金的用途，以及操作使用电话、电传或打字机等办公用具的目的。

（3）文职工作。几乎每一个办公室都有大量的文职工作，包括文字书写、簿记、分类文件、文件保管、打字、复印、计算统计、装订汇编等工作，因此，组成一个办公室必须满足相应的文职工作的条件。

二、办公室的地位和职能

办公室是各种组织的中枢和要害部分，是各级、各类组织的具体体现。具体说来，主要有：

1. 中心的地位

办公室是指挥、控制整个机关工作的中心部门，代表领导处理全局性的问题，起一定的领导作用，办公室在横向关系的协调中，往往带有领导性质，体现一定社会组织系统的领导意图。

同时办公室又是一个单位的信息网络中心，是各种信息的交汇点和集散地。党和国家的方针、政策，上级机关的指示、指令，本单位的总体规划、目标管理、领导决策以及各种重大事件、重大活动过程中所形成的文件资料，下属各个部门贯彻实施领导决策的情况和反映，各方面的动态、情报资料等等，上下左右、四面八方的信息，都在办公室汇集和综合，并且发挥出信息中心的综合效应。

2. 窗口的地位

办公室是联络上下左右、沟通四面八方的“窗口”。对于上、下级和其他兄弟单位来说，办公室是信息网络中心，处于联络站的地位，主要负责接收处理上级和兄弟单位的来文来函，接待上级领导的视察，处理各种公务往来，接待人民群众来访等等。一般与外界的联系，都首先要经过办公室，外界对本单位机关的第一印象也常常是看办公室的精神面貌、思想作风、管理水平与工作效率等。本单位领导得到外界的各种信息，也首先是靠办公室这个“窗口”。

3. 枢纽的地位

办公室在一个机关中，是沟通上下、协调左右、联系各方，保证机关工作正常运转的枢纽。

办公室虽然与其他职能部门同属一个序列，但是，它与其他职能部门的区别在于其他职能机构是管理层、执行层，办公室则是中介层。办公室直接辅助领导工作。一个机关，首长是领导者，但秉承首长意图在起指挥和组织作用的则是办公室。领导者要依赖办公室指挥全局，推动各职能机构运转。

通过上述办公室的地位，我们大致可知办公室有如下职能：

（1）指导管理职能。

办公室的指导职能，主要指对下属机构工作的指导，主要体现在传达、制订有关方针、政策上。它根据宪法、法律以及党和国家在一定时期内的总方针、政策，针对特定的社会问题制订出具体的、个别的方针、政策，或者对上级有关部门的政策作出阐释，并结合本地区、本部门的实际情况提出具体贯彻执行的意见和方案，从而对下属机构的工作进行指导。

办公室的管理职能，指运用经济的、法律的、行政的和其他手段来管理社会事务。

（2）参谋咨询职能。

办公室在领导者确定方案阶段中，要做好以下参谋咨询工作：

①收集信息。

办公室获取信息和处理信息的方法是：

实际调查。就是全面的了解考察实际情况。一般来说，专题重点调查总是少数，各部门的情况主要靠平时积累。

理论研究。对办公室人员来说，理论的内容有三个层次。居于核心部位的理论是马克思主义的哲学、政治经济学和科学社会主义，这是其他理论和一切工作的指导。其次是依据马克思主义理论建立起来的社会主义的法律、法规以及党和国家制定的一系列文件。此外，办公室人员还要学习管理学、档案学、统计学、文书学等专业理论知识。

信息加工。办公室应当对调查中取得的粗糙、零散的情况进行研究和选择，找出那些最能反映事物本质的问题，整理成有条理的材料，提供给决策者参考。

②协助决策。

办公室协助领导者决策的工作，应从以下几方面入手：

确定合理目标。决策目标是决策者在解决问题时预期达到的结果，它是否具备合理性，主要取决于这些因素：首先，决策必须符合事物发展的规律。其次，决策目标要具备实现的条件。再者，决策目标还必须有积极的相关价值。一个正确的决策目标一旦实现，全局性的工作也会受到推动；相反，一个正确的决策目标受挫或一个不正确的决策目标实现，则会对全局工作产生消极作用。

帮助制定实施方案。办公室是决策人接触最多和最直接的部门，它应当提供不同意见，以便决策人能更好地了解情况，开拓思想，全面考虑，制订正确的实施方案。

在决策方案付诸实施和总结经验这两个阶段，办公室主要是做好信息反馈工作。此外，办公室还要学会有效地利用信息，在过滤加工信息的基础上提出改进工作的设想，供决策者参考。

（3）服务协调职能。

办公室服务的主要内容是：一是为领导服务。做好参谋助手，协助领导处理日常事务，进行调查研究，收集整理信息为领导决策提供依据，以及完成领导交办任务等都属于服务的内容。二是为本机关、本单位同级兄弟部门服务。办公室承担着文印、打字、文件管理、档案管理、印信管理等任务。有的综合性办公室还承担着机关事务管理等后勤工作任务。所有这些都是服务性工作，都应树立服务观念，尽职尽责地为兄弟部门服务。三是为下级单位和人民群众服务。办公室为下级单位服务主要体现在日常工作的联系中，如对下级单位的请示要及时办理，及时答复，当然对下级单位在公文处理、调查研究等方面的工作进行指导也属于服务的范畴。为人民群众服务主要体现在认真地处理人民群众来信、热情地接待群众来访、耐心地听取和征集人民群众意见、建议等方面，这是直接的服务。由于我们的各级机关都是为人民服务的，所以为领导工作服务，为上级、下级和同级机关、单位服务，从广义说，实际上也是为人民服务。

办公室的综合协调工作，主要包含下述内容：

①统一步调。

领导者在实施决策前必须进行说服工作，如果涉及全局，还要向全体人员进行动员。在决策实施过程中，要不断交换意见，打消隔阂，消除疑虑。办公室要积极配合领导者进行上述统一步调的解释说服工作。为了统一步调，在必要的情况下可以采用行政强制手段。

②化解矛盾。

由于办公室是一个综合机构，处于相对超脱的地位，有可能心平气和地站在公允的立场上来进行劝解和协调。凡是非明确、界限清楚的问题，办公室同志应当旗帜鲜明，坚持原则；凡属局部利益与全局利益的冲突，应当要求作出局部利益的牺牲，在可能的情况下适当照顾局部利益；凡属局部利益与局部利益的冲突，应要求双方以大局为重，互谅互让。

③合理安排。

一个系统能否在执行决策时和谐运行，同工作安排是分不开的。平衡合理的安排会使各方都满意。

（4）监督职能。

办公室的监督职能，就是协助领导督促有关部门或人员办理交付的工作，这项职能主要通过以下工作来体现：

①办公室对有关部门或人员所分担的任务要心中有数，通过各种途径随时掌握他们完成任务的进度，并且检查其工作完成的质量。

②如果发现执行部门在并无充分理由的情况下延宕工作，致使任务的完成产生困难，办公室就应当采取果断的处理办法，催促其及时完成任务。

三、办公室工作的基本任务

综观办公室的工作，其基本任务大致可以归纳为以下一些内容：

1. 会议管理工作

会议管理工作是针对各类会议的各项准备工作，包括：严密细致地组织好会议期间的各项活动；安排好会后的一切事宜；热情周到地搞好会议服务工作。

开会议事是党政机关和企业事业单位的重要工作方法之一。办公室是会议的主要组织者，对做好会务工作有着不可推卸的责任，也是它所负担的重要任务之一。所谓管理会议，一方面要协助领导搞好各种会议的审批工作，控制一切不必要召开的会议，同时要努力改进会风，提高会议的质量和效率。

2. 文书处理工作

文书处理是指机关文书运转全过程中的一系列程序性、技术性工作。包括公文的起草、制作、传递工作，也是办公室的一项重要任务。办理公文要熟悉公文的种类和格式，要注意公文的程序、行文关系和行文规则、规范。拟文要注意掌握各种公文撰写的要领和技巧，力求简明扼要，便于阅处。

3. 调查研究工作

办公室的调查研究，最根本的是为领导科学决策和管理服务的。一方面从宏观角度对各个时期某些重大的政策性、战略性问题，系统地进行调查研究，向领导提供可行性方案和建议，起到智囊团、参谋部的作用；另一方面从微观角度，对领导决策的实施过程，对每一时期中心工作的进程，对有关重大方针、政策的实施情况，进行调查研究，及时向领导反馈信息，提供咨询。各级各类办公室都必须注重并加强调查研究工作。

4. 综合工作

综合工作是指各机关、单位的办公室对来自上下、左右、内外的各种信息、资料、情况等，要进行收集、加工和综合分析，为领导决策提供信息依据。在实

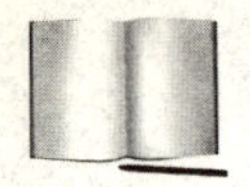

际工作中综合工作与调查研究工作有着密切的关系，在许多机关、单位，综合工作往往是由调查研究机构和负责调查研究工作的人员承担的。

5. 信息处理

信息处理工作，包括对信息的收集、传递、处理、反馈的过程。信息是领导决策的基础。办公室工作的重要任务是有效地获取信息，为领导提供全面、准确、适用的信息，领导决策后，跟踪了解事态的发展，不断获取反馈信息，作为领导补充、完善和调整政策的依据，也是办公室信息处理工作的重要内容。这要求办公室在机构设置、人员配备、信息网络建设和设备建设上相互配套，以建立一个有效的信息系统。

6. 协调工作

办公室工作是一项综合性的工作，既涉及政治方面，也涉及经济方面的工作，需进行各方的协调。在具体业务如承办文电中，不论是上报还是下发，往往涉及到几个部门会签或办理，需要办公室一一去沟通，协调并组织落实。因此协调工作是必不可少的。而这一任务只能由办公室这一综合部门来承担。办公室应当把协调工作当做自己的一项经常性的任务来完成。

7. 文书立卷与归档

它是指机关办公室的有关人员对本机关形成的有重要保存价值的文件，进行分类整理，立卷归档。机关文书立卷与归档工作是机关档案工作的基础，把这项工作做好，有助于机关文件、档案的齐全完整，从而保证机关对文件、档案的利用需求。

8. 信访工作

信访接待工作是办公室发挥助手、参谋作用的一种方式。

在我国，信访工作是倾听群众呼声，关心群众疾苦，保护群众利益，密切党和政府同人民群众联系的桥梁和纽带，是一项政策性很强的工作。作为领导机关的办事机构，办理人民群众的信件，接待来反映问题的人民群众，是办公室责无旁贷的任务。各级办公室都应理所当然地协助领导做好对人民群众来信来访的处理接待工作。

9. 机要、保密工作

保守党和国家的秘密是关系到社会主义现代化建设的顺利进行、保护党和民族的利益、保障国家安全的一件大事，是每个工作人员的一项重要职责。办公室的工作人员在领导身边工作，由于工作的需要，知密时间早、内容多、程度深，因而在保密工作方面有比其他部门工作人员更为直接和重要的责任。因此，在办公室管理工作中，机要保密工作始终是一项重要内容。

10. 公务接待工作

公务接待工作是指对上级机关派人到本机关了解情况、检查指导工作，兄弟单位来参观、考察，下级机关来请示、汇报工作的接待、转办、沟通联系等事宜。

11. 印信管理工作

印章是一个机关、一个单位合法存在的标志和职权的象征，它具有标志作用、凭证作用和权威作用。盖有印章的介绍信则是一个机关、一个单位对外联系工作的凭证。因此，办公室要根据印章、介绍信的审批手续和规定正确使用，加强管理。

12. 值班工作

大多数机关和单位都有自己的值班室，值班室一般设在办公室，归办公室管辖，是办公室工作的一部分。在高一级党政机关的值班室设有专职值班人员，实行二十四小时昼夜值班，保持上下联系的畅通。

13. 后勤服务工作

后勤工作是办公室工作的一项内容。在我国，一些机关和大型企事业单位，有单独设置机关事务管理部门管理后勤服务工作的，但大部分机关和单位的后勤工作是由办公室承担的，即使设有专门负责后勤工作机构的部门，办公室也还负责一些后勤服务工作事项，特别是领导人员的后勤服务事项。

第三节　办公室主任的地位、职责和任务

一、办公室主任的地位

从不同角度来看，办公室主任的地位往往有所不同。首先从其作为同级领导层的一员看，在同级领导层中的地位集中地体现在办公室主任在同级领导层中的任职情况。目前各地、各级党政机关的办公室主任在同级领导层中的任职情况不尽相同。在党政机关有些系统，有的办公室主任（正职）担任同级党委的常务委员或委员，可以出席同级党委的常委或委员会议。有的不担任委员，则可列席会议。就企业而言，办公室主任为中层干部。

办公室主任在同级领导层中的地位，具体体现在以下三个方面。

（1）从领导的决策职能来看，办公室主任处在“辅助者”的地位。决策，

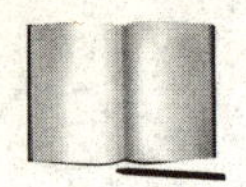

是各级领导的基本职能，而决策的全过程一般都与办公室主任密切相关。决策选题，主要领导往往要预先与办公室主任通气、协商；决策论证，办公室主任要负责组织一些调查研究，汇集信息，为领导决策提供参考依据；决策实施，往往需要办公室主任向有关部门传达，并给有关部门以帮助，同时，在决策实施过程中，办公室主任要及时掌握并向领导汇报进展情况，以便领导进行指导、控制。从决策的执行情况看，办公室主任处于“承办者”的地位。

（2）从办公室主任在本办公室中的地位看，办公室主任在本办公室中处于领导位置，是办公室日常工作的主持者、组织者和指挥者。

（3）从办公室主任在同级各职能部门中的地位看，办公室作为综合办事机构和枢纽机构，与各职能部门有经常性的联系。这种联系通常在办公室主任与各职能部门的负责人之间进行。办公室主任在与同级各职能部门的关系中，占有特殊的地位。在职能部门与领导机关的联系上，办公室主任处于承上启下的“中介”地位，领导机关要了解各业务部门的工作情况，向职能部门发指示、提要求；职能部门向领导机关请示问题、汇报工作，往往都需要办公室及其主任予以“中转”。办公室主任一方面要组织力量把领导的决策、指令下达到各职能部门和基层群众；另一方面又要把大量的信息、情况上报给领导，确保上下左右之间的联系畅通无阻。在承上启下过程中，办公室主任起着“总调度”和“中转者”的作用。在各职能部门相互之间的联系上，办公室主任处于协调各方的重要地位。

二、办公室主任的职责

办公室主任的工作职责，大致包括承办、参谋、管理、协调及指挥五个方面。

1. 承办职责

办公室主任的承办职责是指其对领导决策意见的贯彻、实施，承办各职能部门乃至下级机关、基层群众转办事项等方面所应有的职能和应尽的责任。

“承办”的具体形式，主要有“主办”、“会办”、“转办”、“催办”等。“主办”即直接负责具体办理；“会办”即会同有关部门和单位联合办理；“转办”即转由有关部门和负责人办理；“催办”即转由其有关部门和负责人办理，“催办”作为“会办”、“转办”的有益补充，它是指督促、协助有关单位、部门和人员从速办理有关事项。无论是“主办”、“会办”，还是“转办”、“催办”，办公室主任都应严肃认真，切不可敷衍搪塞，马马虎虎草率了事。而应认认真真、扎扎实实地搞好自己的所属工作，是当好一名办公室主任的前提。

从办公室主任承办的工作内容来看，大体有以下三个方面。

(1) 承办上一级办公部门交办的事项。办公室主任应对上级领导机关的办公室向下级机关办公室交办的一些事情，牵头承办，或督促所属工作人员从速办理。上一级办公机关及其负责人向下一级办公机关及其负责人交办事项的范围较广，除了调研任务之外，还有诸如信息反馈、来信来访以及系统内部自身建设等具体事宜，都需要下一级承办者认真办理。

(2) 承办同级领导层的集体决策和领导交办的事项。领导决策有时是“统一研究，分头落实”，有时是机关行政领导个人决断，作为本机关、本单位综合办事机构负责人的办公室主任，对本级领导层的集体决策和领导个人交办事项负有直接的承办责任。

(3) 承办同级各职能部门和下级单位转办的有关事项。为了保持领导机关工作的正常秩序，各职能部门和下级单位向领导机关、领导人汇报、请示时，往往不需直接去找领导本人，而是先找办公室主任。办公室作为所在单位与外界联系的窗口和纽带，经常需要安排、处理各职能部门和下级机关转办的事项。

2. 参谋职责

办公室主任的参谋职责是指其在辅助领导决策过程中所应有的职能和应尽的责任。决策是领导的基本职能，社会主义现代化建设的新形势要求各级领导努力实现决策民主化、科学化，这除对领导本身提出了更高、更严的要求外，还需要各级办公室成为卓有成效的“智囊团”、“参谋部”。办公室主任理所当然地成为“参谋长”，积极、主动地辅助领导决策，认真地履行自己的职责。做到这一点既是领导决策民主化、科学化的迫切需要，又是新时期赋予办公室主任的一项重要任务。

办公室主任的参谋职责体现在几个方面。

(1) 协助领导制订好工作计划，安排好工作布局。党政机关、企事业单位工作计划和工作布局，是整个管理工作的总体部署，具有全局性和指导性。各业务部门的工作计划和工作布局，必须与总体计划、总体布局相一致。

(2) 协助领导作出决策。领导决策是领导工作的核心内容。为使领导决策科学化，办公室主任应根据领导决策的需要，组织有关人员调查了解各种实际情况，收集有关信息资料，汇总综合各种数据，为领导决策做好各项准备工作。

(3) 为领导提供和加工信息时，把好文件筛选关和质量关。在信息时代的今天，办公室主任必须根据领导工作的需要，对信息进行筛选和整理，既让领导得到需要了解的信息，又不致因为信息过量而造成负担。与此同时，对需呈送领导批示的文件，办公室主任还应组织人员认真研究，向领导提出参考性的处理意

见，最好提出两种以上的意见供领导选择。在文件审核过程中，对部门意见不一致的内容，办公室主任要在做好协调工作的基础上，提出供领导参考的处理意见和方案。提处理意见和方案时，最好是提两个或两个以上，并逐个分析利弊，供领导参考、选择。

在办公室主任履行其参谋职责时，往往有其独特的便利和优势。

（1）一般来说，办公室主任接触面大，信息较为灵通，对外联系广泛，客观上为领导提供咨询服务，当好领导的“参谋”提供了便利条件。

（2）办公室主任和领导层之间具有经常接触的便利条件，工作需要时可以随时向领导陈述自己的见解和主张。

（3）办公室主任的工作同领导层的工作同步进行。

由于办公室的工作有着同其他部门明显不同的从属性等特点，领导层确定要抓的工作，也多是办公室主任要着力办好的事情，正是由于这种“思维共振”，使得办公室主任的工作能与领导的工作合拍，从而为辅助领导决策提供了便利。

为正确履行参谋职责，办公室主任要把在调查工作中获得的大量的第一手资料，进行综合分析、去粗取精、去伪存真、由此及彼，由表及里地从中理出完成各项工作任务和进行决策的有利因素和不利因素，及时向领导反馈，协助领导实施科学的宏观决策和有效的指挥，保证各项工作目标和任务的圆满完成。

办公室主任正确发挥参谋职责，还应注意几点。

（1）办公室主任既要认真领会领导意图，又要勇于直言，使领导“兼听则明”。

（2）办公室主任应当做到领导决策前多参谋，领导决策后多反馈。

①办公室主任在领导决策前，要通过调查研究，协助领导广泛收集同决策密切相关的各种情况，然后进行纵向、横向的可行性研究，经过加工和筛选，为领导提供选择的方案。

②办公室主任在领导决策过程中，要通过调查研究，搜集和整理方方面面的意见和反映，为领导进行冷静周密的思考提供准确的依据，坚定领导决策的信心和决心。

③办公室主任在领导决策后，要通过调查研究，了解和掌握决策的贯彻执行情况，可供借鉴的典型经验、需要解决的某些问题，协助领导搞好跟踪反馈，根据变化的客观形势及时对决策进行调整和充实，尽可能保证决策的顺利贯彻落实。

在整个领导决策过程中，办公室主任的参谋职责都起着举足轻重的作用。从对领导决策发挥作用的方面看可以分为三种类型：一是“顺向”型参谋，即紧随领导决策的方向所进行的“辅助性参谋”；二是“逆向”型参谋，即当领导的决策意图不符合实际时，所进行的“劝阻性参谋”；三是“侧向”型参谋，即当领导集中主要精力考虑某一方面工作时，为避免领导顾此失彼而进行的“提示性参谋”。作为办公室主任，不但要深入了解自己所担任角色的上述各项参谋职责，还须尽力地为自己的领导发挥好事务中的参谋作用。

3. 管理职责

办公室的管理职责是指办公室主任在对行政事务进行管理方面所应有的职能和应尽的责任。办公室主任的管理职责主要有文书管理和信息管理两个方面。

(1) 文书管理。一般来说，办公室内部均设有主任处（科）、资料处(科)、机要室、文印室、收发室等，分别负责办理公文工作各个环节的具体事宜，而办公室主任作为综合办事机构和枢纽机构负责人，应当承担文书管理工作的主要任务。办公室主任对文书工作的管理，主要体现在参照各级党政机关制定的公文处理办法，结合本机关、单位的具体情况，建立、健全各项有关制度；指导、督促各文书处理部门的工作，确保公文拟制的适用、确切、周密，确保文书处理的及时、准确、迅速，避免因拖拉、积压而贻误工作。

(2) 信息管理。办公室主任通过向领导提供适用信息和依据信息出谋献策来实现辅佐领导决策，发挥参谋的职能。严格地说，本单位的信息工作也属文书工作范畴，但鉴于它是各级办公室的一项“新兴事业”而且十分重要，就需要办公室主任予以特别重视。所以，有必要单独列为办公室主任管理职能中的一项。

4. 协调职责

领导机关的决策、指令、指示要通过办公部门向各专业主管部门、职能部门、事业单位、下级机关以及全体员工传递。机关所属各部门和其他方面反馈回来的信息经过综合汇集到办公室，办公室对返回来的信息进行综合、分析、筛选后，供领导决策时参考。身为各级党政、企事业单位办事机构负责人的办公室主任，均应在承上启下、协调各方面的工作中起到积极重要的作用。

办公室主任全面履行其协调职责，要着力做好纵向协调、横向协调、内部协调等多方面的工作。

纵向协调，就是致力于上下级之间关系融洽，上令下行，下情上达，上下紧密配合，步调一致的协调工作。办公室主任在这方面的职责主要体现在几个方面。

(1) 当上级的决定、决议、指示、命令形成后要尽快向下传达，使之得以认真贯彻执行，以保证令行禁止。

(2) 当下级对上级的某一决定、指示不理解或不完全理解时，要以认真负责的精神去做解释说服工作。

(3) 当下级对上级的指示、决定、命令有不同意见时，要及时、准确地予以反映，使下情得以“上达”，以利于上下沟通，步调一致。

(4) 当下级某一单位某项工作领先时，应积极组织力量去调研，认真总结经验，及时予以推广，“以点带面”；当下级某一单位某项工作处于落后状态时，要积极主动地协助领导进行重点帮助，“以面促点”、“以面带点”，使之尽快赶上前进步伐。

横向协调，即致力“左邻右舍”、同级各业务部门之间关系的协调。办公室主任在这方面的职责主要体现在：

(1) 业务部门的一些部门性文件、规定，一般要先报送办公室主任修改、审阅，进行协调，以免对同一事项的规定不相吻合，使下级难以适从。

(2) 业务部门的一些重要工作部署、安排，如召开请领导参加的会议、开展由领导“挂帅”的突击性、临时性工作任务等，一般也需经办公室主任统筹平衡、统一协调，以避免部门之间“撞车”和领导“超负荷”工作现象的发生。

(3) 当各业务部门、各单位因认识和处理问题的角度不同引起矛盾时，办公室主任更应充分发挥其协调职责，对过去已有明文政策规定的事项，要维护政策的严肃性，督促有关方面或协助领导督促有关方面加以认真贯彻落实。

(4) 对过去尚无明文规定的，要在认真听取各方意见的基础上，处理好各有关政策精神的衔接，并向领导提出解决的意见和建议，协助领导作出裁决，把各方的意见统一到总政策上来。

内部协调，即以办公室内部的人员、工作为对象，使之融洽、和谐地协调工作。办公室主任在这方面的职责主要体现在：

(1) 办公室主任要着力于室领导班子成员和室内各单位（处、室、科、组等）之间关系的协调。例如，在决策方案制订出来之前，领导班子中的每个成员对同一方案的意见不可能完全一致，有时还可能是相差甚远。办公室主任在领导决策之前应及时沟通情况，尽量避免领导成员之间由于互不通气而带来的各种问题。如果在决策作出之前，了解到领导成员对同一决策看法不同或意见分歧较大时，办公室主任就应很好地发挥其中介作用，沟通信息，并尽可能地做些解释工作，或者将情况向主要领导汇报，建议推迟决策时间，待领导成员意见一致或基本一致时再拍板定夺。

(2) 在室领导班子内，要注意发挥副职的作用，要按照合理分工、分层次管理的原则，根据其特长，让副职负责某一方面或几方面的工作，以充分发挥领导班子的整体效能。

5. 指挥职责

办公室主任的日常指挥职责，大体可以分调度性指挥和应变性指挥两种状态。

（1）调度性指挥，是指在目标既定、方案现成的情况下，主要解决贯彻落实的问题。在履行这种指挥时，应当思考的重点是怎么干，什么时间干。成功的关键在于坚强的毅力和组织技巧。工作中必须注意把握住两点，一是人、财、物各种力量的调配、组合，要科学、合理，力求达到投入少，收效大的目的；二是行动时机的抉择，要顺应时势，挑选最佳时刻，避开各种阻力和不利因素，利用一切可利用的外力和有利条件。

（2）应变性指挥，是指办公室主任在领导活动过程中遇到了新情况，或者出现了不测事件，针对客观环境的变化灵活机动地实施指挥。办公室主任在进行应变性指挥时，首先要考虑的是继续干还是不干，是按原计划干下去还是改变计划再干或者根本不干。取胜的诀窍在于审时度势和机动灵活。要保证指挥得当，关键之处在于：

①知己知彼。应变性指挥必须搞清变化了的情况，只有对情况了如指掌，才能依据客观情势和自己的力量正确地决定行止。可行则行，不可行则止。如果客观困难很大，自己力量不足，勉强地去干力不胜任的事情，就难以取得成功。

②因势利导，夺取胜利。统一指挥是发挥组织作用，贯彻执行决策的最主要的条件。

三、办公室主任的工作任务

办公室主任的工作任务繁多，但其基本的任务可以概括为：主持办公室的全面工作，组织本室工作人员努力完成所承担的各项工作任务，协调方方面面的关系，当好领导的参谋和助手。具体说来，主要有以下几点：

（1）协助领导调解部门之间的意见分歧和工作矛盾，提出相应的解决办法和备选方案。

（2）协助领导了解综合情况，了解和掌握党和国家的方针政策和国家法律、法规及单位规章的贯彻执行情况，以推进工作。

（3）协助领导处理群众员工来信来访工作。

（4）经常组织和参与调查研究，抓好信息工作，向领导传递和反馈各方面的信息，为领导决策和指导工作提供可靠的依据，协助领导提高决策的民主化、科学化水平。

（5）协助领导做好机要工作和保密工作。

第二章　办公室内部协调工作

第一节　内部协调工作概述

一、内部协调的含义

内部协调是办公室主任的主要职能之一，这是由其所担负的任务和在整个行政组织系统中所处的特殊地位决定的。办公室主任为机关、单位内部门之间能够配合得适当所做的工作，称之为内部协调。

二、内部协调工作的作用和原则

对机关、单位来说，办公室主任的内部协调作用是协助领导实施行政管理职能，对企业来说，是协助领导实施企业管理职能。具体来讲，内部协调工作的作用主要表现为以下几个方面：

（1）能使各单位、各部门、各机构之间在工作上分工合作，密切配合，避免矛盾，扫除障碍，统一步调，为实现既定目标而共同努力，真正起到凝聚的作用。

（2）能使机关和单位的管理高瞻远瞩，信息灵通，措施得力，指挥有方，减少失误，提高工作效率，真正起到枢纽的作用。

（3）能使党的方针、政策顺利贯彻执行，保证国家机关的工作和企业的生产不偏离正确的方向。在有关部门的辅助和配合下，积极完成某项既定的目标或任务，真正发挥办公室的内部作用。

（4）能使每个成员各行其权，各尽其责，忠于职守，使各个方面的力量形成一个合力，使整个工作井然有序，同步运转，真正起到调节功能的作用。

办公室主任要想搞好内部协调工作，需遵循以下原则。

1．思想领先的原则

协调工作的类型很多，情况极为复杂。由于人们受所处地位的限制，认识水平的限制，文化素质的限制，以及各种利益的限制，常常会滋生极端的个人主义、本位主义和小团体主义。他们往往只顾自己的利益，不顾别人的利益；只看眼前利益，不看长远利益；只纠缠问题表面，不触及问题实质；只指责对方的不是，不正视自己的过失。处理这样的问题，必须坚持思想领先的原则。应针对协调对象的现实表现，既要就事论事，解决实际问题，更要就事论理，解决协调对象的思想问题，用思想上的一致带动工作行动上的一致。

2．服从全局的原则

在实际协调工作中，各种类型的矛盾很多，但多数矛盾属于局部利益与全局利益之间的矛盾。协调这类矛盾时，必须保持清醒的头脑，局部或个人从全局着想，从长远着想，小道理应服从大道理，个人利益应服从集体利益，积极配合，以统一工作步伐。

3．调查研究的原则

办公室主任对任何大小问题的协调，都必须在调查研究、弄清情况后，才能提出协调意见，作出协调的决定。一般来说，凡是需要协调解决的问题，都是比较复杂“难缠”的问题，必须弄清来龙去脉，分析问题产生的原因，研究问题的性质、问题的症结所在，问题对全局的影响等。然后，在此基础上向领导提出协调意见，作出协调决定，进行协调工作，尽量做到合情合理，各方满意。

4．逐级负责的原则

逐级负责的原则，也就是必须坚持分级协调的原则，该哪一级协调的问题，就由哪一级负责，不得往下推，更不得往上交。一般来说，上级不要越级处理下级职权范围内的问题，同样，下级也不要把自己职责范围内能够解决的问题交给上级。只有这样，各级负责，认真办理，才能使问题及早得到满意的解决。

5．协商处理的原则

协调工作的过程，就是让相关人员共同了解信息，共同理解信息，然后求得相互理解，相互谅解，以求协商解决问题。态度是影响协调效果的一个关键问题。因此，无论协调何种问题，都要尊重被协调的各方，以平等态度相待；要理解被协调的各方，设身处地为他们的利益着想；要协助被协调的各方，诚心实意为他们服务。即使在协调中出现了新的分歧和对立，也要坚持协商处理的原则。要站在全局的高度，对被协调的各方平等相待，一视同仁，不偏不倚，要在沟通感情的基础上创造融洽、谅解的协调环境，以利于合作、协商，达到协调的最终目的。

三、协调工作的特点

协调工作具有下列明显的特点。

1. 保证性

协调工作是工作目的或管理目标得以顺利实现的重要保证。现代管理学提出，在管理活动中，第一要做的是确定科学可行的目标体系；第二要做的就是贯穿管理全过程的极其重要的协调和协调工作。很难设想，在一个没有协调的组织系统中，该组织系统能够发挥出最优化的整体效应。所以，协调工作在机关、单位管理活动中，始终保证着工作目标的实现，以及工作机器的正常运转。

2. 非独立性

协调工作总是要涉及两个或两个以上的方面、要素或单元，不能一个方面、一个要素自己协调自己。如果组织系统中的各个方面、各个单位只顾及自己的局部利益，自己吹自己的号，自己唱自己的调，没有全局思想，那么该系统也就没有协调和协调工作可言。

3. 变通性

协调工作是原则性和灵活性的辩证统一，是依据不同情况，作非原则性的变动，是创造性工作的具体表现。协调的原则性是指对于一切危害全局，影响整体优化效应的思想、言行必须予以严厉的批评，切实地加以纠正，不得姑息，更不能怂恿，要讲究适度的原则性，懂得灵活应变，否则会出现更为严重的失调，甚至会影响集体利益的实现。协调工作的变通性，通常表现为在保持整体效应的前提下，在条件允许的范围内，有关各方作出相应的妥协或让步，满足一部分的要求和利益，以使一些利害攸关、影响全局的关键问题得以顺利解决。

四、协调工作的基本要素

协调工作中，往往离不开协调的基本要素所起的作用。因此，要做好协调工作必须具体了解协调工作的基本构成。协调工作的组成要素大致有以下几个。

1. 协调者

协调者是协调工作的主要责任者，主要是指各个机关、单位和各个机关、单位的干部，或者是协调工作的承办人。协调者有权选择协调的方式、步骤和具体目标，并和协调对象具体协商拟订方案或协议。

2. 协调工作的对象

协调者进行协调工作的对象，可以是自然人，也可以是组织。需要特别指出的是，协调对象在整个协调工作中并不是完全被动的，在某种程度上，制约着协调者的协调工作，影响着协调的实际结果，即协调对象对协调工作、协调者是否理解、支持、合作，往往起着决定性的作用。

3. 协调工作的方式

协调工作的方式，即协调过程中所采用的形式和方法。主要的方式有口头协调、书面协调以及由此派生出来的，诸如会议协调、文件协调、面洽协调等。

4. 协调工作的内容

协调工作的内容非常广泛，涉及机关、单位工作的各个方面、各个部门、各项工作的各个进程。

5. 协调工作的程序

协调工作的程序，是指协调工作的具体操作过程，大致包括协调工作任务的提出、问题的调查、协调工作内容的确定以及与被协调对象的反复协商、综合平衡和对协调结果的跟踪落实、反馈等环节。

6. 协调工作的结果

协调的结果是衡量协调工作好坏的重要指标，体现着协调工作的性质、状态、水平、作用和实效。由于协调方式、协调内容、协调对象等的差异，协调工作结果也会大不相同，通常表现为没有结果、结果很好、结果很差这三种情形，如果是结果很差或没有结果，就必须及时反馈，找出原因，再进行协调。

五、协调工作的要求和方法

协调工作的具体要求有以下几点。

1. 要有把握全局的综合素质

办公室主任不仅要了解各部门的工作性质、任务、特点和规律，懂得综合管理知识，对全局情况心中有数，还要有良好务实的工作作风和个性修养，过硬的调研本领，敏捷而周密的思维能力，宽容谦和的处世态度，等等。

2. 要有良好的工作作风

办公室主任要能够吃苦耐劳，做到眼勤、手勤、腿勤、嘴勤、脑勤，勤勤恳恳为领导、为部门、为人民群众和员工服务。要能够正确对待名利，甘当无名英雄，有时还要经得起各种误解和委屈。

3．要有健康的心理、良好的性格及和谐的人际关系

好的人际关系可以使办公室主任面对复杂情况周旋自如、游刃有余。应当善于团结人、关心人、支持人，使人感到可亲、可信、可敬。

4．要有较强的判断能力

办公室主任要想协调准确，必须判断准确，有些时候一步失调就可能给全局造成重大损失。

5．要有承担责任的勇气

办公室主任要对工作敢抓、敢管、敢负责，对看准的问题要一抓到底，雷厉风行，令行禁止。如果过于谨小慎微，遇到难题犹豫不决，处理问题前怕狼后怕虎，那就难免失去领导的权威性，也会大大降低领导工作能力和领导在下级心中的形象。

此外，要有灵活多样的协调办法和技能，因势利导、因地制宜、因时制宜。

协调工作的方法分为一般方法和特殊方法。

1．一般方法

（1）磋商式协调。如果要得到多个部门的认可，就要采用这种协调方法。如拟在市区某街某巷开设一个农贸市场，就需得到公安、交通、工商、城建等部门的同意。当某部门有阻力或意见不统一时，办公室主任要做好疏导工作，力求解决问题，实在行不通时，可向领导说明情况，采取新的措施。切忌把一时办不成或个别部门有不同意见的事，搁置一边，长期拖延下去。

（2）相机式协调。对于一些特殊问题，由于它本身的不确定性、突发性，甚至带有某种程度上的单一性，就不能要求有一种固定不变的协调方法。解决这类问题只能根据不同的实际情况，采取不同的方法，赶赴现场见机行事，临场处置。通常是报告上级、建议领导联合办公或到现场调查，或派遣工作组，并拟订成员名单。

（3）会议式协调。大多数会议都属于协调工作的范畴，一种情况是领导对大的政策性、方向性问题阐述自己的意见，以求对协调问题的有效解决。这要求办公室主任就有关问题事先就进行周密调查，或请有关部门协商，或拟出若干方案多方面论证后，提出切实可行的处理意见，供会议研究决策。另一种情况是由办公室主任牵头约请各与会者协调，拿出方案后报领导阅示解决。

（4）程序式协调。对于一些反复出现的问题的处理，通常是在问题刚出现时，予以认真研究，严格按有关政策确定出正确的处理意见，制订出标准的处理程序。以后出现类似的问题时，一般可按标准程序办理。

此外，在各类协调中，要善于发现规律。特别是各种事务协调工作，要在重复出现的内容中发现诸如机构设置和工作条例等方面的缺陷，找出解决这类问题

的通用办法，向领导提出建议。

2. 特殊方法

（1）文件会签法。文件会签法是一种提高文件质量和效益，增强文件的严肃性、权威性和可行性，顺利推进工作的方法。文件会签的方式有专业会签、信函会签、会议会签三种。专业会签，就是对一些专业技术性较强的文件，采用专业会签进行协商。如订立合同，甲乙双方或一方往往不是一个单位而是几个单位联合。因此，在拟定合同草案时，必须在各方认可的基础上会签，这样便于执行和检查。信函会签，就是对涉及范围广，又不急于下发的公文，采用信函会签，可以把初稿打印若干份，附上要求，寄送有关部门征求意见。这样，文件下达后，有助于按文执行。会议会签，就是将有关单位集中在一起开会，对文稿和问题进行认真讨论，仔细磋商，取得一致意见后，进行会签，保证贯彻执行。

（2）冷、热处理法。同样一件事，有时需要热处理，有时需要冷处理，应视不同情况而定。冷处理法，就是遇到激烈的矛盾冲突时，先缓和紧张气氛，然后再作处理。另外，一些不协调现象的产生与发展直到暴露都有个量变到质变的过程，协调工作必须紧紧地跟上去。如有些事情不宜降温和冷处理，就必须雷厉风行，及时处理，将其解决在萌芽状态。

（3）信息交流法。信息是领导决策的基础和重要依据。企业有关部门收集有关产品供需情况，原材料供应，有关的政策法令，国内外市场的信息，以及工厂的生产能力、技术水平和资金来源等，经过信息的处理，综合分析，制订出若干可供选择的方案，经过技术经济分析与比较，可以选取最优方案。政府部门在日常工作中收集大量的文件、简报、资料、消息等，经过筛选、加工、分析、分类整理、存储与沟通，是为领导出主意，想办法，提供领导决策的参考资料。当然，正确决策的关键不在信息本身，而在领导决策时借助信息沟通而作出正确的判断。各部门通过信息沟通，为决策提供可靠依据，对领导的正确判断起很大的作用，这正是协调部门发挥协调作用的表现。

六、协调工作的类型

协调工作的范围是十分广泛的，大体可以分为九种。

1. 公务协调

各部门领导经常有一些公务活动，如出席部门召开的会议，大型展览开幕式、工厂投产剪彩以及各种庆祝、表彰活动等，要求每个领导逢场必到是不可能的。去还是不去，由哪位领导去，这正是办公室主任协调工作的一项重要内容。

做好这项工作，大致要注意以下几点：建立制度、灵活掌握、勤于沟通。

2．事务协调

事务协调是指根据领导的意图，对各单位、各部门之间及单位内部就有关公文制发、会议安排、工作和生活保障以及行政管理等事宜的协调。在办公室主任的工作中事务性协调是经常的、大量的。例如，科学地组织内部机构协调运转，做到权责分明，分工协作，就需要进行大量的协调工作；为提高工作效率，根据事情的轻重缓急、经济效益，需要对工作部署进行协调；为搞好服务、合理使用资金，开源节流，需要对事务管理工作进行协调；等等。在事务性协调中，最经常的应当是办文协调工作。

办文协调就是指在文件制发过程中的协调工作，它既是文件处理的一项重要任务，又是为领导做参谋助手的重要一环。在发文协调中，办公室主任应根据有关规定和实际工作需要，认真分析研究各方意见，考虑是否需要行文，文稿内容是否与上级的文件精神相一致，是否需要联合行文，是否需要批转等，提出拟办意见，尽量精简文件，做到可以不发的文件坚决不发，以减少领导审阅文件和批阅文件的时间。在文件运转过程中，办公室主任应充分发挥中心作用，积极协调在运转中遇到的具体困难和各个环节，保证文件运转能及时、准确、方便、通畅，从而不断提高文件质量和效率。

3．政策协调

政策协调，是指在制定、贯彻方针政策过程中的协调，也叫政策性协调。政策制定和贯彻的过程实际上就是一个不断协调、不断统一认识和行动的过程。办公室主任在协助领导草拟、审核文件以及制定有关政策的过程中，常常需要依照国家的法律和政策，根据本地区、本单位的实际情况，就一些具体问题进行协调，以明确各有关部门之间的权、责、利的分配关系，使各方的意见达到一致，使政策更加具有可行性和可操作性。在政策的贯彻实施过程中，由于各地、各部门的情况不同，对某一具体政策的理解不尽一致，往往会出现一些矛盾和分歧，这就需要办公室主任及时出面进行解释和协调，理顺关系，从而促进政策的贯彻执行。

4．会议协调

（1）会前准备协调。多数会议均具有协调的功能，利用会议进行协调也是协调的方法之一。但办公室主任面临的更多的是对会议本身所进行的协调，主要目的是为了减少会议。

①领导亲自出面主持的会议，要求办公室主任作好会前准备。会前准备有相当一部分就是协调方面的工作，如对议题的协调。议题的协调，首先要对领导批示拟将上会的议题进行初审。有的议题虽经领导批承上会讨论，但根据有关规定或当时的实际情况认为可不上会的，事先与有关部门研究拿出意见并建议领导个

别处理，不必再上会讨论。对提请上会讨论的议题要认真做好准备，不可将不成熟的议题提交会议讨论。对提请会议讨论的议题及向会议汇报的材料，内容凡涉及其他各有关部门业务范围的，事先要与各有关部门充分协商或征求意见。对协商未能取得一致意见的问题，要如实向领导汇报并提出意见，拿出有关根据，由领导集体讨论决定。凡议题中阐述问题不明确、情况不清楚、根据不充分的，会前要请有关部门修改、补充或退回重写。在送审议题时，要根据问题的轻重缓急排列顺序，逐项填写清楚，报请主持会议的领导审定。

②领导交办的其他会议和活动中的协调工作。办公室主任在接到组织会议和活动的指示后，要根据领导的要求，主动与有关部门联系，具体协调安排会议议程或活动。外出活动或开会，要事先落实出席人数，分别安排好领导及其他有关人员乘坐的车辆。如有较高级别的领导参加，还要安排好安全保卫工作。

③审批会议的协调工作。除了要贯彻精简会议的精神外，还要贯彻节约开支的精神，对可开可不开的会，一律不送领导批。对于内容相近的会可说服有关单位合并开会。即使是必须召开的会议，也要严格核减多余人员、经费和天数。对会议所在地的参会人员不在会上安排食宿，一切按规定拟出会议方案后报送有关领导审批。

④会议议题的协调。会议议题的协调有四种情形：

a. 按照领导提出或者批示的会议议题同有关方面协商，进行充分的准备，凡是涉及几个单位或部门的内容，会前一定要达成协议。

b. 如果在一次会议中要提出几个议题时，应当按照轻重缓急的原则，充分协调以后确定哪些议题上会或不上会以及议题讨论的先后次序。

c. 根据本机关、单位工作的总体安排，由办公室主任首先提出会议的议题，同时报请有关领导批准，这就要求办公室主任必须及时掌握和准确理解领导层中各位领导的意见，了解各部门全面的工作状况以及目前急需解决的重要问题。

d. 如果会议议题比较特殊，比如涉及国家安全、重大保密情况的，会前协调一定要控制在一定的范围之内，严防泄密、失密，使国家和人民以及职工的利益蒙受损失。

（2）办会过程中的协调。在主办会议以及会议管理过程中所进行的协调工作就叫做办会协调。可以说，主办会议以及会议管理是一项关系全局，非常细致、具体的工作，而其中会议协调又是其必不可少且非常重要的一个组成部分，主要包括以下几方面的内容。

①会议的时间、地点以及列席人员的协调。办会协调工作的原则是保证会议能够圆满地完成预期任务，达到预期目的。因此，会议时间主要应根据会议的内容、议题和文件材料的准备情况，以及与其他会议和其他更重要工作的统筹安排

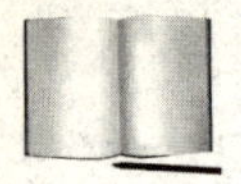

而定；会议地点的选择主要根据会议的内容、与会人员情况来进行选择，还应当充分考虑到交通、通信的便利与否，以及是否有利于节约会议开支，是否有利于精简，是否有利于保密等原则。

②会议纪要的协调。会议决议之后，要用会议纪要的形式记载下来并传达给有关部门或单位遵照执行。但有些决议的事项往往牵扯到几个部门或单位，如果想让会议决议顺利地传达贯彻，必须先与有关方面协商一致再写进纪要，这样有利于决议事项落到实处。不然，有可能决定了的事情，即使写进了纪要，发了通知，但问题仍久拖不办或互相扯皮，其结果等于议而不决，纪要也失去了它存在的意义。

③会议决定事项落实工作的协调。千万不能轻视会议决议的落实工作。会议以后，办公室主任要将决议事项传达给各有关方面，再将各有关方面对决议的执行情况和执行过程中发现的问题及时反馈给决策机关、单位，使决策机关、单位能够更好地补充、修改和完善决议。

5. 关系协调

关系协调，是指在处理各种社会关系时所进行的协调，它主要包括个人之间、单位之间、地区之间以及单位与个人之间的关系等。办公室是机关、单位工作的枢纽，负有重要的协调联络职能，在日常工作中必然会遇到并处理各种各样的关系。从工作实践来看，主要涉及上下关系、左右关系、领导人之间关系以及党政关系、党群关系、政企关系、军政军民关系等。

(1) 上下关系的协调。指本机关、单位与上级领导机关、单位，本机关、单位与下级机关、单位或部门之间的关系协调。只有上下协调通气，才能渠道畅通，步调一致，运转自如。

(2) 左右关系的协调。包括兄弟单位，友邻关系的协调。这些关系有时看起来并不直接与本机关、单位和本部门有很大关系，但在一些问题上，如果互相支援、紧密配合、协调一致，对搞好工作将起到很大作用，有时甚至是决定性的作用。

(3) 同级关系的协调。同级协调是指平行机关、单位之间的协调，这种协调又可分为两种，一种是同级办公部门将本机关、单位与相关机关、单位的事项进行协调，达成一致意见后，再将文件联名呈送上级机关、单位或经联名机关、单位批准后下发下级部门执行，这类情况常见的是联名机关、单位联合上行文或联合下行文。另一种是同级机关、单位为了实现某种目标或者采取某种行动之前，由双方或多方办公部门先行协调，制订预案，以便这些机关在执行中配合默契，顺利完成预定工作目标。

(4) 局部与整体关系的协调。局部与整体出现暂时的矛盾时，上级领导机关要总揽全局，考虑到各方面的制约因素及实际需要与可能，做耐心细致的工作，设法解决这类矛盾。下级机关、单位，也应尽最大努力，千方百计排除障碍，主动地使自己的工作服从于整体，协调处理好局部同整体的关系。

6. 制订计划工作中的协调

办公室主任在制订计划工作中的协调，是指制订各项行政工作计划时的协调，它和国民经济计划部门的计划协调工作有着不同的对象和内容。

行政工作计划，是整个行政工作的总体部署，具有全局性和指导意义。各专业行政管理部门的工作计划，必须与总体计划一致起来。因此，在制订部门计划的时候，必须经过综合部门办公室的统筹协调。对已列入总体计划，但部门拟报的计划中未列入或轻重关系处理不当的内容，办公室主任要及时进行必要的补充和调整；对部门计划中与总体计划有冲突的部分，办公室主任要及时向有关部门提出，使其进行必要的修改；对总体计划中确定的需几个部门协同完成的任务，办公室主任要出面与各方通气，做好必要的协调组织工作，使其相互衔接起来。通过正确地制订部门计划，使总体计划层层分解，各个任务都有具体的承担者，做到各项部门计划能够为总体计划提供组织措施上的可靠保证。计划协调工作贯穿于计划的制订和执行的全过程。在实际工作中，计划的变更是常有的事。要适应这种变化，必须随时对计划进行修改，并对相关因素进行协调。

在计划执行过程中，由于各部门之间工作上的协调不够而发生矛盾，是常有的事。有些矛盾，可以由部门自己经过协调解决；而有些矛盾比较复杂，部门之间自行协调有一定困难或不能达成一致意见时，就需要办公室主任出面协调。在这种情况下，办公室主任要听取各方面的意见，作出符合实际的、各方面都能够接受的裁决。其中，有的裁决意见，要请领导批示，然后再交由各有关部门执行。

7. 公文协调

（1）公文制发过程中的协调。办公室主任对公文的协调主要表现在公文的会签和对程序逆行的文稿处理两方面。

①公文的会签。凡联合发文都必须履行会签手续，各主办单位负责人都要签字方可生效，有时虽不属联合发文，但文件涉及面广，虽然有些问题可以在会稿时解决，但因会稿各职能部门责任较小，比较重要的公文还要履行会签手续。例如，涉及计划、财政、基建、物价、外汇、机构设置、人员编制等问题时，个别职能部门往往强调本部门的特殊性，提出一些利于本部门而不利于全局的问题，有的甚至违背国家有关规定的要求。如不事先协调，文件发出后有可能行不通。对这种情况，办公室主任要特别注意协调有关职能部门的意见，必要时还可约请有关职能部门的负责人带上有关文件协商，待意见统一后再报请主管领导审定。

②对程序逆行的文稿处理。公文逆运转即未经审核先行签发，这是当前公文处理中时有发生的问题，需要加以妥善协调解决。首先，要主动地宣传，使领导

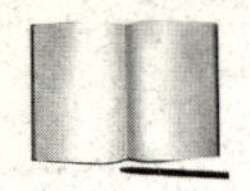

和各部门都了解公文处理的有关规定，请领导把未经核稿的文件退给办公室主任核稿后，按程序签发。其次，要主动协调，除坚持该发的文件经过核稿报领导签发，不该发的文件建议领导坚决不发外，还可采用其他的变通办法。如有的文件不宜行文，但有一定的参考价值，可建议以部门名义行文或发内刊等。最后，对已经程序逆行的文件，必须按照核稿要求认真核稿，并对文件内明显的问题提出修改意见，重新报领导审查签发。如果是可改可不改的问题，就不再改；文字技术方面的问题，如改动较多也应上报重签，或报部门领导签发。

协调解决重大问题时，除了听取各有关部门的意见，还要注意听取下级当事机关、单位和有关地方的意见。因此，办公室主任做协调工作要有一套沟通上下、融通左右的本领，并要有一套基本的工作程序，在处理每一件事情上尽可能避免偏听偏信。

（2）公文处理工作中的协调。公文处理过程中的协调工作，主要包括以下五个环节。

①草拟文件的协调。因为起草文件首先必须领会和了解领导的意图，对一个文件或其中的某个问题，几位领导可能会有几种不同的指示，办公室主任应当善于综合协调这些指示和意见，找出其共同点，以形成一个统一的意图并将意图及时传达给拟稿人。

②发文中的协调。办公室主任在拿到要求发文的稿件（含领导已批示要发的文件）之后应认真地分析研究。通常要考虑以下几种问题：

a. 这份文件是否有发出的必要性，要发出的话，应该以何种形式。

b. 文稿的内容是否有与有关方针、政策和规定相悖之处，是否有与其他部门的规则不一致的地方，是否存在与本单位过去的规定矛盾的地方，是否有与本地区、本部门、本单位的实际不相符的地方。

c. 文件内容涉及用钱、用物、调人或成立机构的，或涉及其他部门职权的，是否与有关部门进行过协商并达成一致，以及文件是否应当会签。

d. 是否确需联合发文，是否需要重新发文。

e. 文稿在技术方面还存在什么问题。对于这些问题，核稿人员都要与拟稿人、主管人和有关方面进行协调，不应当发文的坚决不发，应当修改的要坚决修改，不管作出什么处理，除非纯技术性问题的处理，都必须将协调以后的意见报告主管领导人定夺，不可自行做主。

③拟办中的协调。办理下级的请示公文，办公室主任要考虑所请示的事项有无依据，有什么样的依据，其要求是否合理可行，主管部门有什么意见。必要的时候，应当迅速与有关部门取得联系，听取他们的处理意见，然后报请领导审批。如果请示内容出现不当之处，可按规定与报批部门商量改变，或将意见报送

领导审批时参考。有时有的部门不按规则行文，多头分送，可能出现几个领导同时批示，难免意见有不一致的情况，这就需要全面了解，准确把握领导的批示精神，协调好各个方面的关系。

④文书规范的协调。上级领导部门的办公机构具有对下级机关、单位或下级部门呈送给上级机关的文件是否符合公文处理规定的检查把关权，如果发现文件不符合有关文书规范的要求，办公部门应与有关呈文者协商，进行修改，然后报送。

⑤文件运转中的协调。文件运转过程中的协调工作就是保证文件的运转能及时准确、灵便通畅，提高办文效率。办文过程实际上是一个系统工程，办公室是其中的中心环节，不但自身应具有“见文就办”的意识，而且要协调好各个运转环节。

8. 受理请示报告工作中的协调

各综合部门特别是政府部门，在工作中经常遇到大量的所属单位要求解决某一具体问题的请示。办公室在送请有关领导批示之前要做好如下协调工作：凡请示报告中涉及有关业务部门业务范围内的工作，原则上应将该请示退回原单位，并请原单位与有关业务部门联系办理；亦可协助请示单位与有关部门进行必要联系。要注意请示文件所涉及有关政策规定的依据所在，来龙去脉是否清楚，根据是否充分，涉及有关部门的问题是否作过协商或会签等，不清楚的要与请示单位联系，问清楚或要求请示单位重新改写；如请示内容涉及多个部门，请示单位与这些部门协商又未能取得一致意见，而此事又必须解决，办公室主任就要出面召集有关单位共同协商、研究解决。所有这些问题都协调好了，可报送领导审批，并将领导的批示意见尽快地通知请示单位和有关部门贯彻执行。

9. 战略协调

战略协调是一项复杂的工作。不仅仅指较大区域、较高层次或较高机关所应考虑的发展战略，也包括一般的企事业单位对自身发展长远规划的考虑。任何战略发展规划都必须与国家或一定区域的总体发展战略相协调。办公室主任必须协助战略决策者和战略发展规划制定者，对战略规划讨论中出现的各种方案进行分析，对各种看起来矛盾而实际上都可能相互补充的意见进行综合协调。

七、协调工作的程序

协调工作的程序大致分调查研究阶段、反馈论证阶段、终结仲裁阶段。

遵循协调工作的程序，既是进行协调工作的方法，也是协调工作的原则，体现协调工作的科学性与规律性，掌握它有利于熟悉协调业务，提高协调效率，达到协调目标。

1. 调查研究阶段

必须注意调查研究、掌握政策、协调目标与制订计划之间协调环节，然后实事求是地转告矛盾双方，告诉他们应该怎样解决矛盾，积极帮助他们贯彻执行；还要组织力量，把必要的人力、物力、财力投入执行计划并调整其相互关系，安排具体的日程，按期完成协调目标与协调计划。

2. 反馈论证阶段

在反馈论证阶段应注意督促检查与监督控制两个环节。为了及时检验协调计划的执行情况和领导决策的正确与否，必须掌握准确的反馈信息。为此，必须有严格的督促检查，主要了解与掌握协调对象对协调计划执行得怎样？具体落实得如何？矛盾解决到什么程度？看领导决策是否正确？决策正确，就督促积极贯彻，决策错误，就立即纠正。但是，不论贯彻与纠正，都存在监督和控制作用，这样才能避免决策的偏差与失误，取得实际的协调效果，也才能在决策、执行、反馈与再决策、再执行、再反馈的过程中，不断完善，不断改进，以达到预期的协调目标与协调计划。

3. 总结经验教训阶段

在解决矛盾、处理问题的协调工作中，要有意识地认真地从正、反两方面总结经验教训。对现实工作具有普遍意义或指导作用的，可用编发简报的形式加以宣传；对具有特别重大意义的，还可写成专题总结报告，加以推广。同时，要在总结经验的过程中，力求在各类平凡的、看似寻常而反复出现的日常协调工作中，发现规律性的东西，以逐步实现协调工作的程序化、规范化与科学化。

第二节　协调工作操作技巧

一、协调工作的六字诀

1. “明”协调和“暗”协调

“明”协调和“暗”协调，都有选择协调场合的问题。在协调工作中，“明”和“暗”两种办法，也是互相联系，配合使用的。“暗”协调是“明”协调的准备，“明”协调是“暗”协调的结果。有时当“明”协调遇到障碍时，可暂时转入“暗”协调，待条件成熟时再转入“明”协调。利用各种会议形式和其他公开场合进行协商对话，把问题摆到桌面上来，当面协商解决，达到协调目的的协调手段就是“明”协调。“明”协调的特点是“当面锣，对面鼓”，把话说在明处，有利于沟通信息、消除误会、密切关系，有利于集思广益、求谋问策、齐心协力。

办公室主任在进行“明”协调时，要掌握协调程序，抓好三个环节：

（1）做好协调前的准备。做好协调计划，是否成立协调小组，需要哪些单位、哪些人参加，协调的内容和目标是什么，在协调方案中均应写明。对协调问题要进行分析研究，弄清矛盾的焦点，先个别征求意见，如各方面意见分歧较大，不要匆忙开会。

（2）搞好协调中的组织工作。在正式开会拍板定案时，建议领导要让各方面充分发表意见，畅所欲言，在大家意见基本统一时，再作出决定，并写成会议纪要，以便共同遵守。

（3）抓好协调后的落实。要进行跟踪检查，看各方是否按纪要办理。对在执行过程中发生的新问题，要及时协调解决，直到完全落实。

2.“冷”协调和“热”协调

“冷”协调和“热”协调，都有选择协调时机的问题。这种方法适用于人际关系协调。在实践中究竟选择哪种方法，应当因人、因事、因时而异，不能照搬，乱加套用。正所谓：“冷冻”、“热炒”灵活用，“识时务者为俊杰”。

“热”协调，指的是用“热加工”的方法解决矛盾，达到协调目的。“热”协调的特点是掌握“火候”，趁热打铁，一举成功。

“冷”协调，指运用“冷”处理的办法解决矛盾。“冷”协调的特点是避其锋芒，以柔克刚，“后发制人”，达到协调目的。在这种情况下，要等对方情绪稳定，头脑冷静，恢复心理平衡之后，再出面协调，这时往往能打破僵局，协调成功。办公室主任在运用“冷”协调时，要控制自己的情绪，保持自身的心理协调，否则谁也说服不了谁。

3.“硬”协调和“软”协调

“硬”协调和“软”协调，都是协调手段。在协调工作中，这两种手段往往配合使用。“软”协调是“硬”协调的基础，“硬”协调是“软”协调的保障，二者相辅相成。

“硬”协调就是指运用行政法规组织协调，规范和约束各方的行为，使之步调一致，行动统一。其显著特点是具有强制性和约束力。

办公室主任在进行“硬”协调时，首先，必须“吃透两头”，对上级的方针政策、法令条例和规章制度做到“烂熟于心”；对下面的不协调因素和症结做到“了如指掌”。其次，必须坚持原则，一碗水端平，严格按照有关政策法规办事，不能感情用事、有亲有疏，以维护政策法规的严肃性。最后，要“拾遗补缺”，善于从重复出现的不协调问题中发现机构设置、职责分工、政策法规方面的弊端，适时向领导提出建议，改革不合理的机构，建立健全岗位责任制，修订和完善政策法规，堵塞各种漏洞。

此外，办公室主任在运用“硬”协调时要特别注意：“硬”是指政策法规本身所具有的强制性和权威性，绝不意味着办公室主任在协调时可以态度生硬、以势压人。

“软”协调则指运用道德舆论的力量、思想工作的威力和协商处理的方法，说服各方识大体、顾大局，发扬风格，团结互助，步调一致。“软”协调的特点是思想领先，启发自觉，也可以说是一种思想工作。

在实际工作中，有些问题比较复杂，仅仅用“硬”协调往往行不通。办公室主任在处理这类问题时就必须坚持思想领先，加强协调工作中的思想性。要建议领导大张旗鼓地宣传集体主义思想，强调树立整体观念，发扬协作精神，旗帜鲜明地批判极端个人主义、小团体主义等不良思想倾向，在机关、单位内营造良好的氛围。否则，协调工作就会处于被动状态。

二、内部人际关系协调的技巧

良好、和谐的内部人际关系是整体发展的制胜法宝。只有做好内部的沟通协调才能顺利地开展各项工作，妥善地进行领导，积极传递信息，这样才会减少矛盾和冲突。

1. 如何协调与上级的关系

（1）勇担重任。当上级领导向自己交代艰巨任务时，作为办公室主任自然而然就会想到这样两个问题：第一，这是一件非常艰巨的任务，需要花费很大的精力和时间，我能不能办？应该怎样去办？第二，领导正在等待表态时，等待得到一个明确的答复。这时是尽自己最大努力去做呢，还是对上级说“不”？

如果是个经验丰富的办公室主任的话，此时就应该知道如何做才能令上级满意。在用最短的时间来考虑问题后，用明朗的态度回答：“好的，我一定完成任务！”或“我会尽最大努力去做！”等等。

（2）切勿越位。作为办公室主任，主要任务是协助领导完成各项工作任务。在单位最高层人物的眼中，各部门作出的成绩，自然是在单位主管领导下取得的成果。下级尽力完成上级指派的工作是分内之事，如果锋芒毕露，表现出争功的态势，领导会从心理上感到压抑、烦躁，会很反感。

（3）巧言进谏。好的办公室主任，不仅能够努力完成领导交办的工作，而且能够当好领导的助手和参谋，会给领导出主意、想办法。尤其是当领导的决策、指示不符合客观实际甚至出现错误时，办公室主任能够通过努力，使领导改变初衷，重新作出符合实际的正确决策。这里，巧言进谏就是改变领导初衷的方法之一。

（4）贵在勤奋。作为办公室主任，尤其是在领导身边工作的机关工作人员，应该做到精神振作，刻苦努力，锲而不舍，不断有所进步。具体有以下两点：

①手要勤。在领导身边工作，应建立一个《备忘录》。把每天要干的事纲目式地记下来，下午下班前再仔细“过”一遍，力争把当天要办的事办完。同时，要根据工作性质，注意收集整理领导者所需的信息资料，以备不时之需。

②脑要勤。要根据领导的意图和中心工作，主动思考问题。平时，脑子里要多装几个“为什么”，多思考几个问题。要及时将思考所得汇报给领导，特别是好的建议和意见要毫无保留地进谏给领导，进而变成领导的决策并付诸实施。

（5）与不容易相处的领导融洽相处。现实生活是复杂的，要学会与不同的领导融洽相处。有三种情况需要办公室主任正确对待和处理。

①有的领导心胸狭窄，嫉贤妒能。在这种情况下，办公室主任应该保持冷静的头脑，千万不能感情用事，以牙还牙，针锋相对。要尽力帮助领导克服这一弱点。

②有的领导才能可能在某些方面略逊于下级。一般来说，领导的德才水平要胜过被领导者。但也有特殊情况，就是领导的才能不如被领导者。在这种情况下，作为办公室主任不应以自己的优势为资本，应该多看领导的优点和长处，并且尽量运用自己的优势和长处去弥补领导的不足。应该克服委屈心理，全力协助领导搞好工作。

③有的领导偏听偏信。遇到这种情况，一要注意经常请示汇报，使领导对自己的工作有一个全面的了解；二要严格要求自己，什么事情都要尽量考虑得周全一些；三是不管领导对自己产生了什么想法和看法，都不要急于去说明和纠正，也不要胡乱猜疑，尽量用工作的成绩去纠正领导的偏见，或在适当的时机作必要的解释和说明。

2．如何协调与下级的关系

（1）以身作则。办公室主任要把工作搞好，必然要向下级提出具体的要求，制订具体的行为规范。要使每个下级都遵守这些行为规范，达到这些要求，办法很多，首先就是以身作则，凡是要求下级做到的，自己首先做到。

①搞好人际关系。办公室主任要求下级与人和睦相处，就必须带头搞好各种人际关系。一是要尊重自己的领导，自觉地服从领导的各项安排，圆满地完成领

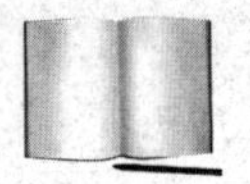

导交给的各项任务，从而取得领导对自己工作的支持和帮助。二是要尊重同事。当同事遇到困难的时候，要主动热情地伸出友谊之手。三是要尊重下级，就是要尊重下级的人格尊严。同时，要关心下级的需要，让下级觉得办公室主任是一个可爱、可敬、可信、可靠的领导。

②要有职业责任感。要搞好一个单位，要发展一项事业，无疑人人都要树立良好的职业道德，借助这种力量来推动。在这方面，办公室主任也必须“自己首先做到”。第一是要带头热爱自己的工作，带头忠于职守。第二是要带头以服务对象为“上帝”。

③搞好婚姻、家庭关系和邻里关系。经常发生家庭矛盾和邻里纠纷不可避免地会影响工作，所以办公室主任要避免发生这些问题，如有发生，也要高姿态，冷处理，为下级作出榜样。

④廉洁奉公。办公室主任要赢得下级的拥护和爱戴，只能做“清官”，不能做“贪官”。过去，共产党的干部真正做到“不拿群众一针一线”，秋毫无犯，因而与人民群众建立了“鱼水情深”的关系。办公室主任要做到“凡是要求下级做到的，自己首先做到”，必须严于律己；做到责下级严，责自己更严。

（2）协调与下级关系的吸引力。引力是存在于领导关系中的无形力量。对于上级领导来说，其自身的引力越大，所吸引的下级就越多，与下级之间的关系越密切。这是存在于领导关系中的普遍规律。根据这个规律，办公室主任要缩小自己与下级的距离，使之紧紧地围绕在自己的周围一道工作，必须首先提高自己对下级的吸引力。吸引力的大小主要与下面因素有关：

①态度的相近性。办公室主任与下级态度越相近，对下级的吸引力越大，反之则小。这是因为，办公室主任与下级之间态度越相近，共同语言就越多，矛盾和冲突就越小，内部凝聚力就越大，离心力就越小。同时，办公室主任与下级之间态度越接近，就越愿意相互交往，以及越容易相互理解和信任，从而增强相互之间的吸引力。

②需求的互补性。需求的互补性是办公室主任与下级在交往过程中获得互相满足的心理状态。心理学家研究表明，人们相处，都有从对方那里获得某种满足或补偿的意愿，如果这种意愿越是能够得以实现，相互之间就越能产生较大的吸引力。反之，如果一方增加了另一方的不安或使另一方感到失望，则相互之间的吸引力就会减弱。比如一位下级向上级领导请求帮助或指导，如果下级得不到他所期望的帮助或指导，久而久之，这位领导自然会失去对下级的吸引力。

③作风的吸引性。一般说来，作风越端正越民主，对下级产生的吸引力就越大。相反，如果作风不正，不但不会产生吸引力，反而会产生排斥力，使下级避而远之。

三、协调工作中的语言技巧

1. 说服的语言技巧

（1）以情动人。如果有人在陈述某种意见时，用诚挚而令人感动的语气，就很容易被对方接受，而且不容易产生相反的意见。因此，说服别人的时候，有时对方的感情比激发对方理性思考更为有效。

（2）巧妙利用数字。干巴巴的数字，不容易提起听者兴趣，应设法让它生动起来。如“意大利的梵蒂冈，共有房间 15000 间”，倒不如说“梵蒂冈的屋子，若一个人每天换住一间，可住 40 年”。这样，在对列举的事实作精确的统计时，就会有强烈的说服力，给人以更深的印象。

（3）重复申述。把一件事重复申述，是加深对方认识的常用方法。特别是那些新鲜的观点，只讲一次两次是不会给人留下印象的。

（4）采用比喻。当两种意见对立的时候，往往需要一种作缓冲的说法来调和，比喻就是一种很好的方式。它使用一些小故事，或生活中一目了然的道理，先与对方取得相同的立场。这既为下一步提出自己的意见打下基础，又显得比较含蓄，维护了对方的自尊心，比较容易奏效。所以，劝说时不要急于说出不同的意见，要先动动脑子想一些人家已经相信的事理，去比喻要让人相信的事理。

（5）用名人的话来支持自己的观点。名人的话往往有一种号召力，特别是对于那些名人的崇敬者来说。因此，借助名人的话，有时会省去双方许多不必要的对话。如介绍经商的经验时，引述一些事业取得成功的大企业家的话；介绍学习方法时，引述一些自学成才的大学问家的话。

2. 批评的语言艺术

（1）多用委婉语言。委婉式批评，它一般都采用借彼批此的方法，让被批评者有一个思考余地。其特点是含蓄鼓励，不伤被批评者的自尊心。

（2）使用幽默的语言。幽默的语言能缓和矛盾。幽默式批评就是在批评过程中，使用富有哲理的故事、双关语、形象的比喻等，缓解批评时的紧张气氛，增进相互间的感情交流，使批评达到教育对方的目的。

（3）批评应注意场合。批评分个别私下的批评和他人在场的批评，二者是有区别的。一是影响范围不一样；二是对批评者的刺激量不一样；三是批评效果不一样。一般看来，如果能用私下批评，就不要采取他人在场的方式，但这只是问题的一方面。问题的另一方面是，在一定的条件下，他人在场的批评方式具有个别私下批评所不能达到的效果，故有时需要采取他人在场的方式进行批评。

（4）批评语要刚柔相济。在现实生活中，有些人对“一针见血”式的批评，往往接受不了，容易产生抵触情绪；而有的人喜欢直来直去，“不见血的针”解决不了问题。即使是同一个批评对象，也需要根据问题的严重程度及当事人的态度采取不同的批评方式。因此，办公室主任有时需要态度严厉，有时则需要“和风细雨”。只有因人而异，因事而异，才能收到好效果。这两种都是有效的批评方式，但不是说它们可以等量使用。“和风细雨”的批评方式，可以反复使用。在使用严厉的批评方式时，需要伴以“和风细雨”的思想工作。

3．激励的语言艺术

（1）情真意切。如果肯定和赞扬下级时不能情真意切，而是言不由衷。这样的肯定和赞扬不是“情动于中而形于言”，就起不到沟通心灵的作用。矫情是身为领导者的大忌。比如，当下级从上级肯定和赞扬的语句中察觉出上级原来并不因自己的努力和成功而真心愉悦，而是怀有嫉妒、猜疑甚至愠怒时，那无疑是对其心灵的重创。办公室主任和下级谈话时，要讲自己的肺腑之言，讲自己的切身感受，不要说“套话”，东拼西凑。如果不是真切实际的真实感情，话说得再漂亮也不会有什么力量。

（2）多用通俗语言。在运用激励语言时，是要注意根据激励对象的行为、岗位特点，在激励时可适当地运用一些下级所熟悉的技术语言、职业用语，使下级一听就懂，一点就明，能迅速接受激励信息。

（3）扬长也须论短。下级的长处固然需要及时给予肯定和表彰，倘若领导只会在下级的长处和成功面前来一声喝彩，那么这样的肯定和赞扬就会显得过于单调，既不能起到上面所说的增进认知的作用，也有损于领导在下级心目中的能力形象，造成领导的角色模糊。领导在充分肯定下级长处的同时又伴以论短的言辞，这样比起单受批评，既会使下级在心理上产生更优的接受机制，又会使柔美的语言变得刚柔并济。

第三章 办公室主任沟通协调工作

第一节 与上级沟通协调的艺术

一、与上级沟通协调的妙法

怎样同上级领导搞好关系？这也是办公室主任的必修课。许多成功的人物都善于培养自己与上级领导相处的本领，并以他们丰富的经验和独特的方式，赢得上级领导的支持和信任。

1. 注重第一印象

素不相识的人初次见面，都很注重“第一印象”。作为办公室主任，给“顶头上级”的“第一印象”也很重要。

所为“第一印象”应包含两层意思：一是上级对下级的衣着、外貌、举止、神态等外表的直观印象。二是上级对下级的素质、品德、作风、能力等内在的深层次的印象。

领导“以貌取人”固然有失偏颇，但作为办公室主任，应该努力给领导一个“好感”。为此，可从两方面努力：第一，要对领导有所了解，包括领导的年龄、简历、任职时间、性格爱好、工作作风、家庭情况等，都在了解之列。特别要注意其个性。比如说，某领导平日寡言少语，表情严肃，从不与部下开玩笑，而你接触这种类型的领导时，却口若悬河，谈笑风生，这就难免给领导留下一个轻浮、幼稚甚至狂妄自大的印象。如某领导思维敏锐，礼贤下士，乐于与人交谈，你初次接触这样的领导时，如果时间允许不妨用事先选定的一个题目向其讨教，而你也可以借题发挥、直抒胸臆，以赢得领导的好感。相反，如果你过分拘谨，举止呆板，往往容易造成不良印象。第二，要适当注意你的仪表。俗话说：“货卖金装，人卖衣装”。容貌和体态最容易引起好感，产生吸引力。亚里士多德说过："美丽比一封介绍信更有推荐力。"因此，在初次进见领导时，要精神饱满，神采飞扬，切不能给领导留下一个不修边幅、萎靡不振、缺乏朝气的第一印象。

要知道，任何事物都不是一成不变的，"第一印象"重要，"第二印象"、"第三印象"也重要。"第一印象"好了，要乘胜前进；"第一印象"不佳，也不必灰心丧气。因为，"路遥知马力，日久见人心"，最终决定领导对你的"看法"的，是从你的外表中所看不到的本质的东西。如果初次见面给领导的印象不太好，而第一次任务完成得相当出色，应该充满信心，进一步塑造你在领导心目中的形象。初次见面印象好，而第一次任务完成不好，则必须引起高度警觉，尽全力完成好领导交给你的"第二次"、"第三次"任务。倘若领导对你没有好感，且"第一次"任务完成得又不理想，则需认真反思，悉心找出补救的方法，切不可从此一蹶不振，自暴自弃。

2. 恰当拜访

有人这样设问：不往领导家中跑，能不能与领导搞好关系？也有人这样下结论：领导家中不可不去，不可多去，首先的问题是应弄清：该不该到领导家中去？也就是以什么样的思想作指导。

部属到领导家中去，不外乎三种情况：一是为公，二是为私，三是人之常情。为公事而到领导家中去，这是无可非议的。为私事而到领导家中去，情况比较复杂。有的事确属在办公室不好谈，或不便深谈，只好在拜访领导时作详细汇报。有的则属于为达到个人的私利，而不厌其烦地往领导家中跑。还有一种人，他们到领导家中去，纯属人之常情，或者叫礼节性的拜访。比如，领导生病在家，部属前往探望；领导乔迁新居，部属上门表示祝贺。诸如此类的事，应把它看作在部属生病时领导前去看望一样自然。人都是有感情的，在一起工作时间长了，彼此间互相关心，互相爱护，互相帮助，这是值得大力提倡的。

以上所说的三种情况：为公者，应大胆地与领导打交道；人之常情者，应心地坦然，不要自己心中"闹鬼"；为私者，只有个别情况值得同情，其他都应在反对之列。办公室主任如果决定要到领导家中去，就要注意你在领导家人心目中的形象。到了领导家中，你拜访的对象无疑包括领导的爱人、孩子及其他家庭成员。因此，在做客过程中，要保持一定的风度，不要海阔天空地乱扯乱吹，给人以轻浮感；不要东倒西歪地乱倚乱靠，给人以懒散感；不要将瓜皮果壳乱扔乱丢，给人以粗俗感。要顾及领导及其家人的情绪，是否有什么事等待领导去做，是否影响领导及其家人休息，等。总之，到领导家中去，不像在自己家中自由自在，即使与领导及其家人比较熟了，也不可不拘小节，忽视应有的礼节。

3. 巧用电话

巧用电话的“巧”字，讲的是打电话的时机和技巧。

比如，在领导休息时，一般不要打电话干扰；应该当面汇报的事，不要在电话中讲；比较重要的机密事项，不要用电话传递；自己做错了事，更不要只打电话不见面；等等。

领导急于掌握的情况，必须打电话尽快报告；受领导之托外出执行任务，必须及时向领导报告工作进展情况；得到重要消息，必须打电话尽快报告，让领导早有准备。

给领导打电话，要视情况而定。比如有一位下属给领导打过一个电话，当场就受到了批评。原因是他的办公室距领导的办公室只隔十几米远，领导批评他“腿太懒”。其实，他本人倒是无意的，用他的话说，就是“没有想那么细”。这就告诉我们，给领导打电话不要随心所欲，事先要有所考虑。要想一想：该不该打，应该怎么说，对领导表示肯定或否定的态度应该做出何种反应，等等。该打的电话也要打得及时，千万不要想“不必打搅领导”或“等事情办完了再打电话报告”。

及时打应该打的电话，比时过境迁地打“马后炮”的电话，更能表达你对领导的尊重和热忱，也更容易获得领导对你的指教、支持和信任。特别是当你所负责的工作遭到挫折或失败时，领导也会乐于给你解围或承担责任。

4. 不能轻视上级领导

身为办公室主任，是在给上级工作，为上级负责，所做的一切都是上级交给你的任务。所以，你应该时刻想着上级，尊重上级，甘心为上级效力，这是处好上下级关系的前提。

（1）不要恃才傲物

一位办公室主任恃才傲物，就是不会善待自己的职位，不会善待自己的才能。

越是才华出众，越是要慎重地处理同上级领导的关系。就好比越是长得高大的树木，越是埋下头来，而常常不致于被风吹折。

一些办公室主任，自恃有才而骄傲自大，目中无人，往往与上级领导的关系搞得很紧张，这往往会给自己带来诸多不利。

（2）改正轻视上级的毛病

办公室主任“恃才傲上”，最终吃亏的只能是自己，这对办公室主任本人的成长无疑是极为不利的。

要克服轻视上级的毛病，应做到以下几个方面：

①不能挑上级领导的毛病。轻视上级的办公室主任往往不尊重上级领导，喜

欢挑上级领导的毛病。他们在内心里是瞧不起上级领导的。这样，上下级关系就很难得到正常的发展。上级领导往往会因其故意损害自己的威信，轻者批评他，重者则把他“炒了鱿鱼”。做得公道点，便以纪律要求他，做得稍过点儿，便是处处给他“穿小鞋”。

这样的办公室主任，无论走到哪里，都是不会讨人家欢喜、不会受到上级领导赏识的。

②不能敷衍上级领导交办的工作。轻视上级领导，往往表现在看不起上级领导的能力，对其命令更是百般挑剔，不愿用心思去落实，敷衍了事。

由于经常对上级领导交办的工作敷衍了事，这样的主任往往很难做出什么业绩来，最后陷入孤单，甚至不受同僚们的欢迎。所以，人固有才，却难得重任，最后只能是碌碌无为，没有发展。

③不卖弄自己。

轻视上级的办公室主任除了把精力用在挑剔上级的毛病，不愿意认真做事外，还常常卖弄自己的才学。

卖弄的结果往往是使自己真正的才能也难以得到发挥，渐渐地敬业爱岗之心日益减少，用于“内科”之心增加，个人才华逐渐“生疏、埋没”。时间长了，便成为无所用心的庸人。卖弄最终与其说是“损人不利己”，倒不如说是“损人害己”。

5. 任何时候都不要冲撞上级领导

办公室主任应听命和服从上级领导，这不但是上下级组织关系的必然要求，也是上级领导履行职责、达到预定目标的前提和保障，大多数上级领导喜欢“唯命是听”的下属。

许多上级领导认为自己比下级要优秀，在潜意识中，有着很强的优越感，对自己充满信心。一般来说上级领导还有着很强的尊严感。他们一般都会认为，自己有权要求下属去做某些事情。行使权力、发布命令，使事情向着自己所预想的目标发展，是上级领导的一种尊严。

如果冲撞上级领导，侵犯了上级领导的尊严，这在一般上级领导的眼里，是不能被容忍和谅解的“犯上”行为。

冲撞会使上级领导下不了台，面子难堪。特别是在一些公开场合，上级领导是十分重视自己的权威的，或许他会表示，可以考虑下级领导的某些提议，但他决不会允许对他的权威提出挑战。

为了保持好上下级的协调关系，下面介绍几点避免冲撞上级领导的技巧以供参考。

（1）首先应在态度上保持对上级领导的尊重，切不可流露出对上级的意见

不屑一顾的神色

办公室主任与上级相处，一定要把谈论工作同个人的能力或尊严区别开来，时刻留意，不能把对工作的看法上升为对人的看法，或不能让对方误解，认为自己对上级领导本人有看法。

如果与上级出现分歧，上级领导感到你仍然是承认他的权威的，意见是针对工作而非是借工作之名行个人否定之实，他们多半是会冷静下来，认真考虑你的想法。

办公室主任超越个人利害，处处替上级领导着想，上级领导对此不可能没有体会，他会为你的忠诚所感动。

（2）办公室主任在谈论问题时，还要注意方式方法，以一种让上级领导更容易接受的方式来说明自己的想法

一般来说，办公室主任与上级领导说话语气要温和，言辞要避免极端，最重要的是有分析、有根据，条理清晰，能够说服人、感化人和尊重人。

你一定要记住，上级领导是权威，拥有最终决策权，而自己应该是一种建议或参谋。对上级领导说明看法，不要选用那些过于肯定的方式，而是要用商讨的语气委婉地加以表达。

（3）办公室主任在与上级领导讨论问题时应选好时机和场合

与上级领导交谈时选择公开场合不如选择私下里谈好，事已确定就不如事情尚处酝酿中说好，领导正发脾气时说就不如等他心平气和时说好，上级领导心绪低落时说就不如上级领导比较得意时说好。

办公室主任应根据上级领导的脾气、作风、情绪等，相机而动，选择一个最能使他接受别人意见的时机与他交谈。

（4）冲撞之法不到万不得已时不能用

不能冲撞上级领导，这是一个一般性的规律。但并不等于说在特殊情况下，不能利用它来深刻说理，达到说服上级领导的目的。

6. 准确把握与女性领导相处的“度”

和女性领导适度相处，是办公室主任在女性领导手下工作的特殊要求。因为与女性领导相处非同于与男性领导相处，男性办公室主任与男性上级相处关系密切了，人们至多说你“会拍马屁”。可与女性上级相处过于密切了，就不仅是个“会拍马屁”的问题，而且可能无风起浪，人为地造成领导夫妻之间不和，或者你自己夫妻之间不和，进而使你及女性领导都很难在一个单位再开展工作。

那么，怎样准确地把握这个“度”呢？

（1）尽量少给女性领导办工作以外的事情

人在一起工作，难免有些生活中的大事小情相互帮助办，一般情况下多办点

少办点也无所谓。但作为男女之间这方面的事情办得过多，也会引起不必要的麻烦，“闲人”的议论，甚至也可能引起丈夫或妻子的猜测。所以，作为男性办公室主任为自己的女性领导办工作以外的事，也要适度。

(2) 要以“德”制“情”，严于律己

“人非草木，孰能无情?”人与人之间相处久了都会产生一定的感情，男女之间相处久了更容易产生感情，特别是年龄相近的男女之间更是这样。这种感情谁也不能保证说不会上升为爱情。但我们可以说，人是有理智的，人是讲道德的。因此，男性办公室主任与女性领导相处，一方面要注意保持“距离”，另一方面，要加强个人的道德修养，以“德”制“情”，严于律己。

(3) 保持好空间和心理距离

保持心理距离，就是与女性领导交谈时，多谈工作和学习上的事，少谈甚至尽可能不谈家庭生活，特别是夫妻感情方面的问题，以免相互产生感情上的共鸣，使感情失“度”。

保持空间距离，就是不要过多地造成与女性领导单独接触的机会，若非单独接触不可，也尽可能在敞亮的地方接触，并要落落大方。这样可以避免一些人的“闲言碎语”。

二、与上级沟通协调的禁忌

1. 不要频繁找上级领导

由于工作需要，下级干部要向上级领导请示问题、汇报工作，这就发生了下级干部找上级领导的问题。找领导本属工作中的一种正常现象，但因“频繁”就出现了不正常的问题。

各级干部都有各自的职责范围、权力义务、工作内容，但上级任命你为一个单位或一个部门的负责人时，就是要让你全面负责那里的工作，全面解决那里的问题，你就是那里的全权代表。如果下级干部频繁地找上级领导，那就打乱了上下级干部正常的工作程序，就会出现“上级不干上级的事，下级不干下级的事，下级不像下级，上级不像上级”的不正常现象。频繁找领导的干部，归纳起来大致有三种类型：

(1) 显能型

就是我们平常说的显能卖乖者。这种干部有一定能力，也能做出一定成绩，但他们在工作中有两个特点：第一，自己本来能解决的问题，也去找领导请示，以显示其能办此事；第二，稍做出点成绩，就不厌其烦给领导汇报功劳，以显示其能量之大。比如某干部因参加一项比赛活动获奖，一天内就给党委书记汇报了两次。

（2）低能型

这种干部能力较差，缺乏独立工作的能力，动不动就找领导请示“怎么办”。比如有的科长一天要找其分管领导七八次，要问领导七八次“这件事如何办?”弄得这位领导成了该科长的“顾问”。如果一个办公室主任遇事老找领导问“怎么办”，那么，要你这个办公室主任干什么？只能说明你干不了这个工作，应该辞职当个一般干部了事。

（3）谋私型

这些人为了实现自己的“目标”，往往是绞尽脑汁，昼夜活动，成天围着领导转。今日无效，明日又来；今年无效，明年又来，不达目的誓不罢休。这种办公室主任是为了自己的工资、职称、职务等私利，千方百计找机会、找借口接近领导。领导喜欢玩，他就陪玩；领导喜欢吃，他就陪吃；领导喜欢钱，他就给钱；领导喜欢捧，他就吹捧……总之是投其所好，送其所需。

2. 不要侵犯上级领导的面子

一般来说，上级领导“面子”受到伤害的情况主要有以下几种：

（1）上级至上的“规矩”怕受到侵犯。

（2）理亏时，未能给他个台阶下。

（3）上级出现失误或漏洞时，怕马上被下属批评纠正。

（4）怕下级领导要弄自己。

（5）怕下级在背后表示不满。

上级的尊严不容侵犯、面子不容亵渎。上级领导理亏时要给他台阶下；当众纠正上级错误是让上级掉价的非礼表现；上级的忌讳不可冲撞；消极地给上级保面子不如积极给上级争面子。

即使很英明、宽容、随和的上级也很希望下属维护他的面子和尊严，而对刺激他的人感到不顺眼。

3. 要双手端平，忌厚此薄彼

一个单位的两位主要领导闹矛盾，作为办公室主任，必须以实事求是的精神，站在客观公正的立场上，将一碗水端平，决不可凭个人好恶、感情亲疏，“势力大小”，亲一方，疏一方，维护一方，反对一方。只要不违背原则，两位领导说的话都要听，布置的工作都应完成，即使工作很忙，一时难以完成，也要根据轻重缓急合理安排，做到统筹兼顾，不可厚此薄彼。当遇到两位领导安排的工作彼此矛盾时，要善于动脑，通过认真思考和分析，对原则错误或虽无原则错误但在实践中行不通的事情，不能盲从，是哪位领导布置的，就要坦诚地向其说明情况，解释清楚，提出自己的看法和建议，当好参谋。解释时，只谈自己的看法，不可透露另一领导的不同意见和那位领导要自己完成的工作。

4. 要巧妙沟通，忌隔岸观火

作为下属，对上级之间的矛盾，既要超然事外，又不能隔岸观火，坐山观虎斗，要尽自己所能，做些沟通协调、化解矛盾的工作。一是当领导之间产生误会时，要主动从维护团结的大局出发，巧妙间接地提供一些有利于团结的情况和信息，帮其解除误会，缓解双方的矛盾。在提供信息时，要做到巧妙，不能让对方产生你在替另一方说话，与另一方“一个鼻孔出气”的错觉，置自己于被动地位，以至卷进矛盾的旋涡；二是当领导之间的矛盾激化时，要当“灭火机”，善于从下属的立场，客观如实地反映群众的一些看法、要求和希望，并适度地晓之以理，但要注意不要评判你是我非，使领导产生你比他还高明的错觉；三是当领导之间的矛盾发展到不可收拾的严重地步，下属再不可能协调时，可主动向上级有关部门反映情况，求得上级组织的支持，使矛盾得到妥善解决。

5. 要逐级实施，忌跨级“戴帽”压人

请示工作应该按业务对口，按领导分工，逐级对口实施。但有的人则不然，一下顶破“天”，“戴”顶大“帽”子压人，且美其名曰：“某某领导说，我的事让你给办一办。”这类戴“帽”压下来的事，搞得请示者的直接领导和有关业务部门很被动，有损直接领导或机关的权威性。

第二节　正副职之间沟通协调的艺术

一、正职领导配合副职的艺术

1. 注意层次，分清主次

正职的整个领导集体中的作用是很重要的，但主次有时是相对的，全局上你是主，但在某一局部上你是次。集体领导、分工负责，各有各的职责范围。属于副手职权范围内的事情，就要授权让他们去办。属于正职职权范围内的事情，就由正职处理。以保证正副职之间良好的协调关系。

2. 有容人之量

有个别基层正职不容许副职的才干和功绩超过他。这就要求副职有坦荡的胸怀，宽宏大量，学会理解人，原谅人，对于鸡毛蒜皮的小事，坦然一笑，不存芥蒂。

3. 尽可能全面了解副手

这是基层正职领导协调人际关系的基础。正职对副手的思想、能力、品德、专长、爱好、性格、家庭、经历等各方面的情况都要比较熟悉。这样当问题发生、矛盾出现的时候，才有可能对副手应负的责任作出准确的判断。

4. 坚持原则，不徇私情

基层正职领导对于副手们之间的矛盾，要敢于正视，分清是非，秉公处理。

5. 及时与副手交流思想

基层正职对工作有什么新的想法，想干什么，在下面听到什么反映，只要不是属于不该公开的话，都应及时地向副手说出来。是自己的想法，与他们进行讨论；是群众的意见，与副手进行交流；看到某人有什么缺点，及时帮助指出，以引起注意。

6. 闻过则喜，有错就改

正职如果没有“闻过则喜”的精神，就难以协调好同副手之间的关系。只有“闻过则喜”，你才能始终心明眼亮，看到自己的不足，才能在与副手发生矛盾时，客观地估计自己应当承担的责任，使副手心悦诚服。

7. 要求副手树立整体观念

基层正职领导在与副手研究工作时，要经常提醒副手树立全局观念和系统观点。一个地区、一个部门、一个单位都是一个系统，一个整体。系统内各要素之间，各部门之间，关系错综复杂。因此只有把每一个局部都放到全局中来考虑，才能走活一盘棋，取得较好的整体效益。

8. 谦虚谨慎，虚心求教

正职如果在工作中碰到不懂的问题，能抱着“知之为知之，不知为不知”的态度，一开始就向副手声明：我不懂，请你们拿出意见和办法。这样做，比明知自己不懂，又不好意思说出来，让副手去揣摸要好得多。

9. 支持副手的工作，不在背后说长论短

人各有缺点，下属和群众对副手难免说三道四。如有人在正职面前议论某副手的短处，正职千万不能随声附和，自己更不能带头议论，否则，副手便无法开展工作。即使下属和群众的意见是正确的，也只能先耐心听取，然后通过与本人交换意见后再予答复。对副手的缺点和不足，要和他们当面交谈，在下属和群众的面前则应多讲他们的长处。

二、副职领导配合正职的艺术

1. 气魄宽宏，有容人之量

从某种程度上讲，副职要比正职难当。因为副职能遇到正职所遇不到的好多情况。如副职经过深入调查研究提出一项方案，结果被正职给否决了。有个别正职不允许副职的才干和功绩超过他。这就要求副职有坦荡的胸怀，宽宏的气量，容忍正职。如果你的方案被否决了，要回头检验一下自己的设计是否合乎实际，如切实可行，应说服正职。一时说不服，就暂缓一下，在适当的时候再提出来。不论是在工作中受了委屈，还是在极其艰难复杂的环境里，都要从容不迫，襟怀坦荡，妥善处之。

2. 以事业为重，切忌争权夺利

副职若能出以公心，不争职务高低，不争权夺利，领导班子就能形成拳头，从而开创新局面干出新业绩。副职如果利欲熏心，个人野心膨胀，时刻想着篡位夺权，工作肯定搞不好。

3. 摆正关系，主动配合正职

基层副职只有和正职相互信赖、相互支持，才能共同完成领导班子承担的使命。所以，基层副职要以大局为重，破除名利思想和虚荣心，坚决维护正职的威信和地位，积极主动地支持和配合正职工作。正职一时考虑不周的事情，副职要主动给予提醒；正职在决策遇到困难时，副职要帮助分析其中的利弊，使其减少失误；正职面临困境时，副职要挺身而出，为其排忧解难。总之，副职要摆正关系，主动配合好正职工作。

4. 大胆负责，做好本职工作

副职只要看准拿稳的事情就可以拍板定案，大胆实施，起到独当一面或几面的作用，使正职有充裕的时间和精力去抓全局性的工作，作战略上的宏观安排和部署。这就是对正职的最大支持，最有力的配合。

5. 顾全大局，注意横向协调

副职虽然分管一摊或几摊工作，但离不开领导班子集体的作用和力量，绝不可过分强调自己分管的工作而排斥或贬低其他方面的工作，也不可为此而不顾全局利益，给正职制造难处。另外，副职还要与不属自己分管的部门加强联系，互相沟通，搞好配合。

三、副职领导的行权艺术

1. 用信任赢得下属的信服

副职对下属要信任。副职对下属充满信任，那么下属就会受到感动和激励，就会自觉维护副职的威信，全心全意地做好工作。

副职要与下属员工处好关系。正职具有人权、财权和事权的绝对优势，正职越过副职直接给下属员工布置工作、给予奖励就自然而然地把副职架空了。在这种情况下，如果副职和下属的关系处理得不好，副职就指挥不动下属了。因此，副职需要与下属搞好关系，遇到上述情况，副职还可以凭借同下属员工的良好关系和自身的人格魅力，步履维艰地发挥作用，委曲求全地履行职责。

2. 谦虚、协作，求得其他副职的支持

副职与副职之间，有时候免不了有利益冲突，比如政治荣誉的归属和经济收益的分配。这时候，副职就要谦虚，主动礼让，不要争功，更不要诿过。副职要主动征求其他副职对自己工作和作风上的意见和建议，也可以主动给其他副职提出意见和建议，彼此真诚相待。

一个副职只分管了一个或者几个方面的工作，但是，在完成工作的过程中，又必然涉及其他方面或者其他科室，这就需要其他副职的配合和协作。副职与副职之间，有时候又有责任轻重的冲突。这时候，副职要真诚协作，多做工作，多承担责任。

第三节　与同级沟通协调的艺术

办公室主任在处理同级关系时，应懂得一些沟通协调的艺术，因为同级之间，既有共同的目标，又有各自的分工；既需要相互支持、帮助，又隐含着彼此的竞争。

1. 互相尊重，相互配合

工作中，同级之间，常常会遇到一些工作上的交叉，也会有一些需要共同处理的事务。对这些工作和事务，同级之间应当互相尊重，互相支持。互相支持是互相尊重的标志，只有互相支持，才能互相配合。对需要交叉处理的事务，同级之间应当尽量通过协调去解决，不要擅自做主处理。否则，既影响同级之间的关系，也往往使下级为难，造成工作上的困难，甚至会带来一些不必要的损失。

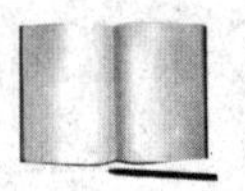

2. 委曲求全，以理服人

同级之间，还常常会在工作中遇到一些纠葛和矛盾。在解决这些纠葛和矛盾时，领导应本着顾全大局，维护团结的良好愿望，对一些无关紧要的“小事”，采取不予细究，委曲求全的态度。即使遇到一些需要辨清是非的“大事”，也要讲究方式方法，尽量做到心平气和，以理服人。这样做，随着问题的妥善解决，同级之间不但不会伤了和气，反而会在新的基础上，建立起更加牢固的团结关系。

3. 掌握分寸，分清职责

作为办公室主任，与同级相处，应当分清职责，掌握分寸，不争权力，不推责任。属于别人职权之内的事，决不干预，属于自己的责任，也决不推卸。本应由自己分管的工作，决不请别人点头画圈，本来不应由自己处理的事情，也决不争着要管。特别是那种见好事就争，见难事就推的行为，是破坏同级间相互协作的腐蚀剂，必须坚决防止和克服。

4. 经常通气，沟通情况

既然是同级，都同属整个管理机构的一个组成部分，工作上有着密切的联系，那么只有保持经常通气，及时沟通情况，才可能进行有效的合作。也唯有这样，才能彼此了解，互相信任，将一些不必要的误会和摩擦消灭在萌芽状态。因此，领导工作再忙，也勿“忘”了主动向同级提供有用的资料、信息、情况和建议，只要你能够坚持下去，就一定会赢得同级的“感激”和“回报”。

5. 互相信任，亲密合作

不少办公室主任的实践表明，在与同级接触中，光有美好主观愿望和正确的行为准则，往往还不能完全收到良好的客观效果。建立“互相信任、亲密合作”的同级关系，还必须遵循事物发展规律，讲究一定的方式方法，掌握科学的“处人”艺术。下面，从三个方面来阐述这个问题：

1. 运用创新思维来考虑和处理同级之间的工作配合

同级之间的工作联系，有不少是属于程序性的、约定俗成的联系。还有不少是属于非程序性的、临时协商的联系。后者往往是关系到整个管理机器能否正常运转，同级之间的协调关系能否继续维持的关键问题。同级关系有时候之所以受到损害，在多数情况下，不是由于处理程序性问题出了“偏差”，而是由于处理非程序性问题方法不妥。因此，慎重对待同级之间遇到的非程序性问题，就成为改善同级关系的一个重要环节。

2. 运用多思维来考虑和处理同级提出的要求

在与同级的交往中，属于自己向对方提出的要求，都是主动式的，可控的；属于对方向自己提出的要求，都是被动式的，不可控的。领导要协调同级之间的关系，必须首先学会巧妙地应付同级提出的要求。

3. 运用宏观思维来考虑和处理同级关系

鉴于办公室主任公务缠身，精力有限，对于诸多同级，不可能也没有必要个个皆顾。因此，很有必要站在宏观立场上，冷静剖析一下自己和诸多同级在整个管理机器上分别处于什么位置，相互之间存在怎样的工作关系和人际关系，然后掂量轻重，分清主次，权衡利弊，鉴别优劣，从中筛选掉一些与自己的工作没有直接联系的同级，作为自己“一般交往”的对象，而将其中位置重要、影响明显、联系密切、能够左右全局的同级，作为自己“重点交往”的对象。

4. 既要“合作”又要“竞争”

办公室主任之间，既是天然的“合作者”，又是潜在的“竞争者”。这种微妙的复杂关系，是自然形成，客观存在的。“合作”和“竞争”，是同级关系中不可分割的两个方面，合作中包含着竞争，竞争中又包含着合作。合作，推动竞争；竞争，又有助于更好地合作。因此，一味“合作”而不讲“竞争”，最终将减弱自己与人“合作”的能力，这种“合作”也不可能持久而有效。据此，一个立志成才的领导，应该正确对待“合作”与“竞争”的辩证关系，自觉树立“竞争意识”，对同级，既要热诚合作，又要敢于“竞争”。这种“竞争意识”，应该是积极的、健康的，具体表现在以下五点：

（1）以“竞争”来激励自己，但不要让同级看出你在“竞争”。

（2）在和同级的“竞争”中，领先时不自满，落后时不自馁，一如既往，积极进取。

（3）自觉向同级中的强者看齐、学习。

（4）依靠自己的不懈努力，奋力创造全优工作。

（5）无保留地帮助在竞争中暂时落后的同级。

作为办公室主任，只要能注意上述几点，与同级进行“竞争”，就不会引起他人的误解，以致损害同级之间的合作关系，影响工作的顺利进行。

第四节　与下属沟通协调的艺术

1. 充分了解职工的长处和短处

对于办公室主任来说，能够巧妙进行有效的管理，理顺各方面关系，争取上下级的支持、理解和信任，这才是魅力。

办公室主任要想对员工进行有效的管理，首先必须知道自己能做些什么。要避免把任务分派给了员工而自己根本没有掌握完成任务所需的技能，或者没有接受过必要的培训。

办公室主任要想知道部门内每一位员工都有哪些能力，必须了解他们的特长，而初步印象就是通过他们的履历表获得。然后制订一份员工专长表。这样，办公室主任一旦有了新的任务，能够很容易地确定谁是最合适的人选。

经过一段时间的观察，办公室主任似乎可以看出每个员工具备什么技能、缺乏什么技能、还需要什么培训。但事实往往不是这样，因为有些员工十分擅长隐藏他们的缺陷，他们害怕让领导知道自己不懂的东西。

一种揭示事实真相的方法是与部门中的每一位员工进行私下的交谈。问他们下面的问题：

（1）你最喜欢做你工作中的哪部分？

（2）你为什么最喜欢那部分？

（3）你想让部门分派你做什么工作？

（4）你为什么认为自己擅长做那件工作？

（5）你是否具备一种公司所不知道的技能？

（6）你是否想掌握某种特殊的技能？

（7）关于公司如何更好地运用你的技能，你是否有什么建议和想法？

（8）你最不喜欢做什么？为什么？如何才能使它变得不那么令人不愉快？

一般的规律是，人们喜欢做那些自己做得好的事情，而不喜欢做那些令人遭受挫折或者掌握起来有困难的事情。发现员工们不喜欢做哪些事情，就会知道他们缺乏哪些技能。

2. 领导好有主见的下属

（1）不摆架子，诚恳待人

在一个单位里，办公室主任需要了解下属。只有对下属有了全面的了解，才能在办公室主任工作中做到因人制宜。因为下属面对的办公室主任少，而办公室主任面对的下属多，况且办公室主任表现的机会也远远多于下属。这样，下属有很多的机会来观察办公室主任，所以办公室主任应该以诚实的态度对待他们，使下属觉得你是他们的真正领导。

（2）用对待上司的心情对待部属

作为一个办公室主任，应当以态度和善，接待热情，突出优点，多给鼓励的态度去对待自己的部属。部属确也喜欢自己的上司能有这样的态度，尤其是那些有主见的部属。

（3）画框框，但不拘细节

下属能够相对自主地去干事，可以发挥他们的主观能动作用，从而将任务完成得更好。办公室主任布置工作任务，不画个框框，就会使人不着边际，不得要领，但限制太多也不行。

(4) 有个“公正”的衡量标准

下属希望领导处事公正，领导也应当给部属以“公正”的形象。用主观的想法去衡量客观的情况，往往会出现误差，永远也不可能使所有的人都信服。

(5) 鼓励献策者

对下属这种协助管理的思想一定不能冷落。所提建议不论正确、全面与否，领导都要以诚恳、谦逊的态度对待，使部属感到你的重视。这对调动部属的工作积极性和创造性，增加单位的活力都是不可少的。

(6) 提拔其中的优秀者

单位中优秀者的存在是至关重要的。办公室主任应当大胆使用这样的人，提拔或充分发挥其特长。

3. 激发和满足下属的正当需求

作为一个成熟的办公室主任，首先，不能无视或简单否定下属的各种合理需求。在实际工作中，尽管有的下属工作努力，成绩公认，但在提升、晋级、评优和个人生活等方面仍得不到相应的满足。这样，下属会感到领导已失去了满足自己需求的希望，而变得消沉起来。对此，办公室主任一定要端正认识，不能一味责怪或埋怨下属。要注重激励和满足下属的各种正当需求。为保持下属的工作活力和冲劲，办公室主任要通过不断为下属树立新的奋斗目标，用目标激励、精神激励、物质激励等办法来激发下属的工作干劲。同时，要通过制度管理等多种有效措施，对下属实行奖优罚劣，让下属的精神需求和物质需求尽可能得到合理满足，并不断引导其向前发展。

4. 凡是要求下属做到的，自己首先做到

作为单位的领导，你要把自己的单位搞好，也就必然要向自己的下属提出许多具体的要求，制订具体的行为规范。要使每个下属都遵守这些行为规范，达到这些要求，办法很多，而最根本的就是：凡是要求下属做到的，自己要先做到，也就是正人先正己。举个小小的例子：要求下属上班、开会不迟到，领导自己首先要按时到，如果自己迟到了，就没有资格批评迟到的下属。榜样的力量是无穷的。领导的一言一行本来就容易被下属仿行，如果领导自己作出样子，成为榜样，这力量当然就更大。不过，好的领导要带好一群人并不容易，而坏的领导不知不觉就把一群人带坏了，这也是一种榜样的力量。俗话说：“上梁不正下梁歪”，就是这个意思。当然，领导不端不轨的行为，下属不一定个个都学习仿行，那些素质较高的下属不但不会学习，还会批评或者揭露。如果你不改正，不作出好样子，素质比你高的下属就会轻视甚至鄙视你。你还有什么资格，还有什么脸面去管自己的下属呢？一个部门到了如此的程度，当然也就谈不上领导与下属的关系，以及工作和事业了。

5. 必要时需要鼓劲打气

部下的信心来自对自己能力与环境条件的对比和判断。如果部下看不到自己的潜力，同时又错误地高估了工作任务的难度，那么他的精神压力就会很大，自信心就会降低。所以，明智的办公室主任应该在必要时跟部下一起探讨工作问题，帮助他们看清形势，给他们鼓劲打气，坚定下属对成功的信心，同时鼓励下属运用自己的创造力解决工作中所遇到的棘手问题。

6. 赞赏要有一片真心

作为领导，你与下属相处的每一项艺术，都离不开“真诚”二字，赞赏尤其要真诚。

有个单位的领导，因为自私本位，在群众中没有一点威信。他为了改变这种状况，突然对下属特别恭维起来，逢人便拍拍肩膀赞扬一番，甚至奉承一番，结果与他的意愿相反，大家对他更没有好感，更不买他的账了。

赞赏的目的，是通过你真诚的赞赏，激励对方进步，使之认识并充分发挥可能蕴藏着的神秘的能力，而绝对不是为了哄骗人，笼络人心。言为心声，如果怀着笼络人心的目的，赞赏人时是花言巧语，虚情假意的。这样，对方一听就知道你怀有不可告人的目的，不但不能受到鼓励，反而感到讨厌。

7. 做下属的倾听者

要做下属的倾听者，当然是很不容易的，需要很大的气量。但是，如果没有这种气量，不能让你的下属“一吐为快”，就不是一个好的领导。有的领导错误地认为：领导与下属之间，当然是下属听领导的话，哪有领导听下属的话的道理？因此，当他与下属交谈时，往往只让下属说几句话，自己就接过话题，滔滔不绝地、废话连篇地说个没完。他随便打断下属的讲话，使之讲不下去。当下属讲话不顺耳时，他便生气，毫不客气地挥手制止，使之十分难堪，有时甚至扬长而去，把下属晾在那里，使之更难为情。

实际上，你的指示也好，训斥也好，如果与下属的需要挂不上号，他们就会一句也听不进去。

你的一张寡嘴，使你与下属之间产生了一条深深的鸿沟。有了这条鸿沟，上下的气力就不可能朝着一个方向使。有了这条鸿沟，你就听不到下属的正确意见，了解不到工作的真实情况，必然自以为是地作出某些错误的决策，甚至瞎指挥，造成许多损失。要做一个善于静听的领导，必须破除“领导高明论”。

作为一个领导，下属中常常会有人向他发泄某种不满、怨恨甚至愤怒。如果你是一个高明的办公室主任，你就会乐意做每一个向你倾诉、或者抱怨、发泄的下属的倾听者，甚至客串一下“发泄公司”的角色。

8. 为下属提供发挥作用的“舞台”

作为办公室主任，应将部下放到最能发挥作用的岗位上去施展才干，以实现岗位所需和人才所长的最佳结合。同时，对一些从事某项工作有难度的员工，要多进行鼓励，使其在新的挑战压力下，重新认识自己、调整自己和发挥自己，不断给他们提供一个能真正发挥自己潜能，表现自己才干的新“舞台”，为他们创造一个想拼搏的环境与空间，让全体下属从思想到行动能时时感悟到有干头，从而焕发更大的工作干劲。

9. 鼓励部属多提建议

下属的意见或许没多大的价值，但其中一定也会有主管没想到的构思，这就要特别加以注意，并且弹性地决定采用与否。如果只是固执地相信只有自己的方针才是对的，那就无法步出自己狭窄的见解范围。唯有把下属的智慧当作自己的智慧，才能有新的构想，这是主管的职责，也是使公司、企业发达的要素。鼓励下属多提建议：

（1）以借用智慧、充满感激的心情倾听。

（2）培养日常中的提案。

（3）要把提案制度当成补助手段。

（4）从日常生活当中培养问题意识。

（5）给予实际或研究的场所。

（6）对不平、不满也要表示欢迎。

（7）对提出来的意见要马上有所反应。

10. 尽量宽容和谅解下属

身为办公室主任，应当站在员工的一边，对他人的缺点和不足表示容忍和理解，这是一个管理者的重要品质。绝不要动辄实施惩罚，或者造出一种令人惊恐的气氛。如果员工出现某一错误，他们不用担心自己即将遭受处罚，那他们势必会更好地工作。员工在对管理者作出评判时，宽容型的管理者似乎更令他们接受。在许多公司里，当员工出现某一问题时，事后的调查与追究是较普遍的一种做法。实际上，对于员工的错误，最好是从中总结更多的教训而不是过于追究责任。当偶尔发生下面的事情时，你应该予以宽容：

（1）员工某一天迟到。

（2）当你认为员工应当告诉你某一事情时，他们却没有。

（3）某位员工丢失了一份重要的文件。

（4）某一员工向顾客提供了一个错误信息。

（5）员工没有积极主动地解决某一问题。

（6）员工忘记了某一事情或违反了某一规则。

（7）员工不顾制度而自行其是。

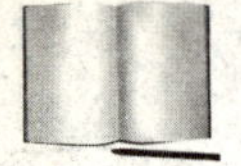

（8）员工做错了某件事情。

（9）员工无意得罪了你。

当然，宽容也得有个限度，如果某位员工经常不断地未能满足你的标准和要求，并且最终导致很大损失，这时，你作为管理者，应当完全介入，并且采取相应的措施。

作为办公室主任，你的作用就是要保证事先制定的标准得以实现，并且以一种让人接受的方式去解决那些偏离标准的行为。如果你将自己视为一个评判他人行为的法官，让自己不断评价他人，那你将会与员工逐渐疏远。你应当充当员工的一名顾问，让他们对自己的行为和结果做出让人接受的判断。

11. 积极鼓励下属把话说完

让人把话说完，最好的办法是静听。但是静听，并不是一句话也不能插，适当简短地插话，鼓励下属把话说完，这种静听会收到更好的效果。当下属怕耽误你的时间不敢继续说下去时，你可以说："没关系，你说下去。"或者："没关系，请把话说完。"以打消他的顾虑。如果下属思想紧张，一时语塞，说不出话来，你可说："不要紧张，咱们慢慢地说吧！"以放松他的紧张情绪。如果下属说话的条理不十分清楚，你可一边听，一边帮助理清一下，把他说的概括成几个意思，并问他对不对。如果下属有话不敢说，"欲说还休"的时候，你可向他表示："你放心说，我给你做主！"或者说："我给你保密。"但是，也要视情况而定，因为，你的身份是办公室主任，说话须有准数。

12. 与下属说话时所许的承诺，一定要兑现

你身为领导，下属找你谈话，其目的不外乎"求"和"献"，或求你理解，求你帮忙，或向你献一点信息，或献一项良策。如果当时你满口答应他所提的要求，或者答应采纳他所献的良策，但事后却忘得一干二净，一点反应也没有，下属就会感到受你欺骗了，这样，你就再也不会得到信任了。古人说："一诺千金"。一经许诺，再大的困难也要克服，保证兑现。如果是做不到的事情，或者是不能完全做到的事情，只能有几分把握就许诺几分，切不可轻易答应。下属绝大部分都是通情达理的，只要领导把原因说清楚了，他们是不会强人所难的。切忌为了尽快打发他走而对他的要求说些不痛不痒、不着边际或模棱两可的话。这样会使人有一种被欺骗、被捉弄的感觉，你的威信也可能受到损害，而应根据党的政策和客观的可能性等方面的情况予以比较明确的答复。如果一时答复不了或一个人做不了主，也要把情况和困难讲明白，使对方感到你对他和他所说的话的关注，从而有一种满足和满意感。你安排给他的工作，他也才会更加努力、认真地去做。

13. 互助互谅，视下属如知己良朋

许多办公室主任似乎很容易把注意力集中于与客户相处的技巧上，往往是笑

脸相迎，笑脸相送。而对于自己单位的职员，则肆意责骂，把自己心中的闷气全然发泄在对方的身上，动辄表现出不耐烦的表情，发号施令，根本不考虑对方的感受，你是否也曾有过这种过失？

这样做的你等于明白地告诉自己：我是他们的领导，他们只是我的奴隶。告诉了你的下属，你是领导，你和他们是不一样的，你有权力决定他们的一切。

一个威风八面、旗开得胜的办公室主任，他的心中不会存在等级观念，他懂得人人平等的道理。就算自己的职位比别人高，也不敢恣意妄为，须知风水轮流转，尊重别人，是自重的第一步。

无疑，你的下属有责任助你完成工作，事无大小，你都可以交给他处理，但如果你让下属有更充裕的时间做好其分内的事务，对方必然感激不尽，对你更忠心。上级与下属的关系，唯有以互助互谅为基础，合作无间，工作才会变得轻松而富有意义。

视下属如知己良朋，而不是自己的奴仆，时而征求对方的意见，接受他的批评，力求消除彼此心中的隔阂，如此对方做起事来，必然格外卖力。

14. 求下属帮忙，给人一种自重感

求下属帮忙，无论这个下属原来与你的关系如何，都能给他一种扎扎实实的自重感，而且无形中使他觉得他在整个单位有了位置，至少使他明显地觉得他是单位一个重要的分子。如果领导请求他在某方面保密，或者提点参谋意见，出点主意，会使他感到这是对他的信任，对他的器重。如果领导请他帮忙的是知识和技术方面的问题，会使他感到这是对他知识、技术的赞美和肯定。所以，领导求下属帮忙的问题，只要是下属力所能及的，没有不乐意帮忙的。在知识方面，领导如果能虚心向下属求教，下属没有不乐意指教的。“不耻下问”。这样做，不但可以增强领导的知识，更重要的是增进领导与下属之间的感情，激励下属的精神和意志。

第五节　涉外活动中的协调艺术

一、了解基本的涉外公关礼仪

1. 遵时守约

遵守时间，准时赴约，这是涉外公关中极为重要的礼节和规矩。大多数外国

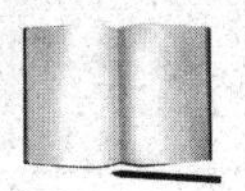

人时间观念很强，因此，参加各种涉外活动，都要按约定时间到达，不要姗姗来迟或过早抵达。早到会使主人因来不及准备而难堪；迟迟不到则让主人与其他人等候过久而失礼。如果因事耽搁而迟到要向主人和其他客人致歉，万一因故不能应邀赴约，要设法事先通知主人，并表示歉意。

2. 尊重对方风俗

在涉外公关中，必须尊重各个国家、民族的风土人情、宗教信仰等，否则将会给对方带来很多不愉快。例如，在一些吃手抓饭的国家，如在印度、印度尼西亚和一些阿拉伯国家，左手被认为是不洁的，人们忌用左手与其他人接触，或用左手传递东西，否则将会被看做是不礼貌的举动。在信奉佛教的国家不能随便摸孩子的头顶。在保加利亚、阿尔巴尼亚等国家，摇头表示同意赞赏，点头表示不同意。

3. 举止行为得当

办公室主任参加涉外活动时在行为举止上要处处表现出良好的教养、不卑不亢的态度和良好的气质。

举止粗野、言谈粗俗都是不合礼仪的。

4. 就餐姿势要文雅

在宴会上就餐时要举止文雅，注意礼节、礼貌。

进餐时要闭嘴咀嚼，不要大声咀嚼发出响声，口中有食物尽量不要讲话。自己不能吃或不爱吃的菜肴，不要拒绝，可取少量放在盘内，并应表示：“谢谢，够了。”食物太热时不要用嘴吹，可等稍凉后再吃。如有事必须提早退席，应事先向主人说明，到时再告别主人，悄然离去，不要惊动过多客人。宴会即将结束时，应向主人致谢，并称赞菜肴丰盛，宴会组织得好。

5. 谈话亲切得体

在与客人谈话时，态度要彬彬有礼，使人有一种亲切感，愿意与你交朋友，愿讲真话。切忌盛气凌人把自己的观点强加于人。

对有些问题，要以共同探讨的口吻，尽量多举些例子，以理服人。要事先弄清客人的身份，使自己说话得体，有针对性。如有的问题客人一时不能理解，可以安排一些实地参观，增加感性认识，用事实说话，或暂时回避，换个话题，以后有机会再说。

6. 讲究服饰仪容

朴素、大方、整洁、合乎时令的服装，不仅是精神面貌的体现，同时也是对宾客或主人的礼貌和尊重。穿着入时整洁，容光焕发，更会给人留下一种生气勃勃、奋发向上的美好印象。

我国没有礼服和便服之分，但大体上讲，男士特别是男青年宜穿上下同色的西装（或中山装），配相宜的皮鞋，系领带。女士则宜按季节与活动性质的不同穿西装套裙，或羊毛衫套装、旗袍、民族服装等。目前国际上大多数国家在穿着方面趋于简化。

要注意仪容整洁。男士要适时理发，胡须要刮净，指甲要修剪，内外衣要经常保持整洁。不要在室内戴帽子或墨镜。女性活动前要梳理打扮，保持外貌整洁美观。

二、怎样安排会见与会谈

为了增强双向沟通和相互了解、相互合作，办公室主任往往要参与各种行式的会见与会谈。

1. 会见

会见，国际上一般有接见和拜会之分。凡身份高的人士会见身份低的人，或者主人会见客人，一般称为接见或召见。凡身份低的人士会见身份高的，或者客人会见主人，一般称为拜会或拜见。我国一般统称为会见。接见和拜会后的回访称回拜。

会见就其内容来说，有礼节性的、事务性的、政治性的，或兼而有之。礼节性会见时间较短，话题较为广泛、轻松，属于一种较正式的见面形式。事务性会见则涉及双方关系的交涉、业务商谈等。

会见可以安排在办公室或会客室。在会客室会见的座位安排：客人坐在主人的右边，如需要译员和记录员则安排坐在主人和主宾的后面。其他客人按礼宾顺序在主宾一侧就座，主方陪见人在主人一侧就座。座位不够可在后排加座。

2. 会谈

会谈，指双方就某些正式或重大的政治、经济、文化以及其他共同关心的问题交换意见，或洽谈公务，业务谈判等。会谈的内容一般较为正式，政治或业务的专题性较强。

考虑到会谈的气氛比较正规、郑重，对等性强，因此，坐席的安排更讲究双方或各方的平衡，通常用长方形、正方形、椭圆形桌子。

最常见的是长方形桌，宾主相对而坐。以正门为准，主人占背门一侧，客人面向正门。主谈人居中，译员安排在主谈人右侧或后面，其他人按礼宾顺序左右排列。

如会谈长桌一端向正门，则以入门的方向为准，右为客方，左为主方。

3. 会见和会谈的注意事项

（1）提出会见的目的和要求。拜会者根据双方关系、本人身份及业务性质，提出要求会见主方某人士，约定会见时间、地点、参加人员。接见一方应尽早回复。如因故不能接见，应婉言解释。

（2）接见一方的安排者，应主动将会见的时间、地点、主方出席人及有关事项通知对方。拜见一方的安排者，应主动向主方了解有关事项。

（3）准确掌握会见的时间、地点和双方人员名单，及早让有关方面做好准备及安排。主人应提前到达候客。

（4）接见一方应在会见场所安排足够的座位，并事先排好座位图，现场放置座位卡；准备好扩音器、灯光等设备以及茶水、饮料。

（5）如需合影，应事先排好合影图。合影时一般由主人居中，按礼宾次序，以主人右手边为上，主客双方间隔排列。主要身份者站前排，其他人员排在后面。一般来说，两端均由主方人员把边。

（6）客人到达时，主人在正门口或会客厅门口迎接。会见结束时，主人应送至车前或门口握别，目送客人离去。

（7）正式的会见和会谈，与会者不应随意走动或进出。工作人员安排就绪后应退出。记者也只在会谈前采访几分钟，然后离场。根据双方协议，会谈后可共同或单独会见记者。

第四章　办公室主任组织管理工作

第一节　科学地选拔人才

组织机构和工作岗位确定后，就要为组织选配适当的人才，并最大限度地合理使用人才。办公室主任选人、用人时必须研究人才学，掌握好选人用人的原则。最重要的原则就是以事业为本、人才为重，把具有强烈事业心、高度责任感、雄才大略的人才选进班子。办公室主任应尊重人才、任人唯贤。此外，办公室主任本人不可能是全才，但在选人、用人上应成为帅才。楚汉相争，项羽败于刘邦，并非由于项羽武艺不如刘邦，乃是刘邦善于用人，集合了各种人才的缘故。我们必须深深懂得任何个人只能在一个或几个领域达到卓越的水平，与人类知识能力总和相比，任何伟大的天才都是不及格的。所以，必须运用组织能力扬个人之长，避个人之短，把具有专长的各类人才集合起来，形成一个强有力的工作群体，开拓和发展事业。

一、人才的合理使用

1. 对不同表现的人

（1）表现比较好的人

一是用他的长处，用他自己的实绩显示自我。二是用人才互补结构弥补他的短处，保证他的长处得以发挥。

（2）表现一般的人

给其在他人面前表现自己的机会，求得别人的信任和自己的心理平衡。也要注意鼓励他们用自己的行动证明自己的能力。

（3）表现较差的人

可以给他们略超过自己能力的任务，使他们得到成功体验，建立起可以不比人差的信心。同时也要注意肯定他们的长处。

2. 对能力、经验等状况不同的人

（1）有能力、经验、头脑的人

可以采用以成果管理为主的方式。在目标、任务一定的情况下，尽量让他们自己选择措施、方法和手段，自己控制自己的行为过程。还可适当扩大他们的自主权，给他们回旋的余地和发展的空间。

（2）能力较弱、经验较少、点子不多的人。

可以采取以过程管理为主的方式。用规程、制度、纪律等控制他们的行为过程；或用传帮带的方式，使他们逐渐积累经验、提高能力。

3. 对不同类型的人

美国心理学家赫兹伯格有个双因素理论。他把人的需要分成两种因素：工资、待遇和工作环境等叫保健因素，成长、成就等叫激励因素。他认为不同的人追求不同，因而对这两种因素的需要也不同。就是说，可以根据这两种因素区分人的不同层次。他的这个理论是有一定道理的。按照他的理论，因为在事业层面上，追求激励因素的人一般采取主动的态度，故此，我们称他们为主动型的人；因为追求保健因素的人一般采取被动的态度，故此，我们称他们为被动型的人。主动型的人一般具有较高的追求和奉献精神，具有较为丰富的思想内涵，他们的主动意识强，往往表现出开拓精神来。对他们之中能力强的，我们应该以授权方式为主，尽量减少干预，可以交给他们复杂的、有难度的，特别是富有挑战性、风险性和开拓性的工作。这不只是可以培养他们更高的能力，而且会激发他们更大的创造精神。一些人甚至认为，具有高追求的人，交给他们只具有50%成功率的工作，会调动起他们最大的干劲和热情。对他们之中能力弱的人，我们应该尽可能为他们提供学习、提高的条件，为他们创造好的环境，帮助他们进步，尽量交给他们有把握完成的工作，逐渐提高能力。

被动型的人比较注重物质利益、工作条件和人际环境，他们表现出来的往往是责任心，而不是进取心，思想内涵也比较简单。对他们其中能力强的，要明确其具体责任，赋予确定的激励机制。因成就意识较弱，所以最好是叫他做某一领域、某一方面的工作，或是技术性较强的工作。对其中能力较弱的人，一定要辅以较为完善的管理制度和激励办法。分配给他们较为单一、专一的工作则比较合适。

4. 对不同年龄段的能人

（1）有能力的年轻人

他们年轻，一般地说，胆子大、有干劲、少顾虑，所以可以给他们开拓性的、进取性的，有一定难度的工作。

（2）有经验的中老年人

他们更扎实、稳重、有能力，所以适宜做稳定性的、改进性的、完善性的工作。

5. 对个性突出，缺点、弱点明显的能人

这就是我们常说的两头冒尖的人。对他们，一是用长。长处显示出来了，弱点便被克制，也容易得到克服。二是做好思想和情感沟通的工作。一年里谈几次话，肯定成绩，指出问题，沟通感情。使他们感到领导的关心和理解，自己更会兢兢业业。三是放开一点，采取“一忍三等”的办法。不要只是盯住人家，而是给人家留有一定的余地，帮助也只是在大事上、关键性的问题上。否则，束缚住手脚就很难有所作为。

6. 对有特殊才能的人

一定要尽可能给他们最好的条件和待遇。特殊人才，特殊条件，特殊待遇，这是我们应该遵守的原则。他们之中有的人并不是安分者，可能有这样那样的毛病和问题，以至很不好管理。对此我们不只是要容忍，而且应该做好周围人们的工作，以便使他们能够集中精力发挥长处和优势。

7. 对有很强能力的人

采取多调几个岗位、单位的办法，既能够让他们发挥多方面的、更大的作用，又可调动他们乐于贡献、多出成绩的积极性。对年轻又很有能力的人，则应该给几个轻便的台阶，让他们尽快地负起更大的责任。如果有可能，我们可以为他们创造条件，让他们去开拓新的事业。江苏神鹰集团就为一个从驻外使馆回来的人办了一个海外发展公司，他策动 20 多位德国老板来访，有 6 家公司与其合作办厂。

8. 对被压住了的能人

一个是先把他们调出去，给他们显示自己本领的机会，也给他们从另外的角度审视自己的空间。等有了成绩，被公众认可，在必要时就可以调回来加以任用。另一个办法是调开压他们的人，让能人上来。这都要根据具体情况决定。

9. 对尚未被认可的能人

一是采取逐渐渗透的办法，让人们逐渐认识他们的长处和成果。二是给机会显示才能，以实绩让人们信服。新中国成立之初，国民党起义将领陈明仁担任解放军 21 兵团司令员，毛泽东同志就是让他去广西剿匪，以帮助他树立威信的。三是采取普遍性考察的方式，有意突出他们的业绩，使人们认可。

10. 对品德上有缺陷的能人

可采取这样几种办法：一是任其副职，以正职制约；二是派给他副手，告诉是协助他工作，同时也要接受他的帮助。即派副职监督、帮助。这在形式上是副职监督正职，实际上是上级监督下级。三是派给他能够监督、约束他的工作人员，比如会计、审计、监察人员等，在职能权力上约束他。四是派给他素质好的直接下级人员，以此作防御层。应该注意的是，不要用同级人员来制约他，比如用书记来制约厂长，这很容易闹矛盾。

11. 对犯有错误的能人

一个办法是调到外单位去，改了还可以再回来。再一个办法是根据实际情况降职使用，但仍给实权，是降而不是压，既发挥作用，又留有后路。

12. 对跟自己亲近的能人

一是调离自己的身边，让其显示自己的才干。好处是，因为和自己的关系好，到底是不是能人可以再看；是好样的，别人也会服气。二是采取外冷内热的办法严格要求之，使他们不依靠领导，而是依靠自己，不断地求得发展。

二、办公室主任用人的基本原则

一般来讲，办公室主任要做到合理使用和安排下属，需要掌握下列基本的用人原则。

1. 量才而用，人尽其能

人才有不同层次和类型，在用人的时候，必须做到职能相称，量才使用。既要避免大才小用，也要避免小才大用，而要把人的才能、专长与岗位、职务和责任一致起来。

2. 克服所短，用人所长

办公室主任的用人之道是用其所长，避其所短，宁用有缺点的人才，不用所谓无缺点的庸才。对于那些才华横溢、智能超群，同时也可能缺点突出、争议很大的人，办公室主任要有胆识和气魄，力排众议，态度鲜明，容其所短，大胆重用。无论哪个领者，用人要求没有缺点，其结果必然导致庸才云集，败坏事业。所谓样样都好的人，则往往不过是平平庸庸，无所作为的人。而强人往往都有显著的弱点。一个领导，如果只看别人的短处，则无一人可用；若看到别人的长处，则无不可用之人。当然，领导在用人之所长时，并非完全不看人之所短，更不是任其发展，而是对其短处做具体分析。满短可能碍其长，则要注意在用其长时提防其短；若其短不碍其长，则可不必理会。一个优秀的办公室主任，应尽力为人才各展其长创造条件。

3. 不分亲疏，任人唯贤

任人唯贤还是任人唯亲，是两条对立的用人路线。我们必须坚持任人唯贤，反对任人唯亲。任人唯亲是自私心重、心胸狭窄、目光短浅的表现。领导就要以事业为重，打破“亲疏”的界限。坚持从实际出发，大公无私，不拘一格，任人唯贤，实事求是地去选拔和使用人才。

4. 容人纳贤，高风亮节

大度容才也是办公室主任有容才纳贤的气魄和度量。

（1）容人之长

一些办公室主任对一般的人才可以任而用之，可对拔尖之才，尤其是超过自己的高才却容忍不了，认为人家构成了对自己权力和中心位置的威胁。于是，嫉妒之心油然而生，压才之举随之而行。孰不知，这是愚人之见。真正的优秀人才必须脱颖而出，任何人也压不住。高明的办公室主任，对高才是喜不是忧，是扶不是压，是求不是弃。因为他懂得，高才是事业成功的希望。

（2）容人之短

人才虽有所长，也有其短。有的优点突出，缺点也突出；有的恃才自傲；有的不拘小节；有的怪脾僻习；人才之间还有各种矛盾。因此，办公室主任既要用其长，也要容其短。

（3）容人之言

既要听取贤才的各种主张、意见，鼓励他们讲话，尤其能听取他们讲出不合自己口味的意见。因为，既然是人才，必有自己的真知灼见，必然对自己的见解充满自信心，对领导的意见不会随声附和，往往固执己见。有的人才还往往不懂世故，不顾情面，不分场合，秉公直言，办公室主任容人之言，也是发扬民主的表现。作为一个办公室主任，应当接贤纳谏，广开言路。

（4）容人之冒犯

容人之中，容人之冒犯最难。某些办公室主任，稍有冒犯之举，他就伺机报复。真正有远见的办公室主任从不给冒犯者“穿小鞋”，对合理的冒犯，引咎自责；对不合理的冒犯，也能以事业为重，从大局出发，毫不介意。因为他知道，这些冒犯者大都秉性耿直，这正是难得的人才，是事业希望所在。

三、疑人不用，用人不疑

作为下属，都有过这样的感受，当你的领导怀疑你的能力或人品时，你定会火冒三丈，要找他理论一番，脾气稍微温和者从此会士气大消，更有毒辣者，会暗中使坏。这些都源于一个“疑”字，其结果会给公司带来极坏的影响。

因此，身为办公室主任，一定要引以为戒。切记，疑人不用，用人不疑。对员工信任，一来可以展示主管广阔的胸襟与诚实的人品，换取员工对你的信任与尊敬；二来可以作为一支兴奋剂，刺激员工竭尽全力，办好事情。因为谁也不愿在别人面前丢面子，显得自己很无能。得到了领导的信任，正是表现自己的绝好时机，谁也不愿放过。所以，一句信任的话，一个鼓励的眼神都是换取员工忠心的有效办法。

如何做到用人不疑，疑人不用？以下几条可以供参考：

1. 独具慧眼，选拔人才

这里所说不要怀疑员工是指领导选定人员、派以职务之后，而非选人之初。选拔人才，必然要独具慧眼，多加考察，充分认识员工的各方面的素质，综合评估他的能力，给员工安排适合的职位。选好之后，才是你日后用人不疑的前提与保障，因此选拔工作至关重要。

2. 选出人才，用人不疑

对于领导确信出色的员工，认为其能独当一面了，这时就让他们按自己的打算放手去干，不宜过多地干涉，否则有时善意的询问也会被员工误以为是对自己不信任，效果适得其反。不妨“难得糊涂”一次。

3. 设立监督机制与赏罚机制

用人不疑，让员工放手去干，不是毫无章法的。一定要设立监督机制，不能让员工借此机会为私谋利，设立赏罚机制，使他们为自己的行动负责，以督促谨慎行事。

总之，作为办公室主任，信任是你推进上下关系的一大法宝，如果你选择出可以信赖之才，并对其充分信任，那么整个公司必是一片生机，关系融洽。

四、成事在人

那么究竟什么是人才？所谓人才，是指在某一方面或几个方面有较强的能力或才干，对认识世界或改造世界作出了积极贡献的人。人才具有以下几个方面的基本特征：

1. 杰出性

2. 方向性

3. 创造性

4. 专业性

5. 成果性

选拔人才是领导工作中的关键性环节。首先，办公室主任的各项决策，在决策之前需要参谋人员出谋划策，在决策之后需要有关人员去组织落实，而这些人员还必须是具有较高的组织、管理水平和专业技术水平的人，即管理人才和技术人才。其次，为实现所确定的领导目标，大量的日常管理工作需要下属人员去做，而这些下属人员也必须具有一定的工作才干。再次，办公室主任在公关活动中，也需要人才鼎力相助。办公室主任的公关活动包括对内的人际沟通和对外交往两大方面，无论在哪一方面，办公室主任都不能单枪匹马，而必须是有下属在公关方面有专长的人才给予协作。使用人才的前提是人才的选拔，所以，选拔人才是办公室主任极为重要的工作。尽管办公室主任的工作千头万绪，但其关键就在于选拔人才。一个卓越的办公室主任，不需要在各方面都是才干超群，但必须具备超群的选人与用人的才能。

中国有句古语："得士者昌，失士者亡"，又说，得才兴邦，得才兴业。我国古代有些办公室主任，本身并没有什么高超的本领，但因为能够在下属中拥有杰出的人才，从而能够成就一代伟业。齐桓公有了管仲，才能成为春秋第一霸主；刘邦有了萧何、张良、韩信，才能最后击败项羽，建立西汉王朝；刘备三顾茅庐得了诸葛亮之后，才逐渐摆脱寄人篱下的困境，入主巴蜀，形成了魏、蜀、吴三国鼎立的局面。唐太宗李世民是杰出的封建君王，治国成就赫赫，他总结说，他成功的主要原因就在于用人：第一，不妒忌有才能的人，看到别人的才能，好像就是自己的才能；第二，用人所长，避免其短；第三，敬重贤良，原谅犯错误的人；第四，褒奖正直，从不黜责出去一人。唐太宗深知人才的价值，正是如此般地用人，他才实现了"贞观之治"，在中国历史上写下了显赫的一页。我国著名历史学家范文澜先生说，"纳谏和用人是唐太宗取得政治成就的两个主要原因"。

在当今世界，"人才是最重要的资本"已成为国际经济活动中新的价值观念。为争夺这种"最重要的资本"，各国展开了激烈的人才竞争。例如，瑞士一名研究生研制成功一支电子笔和一套辅助设备，可用来修正遥感卫星拍摄的红外照片。美国一个大企业和瑞士一些公司为了引进这位人才，就曾展开了一场提高薪水的人才争夺战，轮番加价，你加他也加，最后美国人说，现在我们不加了，等你们加定了我们乘以一个五。就这样，美国将这位研究生连人带笔弄到他们企业去。在争夺人才战中，甚至还有的为了获得一个人才，不惜花巨资把对方整个企业都买下来的奇闻。荷兰菲力浦公司为了在美挖走一个搞第五代电子计算机的工程师，出了年工资 200 万美元没有成功，最后竟花去了 3000 万美元把包括该工程师在内的整个公司全部买下。可见人才在当今社会中的价值。

当前我们正在进行的现代化建设，迫切地需要优秀的人才贡献其聪明才智，各级办公室主任都应以慧眼识英才，放手地选拔人才，为他们施展才华提供用武之地，而不要扼杀他们。

五、观人举止，鉴人识才

1. 人才，并非是全才

现实工作中，有的领导要否定某人不是人才，通常是指出他在某个方面的“不才”。这些领导的人才观念就是：人才即是全才。全才，大概是指人的全面性的才能，即在各个方面都有过人之处，不然，就不能以“人才”相冠。而事实上，这样的人才是根本不存在的。俗话说：“行行通，行行松”，一个人的智力、体力，都是有限的，任何一个人都不可能在所有的方面超过其他人。虽然现实中也有某某人是“文武”全才的说法，但这种“全才”也只是相对而言，或者是指他的综合才能要比别人高一些，并不意味着他在任何方面都超过了别人。因此，人才，并非是全才。正确的人才观应该是，人才，仅仅是指有一技之长、一专之能的人。也就是说是指在某个方面、某一点上有所擅长的人。人才可以大体分为开拓型、稳健型、守成型等。然而，即使现在被人们推崇的开拓型领导人才，其实也不过是专门性人才而已。这种人胆识过人，作风泼辣，说干就干，很少保守思想，容易开创工作局面，但他与稳健型人才相比，往往在对问题的深思熟虑方面欠佳。所有的办公室主任，也只是专才，是领导方面的专门人才。离开了领导岗位，厂长不一定是一个技术好的车工，财政局长不一定是个业务拔尖的财务出纳员。所以，不能强求一个人样样精通。

2. 人才，并非是奇才

提起人才，许多人会自然地想到历史上的张良、诸葛亮，这些奇才式人物。这类奇才异能之人古今都有，但毕竟为数极少。这类人才具备了他人无法与之比拟的先天条件，因而创造出了前无古人，后无来者的辉煌成就。这些人是人才中的精华，而不是人才的全部。大量的人才倒是与奇才相对应的平凡之才。

如果我们要求一切人才都具有高超的奇异的本领，那么，我们就像戴了黑色眼镜，看不到五彩缤纷的世界，看不到各种类型的人才，甚至像盲人一样，找不到人才。人才分为三种类型：决策性人才、执行性人才、操作性人才。大量的人才是执行性人才和操作性人才。这些人才，不可能也不需要是奇才。他们只需要在处理日常工作和技术性问题时，有较高的才能，而不需要他们人人足智多谋、才艺双全。即使是决策性的人才，也不可能都是像张良、诸葛亮那样杰出的奇才。所以，办公室主任必须树立这样的人才观念：人才，也并非是奇才。

3. 人才，并非是完人

对人才的识别，不是先着眼于人才的优点和长处，而首先看其毛病和短处。

古人有训，“金无足赤，人无完人”。道理讲起来很简单，但真要做起来却又容易表现出一种“下意识”，生怕违背了“德才兼备”的标准，其结果又往往总是因为对其“德”拿不准而废其才。如某企业的几位领导都看准了生产科科长某某，他精通全厂生产流程和业务调度，如能提升为生产副厂长准是把“硬手”。但一想到他曾离过婚，虽然已经明察其原委，还是唯恐有关“道德不好”的嫌疑，故未予以提升。

要坚持“德才兼备”，但不可强求每个人才都是完人。

哪一个人在工作上发挥自己的优点时敢保证时时处处都不过头，都能恰到好处？又有哪一位办公室主任在观察下属发挥优点时能精确地把握住优点与缺点的那个“结合点”？稳重与寡断，细致与繁琐，深思熟虑与谨小慎微，独立见解与主观自恃，果敢决断与不够民主，雷厉风行与性格急躁，等等，一边是优点，一边是缺点，这两“点”往往会在一个人身上同时显现出来。因此，每个办公室主任都应懂得，人才，并非是完人。以完人来要求人才，都会是“人将不才”，这样，不仅埋没了人才，也会给自己的事业带来损害。

4. 人才，并非都有文凭

有一种观念，人才就是有大学毕业文凭的人，这是近几年的文凭热形成的“流行病”。人才是有知识的，这就容易使人们简单地把人才与知识分子等同起来，而知识分子大都是得过“文凭”的人，所以，人们就在人才和文凭之间画了等号。文凭是一个人受教育程度及掌握相应知识的标志，它能在一定程度上反映一个人的知识和才能，因此，看重文凭知识是必要的。但是，人才并非都有文凭。所谓人才，是指在某一领域有突出才能的人，而才能是一个人运用自己掌握的知识处理问题、解决矛盾、开拓局面所具备的实际才干和能力。才干和能力主要通过实践表现出来。才干有三种类型：一类是既有文凭，又能实干；一类是没有文凭，但通过自学已具备相应的文化水平，实际能力很强；一类是没有文凭，有实干精神，积累了一套丰富的工作经验。拥有后两类才干的人也都是人才，但他们都没有文凭，因此，人才并非都有文凭。

同样，反过来，拥有文凭的，也并非都是人才。有一些“昏昏者”躺在文凭上睡大觉，其实际知识相当贫乏，工作能力也很薄弱，这样有文凭者岂能称得上人才。因此，办公室主任在“文凭热”中必然树立这样的观念：人才。并非都有文凭。在重视文凭的同时，不唯文凭看人。选拔人才，最重要的要看其实际才干。

5. 发现人才的良方

古人晏子说：“国有三不祥”，不祥之一是“有贤而不知”。在树立了理性、科学的人才观念的基础上，办公室主任发现人才还需要讲求方法。这些方法主要有以下几个方面：

（1）随时观察。

（2）专家推荐。要考察和选拔从事某一专业或主管某方面业务工作的人才，最好请该专业的专家和同行来推荐、评议。因为只有内行人才能对其业务水平作出深刻、全面、恰如其分的评价。如果担心人际关系的影响和感情因素的干扰，会使考核结果失真，专家评议时可以采取个别征询的方式进行。

（3）直接面谈。孔子认为，“不知言，无以知人”。韩非也说：“不听其言也，则无术者不知”。面对面交谈能使办公室主任对考察对象产生直接的亲身感受和较深的体验，从中窥见其思想水平高低、见识深浅。如果不见其面，不听其言，就很难得到具体深刻的印象。对于不大熟悉的干部，办公室主任可以通过面谈了解其工作经历、受教育情况、有何专长、兴趣、微笑气质如何以及应变、表达、见识能力怎样。面谈之前，应对被考察者的各种背景材料进行尽可能多的了解。谈话的气氛要轻松愉快、亲切融洽，办公室主任要掌握谈话的主动权，善于观察和分析对方的反映。

（4）让群众评议。对群众的意见也要采取分析态度。经验告诉我们，再好的人才也不可能获得百分之百的群众的赞扬和拥护。越是原则性强，开拓精神强的干部越容易得罪人，而一些工作无能、讨好有术的人，却能赢得数量可观的支持。所以，必须把群众评议同组织考察结合起来。

（5）有意考验。仅仅面谈和观察，有时还不足以识别一个人，这就要求进一步采取一些必要的方法，对被考察者进行一些有目的的试探，在动态中进行考察。

6. 鉴人识才的秘诀

（1）辨识人才，不能用片面眼光。古人说：“见骥一毛，不知其状；见面一色，不知其美。”辨识人才也是这样，不能看某人在某一时、某一事、某一方面的表现，而要从多方面进行观察，做综合性的思索，然后再下结论。

（2）辨别人才，不能僵化地遵循书本上所规定的一些标准。关于人才的特征和标准，尽管在理论上进行各种研究和规定，以供各级领导参考，但人才毕竟是活生生的现实中的人，理论上所给定的那些规定和标准是很难准确把握的。

（3）“事不成无以知君子”。判断一个人才能大小，最可靠的标准是看他做成事情的多少与难易。我国古代思想家荀子将其概括为“岁不寒无以知松柏，事不成无以知君子”。一个领导也应注重在实践中考察和熟悉人才，了解其工作表现和工作成绩，并以此作为根据，鉴别他是不是人才，是属于哪一层次、哪一方面的人才。选才用人要大胆，但又必须慎重，因为人才与事业是紧密联系的，用人不当，必贻误事业。所以，必须多在实践中对人才进行全面观察，做到

“操千曲而后晓声，观千剑而后识器”。

（4）“任不重，则无以知人之士”。着眼于现有的业绩，往往还不能全面地认识一个人才，尤其判断不准他具有多大的能力，能胜任哪个层次上的工作。一个人如果仅从他的现状看并没有“雄才大略”，假若把他放到一个恰当的位置上却使其会表现出非凡的才能。这正如日本的一位企业家所说的，人们往往不是有这个能力才担负这个职务，而往往是担任了某个职务才发挥出了惊人的能力。

（5）“辨才需待七年期”。白居易有一诗句：“试玉要烧三日满，辨才须待七年期。”这就是说，辨识人才绝不是一蹴而就的事情，需要放长眼光，从发展趋势中去考察，去把握。每个人都具备一定的基本素质，根据这些素质识别人才，要求办公室主任具有一种特殊的或者说是近乎于潜意识的洞察力。识别这种才能，虽然比较困难，但却十分重要，这实际上是办公室主任在识人问题上所做的一种带有战略性的决策。

六、要见贤思齐

一个聪明的主任，应该让自己的下属把全部的聪明才智充分发挥出来，而且应尽一切可能为下属创造条件，让其冒尖，而不应该嫉贤妒能，怕下属冒尖。你所领导、所管辖的范围有人冒尖，别人会说你领导有方，而不会给你带来任何害处，你应该感到光荣和高兴。而且，一个真正有才华的下属，终究是无法抑制他的成长的，此处不用人，自有用人处。办公室主任嫉贤妒能最终只能愚蠢地把人才推给别人。你留下一群庸人，你所领导的单位能做出什么呢？一个嫉贤妒能的办公室主任会使聪明能干的下属变得懒惰，因为干出成绩反而要遭到你的刁难嫉妒，何苦呢？

一个单位的办公室主任，应该鼓励下属冒尖，并不断地拔尖，树立榜样，自己带头向榜样学习，号召大家都向榜样学习，你所领导的单位就会生气勃勃，永远处于领先的地位。什么是领导才能？这就是领导才能的突出表现。你能放手鼓励下属冒尖，你所领导的单位，你自己的领导才能也会随着冒尖。要克服嫉妒之心，最为关键的是要有宽阔的胸怀。以事业为重，以国家利益和人民利益为重，不计较个人得失。宋朝时候，寇准多次在宋仁宗面前说王太尉的短处，可是王太尉经常在宋仁宗面前说寇准的长处，并推荐他当宰相。有一天，宋仁宗对王太尉说：“你总是称赞寇准的美德，他却在我面前说你的坏话。”王太尉说：“本来应该如此，我做宰相很久，处理国家的事情一定有很多毛病。寇准在陛下面前不隐瞒自己的想法，更加可以看出他的忠诚、耿直。这就是我所以尊重寇准的原

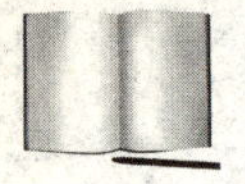

因。”这是多么宽阔的胸怀！有了这种胸怀就容得下人，特别是容得下能有所作为甚至大有作为的人了。

一个单位搞得好不好，与那个单位员工的素质是成正比的。而一个单位员工的素质，又是与这个单位员工能不能虚心学习先进成正比的。

七、人才培养的有效途径

培养知识经济人才必须针对人才成长的不同阶段的不同特点进行。

近期的经济理论研究表明，经济系统的知识水平和素质已成为生产函数的内在部分，是提高生产率和促进经济增长的内在动力之一。而且经济越是高级化，科技水平和劳动者素质的分量与影响就会越来越大。

面对市场，面对产业结构调整，面对经济的全球化，我们要培养合格的知识经济人才，就必须构建一个能够主动应变，能够响应创新潮流的“教育+培训”的网络体系。只有给劳动者以新的知识和技能，创造和完善机会均等的环境，我们才能为未来打开通往知识经济的大门。

在教育方面，要站在知识经济的立场之上对“尊重知识，尊重人才”、“科技是第一生产力”、“百年大计，教育为本”有一种全新的、从经济角度上的认识。对教育、科学的投入都是可以产生经济效益的最划算的投入。

要加强在职员工的岗位技能培训。

在职培训是培养知识经济人才的关键。知识经济时代，科技、信息的发展日新月异，更新换代频繁，如果不通过定期的在职培训使劳动者掌握到最新的知识，就会造成经济上的损失。

当今许多发达国家的大企业都很重视对员工进行在职培养，如美国摩托罗拉公司每年用于职工培训的开支就超过10亿美元之多。

知识经济人才的培养和使用，还离不开宽松合理的竞争机制。合理的竞争，可以有效地刺激劳动者的争先压冠的欲望，从而刺激其求知欲和创造欲，充分发挥出人的主观能动性。但是，竞争的不公正将会扼杀人才和潜在人才脱颖而出的机会及研究创新的积极性。

所以，培养和使用知识经济人才，必须创造出机会均等的公平竞争环境，使优秀的知识经济人才源源不断地涌现。

八、因人而异，量才而用

清代思想家魏源指出：“人知人之短，不知人之长，不知人长中之短，不知人短中之长，则不可以用人，不可以管人。”

如何对员工进行管理，这里有一个因人而异、量才而用的问题。首先就是要去了解他们的特点，十个员工 10 个样。有的工作起来利落迅速；有的则非常谨慎小心；有的擅长处理人际关系；有的人却喜欢独自埋头在统计资料里默默工作。

对于只求速度、做事马虎的员工，做办公室主任的若要求他事事精确，毫无差错，几乎是不可能的。对于有此种做事态度的员工，你能要求他既迅速又正确吗？可是，许多办公室主任明知这个事实，却仍性情急躁地要求他们达到不可能有的工作效率，这一点是十分失败的。

在各公司的人事考核表上，都印有很多有关处理事务的正确性、速度等评估项目，能够取得满分者才称得上是一位优秀员工。于是，有颇多的办公室主任就死守着这些评估项目，把它作为人事考核的依据。事实上，在这个世界并没有什么万能的员工，古人说过：金无足赤，人无完人。每个人都有其长处，同时也有不足的地方，所谓满分者，不过是上司高估了他，给予他过高的评价罢了！

假使要让工作的正确度更高，那么必须花费许多时间增加磋商的次数，而不得不牺牲速度。有些部下为了力求快速而省去许多磋商机会，偶或没有发生枝节，只是纯属侥幸，或是因为具有丰富的经验和高超的技能。对于这些，许多办公室主任往往不多加考虑，仅依据一张人事考核表，就凭着自己的主观意识而对下属妄下断言。

实际上，在人事考核表上观察一个人的工作情形，合计各项评估的分数，这是没有多大意义的。办公室主任应该通过实际的观察，结合他们的长处给予适当的工作，再从他们的工作过程中观察他们的处事态度、速度、准确性、成果，只有这样才可真正测试出员工的潜能。也唯有如此，办公室主任才能灵活、有效、成功地调动、管理他手下的员工，促使业务蒸蒸日上。

你对员工有了明确的认识之后，才能妥善地分配工作，使员工在某一方面，极大地发挥潜在的能力，既提高员工的自信心，又发展了事业。比如，一件需要迅速处理的工作，可以交给反应敏捷、动作快速的职员，然后再由那些做事谨慎的职员加以审核；相反，若有充裕的工作时间，就可以给谨慎型的职员，以求尽善尽美。万一你的员工都属于快速型的，那么尽其可能选出办事较谨慎的，将他

们训练成谨慎型的职员。只要肯花时间，任何办公室主任都能做得到。

九、选拔人才，不拘一格

1. 挖

挖，就是要发掘“潜人才”，使名不见经传的小人物脱颖而出。人才一般可分为两类：一类叫“显人才”，就是那些能力已被开发，为社会做出了贡献，被人们公认的人才。另一种叫“潜人才”，就是那些能够成才，但还没有机会或条件显露其才华，尚未被人们所认识和公认的人才，发掘“潜人才”的主要方法有：

（1）成果鉴定法。用鉴定成果来评价潜人才，这是常见的一种方法。从事各个专业和各项工作中的潜人才，可以通过他在自己专业和工作范围内所作出的成果或贡献来被发现和承认。

（2）竞赛法。竞赛法包括比赛、考试等，就像选拔体育人才那样发现潜人才。在竞赛环境中，潜人才可以比较充分展现其才能，尽管其才能的发挥常带有偶然性，但仍不失挖掘潜人才的一种好方法。

（3）试用法。通过试用，对潜人才做进一步的考察和评价。这种方法具有一定的实践性，使用时应注意为被试用者创造一定的条件和环境，适当地委以重任，使其充分展露才华。

2. 吸

吸，就是从各个方面创造条件，使本单位像磁铁一样把人才吸住、引来。吸引人才主要有以下四种吸引条件。

（1）人事环境。就是要创造出上上下下尊重知识、爱护人才的人事环境，防止嫉贤妒能，勾心斗角，做到心情舒畅，便于合作共事。

（2）工作条件。就是要做到用人专业对口，发挥其特长，配备必要的研究、实验设备和计算、测试手段，提供自我成就的机会。

（3）生活条件。就是要在食、住、行以及子女入托、入学等生活方面安排周全，提供方便，使其不要被繁杂的家务劳动缠住了手脚，把主要精力用在他所从事的工作上。

（4）晋升。就是要做到考核方式活，晋升机会多，不受年资限制，敢于对真才实学者实行破格晋升。

所以，工作条件要有利于满足成就感；生活条件要有利于满足方便感；人事环境要有利于满足安全感；晋升机会要有利于满足成长感。

3. 荐

荐，就是推荐人才。推荐可以有两种形式，一种是他荐，另一种是自荐。他荐是由其他人向用人单位或部门推荐介绍。常言道："千里马常有，而伯乐不常有。"这就要激励人们争当伯乐，甘做人梯，勇于荐贤举能。为此，有的单位专设了"伯乐奖"、"荐才奖"，开展群众性的荐才举能活动，让群众去识别、评价和选拔人才。然而，只靠他荐，仍不免有些能人贤士"怀才不遇"，因此，还要鼓励自荐。自荐是个古老的社会现象，在我国有着上千年的历史，毛遂自荐的故事几乎家喻户晓。自荐者较之他荐者更难能可贵的地方，在于他自信心足，有干一番事业的内在动力。但是，在自荐尚未形成良好的社会风气的今天，自荐者一方面欲勇于自荐，而另一方面又尚存疑虑。办公室主任首先要破除世俗偏见，为自荐者创造良好的条件，这是开发人才的一条重要途径。

十、重用有开拓精神者

如果把业务成绩好的企业和业务成绩差的企业加以对比，就可以看出，双方领导的基本态度是截然不同的。那种成绩好的企业领导，遇有任何变故都能冲锋在前，做出妥当的处理；而成绩差的企业领导，也知道情况严重，为之忧心忡忡，但缺乏勇气，在困难面前束手无策。

一般说来，当上企业领导的人，一般都有很高的热情，肯于倾注全力做好自己的本职工作。但是下述这些工作上缺乏主动精神的领导，则会使手下的属员丧失责任感，不能提高工作效率。

第一种是单纯服从命令的领导。这种类型的人，只知道遵照上级的指示行事，认为把命令传达给下面，或者加以必要的解释，就算完成了自己的全部任务。如果上级没有什么命令或指示，他也就无所事事一动不动了。

第二种是干扰下级工作的领导。这种类型的人，当部长不去做部长的事，当科长不去做科长的工作，总是对下级的工作说三道四，或者越俎代庖，包揽下级的任务。他们把干预下级的工作当做领导的职责，不喜欢下属自做主张提出什么建议，他们喜爱的属员是那种谨小慎微、事无巨细都要向他请示的人，如下属就自己的职权范围主动做点儿什么，是不会受到他们欢迎的。作为下级，谁都希望讨得领导的欢心，这是人之常情。在这样的领导手下工作，人们便不肯动脑筋想办法，但愿把一切问题都推到领导那里去。这样一来，当领导的只能忙于处理下面推来的问题，无暇顾及领导的本职工作。如此当领导，等于大才小用，以高薪阶层的干部去办低薪属员的事务，仅就企业人事费的核算来说，也是不小的浪费。可惜这种领导，却一点也没有注意到这些自明之理。

具有创造性的人才是真正有才能的领导。这种人善于发挥主观能动性，能时刻留心发现问题，然后制订措施去解决问题。要想具备这种才干，首先必须培养下述两种能力：

一种能力是能够洞察有关本单位工作的经验、技术以及社会等方面的条件或环境有无变化。要做到这点，就应当根据各种形势的预测、报告或记录，来捕捉已经出现的问题或未来发展趋势的迹象，以便抓住良好的时机。

另一种能力是要有明确的目标意识。企业领导在忙于眼前工作时，常常是舍本逐末，忽略了主要的经营目标。目标意识不明确，无论看多少报告，分析多少记录，也不可能发现问题。这里所说的发现问题，主要是指能够看出需要达到的目标与所处的环境、条件之间有无差距。譬如产品的次品率增加，或者退职的职工增多的时候，领导有了清晰的目标意识，才能察觉出来，并能准确地掌握问题性质，从而心中有数，立即提出解决问题的策略。

在解决问题上，还需要有主动精神，这种精神可以促进企业的发展。

十一、不同类型下属的使用方法

了解下属的直接方法就是和他交谈。平时，领导要多接触下属，多与下属交谈，有意识地询问下属一些你关心和正在思考的问题，从下属的谈吐中初步判断他们的观念、才学与品性，分析他们究竟是哪一种类型的人，从而决定该如何使用。

1. 提拔重用目光远大的下属

在询问下属“公司应该向何处发展?”等问题时，领导如果发现下属不满足于现状，有远大理想，有不同寻常的发展眼光，且想法也不空泛，那么，这是一个值得重用的人，可以提拔重用，成为共谋大事的搭档。

2. 多加起用善于倾听的下属

善于倾听别人谈话，能够抓住对方本意，领会其要旨，回答言简意赅的人能担当大任。

因为他们善解人意。善听是一种修养，它只有经过长期的锻炼才能形成；同时，这些人想必是有谦逊的品德，有随和的个性，具有领导和管理的天赋。一般来说，三言两语就能切中问题要害的人，往往是思维缜密、周详而又迅速果断的人。他们对事物体察入微，而且客观全面，做出的决定也实际可靠，他们是能担当重任之人。此所谓“真人不露相，露相非真人”。起用他们，公司业务扩展获得的成果一定会更大、更实在。

3. 对“胆小”心细的下属委以重任

在布置任务时，有的下属常说“我担心……”，“万一……”之类的话。乍看起来，这种人给人一种胆小怕事的印象。其实不然，因为他们往往思维比较严密，能够居安思危，经常考虑到可能出现的各种情况和结果，同时也善于自我反省，明白自己的所作所为及其可能的结果，很有责任感。由于他们对工作中所遇到的困难和出现的问题有足够的重视，做起工作来，就会有条不紊，越做越好。领导应当给他们加压，委以重任。

有的下属常轻松地说“肯定是……”、“就这么回事！”等如此之类的话，往往给领导一个爽快能干的印象。事实上，这种轻下断言、轻易许诺的人是靠不住的。轻易断定没有任何困难，这至少表明他工作草率、不具备发现问题的能力。轻易许诺是缺乏承诺的诚意与能力的一种表现。

4. 不能重用居功自傲的下属

这些人争强好胜，喜欢在别人面前夸耀自己，有点小功劳就沾沾自喜，不时地向领导表功。这种喜欢居功自傲的人常常是功不抵过。

有人通学过各门各类的知识，泛泛而谈，也还有些道理，似乎是博学多才的人。但是，如果是博而不精、博杂不纯，未免有欺人耳目之嫌。办公室主任对于凭着某种证书应聘者，应该考察是通学还是博学多才的人。通学者，善于吸收别人的精华，自己没有什么独到见解和思想，对于知识的掌握还局限在理解阶段。博学多才的人，博学精通，见多识广，但往往不露声色，甘于在平淡中显神奇；虽然聪明绝顶、博学多才，却不过于炫耀自己。更善于把握来自对方的信息，思考目前的各种情况，立即领会对方的意图；眼光犀利，善于洞察先机，迅速把握有利时机，随机应变；用词准确，辞能达意，沟通能力良好，善于搞好各种人际关系，思维灵活，不拘泥于一格，善于创造新的事物，构思新的框架。一言以蔽之，真正的博学多才的人，并不想急于表现自己，而是洞察对方，相机行事的人。

与人交谈时，有人常把“我”字放在前面，不顾对方的心情与感受，大谈自己的看法，炫耀自己的学识，显示自己的才干，似有怀才不遇感慨。对这种自命不凡的人，尽管他有些特长，但也不能放心大胆地使用。这种人自以为是，自以为什么都懂，恰恰反映出他们是彻底的无知。有了这种夸夸其谈的心态，他们做起事情来会经常不顾领导的意图，偏偏要按照自己的意思去做，以为这才是个人价值的体现。如果公司领导被他的夸夸其谈所蒙蔽而重用了他，就会误了公司的大事，成为公司发展的阻碍。

5. 不能使用华而不实的下属

说话模棱两可，公式化的一问一答，善于应酬而胸中无策的人不可重用。

华而不实者，口齿伶俐，能说会道，乍一接触，很容易给人留下良好的印象，并当作一个知识丰富、表达力强、善交往、能拓展业务的人才看待。但是，办公室主任不要被外表所迷惑，须要分辨他是不是华而不实的人。华而不实的人，善于说谈，谈古论今头头是道，而且能将许多时髦理论挂在嘴上，迷惑许多辨别力差、知识不丰富的人。考察这种人，谈话要多一些具体的问题，给予具体的任务，让他找出对策，试办具体的业务，如果此人谈话、做事避实就虚，圆滑应对，说明此人是华而不实者。用这种人当副手尚可，决不能独当一面。

6. 不可信任不承认他人长处的下属

在向某一下属了解另一下属的情况时，或者当着某一下属的面表扬另一不在场的下属时，如果这位下属不承认他人长处，拐弯抹角地揭别人的短处，对领导表扬别人心里不服气，那么，此人是不可信的。这种情况表明，不是他看不到他人的长处，就是妒忌心很强，担心别人在某些方面超过自己。无论是哪种原因，此人都是不可信的。

第二节　有较强的号召力

一、关怀他人，注意倾听

1. 一对一的家庭关系

办公室主任经常全心投入工作、社区活动和他人的生活中，却忽略了深入培养与配偶的关系。培养与配偶的关系，比对众人提供奉献服务，要付出更多的美德、谦虚和耐性。我们争辩说，“公而忘私”可得到更多的尊敬与感谢。但我们也知道，必须为一位特殊的人物拿出时间并全心付出，对于配偶和子女，也需要安排一对一的对话，完全投入，聆听他们的叙述。

2. 重新拾取双方的共同承诺

不断地为自己和朋友、家人、同事之间的共同承诺付出。彼此最忠实与最强烈的情感系于承诺。有了歧见不要忽视，而要去克服。争执个人的观点，绝比不上双方的关系重要。

3. 先感受对方的号召力

号召他人的程度与他人认为他们对我们的号召力有关。俗谚说：“我不在乎你知道多少，除非我知道你关心。”当别人认为你真正关心他，并了解他的特殊问题与感受时，他会认为他已影响到你，而且会开放自己。

4. 接受他人的现状

改变或影响他人的第一步，就是要接受他的现状。评判、比较或拒绝，只会加强对方的防备。肯定他人的自我价值与归属感，可协助他人卸下防备的面具，并力求改进。接受并非宽恕他的缺点或同意他的意见，而是先确立他内在的价值。

尤其是最后一点“接受他人的现状”，柯维的学生沃伦·布兰克博士也说过类似的话。布兰克说：

“当有人已经跟我们一样时，认清和接受他们是比较容易的。我们很容易与那些和我们已经具有厚实基础的人们联结在一起。而与和我们在重要问题上有分歧的人共处，这个过程就困难得多了。”

办公室主任接受人们本身的样子。他们超出了使人们分离的界限，使他们与别人的关系更加一致。他们认识到量子场的现实，那就是在莫测高深的人生中，他们离不开他们所经历的一切。他们有意识地自我回归于意识的源泉水平，即把自身与其他差别融合为一体的纯意识。就这种情况来说，量子型办公室主任能带着深深的敬意去接受他人而不是评判他人。

行动意见：把差别仅仅作为某种参照标准加以尊重。量子型范例揭示了现实是主动的，以意识为基础。差别是参照标准。尊重他人不同的兴趣、背景或观点，把这些作为现实的某种标准。你不必去同意这种标准，你只需把它作为出于某人意识水平对某人起作用的标准去接受它。接受这种行为就有可能营造共同基础，因为这表明了你对他人的坦诚。

行动意见：不加判断地接受某个人说的话。每天，不管别人告诉你什么话，你都要下决心去听取和接受。这样，你自然会注意自己的毛病，审慎行事。首先在与商业无关的情景中去试试这种行动意见，你就不会在重要的场合六神无主，坏了事情。

行动意见：随他人的节奏起舞。当我们忙于维护自己的观点时，是很难与别人建立共同基础的。如果我们总想着捍卫自己的立场而排除异己，那么我们就不可能或不愿意求得统一的观点。量子型办公室主任可以保留自己的信仰和偏好，但同样也要力求别人步调一致，这很像两个寻求共同节奏的舞者。暂时忘了你的观点，把它作为一种接受别人看法的方法。

二、多行善举，不急张扬

一位办公室主任行的善举而不为人知，会提升办公室主任内在的价值和自尊。同时，为他人服务而不求回报或知名度，也可以进一步让他人了解办公室主任的价值观。无私的服务一贯是培养号召力的最好办法。

美国的凯姆朗公司是一家很小的公司。它的业务只不过是为用户住宅内的草坪施肥、喷药。但它的经营思想、管理方法却十分独特，吸引了一大批学者去研究。很多人对它的经营思想和管理方法推崇备至，称它是唯一真正以“爱的精神”经营企业的公司。

正是这种“不合常规”，强调“爱的精神”的经营思想和方式，使公司的发展取得了意想不到的效果。

凯姆朗公司 1969 年开业时只有 5 名职工，2 辆汽车。到了 1978 年，已有 5000 名职工，营业额达到 3 亿美元。

公司发展的成绩归功于公司的创始人杜克，正是他创造了“不合常规”，以“爱的精神”经营企业的思想和方式，并把它一直坚持下来，才使公司的发展取得如此好的成绩。

杜克就经常对下属提供匿名服务，行善举而不为人知。一次，他要在佛罗里达的沙滩上修建员工度假村，财务人员劝阻了他。后来，杜克瞒着公司高级管理人员，买下一条豪华游艇，让员工度假，又包租了一架大型客机，让员工去华盛顿旅游。

后来，一位负责财务的副总裁说：“杜克要我签字时，根本不知道我是否付得起这笔钱！可是我看到那些从未坐过飞机的员工上飞机时的表情后，我再也无话可说了。”

三、关心他人，扩大影响

把号召力放在你所能控制的事物上，可以扩大你的号召圈。改变行为和思考的习惯，能解决可直接控制的问题。间接控制的问题，则需要改变用号召力的方式。例如，我们常抱怨：“如果老板能了解我的计划和问题……”但只有少数人会花时间准备，让老板愿意聆听、触及老板心思的业务报告。詹姆斯（William James）说过：“改变态度，就能改变环境。”

人的内在是很脆弱的，尤其是那些外表看似坚强与自足的人。办公室主任若能倾心聆听，他们就会言无不尽。若能表现关怀，特别是无条件的爱心，会给他人一种内在价值和安全感，并能加强对别人号召力。许多人借助外表、地位象征、成就和人际关系获得安全感与力量，但借来的力量终究不足。缺乏爱心、只懂得虚与委蛇的人，即使能呼风唤雨，也无法让人信任。

SMZ公司的总经理玛丽女士是一位非常有个性的女强人，她工作上热情高，能力强，年轻漂亮，充满一种健康向上的力量，在事业上是一位非常成功的企业家。纵观她的优点，最大的长处是她总是那么谦虚，关心人，待人体贴，对下属更是如此，从不刻意地去表现自我。

有一位采访过她的记者曾这样生动地写道："不论你来自何方，只要有机会与她相处，她总是把你当做是她屋里唯一的重要客人。当你与她说话时，她的眼神、语言总会让你忘了面对的是一名赫赫有名的总经理，而觉得她是与你亲密相伴的朋友。她会认真地倾听你的意见，让你大胆地发表自己的意见和观点。如果有别人在场，她并不会因为你仅是一名年轻的业务员或打字的秘书而怠慢你，仍然把你当做她的朋友一样热情对待。"

这种与人为善的优点，将弥补她身上具有的一些缺点，这是她成功的诀窍所在。

人们总这样认为，公司的老板如果谦虚了，反而不好。其实这种想法是不客观的。事实上，不少成功的经理，待人接物总是那样谦虚、随和，并非别人所想的那样。IMG公司的总经理在召开董事会时，总是想方设法把公司的成功归于副总经理，虽然这些取得业绩的决定绝大多数都是他出的，但从不独享。这正是他的高明之处。

这种优点和管理的妙方，对于任何人来说，都是可以学到的，并不那么深奥。谦虚待人对于任何级别的经理来说，都是应该充分掌握的一种有效的管理手段。

四、增进沟通，拉近距离

先了解别人，再求别人了解。这是沟通的至关重要的步骤。此外，与别人沟通时，需要全神贯注，全心投入，必须要认同对方的感情，以对方的观点看问题，这需要耐心和内在的安全感。除非别人认为你了解他们，否则不会接纳你的号召力。

下面让我们来读一段麦凯有关“了解”的具体论述：

推销员尽可能多地了解顾客的典型策略是从熟悉名字开始，然后逐步发展到使用工具，例如使用“麦凯66问”。现在让我们看一看企业家能怎样发展这一策略，再让我们以一个具体故事来说明。

第一次遇见赫伯特·胡姆利时，柯维刚从学校毕业。他艰苦地啃了4年书本，也在高尔夫球上花了许多时间，并成为一名相当不错的院队队员，他企图向父亲说明：命运昭示他做一名职业选手。

他父亲抵制的办法是安排他会见各种各样的名流。他认为父亲这样做的目的是让他们劝他放弃高尔夫球并说服他去做一些有建设性的事情。父亲认为这样会管用的理由是他一直是一个英雄崇拜者，那些人都是赫赫有名的，父亲每天在报纸上描述他们。

汉姆弗利是他要见的第一个人。他一走进他的办公室，他就以汉姆弗利派头从椅子里跳起来，招呼他，并说：“柯维，听说你是一个很好的高尔夫球手，真羡慕你，我多希望我有这种天才，你要坚持，或许某一天。”——他扭过头去，侧向白宫方向，那里高尔夫球手艾森豪威尔正在椭圆形办公室的小地毯上练习击球进洞——“你也会成为总统的。”柯维目瞪口呆。他从汉姆弗利那儿得到的不是随后从名单上的其他人那里得到的那种乏味的好意规劝，而是友谊的双手，不管他决心去干什么。

汉姆弗利知道柯维不会听他讲该怎样生活，因为柯维心里已经决定该怎样办。他没有把柯维视为需尽快加以处置的包袱，或是听他施展口才的听众，他按柯维本来的面目看柯维：一个顾客，一位即将成为选民的青年。他用他们在一起的几分钟时间达到了他的目的，使柯维成了他的朋友。当然，柯维也成了他竞选的支持者和捐助者。

作为办公室主任应乐于把自己看做是目光远大的人，但我们很少能像汉姆弗利那样目光远大。我们把员工当做召来贯彻我们的短期目标的机器人，或是机器部件，而不是把他们视为能完成我们的长期目标而应该被争取过来的顾客。还是花点精力像汉姆弗利那样去做吧。做好充分准备，尽力去了解和你一起工作的人们，这样才能显示出你对他们个人的真正关心。表达你的关心，并使他们成为你的朋友，每一次交一个朋友。你的长远规划有赖于他们的工作表现，可能你还远没有意识到，他们是在为你、为你的赞许而不仅仅是为了领取报酬而工作。

五、言传身教，注意方式

1. 在准备讲话前，先做好心理准备

讲话的内容可能远不如讲话的方式重要，所以，在子女带着一大堆问题从学校回来前，先振作一下自己，表现出愉快可亲的一面，全神贯注于他们的问题。回家进门前，在车中稍待一会儿，同样振作一番，并问自己："今晚要如何赞美太太和孩子？"把最好的一面拿出来，会使你去除疲倦，恢复生气。

2. 避免争辩或逃避——在异中求同

一有歧见，许多人就会争辩或逃避。争辩有各种方式，从采取暴力公开表示不满或怨恨，到尖锐的反驳、刻薄的评断及尖酸的幽默。逃避也有许多方式：一种就是退缩，为自己感到抱歉。如此怏怏不乐只会助长怒火，埋下未来报复的种子；也可能变得冷淡、不关心、推诿责任。

3. 掌握教育的时机

双方有歧见时，是最好的施教时刻。但有的时候该教，有的时候却不该教。该教的时候是：他人未受威胁时。当他人倍感威胁时，施教的努力只会增加怨恨，最好等待或创造时机，让他人觉得较有安全感，更容易接纳。当你生气或沮丧时，当别人情绪低落、疲惫不堪或面临压力时，告诉他成功秘诀，无疑是教快淹死的人游泳，没有任何作用。

4. 不放弃、不屈服

承担他人行为的后果，并非是义举，这么做，会使他们感觉到你处理不当。原谅或同情不负责任的行为，只会让他无法无天。但若弃之不顾或拆穿，又会损害他们尝试的动机。"不放弃、不屈服"的信念，来自于负责任、有纪律的生活。

5. 帮助在十字路口彷徨的人

我们都不希望自己最关怀的人，做重要抉择时只凭一时冲动，没有安全感，又没有信心。如何能号召他们？首先，在行动前先考虑清楚。别凭一时冲动，伤及现有关系。其次，了解他们的动机往往是感性而非理性的产物。当你察觉到自己的理性与逻辑无法与他人的情绪与情感沟通时，就应该尝试了解他们的语言，就像了解外国语文一样，而非斥责或拒绝他们。这项努力可传达尊重与认同，降低敌意，减少纷争。

6. 在限制、规则、期望与结果上获得一致

个人安全感大部分来自公正的感觉——知道别人对自己的期望、限制、规则

和结果是什么。不确定的期望、易变的限制或独断的规定，会让生活顿失依据、无所适从。也难怪许多人成年后，只学会靠自己的能力操纵他人与生活。

7. 自然收获法则

教导耕耘、播种、浇水，而后才有收获的自然法则。我们可调整整个体制，尤其是薪酬制度，以反映“种瓜得瓜种豆得豆”的观念。

8. 动之以情，晓之以理

逻辑与语言，正如同英文与法文一般，南辕北辙。察觉到彼此语言不相通时，可用下列方式进行沟通：让时间证明一切。我们若能很愉快的让时间证明一切，别人也能感受到它的价值。要有耐性，耐心也会传达价值，等于是说：“我会照你的速度，我很高兴等你，你是值得的。”试着去了解，诚心去了解，可消弭纷争和提防心理。

9. 让他人参与有意义的计划

有意义的计划对人有正面的号召力，但对办公室主任有意义的事，不一定对部属有意义。当人们参与筹划构思阶段，整个计划就产生意义，我们都需要一个好理由去参与，缺少这种计划，生活就失去意义。事实上，对退休、追求无压力的人而言，生活已了无生趣。有努力的目标，在我们现在的位置与想要达到位置之间有段努力的差距，生活才会有意义。

10. 有效授权

因为授权是允许他人借着我们的时间、金钱和名义犯错，所以需要相当的勇气，这勇气包括耐性、自我控制、对他人潜能的信任、尊重个别的差异。有效的授权必须是双向的：双方相互负责。又可分为三个层次：第一，达成最初协议。双方了解各自的期望、资源、权势、活动范围及准则是什么。第二，支援授权人。监督者应时时伸出援手，而非采取敌视态度。提供他人资源，排除障碍，及时支援，给予意见，提供训练，并分享回馈。第三则是责任分担。这里所谓的责任分担，主要是帮助他人做自我评估。

11. 让结果教导出负责任的行为

我们可以做的善举之一，就是让人“自食其果”，以教导他们负责任的态度。他们可能不喜欢这样，但受人欢迎与否并不重要。坚持公正的原则，需要更多的真爱。我们关心他们的成长与安全，即使他们有一点点不满，也是可以忍受的。在试着教导别人时，我们常犯以下三项错误：

第一项错误：急于提出建议。在告诉别人该如何做之前，应先建立谅解的关系。号召他人的关键，在于了解他人。除非了解一个人及他的特殊状况与感受，否则势必无法给予适当的建议。因为他会想：“除非你也接受我的号召力，否则我将不会接受你的建议。”解决的处方是：认同他人的感情。试着去了解他人，再试着让人了解。

第二项错误：未改变行为或态度之前，就想要建立或重建关系。如果自己心口不一，再多“赢取朋友”的技巧也派不上用场。艾默生说得好：“你在我耳朵中叫嚣什么，我都听不见。”

第三项错误：我们以为良好的身教和人际关系就足够了，不再需要公开教导他人。没有方向的爱心，缺少目标、守则、标准和提携的力量。处方是教导并谈论方向、任务、角色、目标、守则和标准。

六、加强信任，优化环境

信任别人会产生极佳效果。假设每个人都极力想要有所表现，你就可以发挥更大的号召力，激发出他们最好的一面。在处理复杂易变的事务时，人们往往会产生不安全感与沮丧，于是尝试对别人贴上标签，以利判断或评估。每个人都有各种面貌与潜能，有的清晰，有的模糊。不同对待方式，他们就有不同的反应。有人会让你失望或占你便宜，认为你天真好欺骗，但只要你相信他们，多数人都会真心对待。别因为一颗老鼠屎而坏了一锅粥，只要动机纯正，对人信任，别人也会报之以礼，待之以诚，让我们来看一个下面的例子。

帕特·佛伦经营着一家广告社，在开业的三年里，《广告时代》提名佛伦·麦克艾利哥特·雷斯为那年最佳的广告社。这个荣誉相当于在文学院评奖中大获全胜。对一个开业不久的广告社而言，这是个前所未闻的荣誉，并且广告社并不是设在纽约或者洛杉矶，而是在“人们只从飞机上经过的”中西部。

佛伦的管理风格完全适合于他手下的那些精神脆弱、但有创造能力的人，不过，这些人在穿着方面却不讲究。如果他强行规定员工穿白衬衫的话，那整个公司会在一刻钟里一走而空。他的解决办法是把个人自由因而也把个人责任性扩大到前所未闻的最大限度。

佛伦明白，在他的企业中——在你的企业中也同样，尽管你还不完全明白——人们所追求的不只是金钱，还有被认同、被信任、被赏识和创造自由。佛伦满足员工们的需要，员工回报他的是他所需要的——广告业中最优秀的产品。

佛伦从不发号施令，他通过努力工作和平易近人来促进创作过程。在广告业中，你的财产就是各种想法，它们来源于任何人任何地方，美术指导有能力写出好的广告文字，正如广告文字撰稿人能用图解表示概念。保持想法源源不竭的关键在于每一个人都感到能自由奉献意见的气氛，这种气氛要求一个没有隔阂的环境。这就是当你拿起电话找佛伦，就会有人给你接通，中间没人问你是谁或你有什么事。在年收入达一亿美元的企业中，你可以不用通过接线员和三个秘书就能直接与老板通电话，虽然佛伦可能并不想与保险代理人和证券经纪人通话这么多，但这只是为了在美国创建一个最优秀的广告社所付出的一点小小的代价。

不管你搞什么企业，想要成功，办公室主任必须创造一种使员工最有效地工作的环境，如果你在管理中损害他们的自由和自发感，而只让他们关心细节，那是不够的，你必须彻底地理解他们，不仅给予他们你所需要的东西，而且给予他们自己所需要的东西，才能使他们做出更大贡献。

观察一下那些离开你的公司却在他自己的企业里获得成功的人们，很可能他们的离去不只是为了金钱，他们需要发挥他们自己风格的机会，给他们机会、认同、信任和赞赏，十有八九他们就不会离开了。

第三节 办公室主任增强号召力的实践

一、确立目标，引导团队

1. 多层次多角度地确立目标

发挥非权力领导艺术首先就是要使一群人能够自觉自愿地追求一个共同的目标，并创造出非同寻常的效果。目标是分层次的，既要有超越性，又要有可行性。

(1) 共同的远景目标

如果没有共同的远景目标，人们将无法想像 AT&T、福特、苹果等公司是如何建立起他们的惊人成就的。这些公司的领导人所制定的远景目标分别是：斐尔想要完成需要 50 多年才能实现的全球电话服务网络；亨利·福特想要使一般人能拥有自己的汽车，而不仅仅是有钱人；苹果电脑的创业者们，想使人们通过个人电脑来加速学习。这些公司的成功，最重要的原因就是共同的远景目标所发挥的功能。

英国某教堂墙上有一块碑文，上面写道：“干活如果没有远景就会枯燥乏味；有远景而没有实干只是一个空想；有远景再加实干就成了世界的希望。”

有效的团队必须具有一个大家共同追求的、有意义的目标，由于它的存在，使员工认识到这是“我们的团队”，而不是“他们的团队”，而且知道“我们要创造什么”，从而能够为团队成员指引方向，提供推动力，让团队成员愿意为它贡献力量。马斯洛晚年从事出色团队内部的研究，结果发现它们最显著的特征就是具有共同的目标。他观察到：一个出色的团队，任务与员工本身已无法分开，或者应该说，当个人强烈认同这个任务时，定义这个人真正的自我，必须将他的任务包含在内。

一个高效的团队要花大量的时间努力探寻一个共同的目标，这个目标既属于他们这个集体，也属于每个个人。因为这对澄清团队成员的模糊认识有好处。例如，苹果电脑公司中设计开发麦金塔计算机的团队成员几乎都承诺要开发一种用户适用、方便可靠的机型，这种机型将给人们使用计算机的方式带来一场革命。

团队有一个共同的目标，也说明了团队之所以存在的客观原因，共同目标刚开始时可能只是被一个想法所激发，然而一旦发展成能够感召一群人并得到大多数人的支持和认同时，它就不再是抽象的东西，人们开始把它看成是实实在在的东西。个人有目标，可以激发个人不断向前超越的力量；团队有目标，也会因大家一起投入，为共同目标的实现奉献自己的才华而产生巨大的动力。有了共同的目标，每个成员也都知道共同目标实现后对团队和组织的贡献。所以，当目标真正产生后，人们将会不断地学习与超越，这并非由于别人叫他们这么做才会有如此表现的，而是因为他们自己真的想要这么做。可见共同目标孕育着无限的创造力。

（2）具体目标

把广泛的方向性的团队目标转为可以衡量的、具体的、现实可行的具体目标，是团队要使共同目标对其成员产生意义的最重要的一步。

具体目标会使个体提高绩效水平，也能使团队充满活力；具体目标可以促进团队内部的沟通，还有助于团队把自己的精力放在有效的成果上。

①具体目标有助于团队内明确的交流和建设性的冲突

如：在24小时内回答所有客户的问题。这个目标的明确性迫使团队不得不集中全力，要么想办法实现这个目标；要么换个角度，认真考虑是否改变这个目标。如果这样的目标是可行的，团队的讨论就可以集中在怎样努力实现这些目标上。

②具体目标可使团队知道自己的工作进度

由于这些目标都是可以实现的，也是可以测量的，所以团队的工作进程完全可以估算出来。

③具体目标具有强烈的吸引力

它们要求团队成员全身心投入，一门心思创造出非凡的业绩来。假如我们的具体目标是：在半年时间内，把产品的生产周期缩短50%。那么每个人所各自拥有的头衔、特权和其他的“特点”全都无足轻重了，有的只是他为团队所做的贡献，这才是最重要的。

(3) 如何确定具体目标

具体目标实质上是一种当前的具体工作分析，它规定了每项工作的具体职责，员工需要为团队做出多大的贡献等。

假定：我们制定一个降低成本的目标，如果我们说，希望大家努力，争取把成本降下来。这样的目标太“宏观”，说明不了什么问题。如果我们这样说：力争在一年的时间内，削减成本40%，且次品率为零，就具体得多了。

2. 赋予目标以挑战性

一个富有进取心的领导人对团体的期望必然很高。“目标”从根本上讲，就是一个人在将来某一时间期望达到的程度。对于富有进取心的领导来说，每项活动都有一定的目标，目标是活动的动力和测定器。

目标选择又称为目标决策，是指在众多的目标方案中做最后的决断。这是举足轻重的一步，又往往是体现富有进取心的领导特征的一个重要方面。一个富有进取心的办公室主任往往把目光投向使得组织士气高涨，将每一个成员的能力发挥得淋漓尽致，永远成为竞争中的赢家。

这种富有挑战性的目标，会使办公室主任为它付出的员工们指明前进方向。

这时，领导就要把自己设想成一个优胜者，而不是一个失败者。一个不断获得成功的领导在做下一件事时比一个总是失败者的成功率要高得多。因此，办公室主任在制定挑战性目标时要因时、因地、因人而异，灵活掌握，遵循这样一条原则：不断强泛必胜的观念。也就是说要把握好挑战性目标的度，以免产生挑战性目标的副作用——挫伤积极性。

设定目标时，也需要很大的弹性，因为目标绝不会一成不变。目标应该是可以企及的，而后别人负责达成目标，自己则对这些人负责。这表示，“我们会去达成目标”的心态建立了起来。富有进取心的领导常常会设定一个很有进取性的目标，比方说，盈余增加5000万，但不把这个目标加诸任何一个单位头上。只是告诉经理人，这件事有必要，并要他们去翻动每一道工序、注意每一个机会，帮助完成这件事。人们很少达不到这些进取性的目标。但如果状况改变，就要回过头去重新设定目标。

3. 让所有员工对目标有明确的认识

对办公室主任来说，为员工构筑一个充满刺激又很有吸引力的未来，是自己最得意的领导经验。领导人对未来都要有独到的愿望及梦想，而且对自己的梦想满怀信心，确凿不移，对自己的能力又有十足把握，相信自己一定能成就非凡的任务，梦想或愿望是创造未来的动力。

办公室主任要能够激发共事者的共识。他们放眼未来，想象出有吸引力的机会，将之储存起来，等待自己与同事到达遥远的目标时，拿出来派上用场。不仅如此，富有进取心的办公室主任还强烈渴望开创不同凡响的事业，或是改变现有状况，创造前人未曾创造过的伟大事业。

在某些方面，办公室主任也要退一步思考，在计划付诸实现之前，就在心里构思结果可能会如何，好比是建筑师或工程师，在动工前会先画出蓝图或制作模型一样，办公室主任对未来的明确预测，能带动下属向目标迈进。当然，单凭办公室主任一己之愿望，并不足以推动组织上的革命或在公司中造成显著的改变。没有追随者的办公室主任，不足以称得上是领导，而且，除非其他人接纳了办公室主任的看法，否则他们是不会追随办公室主任的。领导人不能下令要他人奉献，而是要激发他人奉献。

办公室主任了解他们的拥戴者，让对方相信他了解他们的需求，并且把他们的利益放在心上。通过这些方法，下属就会接受办公室主任的看法。设身处地了解拥戴者的梦想、希望、志向、看法和价值观，办公室主任就能获得对方的支持。领导是对话，不是独白。

办公室主任要能让他人的梦想与希望活化起来，促使他人看到未来充满令人振奋的可能性。借着向拥戴者证明梦想是为了达成共有的利益，熔铸出一个大融合的共同目标。

另外，办公室主任要善于用活泼的语言和动作来传达热情。办公室主任个人最佳的成就是具有惊人的热忱。热忱能感染周围的一切人。这种对远见的信心与热忱，能引燃灵感的火花，激发本组织的一切成员面向共同的远景。

4. 规划清晰的前景

办公室主任的职责就是要把焦点对准。无论别人在让远景成形过程中涉入程度是多或少，办公室主任要能够清楚地表达出他的远景。不妨拿拼图来打比喻，假如能边看着盒子上的完整图片边拼图，会比较容易拼出全图。这个远景，就是方向，进取力只有具有了明确的方向，才能正确地发出并产生效力，保证工作的效率。

人们虽然有能力玩拼图，他们采用随机选择的方式，把手上的拼图在这里摆一摆，在那里试一试，但更常见的现象是，会有许多人严重受挫而失去兴趣，以至于放弃。富有进取心的办公室主任的工作就是在描绘全图，传达远景，让人们清楚地知道，每个人应向哪一个方向发出力。

远景就是描绘出明日将会如何的一幅心智图像，它表达出办公室主任的最高标准与价值，使办公室主任与众不同，而且让办公室 清楚地看到未来。

不管你是掌管一个仅有十几个人的小部门，或是主宰一家员工多达几千人的大企业，办公室主任的远景如同方向盘，带领组织走向胜利或失败。

办公室主任首先要为其所在部门绘制出一个明晰的、令人信服的前景。这个部门为什么存在？宗旨是什么？发展目标是什么？最优秀的办公室主任明白，只代表一种意见的前景目标绝不会有大的作为，于是他们就鼓励部门上下所有员工共同参与，群策群力，让每个人都能为部门的发展献计献策。这样，既激发了员工的干劲，又树立了员工的责任意识。

部门上下必须对这个前景目标充满信心。这个目标不能含糊不清，也不能轻而易举地就可实现。它不仅必须起到激励员工的作用，还必须使员工全力以赴。它是引导该部门不断前进的指路明灯。

每个办公室主任都会按照自己的情况，按照自己对其所在部门的前途构思，来设计自己的前景规划。虽然不可能准确预测这一前景规划的发展趋势，但作为办公室主任，他必须对自己所信仰的东西绝对地心知肚明，因为他所制订的目标，所信奉的原则，将会成为该部门每一项工作的基础。

办公室主任的前景规划是其部门的发展蓝图，是对未来可能出现的美好事物的憧憬。它应清楚描绘出：一个地区性的小储蓄贷款机构如何发展成一个世界级银行；一个非盈利性的小规模诊所如何发展成为一个由于医术高超而闻名遐迩的医院；一个大型生产厂家如何发展成为一个蜚声海内外、为所有同行所钦羡的企业。这个远景规划必须方向明确，有共同目标贯彻始终，并清楚地展示出该部门所努力为之奋斗的目的。

然而，前景规划的好坏只有通过具体实施才能判断，这就是为什么办公室主任必须时时考虑结局，考虑效果，考虑把这个规划转化为现实所要付出的代价是什么的原因。时时考虑后果的好处是显而易见的，这样做可以加快速度，提高效率，使行动速见成效。这样做还能使员工更容易理解该部门的使命，从而成为激励全体员工的振奋点。

向部门上下解释清楚使命是什么之后，确保该部门的各项工作不断向前发展是至关重要的。能做到这一点就意味着远景目标已在该部门深入人心，这也是办公室主任的职责。办公室主任必须成为远景目标的监督执行者，同时也是道德准则的维护者，并且确保这两者都能长久地持续下去。只有这样，员工们才会积极努力，为实现目标贡献力量。

把前景规划讲清楚后，办公室主任必须在其部门得到广泛的支持与合作才能把理想变成现实。树立一个共同的目标是取得成功至关重要的环节。

办公室主任的价值观、道德标准和信仰为其公司共同目标的确立提供了基础框架。办公室主任最棘手的工作之一是如何指挥其部门度过混乱时期和应付不测事件。具体的前景规划可以使人们协调一致，朝着同一个目标迈进。如果所有人都清楚其部门所为之奋斗的目的是什么，那么，前进道路上倒戈背叛行为就会减少。

为确保所付出的努力收到效果，办公室主任必须使其下属时刻注意结果，鼓励人们充分发挥想象力，去获得成果。

这种新的管理方式应该成为一种处世之道，其中一切政策、制度、奖励和评价都要起到支持作用。要把前景目标和行为评价结合起来，并坚持不懈地对行为评价工作进行监督，以确保前景目标转化为现实。

如此一来，你所在的部门就可能成为一个员工对工作心中有数、对自己的位置心中有数、能够充分理解办公室主任紧迫感的集体。人们就会埋头于工作，一心一意地做出成绩。他们会保持机动灵活的态度，对不可避免的变化轻而易举地适应。在这样一个高效率运作的集体中，人们会充分地发挥聪明才智，在对他们的工作成绩进行评估时，他们会觉得志得意满。

5. 目标引导艺术

具体来说，办公室主任要有效地做到以目标引导团队，必须做好以下几点：

（1）树立全局观念

由于所占位置得天独厚，办公室主任要把握全局。

成功的办公室主任能使整体大于各部分相加之和，他们要把握全局，要对各项工作承担责任和义务。在做这些事之前，办公室主任心目中必须有一个理想的目标，即他要把其所在部门建设成什么样。

为了朝着这个理想目标迈进，办公室主任必须让别人都能了解这个目标的内容，征求别人的意见，寻求别人的支持，帮助员工找到各自的位置。

在部门内部，要鼓励员工发表不同意见，协调不同看法，必须综合考虑不同意见。否则，将毫无意义。创造这种融洽和谐的氛围是对任何一位办公室主任的挑战。

（2）确立共同目标

任何部门都必须有一颗北极星，有一条大家所信奉的宗旨，有一些能够激励员工、使员工尽心竭力的东西。

这个共同的宗旨能够体现该部门的传统，体现过去的业绩。它能使这个部门稳定，是这个部门的基础和存在的依托。这个宗旨可以帮助员工集中精力、缓解压力，并为他们的工作提供目标。它还能使大家看清他们的事业将朝着什么方向发展，怎样发展。它是前进的指南。

所有这一切都是从办公室主任的个人目标开始的。办公室主任明白他所信奉的是什么，想成为什么样的人。他的道德准则和信仰会成为该部门共同宗旨的基础框架。当人们成为一个集体的组成部分时，令人惊异的事就会发生。

（3）善于总结结果

瞻望未来包括两个方面的内容：

一是办公室主任站在被领导者前面，描绘一幅未来的图画。但是，如果办公室主任只是停留在这种水平上，任何目的都不会达到。

另一方面指的是办公室主任要重视结果，重视前景规划的实施。办公室主任要设想未来，脚踏实地取得成果。

重视结果的好处是显而易见的，这样做可以加快速度，增加效率，多获成果。这样做还可以使员工进一步理解共同目标的意义，从而振奋办公室主任和被领导者的精神。

优秀的办公室主任应善于总结结果，善于把自己、员工以至整个部门的注意力集中在当务之急上，以取得成效。

（4）勇于变革

经历变化是常有的事，并且，变化时期的领导工作非常难做。

成功的办公室主任明白变化的错综复杂性，他在变化过程中起鼓励员工的主导者作用。

他首先使全体员工相信，变革是必要的、紧迫的，然后确立一个明确的、令人信服的和大家都能接受的目标。下一步的工作需要员工完成，员工必须认清任务的艰巨性，承担责任，解决困难。这经常需要改变部门的组织机构，改变人们的行为方式。办公室主任应不断鞭策员工，以使他们保持不断前进的势头。

在变革过程中，办公室主任必须密切注意员工的情绪波动，处理好那些由变化所触发的错综复杂的情绪问题。如果处理不好，员工就会有意无意地阻碍变化进程。

在变化过程中，解决人的问题时还应注意其他方面的因素，也就是办公室主任本人的因素。办公室主任必须注意自己的情绪和反应，要对变革起促进作用，不要起破坏作用。

（5）营造高效率的氛围

对任何一位办公室主任而言，其最终目标是创建一个世界级的组织，这个组织不但效率高，而且能够经受竞争冲击。

要达到这个目的，办公室主任必须把他的部门团结成为一个不可分割的整体；其领导方法必须为部门上下所有人接受；其所有的方针、制度以及奖罚必须为远景目标服务；其环境氛围必须能够激励下属取得非凡成就。

在这样的工作环境中，办公室主任必须以事实作为管理依据，不能凭心里感觉。明确的、量化的目标是通往成功的阶梯。在高效运作的部门，评价是事关成功的手段。办公室主任必须把评价手段与高效运作的成果联系起来。仅仅对事物做出评价是不够的，必须对该评价的事物做出评价。只有这样，远景目标才能成为现实。

二、学会包容，团结众人

1. 学会宽容别人

宽容别人会展示领导为人的博大胸怀和行事的恢宏气度。再杰出的人都会有出错的时候，容忍别人的错误，海阔天空，别有洞天；人才必有其特长，容忍他的短处，发挥他的优势，你会得到他的真诚信任；容忍别人的缺点，你会得到他的感激与报答；甚至尊敬竞争方的人才，诚心待他，你会赢得尊敬和人心。当然，凡事皆有度，容忍不等于纵容，无原则的宽容只会导致鄙夷和失败。求全责备是办公室主任的大忌。

求全责备，是指对人要求过严，容不得别人半点缺陷，见人一“短”，就不及其余，横加指责，不予任用。办公室主任求全责备，会压抑人的工作积极性，阻碍人的成长，阻碍人的智能的充分发挥，它使人谨小慎微，不思进取，阻碍人的创造性思维与创造性想象力的发挥；它使工作人员缺乏活力，缺乏竞争能力和应变能力；它造成人才，尤其是优秀人才的极大浪费，因为，任何人总是有短处，甚至是有错误的，必然会受到求全者的种种非难，因而使许多人难以得到起用，更严重的是，求全责备会造成互相埋怨的氛围，极不利于团结合作。

索尼公司尊重每一位员工，使人尽其才，安心工作。同时也能容忍员工的不同意见，包括一些难免的错误。索尼公司的观点是：只要有错即改，引以为戒，那就还有可取余地。

盛田昭夫就曾对他的下属说过：“放手去做你认为对的事，即使你犯了错误，也可以从中得到经验教训，不再犯同样的错误。”这体现了索尼公司的宽容之心。这样，员工才敢放心大胆探索、实践，发挥创意，才有利于调动每一个员工的聪明才智。

容人，有一个重要的方面，就是容人之私。就是办公室主任对下属的私交、私利和隐私，不进行干涉，允许它的存在和发展。

具体来说，作为办公室主任应该做到以下几点：

（1）容人私交

允许部属享有交友的权利、交际的权利和参加各种合法的社会团体和社会活动的权利。

（2）容人私利

即允许部属在法律允许的范围内，追求、交换、赠与各种物质的或精神的利益。作为办公室主任既不可限制下属私利，也不可伤害部属私利，即便是部属在追求私利以及个人消费上有些缺点，只要不是违法乱纪，都不可以横加干涉。当然，适当加以劝导是可以的。

（3）容人隐私

世界上所有的人，都有其各自的隐私。在法律规定范围内的隐私是人身权利的一部分，尊重别人的隐私，其实也就是尊重别人的人身权利。反之，通过各种手段窃取、了解别人隐私的行为，是极不道德的行为，作为一个办公室主任更应注意。

2. 处理抱怨的艺术

（1）不偏不倚，表示信任

掌握事实，做出公正的决定，做出决定前要弄清员工的观点。如果你对抱怨有了真正的了解，或许你就能做出支持员工的决定。在有事实依据，需要改变自己的看法时，不要犹豫。

在你向他们解释过你的决定之后，你应该表示相信他们将按决定的精神去接受决定。努力使他们搞清你所做决定的理由，使他们同意试一试。

（2）解释原因，别兜圈子

无论自己是否赞同下属，都要解释你为什么采取这样的立场。如果你不能解释在你下达决定之前最好再考虑考虑。

答复抱怨时，要直来直去，正面回答。不要为了避免不愉快而绕过问题，不把问题明说出来。只有答复具体而明确，才不会被人误解。

（3）掌握事实

要掌握全部事实。只有事实了解透了，才能做出正确的决定。领导人切记：小小的抱怨加上匆忙的决定可能变成大的冲突。

（4）不要发火，认真倾听

当你心绪烦乱时，就会失去控制，无法清醒地思考。你不能草率地做出反应，而要保持镇静。如果你觉得要发火了，就把谈话推迟一会儿。

认真倾听下属的抱怨，不仅表明你尊重下属，而且还能使你有可能去发现其中的原因。例如，一位打字员可能抱怨他的打字机不好，而他真正的抱怨原因是档案员打扰了他，使他经常打错。因此，要认真地听人家说些什么，要听出言外之意，弦外之音。

（5）严肃对待，不要讥笑

千万不要以“那有什么呀”的态度加以漠视。即使你认为没有理由抱怨，但下属认为有。因此，如果下属认为它很重要，应该引起办公室主任的注意，那么作为办公室主任就应该把它作为重要的问题去处理。

不要对抱怨置之一笑，这样下属可能会从抱怨转变为愤恨不平，使生气变成怒不可遏。

（6）予以重视，不要忽视

不要对提建议的员工不加理睬，这样他或她就可能没有理由抱怨了。

不要认为如果你对出现的困境不加理睬，它就会自然而然地得到解决；也不要认为如果对下属奉承一些美妙的话语，他就会忘掉不满，而且从此还能快快活活。事实并非如此简单。没有得到解决的不满将在员工心中不断发热，至达到最高峰。他会不断地同他的朋友或同事发牢骚，并会得到他们的赞同，小问题最后会变成大问题。

3. 要有容人之量

（1）能容忍曾经反对过自己的人

一个心胸宽广的办公室主任，不仅要团结和自己意见相同的人，而且要团结和自己意见不同的人，还要团结那些曾经反对过自己并且被实践证明是反对错了的人。大凡有作为的办公室主任，对于曾经反对过自己的人，都是不记小仇而重视其才能的。

（2）容有缺点的人

办公室主任要有容人之量，必须能容有缺点的人才。因为人才虽有其长，也必有其短，而且常是优点越突出，缺点也越明显。

（3）能容有不同意见者

作为办公室主任，要善于分析自己的不足，善于接纳他人的智慧。因为作为办公室主任，必须知道，一个人的智慧是有限的，而只有能容持不同意见者，才能做到认识全面、理解全面，也就是要善于倾听持不同意见者的声音。

（4）敢容超过自己者

一个企业要发展，就应该招到贤良之才，作为一个成功的办公室主任，就应敢容超过自己者。

有的人对比自己弱的人还能奖励，对和自己旗鼓相当，甚至可能超过自己的人就不敢奖励，生怕动摇了自己的权威宝座。欧阳修明明知道苏轼将会超过自己，却大力奖励，心甘情愿地“让他出人头地”，这种容才之量令人肃然起敬。

4. 赏识各种个性的人

办公室主任的包容根源于他对人类多样性的认识，对人的个性的尊重，对人的发展的重视，这是一种真正意义上的人本主义。

人都是有个性的，但我们一度曾将有个性的人拒之门外。那种日子已经一去

不复返了。而今，重视个性对经营的成功是至关重要的。

这一事实令思想不健全的领导大为不安。他们厌恶个性，并对其怀有极大的偏见。他们往往狂妄自大，觉得自己高人一筹，并且认为人天生就是不同的，也不可能平等。所以，他们往往很武断，从不对别人的观点加以考虑，尤其他们还固执地强调员工在工作中的一致性。而事实上，员工们追求的是保持自我，而不是一味地顺从领导的意愿。这就引发了在工作中频频出现的对抗及冲突。

与之相反，杰出的办公室主任非常赏识独树一帜的个性。他们认为人天生是平等的，但又是不同的，而且每个人都会做出各自不同的贡献。在这些办公室主任看来，每个人都是其周围的人的延续。因此，我们有义务接受各种个性。对于杰出的办公室主任来说，这些个体之间的差异不会给他们带来丝毫的威胁。事实上，他们乐于看到下属在工作中表现出非凡的才能及独到的见解。怎样驾驭及充分利用这些差异是对他们领导才能的挑战，这也是他们乐此不疲的事。

差异是商业经营中所必须涉及的问题。公司需要各种各样的员工来为商业市场上具有各种需求的用户提供服务，并为自己的产品开拓新的市场。那么，作为一名办公室主任，怎样才能创建具有多样性的员工队伍呢？他应该首先自省，检查自己个性中是否存有偏见，是否胸怀宽大。杰出的办公室主任知道自身的偏见会影响他们的领导方法。他们努力确保自身的偏见不会成为阻碍领导机构的绊脚石。

这些杰出的办公室主任还竭力培养自己完整的人格——既具有男性竞争的特点，也具有女性合作的特点，了解并挖掘他们自身的个性会帮助他们更好地处理机构内部存在的差异。

5. 团结和包容的艺术

具体来说，要成功地团结和包容人们，应该做到以下几点：

（1）消除歧视和偏见

成功的办公室主任往往了解下属产生偏见的根源，并且意识到他们各自的盲区。他们知道差异的力量以及歧视的恶果，他们更知道只有当人们有充分的自由保持原来的自我并且在机构中充分地表现自我时，他们才能做出最好、最具有创造性的工作。

勇敢地面对眼前的偏见——自身的以及他人的，是发掘自己机构内丰富的多样性资源的第一步。

（2）全方位地发展自己

办公室主任必须扮演多种角色——时而协商，时而下令，最后，在一天的工作结束之前，还要力求使员工取得一致的意见。经营企业要求办公室主任不断提高一系列的技巧及改变自身许多观点，要做到这一点，办公室主任就必须学习怎样培养自己全面的人格。

(3) 驾驭不同的个性

杰出的办公室主任格外地赏识员工的个性。当他的下属在工作中施展自己独特的个性及想法时，他会感到兴奋不已。办公室主任所面临的挑战就是寻求管理及驾驭这些个性的方法。

在当今世界，办公室主任用不同的方式去应付员工的各种差异是组织成功的先决条件。优秀的办公室主任知道，最终的成功要靠具有各种个性的员工联合起来，为组织的共同目标奋斗。有的时候又需要办公室主任坚持自己认为是正确的做法，即使有时这意味着要违背那些具有差异性的员工队伍的想法。

(4) 建立一种团结合作、互相尊重的氛围

你怎样使各种各样的人朝着一个方向努力？答案是，创造相互尊重的氛围。建立相互尊重的氛围，首先需要的是办公室主任本身具有敏锐的洞察力。他首先应检查自己的情感及自尊，目的在于了解什么能够使自己受到鼓舞和赢得尊重。当办公室主任自我感觉良好时，他会成为一个更有成效的人。

办公室主任所具有的洞察力是创建相互尊重氛围的坚实基础。它能够帮助办公室主任对他的机构有更深刻的了解。除此之外，它还能使办公室主任用特殊的眼光看待别人的动机。

办公室主任应该将自身的洞察力延伸到社会的方方面面，并且创建一种建立在相互尊重原则基础上的经营方法。

这样的办公室主任懂得，人生来都是平等的，那些能够感受到自己与他人平等并且能够得到别人尊重的人，往往会在工作中充分发挥自己最大的能力。

三、贴近下属，赢得信赖

1. 团结下属，凝聚力量

亨利·福特说："聚集人马只是开始，继续共事可谓发展，同心工作才是成功。"做到上下同心，必须在办公室主任和追随者之间形成一种互相信赖的氛围，这在很大程度上取决于办公室主任的亲和力。

亲和力要求圆融，而不是尖锐。尖锐的态度往往是与人接近时的障碍，应当设法消除这种无形的障碍。林肯在总统大选期间曾收到一封住在中西部的少女的来信，信的内容如下：你的演讲的确令人感动，但是你那言辞尖锐的评论气氛过于强烈，如果能带点父亲跟家人谈天的轻松气氛，我相信一定能得到更多人的支持，因此我建议你不妨留点胡子，这样也许能调节那种严肃的气氛。林肯听取了

这位小女孩的忠告留起了胡子。胡子的存在缓和了不少尖锐的气氛。这个建议使得林肯在大选中赢得了大多数人民的支持，从而获胜。这说明了亲和力的重要性。

树立自己内在的形象也是必要的。首先应该确立自信心，先令自己相信自己，然后再令别人相信自己。外在的改变比较容易做到，而内在的改变（比如改变自己看事物的态度）是有一定困难的。这主要在于自己必须克服自己产生的对抗情绪，而这也是最麻烦的。你需要改变的不是别人而是自己，要征服别人远比征服自己容易，必须有坚强的意志力。

身为办公室主任应当懂得下属的心愿，处处考虑到下属的利益，不要总是以严肃的面孔去对待下属，要有随和的态度。为人随和并非是迎合部属，如果专门迁就部属，决不会得到部属的尊敬与信任。一方面要有果断力，一方面必须具备同情心。在工作上发挥高超的指导力，离开工作场所时，应当与部属随和交往，这样下属才能对你信服。

伽利略有一句名言："你无法教人任何东西，只能协助他从内心去发掘。"你是一个培育者，而不是教师，需要给人们提供发展的机会，让他们发掘出自己本身既有的天资就行了。应提供培训的机会，鼓励部属读书，让部属有使用新技巧的机会。给部属提供发展空间，并让大家有机会在其中成长。

忘记自己的办公室主任角色，善用团队才智是成功的秘诀。团队合作过去仅仅停留在理论层次，如今已是绝大多数公司的主动做法。办公室主任面对的最大的挑战是如何善用团队的智慧。每个人的个性不同，立场各异，动机暧昧不明，一旦发生冲突就无法共同面对问题。团队成员需要坦诚吐露影响其工作目标的任何问题。最有效率的办公室主任乃是借助沟通，促进团队的合作，事实上这也是让一群人能够一起工作的唯一方法。

有的办公室主任过分强调自己，口口声声以"我"为中心。这是因为他太顾及自己的角色，自己的权力，但殊不知没有各个员工的分工协作，没有各个员工能力的充分发挥，办公室主任的存在只会影响工作的顺利进行。人们都关心自己，办公室主任应当明确自己的利益与下属是一致的。为员工服务，解决员工在工作、生活上遇到的问题是明智的做法。

与员工交朋友，成为员工中受欢迎的一员，是成功的办公室主任的秘诀之一。办公室主任忘记自己的权威性，会拥有一群忠心的伙伴。实际上只要个人受到公平的礼遇，而且意见经常被关注，员工们常常愿意竭力配合领导。因此，巧妙地运用自己的管理艺术，你就能够真正地当好办公室主任。

2. 懂得尊重他人，加强关心

亲和力包含着真正的宽容、尊重、同情和关心。尊重他人的优点就是相当于宽恕他人的缺点，作为一个办公室主任，应有山谷一样的胸怀，海纳百川，有容乃大，尊重别人，才会最终得到别人的尊重。

尊重他人，的确说起来容易做到难，因为你遇到的每一个人，都认为他比别人高明。解决这种症结的方法是要让他明白，你承认他在这个世界上的优势，并且是真诚地承认，这样你就有了打开他心扉的可靠钥匙。

作为办公室主任，不要习惯去责怪别人，要努力去发现别人身上的优点。办公室主任要试着了解下属为什么会这样做或那样做，这样比批评更有益处，也更有意义得多，而这样做也是含着同情、宽容以及仁慈。

作为一个办公室主任，可以适时、适当地做一些细致入微的工作，这对办公室主任是有百利而无一害的。如果你总是以领袖自居，摆出一副官架子，拒人于千里之外，遇到一些事情就满脸不高兴，不屑于做或者根本不情愿去做小事，那么你就不会得到下属对你的感情，就不会打动他们，他们就会对你产生某种成见。

在处理一些小事上，如果你做的效果不佳，或不完美，下属们会轻视、讥笑于你，以为像你这样连一点小事都不想做，或者连一点小事都做不成的人，又如何做得了大事情呢？你的信誉便会因此受到某种挑战。

如果办公室主任能在许多看似平凡的时刻，勤于在细小的事情上与下属沟通感情，经常用“毛毛细雨”去灌溉员工的心灵，下属会像禾苗一样生机勃勃，茁壮成长，最终为你所领导的集体收获丰硕的果实。

3. 承担责任，风雨同舟

办公室主任赋予下属重大责任，在激发士气上非常有效，但并不是说将责任都推给下属后，领导就可以逃避责任。办公室主任应该在关键时刻特别是在一些重大环节上，勇于承担责任，勤于自责，才会拯救那些有过错误却充满了潜力的人，他们才会心存感激，在以后的工作中会更加卖力。所以，当下属在工作中失败，或发生内外纠纷时，办公室主任绝不能以“这只是你做的事，你要负责”为借口，将其置之不理，这将极大地损伤下属的感情，危害你们之间的关系。

有些办公室主任会将下属的成绩全都当做自己的功劳或是在和下属一起工作之初，对下属的提议持反对意见，但事成后，却又夸耀自己很有本事。这些做法同样打击下属的士气。

一旦下属对领导产生不信任感，很难使下属对工作提出多少建设性的建议。如果你称赞下属的提案很好，那么下属也会有“受领导赏识”的感动，因而更加努力工作。

逃避责任和居功争赏，都不是办公室主任应该做的事。

有些人以为在这竞争激烈的社会中，那些老实人永远没办法出头。的确，短

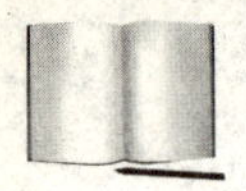

期内那些利用别人来获取名利的人是胜利者，但就长远来看，这种人注定失败，因为这样的人是真正的害群之马。

人的一生总有许多波折，剥削别人、利用别人来晋升的人，在遇到逆境时，一定会得到报应，而当初那些被利用的下属，也不会伸出援助之手来帮忙的。

下属对领导的一切，其实都观察入微。在紧急的时候下属是会出来相助，还是借机扯后腿，这都有赖于领导平时的表现。

切记，今天对别人所做的一切，在将来必定会同样发生在自己身上。

虽然办公室主任必须积极去发掘下属的工作热情，但是“不打击下属的士气”，才是更重要的事情。所谓有功同享，有难独当，只有这样才能博得下属的好感和拥护，企业才能不断发展壮大，才能取得卓越的成就。

4. 调整情绪，感染下属

办公室主任的言行往往具有很大的感召力，在必要的时候，你能够敞开胸怀，潇洒奔放，相信你的下属也会因此受到感染，平添无穷的力量，增加对你的信任，齐心协力，风雨同舟，共同迎接严峻的事业挑战。

作为一个领导，如果不能驾驭住自己的感情，那么你肯定也不会去关心你的下属，这是必然的。作为一名成功的办公室主任，应该多花一些精力去关心一下下属的感情，因为正是下属的好心情激励着他们做好工作，才使你今天的领导地位稳若泰山。如果每个下属的情绪都不是很好，或者难以控制，而你作为办公室主任却不去关注他们的心情，也不去做好一些根本性的工作，自己反而也情绪不佳，这样工作将会难以展开，这是一个办公室主任的悲剧。

办公室主任不仅要控制住自己的感情，还要用自己的好心情感染下属。

5. 待人谦逊，相互信任

一位成功的办公室主任讲述他的管理诀窍时说：“重要的是掌握员工的心态，无论在中国还是在外国，我们一样都是人，只要我们以诚相待就可以了。”与员工一起行动只不过是一种手段而已，重要的是谦虚，不管有什么困难，对方都会愿意与你亲近，帮助你。

领导要坦率开朗地与下属一起行动。每个人对自己的优点都有信心，对于自己的缺点都不愿提起，但是对于下属的批评，主管也要坦然接受。如果一味隐瞒自己的缺点，在下属的眼中，反而觉得可怜，既然如此，不如从一开始就以本来面貌，对待下属。在下属看来，如果主管各方面都比下属优秀而无可挑剔，则彼此必然不容易产生亲切感，下属只会有自卑感或不协调感。与下属一起行动时，自己应当开朗而积极。你应该经常提醒自己，部下的眼光是很敏锐的，只有你与下属同甘共苦，才能够获得下属的信赖感和认同感。

总之，办公室主任和下属必须依循同一个信念或方向，同心协力朝一个方向前进，同时组织中的每个成员都能够自由发表意见，互相信任，获得一致的信念，加强团结以应付各种情况。

一个具有亲和力的办公室主任是值得信任的，因为他真诚、可信、可靠、仁爱、始终如一。这样，被领导者就会觉得自己的尊严受到重视，这样还可促使他们反过来去信任别人。他们会参与真诚的对话，保守他们了解的机密，对领导的错误他们也会做出善意的理解。他们清楚领导相信他们，于是他们也相信领导，做到这一步不会是一帆风顺的，其间会有许多失误和误解。一位合格的办公室主任应自始至终地引导大家的行动，理顺大家的情绪，并对最终结果负责。

信任是维系各种关系的黏合剂，没有信任，任何设想都不可能成为现实。建立信任是办公室主任的一项基础工作，其内容应包括：

（1）荣辱与共

你不可靠人们就疏远你。人们不痛快时，往往把自己的情绪和个性隐藏起来。虚弱的办公室主任总想把真相掩盖起来，以期能巩固其领导地位。

但如果办公室主任总是使自己与被领导者之间保持很大距离，被领导者绝对不会尽心竭力，绝对不会尽其所能，充分发挥创造性和奉献精神。如果办公室主任处处表现得明显比别人强，尽管可能是无意识地，也很难起到激励别人的作用。

要想在部门内营造起信任的氛围，诚实是首要步骤。与别人同甘共苦可以让人了解到你是一个诚实可靠的人。让别人了解事实真相可以增加信任感和责任心。如果员工与领导的关系得以改善，对经营情况有更多的了解，他们就会为共同的事业做出更大的贡献。

（2）倾听他人意见

商家、顾客和员工都清楚他们各自的需求和愿望，他们会对你说，如果你愿意倾听别人的意见，而且认真听，那他们就会把自己的想法告诉你。

我们中大多数人都不善于倾听别人意见。生活的节奏太快了，我们的心里只想着自己的目标，我们花太多的时间去考虑怎样对和我们讲话的人做出反应，如何在交谈中胜对手一筹。

杰出的办公室主任善于倾听别人的意见。他们懂得，人们有观察、接触、了解他们的办公室主任的愿望；同样，办公室主任有观察和了解商情的要求。

办公室主任运用倾听的技巧和别人交谈，通过交谈了解情况，探究可能发生的事，寻求进一步理解，阐明自己的观点并找到解决问题的新方法。

对他们来说，倾听别人意见，与别人交流看法和提高工作效率之间的联系是显而易见的。

（3）给予他人安全感

在复杂纷乱的社会，如能有一位始终如一光明磊落的办公室主任则会使员工增加安全感。由于下属清楚他们脚下的土地不会改变，所以，他们对新的思想意识持开放态度，敢于承担风险。

相反，如果办公室主任不能让下属感觉到安全，那么，下属就会觉得其工作环境中充满压力，他们的前途难以预料。在这种条件下，人们不可能坚持很长时间，他们会变得战战兢兢，浮躁易怒，不愿尝试新的东西。

这正是办公室主任可以显身手的时候，如果他表现得坚定可靠，那么，他就能使下属觉得和他一起工作有安全保障，即使在将来的日子里充满艰难和动荡，他们也愿意承担风险，充分展示自己的才能。

（4）增加领导透明度

在一个部门，敞开大门的做法是树立信任之风的最佳选择，这种做法指的是自上而下，自下而上，全方位地敞开大门。

在一个崇尚公开的部门，信息通过各种渠道自由流通。不管是董事、经理，还是工作人员，所有人都对部门内所发生的事情了如指掌。关于公司的运作情况，包括财务状况，所有人都能随时了解到。这样做的结果是，所有人都会做出真诚的反应，给予真诚的回报，并敢于对公司的事务说出自己真实的看法。

敞开大门的做法并非偶然之举，办公室主任必须是一位真诚、平易近人者，其信念和举止能给人一种信任感，一种承诺，而这种信任感与承诺是建立一种公开氛围的基础。

四、不断学习，提高效能

1. 通过学习发掘最佳能力

成功办公室主任的信念是一致的，即与他们所管理的下属必须不断地学习。

当今，至关重要的是办公室主任应如何对待他们企业内部的智力资产。劳动队伍的学识、洞察力及技能将决定这些企业能否成功。办公室主任所面临的挑战则是为了提高业绩，努力设法找出补充并支持这些资产的方法。无论哪一个成功的企业，知识的获得都发生在真正的改变和发展之后。

重视进取的企业视学习为一种投资，并不断鼓励和培养员工发展，其目的是提高企业自身能力及其成功率。这样，往往会创造出有助于企业内学习和发展的环境。

企业的求知精神能培养其解决自身问题的能力，扩大其创立新构想的能力，并使其能够决定自己的未来。但是，要想做到这点，办公室主任必须建立起一种工作氛围，培育每一个下属的求知精神。

为了事业的成功，办公室主任必须对自己有深刻的了解——自己是什么样的人，不是什么样的人。他们需要这种自知之明，因为他们要为企业定调，并处理日常事务。如果缺乏这种洞察力，则往往会失误，以致给他们的企业蒙上阴影。

但自知之明只是学习过程中的一部分。在这样一个瞬息万变的世界中，办公室主任必须培养适应及更新自己的能力。因为他们周围的环境是不断变化的，他们必须每天提高自己的领导能力。为了实现这一点，最优秀的办公室主任总是不断地给他们自己及他们的员工提出问题及假设，总是不断寻找新的方法以提高他们自身和员工的能力。办公室主任还要向其他人学习——不论是完美的人还是不完美的人。他们还需把这种学习融入到他们的思考和与人交往之中。

学习还应是一条双行道。办公室主任除了加强自身学习外，还要具备促使他人学习的能力。正像自己的领导一样，成功企业中的员工也需要在一个充满活力和变化的世界中学会适应和成长。这只有在人们承担共同责任的时候才奏效。办公室主任必须使自己不断地成长和发展，与其追随者一道，提高企业的能力，才能使其更易于不断发展。

只有在企业内部的人际关系和环境允许人们学习和发展的情形下，能力才能得以提高。为此，一种行之有效的方法就是建立学习的团体。这些团体可以使人们公开且安全地尝试新的想法并允许员工扩大他们的学识和技能。在学习团体中，人们在学习上相互帮助，开诚布公，毫无保留。企业的结构和制度为学习的全过程提供支撑，使人们能够在学习中没有任何恐惧与防备。在一个真正具有学习气氛的企业中，人们最终会有一种满怀希望、热情与如愿的感觉。

学习环境的形成都是从领导开始的，领导在充满机遇与艰辛的人生旅程中，必须不断地重新塑造自己。

学习成果的取得，部分取决于领导。领导向别人学习的同时，他们也了解了自身。他们了解到自身的优势所在，也了解了自身的弱点。这并不是一个容易的过程，但它肯定会有回报。

一旦下属拥有知识，作为办公室主任就有责任使其充分发挥。要创造出一种不仅为学习带来方便而且还以学习为荣的环境，来发挥下属的潜在天赋。如果能够创立一个学习团体并做出允许下属不断发展更新的承诺，那么上述的一切就会实现。

所有办公室主任都必须了解这一点，即要想能够适应迅速变化的经济、技术和社会趋势，那么他们必须支持所有层次人员的最高能力的发展。这样他们的集体便会处于学习的前列，并且最终在竞争中处于有利地位。

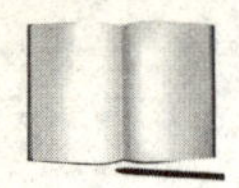

2. 团队学习修炼

团队学习是提高团队成员互相配合、整体搭配与实现共同目标的能力的学习活动及其过程。这一过程不仅仅包括学习知识，还包括提高技能、改变态度的任务。

(1) 团队交谈

团队交谈包括“真诚交谈”和讨论两种方式。这两种方式常常互补，交叉运用，但又有所不同。

①基本规则不同。在团队学习时，讨论是提出不同看法，并加以辩论，它能够对整个情况提供有用的分析。真诚交谈则是提出不同的看法，以发现新的看法。

②目标不同。通常人们通过真诚交谈来探究复杂的问题，用讨论来达成协议。

因此，如果团队必须达成协议，并必须做出决定，那么讨论是必要的。在讨论之中大家依据共同意见，一起来分析和衡量各种可能的想法，并从中选择一种较佳的想法。如果有成效，讨论将得出结论或找到行动的途径。相反，真诚交谈是发散性的，它寻求的不是同意，而是更充分地掌握复杂的问题。

真诚交谈和讨论都能产生行动的新途径。如何行动通常是讨论的焦点，然而新的行动只是真诚交谈的一种副产品。讨论是真诚交谈不可缺少的搭配，一个学习型的团队，要善于交叉运用真诚交谈与讨论这两种方式。

讨论对大家来说比较熟悉，这里主要介绍真诚交谈。真诚交谈的理论和方法是由美国杰出的量子物理学家鲍姆提出来的。

在真诚交谈时，人们先撇开个人的主观思维，彼此用心聆听，达到一起思考的境地，从而自由地、有创造性地探讨复杂而重要的问题。

真诚交谈的目的就在于充分展开个人的见解，使团队智慧超过个人智慧的总和。如果真诚交谈进行得当，人人都是赢家，个人可以获得独立思考无法达到的见解。这样，团队便可以进入一种个人无法单独进入的、较大的“共同意义的汇集”，它是由整体来架构各个部分，而不是设法将各个部分拼凑成整体。

反思、探询是真诚交谈的基础。建立在反思与探询技巧上的真诚交谈，将是一种更可靠的团队能力，因为它不大依赖于团队成员之间是否有某种良好关系这类特定的先决条件。

真诚交谈的基本条件用一句话表示就是：敞开心扉，无拘无束。在真诚交谈时，大家以不同的观点探讨复杂的议题，每个人都摆出心中的假设，并自由交换各自的想法。在一种无拘无束的探讨中，人人将深藏内心的经验与想法完全浮现出来，而不是害怕别人知道自己的想法。

具体说来表现在三个方面：悬挂假设，伙伴关系，“辅导者”。

第一，悬挂假设：所有参与者必须将自己对问题的假设毫无保留地“悬挂”在众人面前，不断地接受众人的询问，并检验和测试这些假设。

第二，伙伴关系：伙伴关系是指所有参与者必须视彼此为工作伙伴。团队成员只有视彼此为工作伙伴，才能共同思考问题和进行真诚交谈。这是因为在团队成员沟通的过程中，彼此的思维会不断地得到补充和加强，从而产生出较好的互动作用。随着真诚交谈的深入，团队成员会发现，甚至那些原先跟他们没有多大共同之处的人，也会发展出伙伴的感觉。特别是能在意见出现重大不一致的情况下，将“反对者”发展成“意见不同的伙伴关系”，这样收获会更大。

第三，“辅导者”：有效的真诚交谈还必须有一位“辅导者”来掌握真诚交谈的精确含义和活动过程。一个真诚交谈的辅导者是一个交谈“过程催化者”。他所应做的工作是：让员工了解他们自己才是过程与结果的“主人”——对真诚交谈结果负成败责任。进而使交谈进行得顺畅而有效率。如果有人在不该讨论时开始把过程引向讨论，辅导者要能及时识别并加以纠正。在交谈中，对员工进行启发，而不是以专家的姿态出现，以免有些成员因过分注意辅导者而分散了注意力，或疏忽了自己的想法及责任。辅导者的另一项功能是，通过自己的参与来影响真诚交谈发展的方向。

习惯性防卫是根深蒂固的习性，用来保护自己或他人免于因为说出真正的想法而处于窘境或受到威胁，习惯性防卫并不是指人们一味地强词夺理，或是为了保持良好的人际关系而采取的一种保护措施，而是惧怕暴露出心中真正的想法。当就某一问题让人们敞开心扉、真诚交谈时，人们总是存在这样或那样的顾忌。要想克服他人的习惯性防卫，必须先自我揭露。将自己的观点与想法全盘托出，这样就可以降低对方防卫的对立情绪。

消除习惯性防卫所需的技巧，也就是反思与探询的技巧。以探询的方式讨论问题的原因时，个人能够毫不隐瞒地摆出自己的假设和想法背后的推理过程，并鼓励别人也这样做，如此一来，习惯性防卫便无从发挥作用。

（2）培训

培训是通过指导活动获取知识、提高技能、改进态度的一个过程，它区别于通常的教育。教育是一种学习，帮助整个人生的成长，而培训往往只限于取得或发展能力以适应专业的需要。

3. 提高领导效能

（1）培养自我更新和适应变化的能力

只要有领导存在，他们就会这样说：“唯有变化是永恒的。”但是现在变化越来越快了。

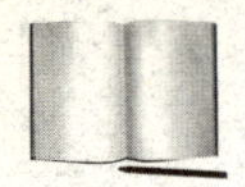

尽管经济变化很艰难，但才刚刚开始。科技好像天天都在变化，所以劳动队伍的性质也在变，还有社会，还有……

在这种情况下，办公室主任就需要有适应及不断更新自己的能力。他们还需要具有从危机中重新崛起的能力，因此必须在工作中不断学习，不断成长。

一位真正的办公室主任有能力甩掉旧的包袱，使自己焕然一新，经常在寻求充分表现自己价值的创造性方法，努力使自身及企业更加强大，办公室主任的全部生活就是在不断更新中的一种学习。

（2）了解自身的优、劣势

我们往往把办公室主任举得很高。一旦他们由于衰弱或恐惧而摇晃或跌倒时，我们就会认为他们虚伪或无能。这种看法不仅不实际，而且很糟糕。我们必须学会把办公室主任当做现实生活中的人来对待。

办公室主任也必须对此担负一些责任。他们必须对自己有更为深刻的了解——自己是怎样的人，不是怎样的人。他们也必须了解自身的优势和劣势，什么地方高人一筹，什么地方不如别人。他们还必须了解自己赞成什么，对自己性格至关重要的原则是什么，以及性格中的盲点是什么。

办公室主任不可能单独完成这一切，所以下属必须给予他们不断成长的自由。

（3）学习他人的经验教训

其实我们大家都是自身经历的反映，那种经历包括我们所认识的人及如何利用那些关系。

我们大家的背景各不相同，在生活中的不同阶段都会受到不同人的启迪。有些人与父亲或母亲或父母双方保持极好的关系，头脑中也始终有父母的“理智之声”，并使之贯穿于他们的事业中。

另一些人却在寻找那些能展示相同品质的人，如老师、导师，甚至是领导。另外有一些办公室主任，他们早年有过坎坷、不幸或失败的经历，所以总是有意识地寻找良师益友来调整这些负面影响。还有一些办公室主任却与不健全的指导者挂上了钩，这些指导者往往有操纵倾向、自我陶醉或具有错误的价值观，结果导致这些办公室主任也学到并且巩固了错误的行为。

无论哪种情况，我们每个人都把接受指导的经历视为培养自身领导能力的一部分，正像那些最成功的办公室主任所意识到的那样，无论是从正面人物身上还是反面人物身上都能获得经验教训。

（4）解放下属的思想

正如它们的领导那样，成功的企业组织需要适应世界环境的风云变幻，并在竞争中求得发展。

为了组织的发展，办公室主任必须解放下属的思想，发挥他们的才能，这将会增强公司的实力，从而更加有利于它的发展。

然而，只有公司内部的人际关系和环境允许人们学习、发展和奉献时，公司的实力才能得以加强。

为了维持组织的这一发展，人们必须不断地求新求变，企业组织也应不断地去寻求更好的构想，以取得更大的成绩。

（5）建立学习型组织

接受信息快捷的组织将所向披靡、锐不可挡。然而，学习社区的建立非一日之功，它需要有一种长期的保证促使不断地改进、完善。领导者的任务是创造条件使组织及其成员共同发展，共同规划未来。

创建学习社区首先要从领导开始。他必须有强烈的求知欲和丰富的想象力；他应当喜欢前瞻未来，愿意同人们就幻想和现实的差距展开对话。

其次，要创造一种促进学习的环境。这种环境要使人们感到自由、安全，从而能激发他们的创新意识，扩大他们的知识面和专业技能。

这种学习组织可以大胆地借鉴他人的经验，坦诚地谈及他们的成功与失败。人们在这里有时间去思考问题，解决问题。团队协作不但允许人们畅所欲言，还给人们提供互相学习的机会。

通过学习，人们能够转变态度、行为和改变工作方法。而办公室主任正是这个学习过程的管理人。

五、加强合作，共求成功

1. 激发下属参与意识

参与意识是推动一个部门不断前进的动力，这种力量蕴藏在下属的心底和想像中，而领导者的职责是把这种力量释放出来，用来实现本部门的目标。

为什么参与意识在当今社会显得如此重要呢？主要是因为绝大多数的单位处于竞争环境，所以，他们必须在最短的时间内，以最少的资源，做最多的工作，只有这样，他们才能在竞争中处于不败之地。

要保持竞争优势就需要增强部门中每个人的能力和责任意识。员工们必须以更快的节奏、更聪明的方法、更高的效率工作。他们必须生产出质量更高的产品，提供更优质的服务，并且要比以往任何时候都更有紧迫感。顾客提出的要求越来越高，只有那些最接近工作的人才能在顾客需要时向他们提供所需要的东西。

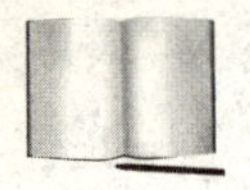

然而，员工们必须愿意这样做才行。任何部门都需要那些有创造精神、敢于承担责任、愿意为集体的目标出力的员工，而这仅靠经济手段是不行的。员工们渴望能够发表自己的意见，渴望在工作中有主动权，渴望在所工作的部门中体验到主人翁的感觉，他们想树立起自信心，想体验成功者的感觉，他们盼望着在实践中能够得到这些东西。

无论是从经济方面还是从人的方面考虑，创造一种参与合作的氛围对企业的成功都具有至关重要的意义，最杰出的办公室主任深知这一点。他们懂得，他们的成功有赖于释放出部门内部所蕴藏的潜在能力，有赖于调动集体中每个人的积极性。他们懂得，要想有效地进行领导，他们必须要学会如何发掘这种潜能。

最优秀的办公室主任对权力的参与有着透彻的理解。他们深知，他们对别人的影响不是来自于他们的职务和头衔，而是通过勤奋工作，尊重别人才能赢得的。他们懂得，如果把权力分散，让别人也能分享到权力，权力才能产生更大的作用，每个人才能够做出各自不同的贡献。对他们来说，建立在恐惧担心基础上的权力不可能有效地行使领导职权，反而是一种无能的表现。战战兢兢和惟我独尊的做法绝不是力量和性格特点的代名词。

发掘潜能的最佳方法是摒弃支配、控制别人和处处以我为中心的陈规老套，让别人也能分享到权力。办公室主任必须心甘情愿地放下架子，愿意与别人分享权力，相信员工的判断能力，让别人分享当家作主的感觉和众人瞩目的中心地位。在这个问题上，他们可能有时比别人做得好些，有时做得差一点，一旦发现自己又不自觉地回到控制支配的老路上时，要自觉改正过来。要记住，促进参与合作才始终是办公室主任奋斗的目标。

要分享权力，分享与权力有关的一切，包括信息、技能、责任和奖励等等，只有这样，高效率的办公室主任才能够创立一个人人参与的环境，在这种环境中，员工们会自主地为集体做贡献，充分展现各自的才能。一旦办公室主任成功地创建出一个崇尚参与的氛围，下属就会像经验丰富的合伙人那样，工作积极主动，业务上精打细算，提出有价值的意见，承担责任。总之，他们就会像自己拥有公司一样一丝不苟。

一个人如果心理上丝毫没有主人的意识，那么他的工作以及工作的结果如何就成了与他不相干的事。如果在感情上与公司没有丝毫联系，那么，下属只会在那儿干上几个小时后便回家。他们觉得一切都与他们不相干，甚至会对公司持仇视态度，想毁掉它。工作是否完成，产品质量是否过关，顾客走掉，钱财浪费，这一切他们毫不在意。然而，一旦有了主人翁意识，员工的责任感就会大大增强，公司的一切都会变得和他们息息相关。

这种参与过程是相互作用的，参与意识越强烈，责任心就越强，强烈的责任心又促进下属工作得更出色。而工作上的成绩又能进一步增强下属的参与意识，进一步提高效率，生产出更优质的产品。优质产品更受欢迎、销路更好会使得下属在公司的工作更加稳定，工作报酬会更高。稳定的工作、优厚的报酬又会增加下属的信任感和责任意识，而信任感和责任意识又能激励员工进一步参与。所有因素互为因果，最终在公司内形成良性循环的风气。这样做的结果是，促进下属以一种巨大的集体自豪感不断对公司事务进行完善。

增强参与意识的第一步是调动下属的潜能。团队成员每个人都有潜力可挖，一旦领导者把这种潜能调动起来，部门中的所有人就会拧成一股绳，而团队成员那种成熟的合作关系是创建成功企业的基本条件。离开这种合作关系，他们的关系就会处于一种谨小慎微、顾虑重重，甚至是敌对的状态，公司所付出的努力必定会遭到破坏。

为促进合作关系的建立而添砖加瓦是领导者职责的关键部分。办公室主任必须是一个集体的领头人，他与别人分享权力，注意培养各层次的领导，知人善任，相信下属的能力与判断。

下属只有在感情上和行动上都体现出主人翁的意识，这种团队氛围才能形成。

成功的办公室主任懂得怎样使他们所努力创建的环境发挥作用，他们努力在其部门创立一种普遍的成功心态，以确保这种工作环境能持久保持下去。

2. 营造参与氛围

精明的办公室主任会通过种种手段使下属认识到，他所从事的工作是共同事业的一部分，大家休戚相关、荣辱共存。办公室主任会让下属参与决策，他会充分尊重员工的意见，使员工意识到只有风雨同舟，才能一荣共荣，因为自己所从事的工作是事业的一部分。所以成功的办公室主任在平常的管理中，会主动让员工参与决策，提高他们的主人翁责任感和地位，赢得员工的参与激情和浓厚的兴趣，他们会义无反顾地把自己的精力及身心投入到事业中来，赢得企业的长远发展。

3. 建立团队合作态度

（1）功成不居

做什么事都要抱着功成不居的心态，这样心中才不会有骄矜之气。某公司策划部部长因制订一个方案十分成功，不仅使公司转亏为盈，而且使流失了80%的客户们又回心转意来和他们合作，公司起死回生。面对这么大的功劳，他却抱着成功不必在我的心情，当公司犒赏有功人员时，他只淡淡地把所有功劳归之于团队的努力、整体的效率。

有人问他为什么可以如此虚心，明明是记大功、得高额奖金的好事，他却拼命往外推，要团队一起领受这个荣誉。他听了只是微笑不语，因为他了解团队合作的真正意义，自我标榜、个人英雄主义的时代早已过去了，现在是个讲究团体战术的时代。而且，只要实力出众，还怕没人发现吗？

（2）角色扮演的定位

一个人一生中最重要的就是演什么像什么，尤其在公司中，你扮演的是一个团队队员的角色，该发言时你发言，该妥协、接纳时你就妥协接纳，至于如何才能把这样的角色定位做最好的诠释，这的确需要很大的智慧，尤其需要有以一个团队发展为重的想法。

（3）自我行销

如果你对于团队有更好的想法、建议，你不妨把自己的方案推销出去，让更多的人知道你的想法，这就叫做自我行销，否则再好的点子也只会被埋没。当然，自我行销也是讲技巧的，首先收集完整的信息，这样你才具备说服力；其次是表达能力要好，否则难以让人信服。

凡是来你公司面试的人，第二道关卡就是玩团队游戏，你要预先设计好一个一群人玩的游戏，然后在游戏的过程中仔细观察他会如何与他人配合，如何于领导与被领导中完成任务。通常你给分的标准是：越重视团队的人分数越高，反之则越低；而高分绝不是那种把事做得又快又好的人，也不是自恃聪明、标榜英雄主义色彩的人物。

现代企业最重视的便是分工，所以，如何培养这种群体的观念和能力是一门很重要的课程。

（4）尊重他人，心态归零

当必须理性地去说服或被说服时，切记随时要保持心态归零，这样才能真正静下心来聆听他人的声音，发现他人的观点。心态归零也是一种尊重，如果不这样，则无法真正在团队里扮演好一个成员的角色。

（5）利群大于利己的观念

利群以团体利益为最大的依归，如果所有考虑都是以自己为出发点，那你一定不是一个合群的人。

有一家建筑师事务所接了一个大任务，要在市中心设计一栋纯商业休闲大楼，参与计划的是该事务所最负众望的四位建筑师。在一起讨论时，其中三位建筑师都非常懂得接纳尊重他人的意见，没想到较年轻的那一位却坚持己见，强调自我风格特色，不肯妥协，结果这栋大楼建成后，却是评语不佳。

4. 团队合作艺术

对于办公室主任来说，要想通过培养员工的参与意识建立一个共求成功的合作型团队应该做好以下一些工作：

（1）发掘员工的潜能

激发并调动起员工的潜能是办公室主任的职责，调动下属的潜在能力需要办公室主任打破一切限制潜能发挥的条条框框。办公室主任如能做到这一点，下属就会努力工作，充分发挥他们的潜在能力。

（2）建立参与合作的关系

成功的办公室主任要注意和那些与其利益相关的所有方面，如员工、工会、供货商建立合作关系。利益相关各方要承担各自的义务，服从公司的利益。每个人都能表达自己的意见，所有人都必须对自己的作为、对公司的兴旺发达负起责任。

（3）营造团队合作氛围

办公室主任要努力营造一种团队的氛围以调动集体的智慧。

身为办公室主任，工作伊始，即应向下属讲明工作意义，经营方略，以调动员工的积极性。他应以简明扼要的语言把他的计划传达给员工，并制订出明确的目标，然后就不要再干涉员工的行动了。在一个快节奏和灵活的部门，办公室主任要鼓励别人承担责任和履行义务。他敢于放权，相信下属的才能与判断力，依靠该部门的各级领导。他既是倡导者也是执行者。

要想成为成功的办公室主任，他必须清楚这一点——他的权力在于他个人之外，能否成功地行使权力完全取决于他领导的那些下属。要想充分地行使这一权力，办公室主任必须摒弃支配、控制和以自我为中心的陈规陋习。但这并不是说要放弃责任，在鼓励别人的同时，办公室主任不仅必须具备前瞻意识，还必须对具体工作承担责任。

（4）增强下属主人翁意识

拥有一支把自己当做企业主人的下属是所有领导梦寐以求的事，这样的队伍敢挑重任，能力无穷。他们关心大局，精通业务，积极主动，敢于尝试新观点，能独立解决问题。他们能促进生产力提高，责任意识增强，工作不断改善，同时还能为集体争得荣誉。

成功的办公室主任懂得，树立下属的主人翁思想，必须在精神上和经济上共同下功夫。精神上的归属意识产生于全身心地参与，当员工认识到他们的努力能够发挥作用，认识到他们是全局工作中必不可少的环节时，他们就会更加投入。要使他们全身心地参与，还必须让他们在经济上与企业共担风险，共享利润。

5. 培养员工成功心态

成功的领导造就成功的下属，造就懂得怎样赢得胜利的下属。要做到这一点，办公室主任要时刻把下属挂在心上，要认识到，为其工作的下属们希望对他们所起的作用、对他们所从事的工作有良好感觉。

成功的办公室主任知道，有一个赢得胜利的明天的梦想是何等重要，懂得怎样使一个团队按原则办事、团结一致，明白怎样鼓舞团队的士气。

成功的办公室主任还懂得怎样创造赢者心态，使下属一点一滴地树立起信心，来营造一种成功的氛围。

这样的办公室主任能教会别人怎样获得胜利，如何对待失败，怎样遵守规则。这种能力、这种技巧来源于对人们的需要和意愿的深刻理解。这种能力或技巧也是办公室主任个性中两个方面内容相互融合的直接产物，这两个方面分别指的是争强好胜、坚忍不拔、勇于竞争的特点和关心别人、理解别人、温和宽厚、富于同情心的个性。

第四节　提高组织能力的途径

当代领导者是跨世纪的人才，是 21 世纪的中坚力量。每一名领导者从离开校门走向工作岗位的第一天起就已经真正地扮演建设者的角色了。

从这个意义上讲，当代领导者既是未来生涯的参与者，又是未来生涯的组织者、管理者。

现代科学技术的迅猛发展，社会化大生产的不断加强，一个国家的经济要发展，就不仅要有各部门之间的紧密合作，更要有国际间的交往合作。这就要求社会必须有高级的组织管理者。

因此，迅速提高办公室主任的组织管理能力迫在眉睫。作为跨世纪人才的当代领导就更应该注重自身组织管理能力的培养，以适应未来社会发展的需要。

据有关人才市场调查资料表明，领导者在求职、择业过程中，往往是那些在校其间担任过一定职务的学生干部能得到社会用人单位的青睐，用用人单位的话讲，懂得一些管理知识的领导者能很快适应工作，发挥特长。

可以说，办公室主任具有一定的组织管理能力在择业中已显得极为重要。一定的组织管理能力也是办公室主任个体寻求发展的必备素质。

换个角度讲，办公室主任将来无论从事什么样的工作，都要面临对待人的问题。所以，办公室主任必须学会尽快把较高的社会素质、文化知识转化为较强的组织管理能力。

所谓组织，就是把分散的人群集合成一个有系统性的整体，使之发挥超过个体简单相加的力量。

一、发挥特长，积极参与各项活动

只要你是一个热心的参与者，就能得到表现的机会。

在高校中，还有许许多多的各种协会，特别是办公室主任本身就是一个集体，有着很强的组织优势，只要有心走出自我的天地，有意识地注重能力的培养，会发现机会就在身边。

如平常开展的体育比赛、文艺演出、书画展、讲演辩论、小制作小发明等活动。

你很可能只有某方面的特长和爱好，但只要用心，你就会充分利用这一点来展示你的才华，自觉地在某项活动中发挥主导作用。

只要有心，积极参与这些活动，你定会获取成功。

二、学会主持会议，培养驾驭能力

无论开展什么工作和组织什么活动，都需要有一定的形式把工作、活动的内容布置下去。

开会便是一种行之有效的方式。它对于统一思想、明确分工、沟通信息、落实检查都有重要的作用。

组织会议的关键在于会议主持者，大家开会，都很想知道为什么要开会。

所以，主持者必须先明确会议的性质和主题，让参加者了解会议怎样开。

会议开得是否顺利圆满，对于工作的落实、完成起着至关重要的作用。

第五章　办公室主任参谋和进谏、提案工作

第一节　参谋的必备条件

一、参谋的水平和方向

一般来说，一条参谋意见的提出，不论参谋水平多高多低，不论参谋方式是巧是拙，对于领导的决策、管理目标的实现，多少应该有所帮助。而那些给领导帮倒忙的点子，就是我们平时所说的歪点子，它涉及一个办公室主任的工作水平和方向问题，贯穿领导决策的整个过程中。

参谋方向乃是指参谋的建议、方案等对领导的决策所施行的影响力。一条参谋意见是否被采纳，是衡量参谋意见价值的最重要的一条标准。参谋方向偏离，不仅干扰领导正确决策，而且完全有可能把领导决策导入歧途，因为参谋意见一经领导采纳，参谋的方向就可能变为决策方向、管理方向贯穿领导决策的整个过程中。

因此，办公室主任首先必须考虑的是参谋方向是否正确，研究参谋艺术，摆在第一位的应该是如何控制参谋方向的问题。

二、坚持忠诚原则，甘当无名英雄

参谋，为谁而参？为谁而谋？这是每个办公室主任都无法回避的问题。因此，履行参谋职能，首先不是一个才能问题，而是一个思想品德的问题。

一个优秀的参谋人才，他的成功主要依赖于两个条件：一是参谋的才能；二

是参谋的品德。两者中品德更为重要，所谓“德，才之帅也”，即是言此。许多人以为参谋主要是以才而立，因才而名，思想品德的因素影响不大。其实不然，因为参谋活动的特殊性，决定了任何参谋人员总是依附一定的参谋对象，就机关、单位而言，参谋对象则是其领导。为谁参谋，为何参谋，实际上制约着其参谋作用的发挥，影响参谋效果。

参谋的主要职责是辅助参谋对象，再高明的参谋相对领导而言总是处于一种从属的地位，一般来说，领导的事业就是参谋本身的事业。因此，服从、服务于领导，忠诚于领导及其所从事的事业，为其所参、为其所谋，这是对参谋人员最基本和最起码的要求。

（1）坚持忠诚原则，要有甘当无名英雄的精神。参谋的主要职责是辅助参谋对象，是一个“配角”。参谋再高明的点子，也只有经领导认可“拍板”方能发挥作用。这样，一件事情的成功，人们容易想到的、看到的，往往是决策人的作用，而参谋人员的作用常常被忽视。而事实上正如美国将军艾森豪威尔所言：那些优秀的参谋，虽然公众对他们实际上毫无所知，但他们并不亚于许多因取得辉煌战果而闻名的将领。这种情况不仅在军中存在，在其他各行各业中也是普遍存在的。这就要求参谋切实认识到自己工作的特殊性，正确对待，置名利于身心之外，甘当无名英雄。

（2）坚持忠诚原则，要有献身精神。一个好参谋，必须把领导的事业看做是自己的事业。参谋的忠诚应该体现在忠于职守、乐于奉献上，兢兢业业，任劳任怨，锲而不舍，百折不挠。讲到参谋的献身精神，人们总是容易想到诸葛亮。诸葛亮自刘备“三顾茅庐”后，即忠心耿耿地辅佐刘备、刘禅父子。为了兴复汉室，完成统一大业，他立法适度，选贤任能，务农植谷，发展生产，联吴抗魏，五伐中原，直到病逝于伐魏前线。一生鞠躬尽瘁、死而后已。

（3）坚持忠诚原则，还要敢于实说直谏。参谋出谋既怕心中无数，更怕有数了不敢实说直谏。有的参谋出谋过多地考虑照顾上下级关系，怕得罪领导，惹得领导不高兴，如果因一个点子把与领导的关系搞僵了，岂不违背了忠诚的原则。其实不然，敢于实说直谏，是参谋忠于领导和领导所从事的事业的一个具体表现，是参谋忠诚原则的应有之义。历史上许多开明的君主都极力提倡下级要实说直谏，拿出自己的见解来，反对阿谀奉承，唯唯诺诺。

敢于实说直谏，要求领导参谋时有敢于坚持真理，敢于负责任的勇气。一条意见的提出，即使是领导暂时不能接受，只要自己认为正确也要坚持下去，最忌见风使舵，人云亦云，无原则地恭维奉承领导，一味盲从，随声附和，看领导脸色行事，这是致使许多参谋点子方向不正的一个原因。

三、克服急功近利的心理障碍

参谋心理上的障碍是指参谋者在参谋之前或参谋过程中，心理上已形成了某种痼癖或者走势，自觉不自觉地将思路导向背离客观事物的主观想象或愿望的一端，致使参谋方向出现偏差。

急功近利是影响参谋方向的一种病态心理。急功近利者过于着重眼前利益，忽视长远利益，过多追求局部利益，放弃全局利益。这样，一事当前，往往只是追求近期功效，而对方式方法的正确性考虑不够，其参谋意见往往就失之偏颇。如同下棋一样过于重视谋眼前的一子两子，不知此谋已为全局被动埋下祸根。

先入为主的思维定式是一种不健康的思维方式，持此心态者受经验影响太深，喜欢用固定的心理模式来影响指导同类的活动。事实上，在一个正确的意见、建议形成之前，他在心理上已经有了“定式”，而这种定式往往并不符合实际，是一种“定式错觉”，这就使得一条参谋意见的提出失去了正确的前提条件，“不合时宜”也就成了必然。

克服参谋过程中的心理障碍，包括培养和提高参谋心理素质的各个方面，但主要是解决两个问题：一是要有冷静的头脑，二是保持平衡的心境。

冷静出智谋，一个即使有丰富知识和经验的参谋，如果缺乏冷静的头脑，那么他的智慧就不可能得到发挥，参谋活动中的各种现象、处境、遭遇都会引起参谋感情上的变化，恐惧、悲哀、狂喜、愤怒等，各种情绪都有可能带进参谋过程，如果不能理智地控制自己，任感情的洪水四处泛滥，就一定会影响参谋质量。因此，保持冷静的头脑，每临大事而不乱，是参谋心理修养的一种高境界。

冷静首先就要临危不惧，处变不惊。参谋过程中总是有这种那种意想不到的情况，参谋如心慌意乱，胆怯神迷，就必然造成错觉。

要冷静就要抑躁制怒。冷静是相对急躁而言。兵法上说，“主不可以怒而兴师，将不可以愠而致战”，进而言之，参谋不可以愠怒而出谋。参谋人员遇事驾驭不了情绪，感情用事，有时会为失败埋下伏笔。

希腊哲学家有句名言：“耐心是一切聪明才智的基础。”

要冷静还要善于对各种反常的将带来消极后果的情绪、情感进行冷处理，维持一种心理平衡，使出谋时情绪能保持一种正常状态。任何人都有七情六欲、喜怒哀乐，不可能总是冷静的。这并没有什么了不起，问题不在于一个人是否感情冲动、情绪起伏，而在于如何调节、处理这些冲动的感情，起伏的情绪。民族英雄林则徐奉命虎门销烟，为了不因怒而误事，特意在自己的居室和办公室贴上

“制怒”的条幅。每当发脾气时，一看到这两个赫然大字，便如同听到无声命令，也就慢慢平静下来，三思而后行。这是一种建立固定条件反射，对反常情绪进行冷处理的典型例子。美国第16任总统林肯习惯使用一种“转移”法，他曾说：“每当我发火或有其他情绪时，我就尽情地写信发泄，发泄完之后就把它扔掉，我每次总是这样。”这些都值得我们揣摩、学习。

冷静治疗的是情绪不稳，心境平稳乃是对情绪偏激者所开的药方。心理学上的心境讲的是一种使一切体验、活动都染上感情色彩的、比较持久的情绪状态，心境具有弥散性特点，即当一个人处于某种心境时，他往往就以同样的情绪状态看待一切事物。这种情绪如果处于一种良好的心境时，就可能理智清楚；反之，就可能理智混乱。不良心境影响参谋的方向是不言而喻的，因此，参谋人员要加强自身修养，永远保持一种平稳的心境，就要做到不以物喜，不以己悲，淡化名利，泰然处世。

第二节　参谋的要领和进谏的艺术

一、参谋的要领

1. 慎重参谋

作为下级，少不了要给领导出主意、想办法、提建议。这种参谋助手的作用，也是领导做好工作不可缺少的。在实际工作中，有的员工善于给领导出谋划策，领导也乐于倾听他的意见。下级的参谋要注意其建议、意见对领导工作的作用，要考虑其参谋是否有利于领导决策的形成，是否对领导有所帮助。

2. 围绕中心工作

给领导出主意、提建议，要着眼于事关全局的大事，着眼于“牵一发而动全身”的工作，不要事无巨细，大事小事都参谋，结果往往是事倍功半，甚至乱了领导的“章程”。这里重要的一点，就是要紧紧围绕当时的中心工作，搞好调查研究，广泛收集信息，总结推广经验，及时给领导提出一些切实可行的建议和意见。这样的“参谋”，领导一定是欢迎的。

3. 掌握分寸，不要强加于人

给领导出主意、提建议，也要因人而异，特别对于水平高、能力强的领导，在出主意、提建议时，一般应“宜精不宜细”，说个大概意思，不要怕领导听不懂。而对于新任职的领导或能力较弱的领导，则可以说得细一些，必要时可把背景情况和事情的来龙去脉讲述清楚，以加深领导的印象。值得注意的是，不论给什么样的领导出主意、提建议，都要掌握好分寸。凡事皆有个“度”，作为下级，既不要为让领导接受主意和建议而言辞激烈，言过其实；也不要为领导不采纳自己的正确意见而失去信心。因为，下级的主意和建议是为领导决策服务的，领导采纳与否，这完全是领导的事，不必为此而耿耿于怀。

作为下级，自己的参谋作用发挥得好，毫无疑问会加深领导的认识，增进相互间的了解与友谊，工作起来一定会感到得心应手。

4. 将意见变成问题提出来

当认为领导的决策、指示不正确时，一般不要直接反对，更不要在大庭广众之下批评领导的决策、指示。可以将意见变通成问题，当面向领导提出来。在提问题时，要一并将可能产生的后果阐述清楚，特别对领导事先没有掌握的情况和考虑不周之处，要“借题发挥”，以动摇领导原先的决心，最终改变主意。提问题也不是越多越好，而是越精越好，最好是抓住关键，突出重点，在最要害的问题上做文章。

把意见变通成问题向领导提出来，还要十分注意表达的语气和分寸，使领导觉得自己是诚恳的、善意的，不能因为表达不当，而使领导觉得自己“耍花招”，变着法子反对他。

5. 提出几个方案供领导选择

这种方法也是不直接反对领导的决策，而是通过提供不同的几个方案，间接地提出自己的意见和主张，以使领导权衡利弊，通过肯定某一方案而改变原先的决策。因此，在提供多个方案时，要详细说明每个方案的优劣。对领导认可的效果不佳的方案，要尽量把新情况、新问题摆出来，把利害关系讲清楚，供领导重新考虑原先决策的正确性。对隐含的主张和建议的方案，要尽量陈述得客观一些，严谨一些。要将自己的论据有条理地逐一呈现在领导面前，以引起领导足够的重视。无论是哪一种方案，都要阐明它的优缺点，不能一概而论，将每种方案的优缺点阐述得越充分越透彻，领导采纳意见和建议的可能性就越大。如果领导决定采用隐含意见和建议的某一方案，或表示将吸取多个方案的优点，重新设计方案时，那么进谏就真正起作用了。

6. 婉转地向领导提供坏消息，表达自己的意见和建议

如果领导的决策在实践中已经产生不好的效果，就应当准确、迅速地向领导提供真实的信息，以促使领导重新认识原先作出的决策，进而修正原先的决策或作出新决策。向领导提供坏消息时要注意有选择，不能信口开河，要尽量客观一些，婉转一些。要选择那些对全局有影响的具有典型性的事例，必要时还应有能

说明问题的数据和资料。这种事例贵在精不在多，用好了就能起到“以一当十”的作用，还可以防止领导产生“逆反心理”。

7. 不能忌恨自己的意见不被领导采用

常听一些人这样说，我们领导没什么办法，好多点子都是我们的，不然，有些事他根本干不了那样好。这种忌恨是没有必要的。

作为下级，不管在能力强还是能力弱的领导手下工作，为领导当参谋、出主意是义不容辞的责任。区别在于：能力强的领导，自己有主见有办法，对下级的意见依赖性小；而能力弱的领导，往往对下级的意见有较大的依赖性，对下级提出的意见采用得多。有些意见被采纳后，在公开场合领导也许会作为自己的意见提出来，这也无可非议。因为，公开的并要实施的意见，只能是领导决策后的意见。我们的意见被领导“拿去”利用，并不会埋没我们的才能。这里有个例子很能给我们一些启示。

美国的威尔逊总统执政期间，有一个叫爱德华·豪斯的上校，地位不高，但在国内及国际事务中却有极大的影响力，一些内阁成员都对他刮目相看，为什么呢？因为威尔逊总统器重他，器重的原因是豪斯常常把自己的一些想法很自然地“建立”在威尔逊的脑海中。“使他发生兴趣”并采用，但绝不对其说，“这不是你的意见，这是我的”，虽然如此，久而久之，却使威尔逊对豪斯的意见产生了很自然的依赖性。世上没有“不透风的墙”，久而久之，使内阁成员认识了豪斯上校，豪斯也受到尊敬。

豪斯的态度和技巧很值得我们学习。豪斯让威尔逊认为豪斯的想法就是威尔逊自己的想法，甚至更进一步，他使威尔逊获得这些建议的公开荣誉。而豪斯本人不追求虚荣，只看成果，公共成果中包含了他的成果。他受到了应有的社会尊敬。

因此身为下级，为领导参谋的意见若被采纳，下级应感到荣幸。领导获取的荣誉和功劳往往是和集体分不开的。若不被采纳也不要忌恨，也许是建议中还有不妥之外，还有待于完善和改进。

8. 不待扬鞭自奋蹄

遇到能力弱的领导不完全都是坏事，一个精明的下级完全可以意识到，在能力弱的领导手下工作往往施展自己才华的机会更多。因为领导的能力弱，对下级的依赖性就大，这样，在客观上逼着下级多动脑筋，多受锻炼。因为领导的能力弱，许多事情往往会让下级“出头露面”，这样，可使下级在实践中得到更大的锻炼，并逐步使其才华得到公认。这正如英国哲学家培根所说：“最美的刺绣，是以明丽的花朵映衬于暗淡的背景。”

人可以创造或利用环境，但很难选择环境。在能力弱的领导手下工作，锻炼成才的机会很多，就看我们怎样把握，一个饱食终日、无所用心的人，是无所谓“机会”的；一个缺乏强烈进取意识的人也是很容易失去机会的。唯有能正确并充分发挥自己主观能动性的人才能抓住时机。

二、进谏的艺术

1. 进谏的语言

往往有这种情形：一句话说得好，说得人笑起来；说得不好，说得人跳起来。可见，语言的表达是十分重要的。

一个好的下级，不仅表现为努力完成领导交办的工作，而且表现为善当助手和参谋，会给领导出主意、想办法。尤其是当领导的决策、指示不符合客观实际甚至出现错误时，能够通过下级的努力，使领导改变初衷，重新作出符合实际的正确决策。这里，巧言进谏就是改变领导初衷的方法之一。

谏，旧时指规劝帝王、将相改正错误。下级敢于和善于给领导“进谏”，这是维护党和人民利益，对事业、领导高度负责的具体表现。一般来说，领导对下级的“进谏”是持欢迎态度的。但作为下级，应尽量讲究“进谏”的艺术，使领导乐于接受“谏言”。例如，《战国策》里有一篇文章叫《触龙说赵太后》，讲的是触龙善于揣摩太后心理，以叙家常的语言形式，迂回委婉地平息了赵太后的怒气，说服赵太后，让她的爱子长安君为赵国出质齐国。

2. 进谏的方法

（1）直谏参谋法。直谏参谋法就是单刀直入，说话直截了当，取最短的途径直述己见，不绕弯子。

单刀直入有它独到的优势。一是单刀直入观点鲜明，易于表达。它不用像其他进谏等形式，转弯抹角，隐晦曲折。二是快刀斩乱麻，参谋过程干净利索，省时省事，尤其是在紧急情况下，更加实用有效。三是正面陈述，“犯颜直谏”，容易构成对参谋对象的强刺激，震动大，容易引起重视，印象深刻。但是也有不好掌握的一面。这主要是：第一，因为正面陈述，意见有时来得急，语言有时很直，往往容易造成参谋对象误解，造成参谋对象拒绝接受劝谏。第二，因为直谏可能驳了参谋对象的面子，扫了领导的兴致，由此而带来参谋与参谋对象关系上的其他副作用。

在中国古代，臣子单刀直入式的犯颜直谏被认为是一种忠臣行为，因而历史上关于直谏的记载就格外多。

唐代的魏徵被史学家誉为敢于直谏的典型，他经常给太宗提意见，直截了当地指明其过失。

直谏要十分谨慎，一是所述意见一定要有见地、准确，确实能震撼参谋对象；二是要了解把握参谋对象的性格特点，心理状态，区别对待；三是要注意场合，注意选择时机。

(2) 暗示参谋法。暗示参谋法就是参谋者不明确、不直接地表示自己的观点，而是用含蓄、间接的语言对参谋对象的心理施加影响，使其对参谋意见的本意做到心领神会，从而达到说服之目的。

暗示参谋法的特征是不需要讲更多的道理反复劝说，而仅仅是依靠提示。

暗示参谋法最大的特点是参谋人员在提出自己的意见或建议时，只点到而不说破。而这个“只点到而不说破”，在特定的条件下往往会产生特殊的功用。使用暗示之法，需要注重的是提示一定要明确，提示的意义一定要确定，要让人一听即心领神会，准确无误地接受暗示，从而作出心理上的反应，如果一个暗示的提示意义不清楚，不确定，让人听后莫名其妙，这就很难说是否有功效了。

(3) 制造悬念参谋法。为了引起领导对自己意见的重视，或者为了改变领导对自己的冷漠、厌倦的情绪，办公室主任作为一个参谋人员一开始就故弄玄虚，用以吸引、刺激参谋对象，使其快速进入情境，然后再顺势说服之，这种参谋方法，我们谓之制造悬念。

制造悬念最大的优点是，一开始就可冲淡参谋对象对某种参谋意见的不以为然、冷漠，甚至反感的情绪，改变尴尬的参谋环境，为参谋进谏的采纳创造条件。

春秋战国时期，威王的少子田婴受封于薛，田婴不听劝阻，非要在薛地构筑城池，并吩咐手下人，不要替那些劝阻筑城的人通报。禁令一下，持不同意见者只好作罢。有一天，一个门客请求进见，说：“我只要求讲三个字就行，多讲一个字您就可以把我烹了。”田婴一听，觉得很新鲜，便答应接见这位门客。门客快步走到田婴面前，说了三个字“海大鱼”，然后转身就走。田婴完全听不懂这三个字是何意思，觉得好奇，急令来人停下，把“海大鱼”的意思讲清楚。这时门客方转过身来，对田婴说：“您听说过大鱼的故事吗？那大鱼，网捕不住它，钩也钓不了，但它要是游到没有水的地方情况就不一样了，那时蝼蛄和蚂蚁就可以对它任意而为了。而今，齐国是您赖以生存的海水，您有齐国的庇护，还要筑构薛城干什么？如果齐国灭亡，您就是把城筑得与天同高，也是没有用处的啊！”田婴听完门客这番话，感到颇有道理，于是下令停止筑城。

这则故事很形象。如果门客像前面的劝阻者一样平铺直叙面谏田婴，肯定不会有好结果，也许连田婴的面都见不上，田婴根本不会听他陈述。可这位门客很聪明，他变换了一个参谋方式，一开始压根儿不提筑城之事，只是提出一个只说

三字、多一字即死的奇怪要求，这一要求引发了田婴的好奇心，于是门客便有了迈进门槛的机会；进而，门客又说出莫名其妙的“海大鱼”三个字，再一次诱发了田婴的好奇心，于是门客又一次获得了深入殿堂的机会，借助新奇的比喻，把自己高深的见解献给了田婴。门客劝说田婴成功，乃是参谋制造悬念突破拒谏防线的最精彩的一例。

制造悬念要注意如下三个方面：第一，参谋人员一定要把握住参谋对象当时、当事的心理特点。第二，所造悬念一定要新奇，要确实能抓住人，能打动其好奇心，一下子把参谋对象原本关闭着的拒谏之门敲开。第三，所制造悬念一定与参谋主题有密切关系。包袱抖开时一定要自然，要响。抖包袱即是悬念的说明、展开。在参谋过程中抖包袱的过程，正是陈述的过程，正是陈述参谋意见主题的过程。说抖得响，即说理，一迈进门槛后就能把下边的意见说得有根有据，精辟独到。如果包袱抖得不响，“进门”之后说不出个道道来，比方说，门客“海大鱼”之后讲不出大海之于鱼，齐国之于田婴这样一个具有深刻道理的比喻来的话，那么，此前的悬念不论方式多么巧妙，都会有无病呻吟、故弄玄虚、哗众取宠的味道。

(4) 亲身经历参谋法。亲身经历参谋法作为一种参谋技巧，说的是参谋者用自己的亲身经历与切身体会为例证来说明某个道理，以达到让领导纳谏的目的。

亲身经历对比较固执的领导，或者在领导拒谏、参谋环境比较尴尬的情况下，运用得好，就会大大地增强参谋效果。

清朝湖广总督爱必达有一个特点，即他在接见辖区内的官吏时，总好询问其管地的情况，对答如流者则可受到赏识提拔。但爱必达关心和询问的事情面比较窄，多是了解山川古迹等一类。苏凌阿时任西阳知州，探知总督这一嗜好，便找来一本《沔阳志》翻阅，将该州的山川古迹等记得滚瓜烂熟。后晋见总督，果然谈得头头是道，圆满得很，总督大加欣赏，苏凌阿到任不久，便升为知府。

苏凌阿是一位很有能力的官员，因为执行政策突出，被朝廷提升为外省巡抚。当他向爱必达辞行时，总督对他们的分别感到十分惋惜，希望苏凌阿在临别前留下赠言，苏凌阿坦率地说：大人为朝廷办事，尽心尽力，无可非议，只是以山川名胜询问属员，并把这作为判别属员优劣的标准，我认为是不妥当的。拿我来说，当初接见时，知道您必然会问这些内容，事先把州志翻阅了两三日，所以才能对答如流。如人贤否，并不光凭这一点就能看出来。作为知府、知州、知县，首要的是知道怎样做是利民，怎样做是害民。如果对这些大的问题能了如指掌，即使对一些小事不知道，也无损于吏治。爱必达听后，连连点头称是。

苏凌阿临别前给总督的这条正确意见，用的就是亲身经历。这个事例把亲身经历这一参谋技巧的妙处体现得比较充分。苏凌阿本人是总督爱必达得意的属员，而且是总督爱必达以询问山川胜迹来考察和判别官吏这一特殊嗜好的直接受益者，当苏凌阿对总督这一不好的嗜好提出批评的时候，首先把自己摆进去，以我为例，讲自己的经历，讲自己的体会，真切实在，生动自然，尽管思想性不很强，震撼力也不大，但是可信度高，使人乐于接受。试想，如果换一个人或者让苏凌阿改换用另一种方式来批评爱必达总督，说服的效果决不会如此理想。

使用亲身经历参谋法应该注意下面三点：一是所讲事实、体会一定要是亲身经历的，要首先给参谋对象一个生动、真实的感觉，有效地吸引其注意力。二是所讲的事实、体会一定要服务于参谋目的，所讲事实，所说体会，一定要精心设计，紧扣中心。对一些枝枝蔓蔓要恰当取舍，不能信马由缰，讲到哪算哪。三是讲事实、谈体会之后一定要设计一个精彩的小结，把亲身经历的内容进行理论概括，画龙点睛，说明参谋实质。

（5）借题发挥参谋法。借题发挥参谋法就是借助其他话题，加以引申发展，然后转到自己想说明的问题上从而达到劝谏目的。

使用借题发挥方法，首先，注意借题要巧，信手拈来，没有矫揉造作故弄玄虚的嫌疑。所借之题一定与进谏的主题有所联系，使之在展开的过程中有发挥的余地。所借之题与主题没联系，硬扯到一块，“发挥”的本领施展不开，劝谏的目的就无法达到。其次，注意发挥要好，所借题中包含的道理一定要阐发清楚、充分。

借题发挥参谋法有多种形式。一种是借对方的话题，顺着话题往下讲，渐进性地引申发挥。

宋太宗淳化二年（991年）春，大旱无雨，又闹蝗灾。前一年，洪水、蝗、旱三灾并发。为何连续如此？宋太宗召近臣讨论，是不是因为处理朝政有不当之处，触怒了上天？大臣们说，这是天意，朝廷并无什么过错。独清正刚直的寇准有不同声音：“《尚书》说，天上人间，互相感应，如影随形，如响随声，现在出现大旱灾，证明我朝施用刑罚有不公之处。”太宗请寇准举出事例来。寇准说：“请中书省、枢密院二府大臣前来，我就说。”于是，太宗召二府大臣王沔等进见。寇准道：“前不久，祖吉、王淮皆因违法受贿而被治罪，但祖吉贪赃少而被杀，而王淮却只受杖刑。王淮侵吞了自己主管的国家财物额数目巨大，罚应甚于祖吉，仅仅因为他是参知政事王沔的弟弟，不仅免死，而且又官复原职，难道这公平吗？”太宗即问王沔是否确有此事，王沔不敢否认，太宗因此而对王沔大加斥责，对寇准的忠正颇为赏识。

本来，寇准是向皇上揭发批评朝廷刑罚不公，大臣徇情枉法的事实，以期引起皇上的重视。恰逢宋太宗自己提出了天灾是不是上天对朝政不公的惩罚的话

题，寇准顺势而入，借此话题，振振有词地讲了一大套天人感应的理论，然后，悄悄地带出我朝施用刑罚确有不公的话题。天灾果然是对朝政不公的处罚吗？宋太宗自然十分关心，欲知究竟。此时寇准话锋一转，这才讲出进言的本题：祖吉、王淮处罚不公的事实及其原委。因宋太宗是顺着寇准讲的话题步步深入的，事到如今，寇准的进言就不得不听了。

作为一种言辩的技巧，引证之法的存在及其运用是很有意义的。名人名言、历史典故均是传统文化的精华，蕴蓄着丰富的思想内涵，与今人今事又有相通、相似之处，言辩过程中，恰到好处地引用之，容易打动人心，削减其抗拒心理，使人受到启迪和教育，增强宣传和谈话的效果。参谋过程中，如善于广征博引来支持自己的建议，可能会引起领导对其意见的格外重视与注意，增强言辞的感染力，说服力。此外，参谋人员还可以避免以下言上、说理教导的尴尬，显示其客观性。尤其是当一种参谋意见的重要意义暂时没被领导认识到，领导对这种意见感到不以为然时，用引证之法予以突破，别有妙用。

1939 年，德国物理学家哈恩发现了原子裂变现象，人们从中预见了裂变会产生连锁反应，利用它可以研制出一种威力巨大的武器——原子弹，当时美国一些物理学家听说德国要研制原子弹，心急如焚，他们找到大科学家爱因斯坦，要求上书罗斯福总统，请他重视核武器研制，抢时间赶在纳粹德国之前造出原子弹，并推选国际金融家萨克斯前往说服罗斯福。

萨克斯见到罗斯福后，转述了科学家们的意见，可是正忙于世界大战的罗斯福对此却十分冷淡，认为这些东西无异于神话，现阶段通过行政部门来干预此事为时尚早，这就是说，罗斯福总统已经拒绝爱因斯坦等科学家的建议。

谈话出现僵局，萨克斯的建议重复一百遍也无济于事，怎么办？离开罗斯福办公室前，萨克斯突然心生一计，决定给罗斯福讲述一段有名的历史故事。他说：在 19 世纪初，法国的拿破仑凭借其强悍的军队，几乎席卷欧洲，但就是攻不下英国。为什么呢？因为当时英国拥有强大的海军和战舰。就在这时，一位年轻的美国科学家富尔顿来到拿破仑面前，建议把蒸汽机装上法国军队的战舰，以横渡英吉利海峡，突袭英国，但是固执自负的拿破仑接受不了新事物，对没有帆的战船难以置信，于是他对发明家报以一顿嘲笑。萨克斯感慨地说：历史学家评论这段历史憾事时认为，要是拿破仑当时能够采纳富尔顿的建议，那么，19 世纪的欧洲历史将会重写！

萨克斯这番话果然有效，罗斯福听后大为动心，当即在爱因斯坦的信上签署：此事需付诸行动！最后，决策和批准了研究原子弹的计划——著名的曼哈顿工程。

引经据典的前提条件是：第一，参谋人员必须知识渊博，所引所据一定是经典，内容要准确无误，具有权威性。第二，引经据典一定要因人而异，经典的深浅、雅俗一定要根据领导人的文化层次、性格特点等来确定。第三，引据要适度。引经据典固然有其长处，但毕竟不是参谋意见的主体，过多的引据，容易给人产生一种卖弄文采，“吊书袋”的印象。

（6）多次反复参谋法。反复地向领导进谏，特别是在领导不愿接受这些意见时，是很需要勇气的。因此，世人评论此类事情更多的是褒扬参谋人员忠于职守，刚正不阿，敢于坚持正义，追求真理，“咬定青山不放松”的那么一种精神，一种气节。但是世人往往不太经意，反复进言同样也是一种参谋技巧。

在实际工作中，有了一条正确的意见，而领导三次尚未采纳，能不能再有第四次、第五次呢？请看下面的例子：

1941年7月29日，为了避免部队陷于德军合围，朱可夫向斯大林提出建议，要求放弃苏联重要城市基辅。当时，放弃这座乌克兰首府不能不对苏联人民的心理产生极大的影响。固执的斯大林没等朱可夫说完就怒斥是胡说八道，并说把基辅交给敌人，亏你想得出来。按说，作为一个最高统帅，话说到这个分上就够坚决了，参谋即可收回其建议。可是朱可夫就是不肯收回其建议，最后被调离参谋长职位，到前方担任方面军司令员，到前线后，朱可夫进一步了解了敌情，又先后三次向斯大林建议放弃基辅。最后一次，他恳求说：“斯大林同志，无论多么痛心，基辅必须放弃，我们别无出路。”面对严峻的形势，斯大林终于醒悟。

当时苏德战争初期，德军的士气大增，苏军初期的失利有很多原因，战争形势对苏军极为不利。如果德军把战略主攻方向集中在莫斯科，一旦占领莫斯科将极大地限制苏军的战役机动理由，这将影响苏军的参战将士的命运和国家的命运。

朱可夫谏斯大林，没有拘泥于谏不过三的旧套，而是多次反复，一直说到领导领悟、接受为止。

运用反复建议法要注意两个问题：一是提的建议一定是“咬”住了理。如果所提建议不在理，一次次被领导否定了，参谋人员还在那一次次反复建议，这就有点近乎无理取闹了，势必干扰领导的决策，造成不良后果。二是一定要把握好度。事物的发展变化总得有个量的界限，有个度，越过了界限，过了度，就会变质。有时重复到第三次也许就过度了，有时重复至四次、五次也不一定够。这就需要参谋人员，根据具体情况灵活掌握。

（7）以理服人参谋法。以理服人是进谏的基本功，要巧妙地把纷纭复杂、乱成一团麻的事物中的道理理顺，针对参谋对象的思想、行为倾向进行逻辑说理，陈明利害得失，在理性上造成一种别无选择的态势，从而达到劝谏目的。

如果把说理与说情结合起来效果会更好。说服人的最好方法是动之以情，晓之以理。情到之处，被劝说者心为之动，理到之处，被劝说者为之折服。情理交融，便能使对方心悦诚服。情理交融的进谏，则可先以感情获得进谏现场所需要的气氛，再以理性巩固已获得的气氛。

某罐头厂生产的桃、梨罐头销路不好，厂家经过市场调研，了解苹果罐头销路看好。厂长想改产苹果罐头。厂办主任建议说：我厂最好不要转产，一是本厂生产的罐头在省内外还有些名气，加之本地区盛产桃梨，原料来源不成问题，这是本厂优势，若改换产品，就失去了这些优势；二是本厂没有生产苹果罐头的经验，本地区又不生产苹果，若改产苹果罐头，则要到外地采购原料，势必提高成本，与外地厂家比，处于劣势；三是由于不少生产桃梨罐头的厂家改产苹果罐头，生产桃梨罐头的原料价格必然下跌。本厂不改变产品，同样可获利。

这位办公室主任的劝谏就很有力量。生产苹果罐头好，还是生产桃梨罐头好？他是从原料、技术、无形资产、市场走向等多方面因素进行比较分析后作出判断的。第一条理由阐述的是生产桃梨罐头的优势（有“名气”、有原料）；第二条理由阐述的是生产苹果罐头的劣势（无原料、无技术）；第三条理由是从市场变化的规律来分析两种罐头的产销形势，否定生产桃梨罐头没有优势。既然生产桃梨罐头有优势，而且从发展看，生产桃梨罐头未必不获利，那么是改产还是不改产，结论不是明明白白的吗？

（8）模糊参谋法。参谋的表达要明确，但是，在某些特定的场合，出于某种特别的考虑，说得模糊一点效果反而好。

清朝的嘉庆皇帝，继位后对前朝留下的一些历史遗留问题进行清理，还准备破格提拔几位曾为父王作过贡献后被奸臣排挤、打击的官员。但这破格提拔的事在清朝历代尚无先例，群臣反应不一。嘉庆拿不定主意，便问老臣纪昀。纪昀沉吟良久，说：“陛下，老臣承蒙先帝器重，做官已数十年了。从政，从未有人敢以重金贿赂我；为了撰文著述，也不收厚礼，什么原因呢？这只是因为我不谋私，不贪财。但是有一样例外，若是亲友有丧，要求臣为之点主或作墓志铭，他们所馈赠的礼金，不论多少厚薄，老臣是从不拒绝的。”

嘉庆听完纪昀一席话感到莫名其妙，进而想一想，才点头称许，于是下定破格提拔这批官员的决心。

纪昀的这番话听起来言不及义，但细究起来却颇有名堂。既然为官清廉，何以对亲友之丧事点主、作铭文所得概不拒绝呢？为祖宗推恩无所顾忌之故也。你嘉庆皇帝破格提拔曾为先帝作过突出贡献的官员，本来也是为祖宗推恩，弘扬先帝的德，还有什么顾忌的呢？这不正和我纪昀为别人点主、作铭不推却馈赠，好让死者的后人为死者尽孝的道理一样吗？嘉庆皇帝聪慧，哪能悟不出纪昀的话中话呢？

纪昀为何如此含含糊糊呢？应该是出于两种考虑：第一，我虽然建议您破格提拔这些官员，但没明说。此意见倘若被采纳，是成是败，名义上我没有介入，皇帝也好，其他人也好，抓不着把柄。第二，嘉庆皇帝禀性聪明，而且有好自作主张的特性。不说吧，自己的意见皇上不清楚，而且皇上会不高兴。倘若说白了，恐有教导皇帝、不自量力的忌讳，起副作用。不如用此模糊之法，让皇帝自己“悟”出道理来，既说出了自己的意见，又迎合了皇帝好自作主张的禀性。纪昀此举，真是一次难得的糊涂。

当然，模糊之法不可滥用，严格地说，模糊参谋法乃是一种特殊情况下的不得已而为之，如果不需要模糊的时候也来模糊它一下，就会弄巧成拙，失去应有的意义。此外，模糊参谋绝不是模棱两可，参谋的看法、见解都应该包含在模糊语言之中，并且能被对方正确理解，不至于产生歧义。纪昀的一番话貌似文不对题，含含糊糊，其实他真正赞成什么，反对什么是很清楚的，纪昀算定他的参谋对象能悟出来。如果这番话让嘉庆猜不出所以然，或者想到别的什么地方去了，这个“模糊”就是一塌糊涂，完全失败了。

（9）设置台阶参谋法。设置台阶法就是如何在使参谋对象不失尊严、保全面子的情况下愉快地走下台阶，接受劝谏。

《三国演义》中，关羽和刘备失散，被曹兵困于一座山头上，曹操派大将张辽去劝降。张辽与关羽过去有交情，深知关羽耿直、傲慢的禀性，要说服这类英雄，只有给其准备好台阶，顺势下坡。

张辽单骑上山见到关羽，先叙旧情，当关羽声言以死相拼时，张辽断然警告关羽：“你若战死，将有三个罪过！”

关羽大吃一惊，急问有哪三个罪过？

张辽正言道：“你当初与刘备桃园结义，发誓同生死；现在刘备刚战败你就战死，将来刘备东山再起时，却得不到你的帮助，不是有负当年誓约吗？这是第一个。”

“第二个罪过，刘备把家眷托付于你，你虽战死，然刘备家眷被俘，生死未卜，你又于心何忍？即使死，也死得遗憾，并未尽忠尽责，问心有愧。”

关羽听后，一时低下头来。

张辽接着说：“第三，你武艺超群、兼通经史，不图协助‘汉室’，却想死拼硬战逞匹夫之勇，算不上一个忠义之士。”

关羽想到终生要匡复汉室，自己却出征未捷身先死，实在有负汉室的重托，心中寻思，大丈夫能屈能伸，何不寻求新的出路。

张辽抓住机会进言道：“现在四面都是曹公的兵，若不降则只有战死，而死

又毫无用处，你何不暂时归曹公，待机再找寻刘备，匡复汉室，同时也保全了刘备家眷的性命，自己命贱但刘备家眷命重啊！”

经张辽这一分析，关羽心有所动，想到一时受降虽然有失面子，与大名鼎鼎的关云长英名不符，但一可保全刘备家眷性命，二不违背桃园之约，三可留有容身之处。思前想后，还是暂时受降曹公为上策。

张辽以叙旧为先导，抓住关羽心理，层层深入，反复论证，终使关羽受降，可谓技艺不凡。相反，如果张辽以直言劝降，或者以武力、以死相逼，势必遭到关羽拼死抵抗，最后闹个鱼死网破，实不划算。

设置台阶法的关键是台阶的设置要巧妙。要使参谋对象感觉到高低大小正合适，下得来，其台词最好不要说破。张辽有意给关羽受降设一个台阶，说了一大番话，无非是暗示关羽：并非你关羽不武勇，拼不过曹兵曹将；也不是你关羽怕死，忘记了忠义，屈服曹操。之所以要暂时受降，完全是为了刘备的利益，完全是为了兴汉室的长久之计，完全是因为不得已而为之。而这武勇、忠义正是关羽所在乎的。为此，他确实敢与曹军拼死。张辽很会投其所好，在当时情况下，这个台阶很合适，使关羽感到心虽戚戚，可面子上还是说得过去。

第三节　给领导提建议的技巧

一、考虑领导易于接受的建议方式和时机

下级在提出建议之前，先请教一下自己的领导，就是要寻找谈话的共同点，建立彼此相容的心理基础。如果提的是补充性建议，就要首先从明确肯定领导的大框架开始，提出修正意见，做一些枝节性或局部性的改动和补充，以使领导的方案或观点更为完善，更有说服力，更能有效地执行。

如果提出的是反对性意见，有人会说，这到哪里去找共同点呢？其实不然，共同点不仅仅局限于方案的内容本身，还在于培养共同的心理感受，使对方愿意接受，而且，可以说，越是准备提出反对意见，就越可能招致敌意，因而越需要寻找共同点来减轻这种敌意，获得对方的心理认同。此时，虽然可能不赞成上级的观点，但一定要表示尊重，表明对它的理性的思考。应设身处地从领导的立场出发来考虑问题，并以充分的事实材料和精当的理论分析作依据。在请教中谈出自己的看法，在聆听中对其加以剖析，只要有理有据，领导一定会心悦诚服地放

弃自己的立场，仔细倾听你的建议和看法。在这种情况下，领导是很容易被说服，采纳下级的意见和建议的。

当下级用诚恳的态度来进行彼此的沟通时，领导会逐渐排除有意挑“刺儿”，对领导不尊重等这些猜测，逐渐了解下级的动机，开始恢复对下级的信任。所以，以请教的方式提出建议更易让领导接受。向领导请教，有利于找出共同点，所谓共同点，既包括在方案上的一致性，又包括在心理上的相互接受。下面还有两种易让领导接受建议的方法：

1. 以子之矛攻子之盾的提建议法

以子之矛攻子之盾，就是要抓住对方的逻辑矛盾和论证破绽，巧妙地加以引申或铺陈，使其观点中的某些谬误和片面性得到再现，从而使对方能够反观自身，得以自悟。

劝谏领导，此法实不失为明智而有效的策略。其中，它能够更好的说理自不待言，关键之处还在于它是处处以领导之言、领导之行为依据的，能够首先取得领导心理上的认同，引发其深思，而不至于使领导首先产生敌意。

（1）以领导的话作为个人评价事物的标准，会使下级在劝谏领导的过程中处于一种安全、有利的地位，因为领导是绝不反对别人引用自己的观点的，而且，这样会激发领导的心理认同感和成就感，心生欣悦，或至少不会有所反感。再把领导的观点加以引申，最后得出一个显而易见的不可行的结论，就会使领导得以醒悟，同时，也使个人的观点得以巧妙的表达。聪明的办公室主任是不会忽视这种委婉却是十分有效的劝说方法的。

（2）以行为据证其伪。有些时候，领导在言行上存在着某些不一致，而这一点，领导自身可能还未能领悟到。此时，办公室主任不妨以上级的某些行为作为依据，来指陈其观点中的某些不当之处，促成其顿然的觉醒。

（3）指陈先言明其心。领导在看待和处理问题时，出于种种原因，有时也会有不明之举，容易导致工作的失误或者因小失大危及全局。此时，正是办公室主任表忠心、献良策，取得领导信任的最佳时机，万万不可错过。寥寥数语，就可能使领导迷途知返，并将自己视为知己。

某局办公室主任小王就有过这样的一次经历。

有一次，局里召集各科室的负责人开会，准备安排下一阶段的工作任务。在会议开始的汇报工作中，有一位科长工作责任心不强，几项交办的工作没做好，还捅了娄子，结果导致局长大发脾气，使会议气氛十分紧张。小王目睹此景，便建议休会，先休息10分钟。在休息的间歇，小王递了一个纸条给局长，上面写着：“刘局长，会前你曾说过，这个会议的主要议题是布置工作，动员干部，刚才的会议气氛有点儿紧张，不利于这次会议的顺利进行。有些问题应专门开会或会后再解决。”

当复会后，小王发现局长已恢复了正常，并把会议引导到了正常的议程上，结果会议比较圆满地结束了。

会后，当只剩下两个人的时候，局长笑着拍了拍小王的肩膀说：“小王啊，多谢你的‘清凉剂’呀!”

2. 娱乐中要适时提建议

人是一种有着复杂的生理和心理特征的动物，其思维特征要受到某种心理状态的影响，因此，在人与人之间的交流中，我们也要注意对方的情感变化，趋利避害，从而占据某种心理方面的优势和主动，防止使自己受到不必要的消极伤害。

领导也是人，也无法摆脱上述思维规律的影响，这就提醒我们，一定不要在领导情绪不佳时进言；同时，这也启示我们，在领导心绪高涨、比较兴奋时提出建议则会取得更好的效果。

提建议应注意以下技巧：

（1）潜移默化，润物无声。大凡有见识的办公室主任，都一定知道向领导“灌输思想”的重要性。领导一旦接受了下级的某种观点，就会自然而然地运用它来指导自己的决策，使他的方案能够沿着预定的轨迹前进。这种方法含而不露，形式灵活，影响力长久而陷匿于无形。

（2）借题发挥，巧妙引申。在娱乐活动中，一般领导的心情比较好，这时候提出建议会使领导更容易接受。特别是如果能把所提的建议同当时的情景联系起来，通过类比等心理活动的作用，则会对领导有更大的启发。还有些比较成功的下级善于接住领导的话茬儿，上承下转，借题发挥，巧妙地加以应用，从而很好地触动了领导，使许多悬而未决的问题得到了解决。

（3）切勿扫兴。因为在娱乐中，领导心情比较高兴，情绪较为放松，更容易接受一些建议。但是如果不能细察当时的情形，不能选择有利的进言时机，有时反而会弄巧成拙，招致领导的不快。

毕竟领导是来娱乐的，可能对于许多领导来说，这是难得的放松，他们并不想有人在这时候打搅他难能可贵的片刻兴致，更不想去谈什么工作。如果办公室主任不懂审时度势，察言观色，在领导玩兴正浓时去请示工作或提出建议，无疑会使领导感到不快，在这种情形下，又怎么能够说服领导呢？

比如，一位领导正在与别人下棋，想着走哪一步，如何才能置对方于死地，此时插上几句工作上的事，领导一说话，一走神，结果忘走了一步棋或者没看对方的动向，丢了子，他怎么会高兴呢？即使是刚才处于优势，心情正好，此时也会大为扫兴，心情不快，很可能他就会用你的建议为出气筒，大加挞伐，或者根本就对你和你的建议不愿理睬。

在娱乐中，要为领导助兴而千万不要让领导扫兴，其关键又在于掌握好合适的时机。当领导得到了极大的满足却又余兴未消时，就不妨从娱乐说起，开始你们的对话，并逐渐引申到所要谈到的正题，提出个人的建议来。有理由相信，有前面良好的情绪作基础，领导一定会认真考虑的。

二、提意见要注意不让领导丢面子

中国人是最讲究面子的，在伦理型的社会人际关系网络中，面子显得根深蒂固。

领导十分注意自己在公开场合，特别是在其他领导或者众多下属在场的时候，不能丢面子。这绝不仅仅是因为有文化的潜意识在作祟，更是在于领导从行使权力的角度出发，维护自己权威的需要。

如果办公室主任的意见使领导感到难堪，即使是出于善意的愿望，即使是“对事不对人”，但其结果却必然是一样的：使领导的威信受到损害，自尊受到伤害。

威信受到损害，便会使权力的行使效力受到损失。自尊受到伤害，是最伤人感情的，因为它触动了人最为敏感的地带，挫伤了“人之所以为人”的信条。在公开场合丢面子，这说明领导正在失去对下级的有效控制，于是，人们不禁对他个人的能力乃至人格都产生了怀疑。

因此，当一个领导当众受到下级的伤害，丢了面子，即使当场不便发作，日后也会有所忌恨，甚至予以报复。因为如果他不这样做的话，可能还会有其他人会使他下不了台。“杀一儆百”、“杀鸡给猴看”的道理说的正是这回事。

唐代，魏徵也算是唐太宗的心腹之臣了，一向为唐太宗所重用，但唐太宗却因为面子受损的事几欲杀掉魏徵。

一次上朝，魏徵当着朝臣之面直谏某事，顶得唐太宗面红耳赤，大丢脸面，但唐太宗还算是一个清明有为的皇帝，考虑到自己曾叫大臣“事有得失，毋惜尽言”，所以当堂不好发作。但罢朝之后，却是怒气冲冲地嚷道：“总有一天我要杀死这个乡巴佬！”长孙皇后问他要杀谁，太宗说：“魏徵常常在朝廷上羞辱我。”皇后闻言心中大惊，因为唐太宗就有过因不听大臣劝谏而杀人的事，而且她知道太宗的脾气，于是急中生智，用恭贺的办法使唐太宗突然醒悟，才免了魏徵的死罪。不过，后来在魏徵死后，唐太宗仍是派人去推倒了他的坟墓，这大概是心中之怒气长期郁结不得消散之故吧！

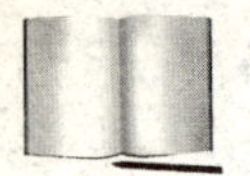

试想，如果唐太宗并没有这么英明，并没有这么大的胸怀和气量；如果皇后没有想出一个好办法替魏徵说情；如果唐太宗对魏徵并不是那么信任和了解，恐怕魏徵的脑袋早就搬家了。这其中的经验与教训不能不为下级三思，深以为戒。

三、迂回表达反对性意见

过于直接的批评方式，会使领导自尊心受损。因为这种方式使得问题与问题、人与人面对面地站到了一起，除了正视彼此以外，已没有任何的回旋余地，而且，这种方式是最容易形成心理上的不安全感和对立情绪的。反对性意见犹如兵临城下，直指上级的观点或方案，怎么会使领导不感到难堪呢？特别是在众人面前，领导面对这种已形成挑战之势的意见，已是别无选择，他只有痛击，才能维护自己的尊严和权威，而问题的合理性与否，早就被抛至九霄云外了，谁还有暇去追究、探索其中的道理呢？

原因其实是很简单的，迂回的方法很容易摆脱其中的各种利害关系，淡化矛盾或转移焦点，从而减少领导的敌意。在心绪正常的情况下，理智占了上风，领导自然会认真地考虑所提的意见，不至于先入为主地将意见一棒子打死。

迂回地表达反对性意见，可避免直接的冲撞，减少摩擦，使领导更愿意考虑下级的观点，而不被情绪所左右。

实践证明，通过迂回的办法去表达自己的反对意见，并力求使领导改变主张，是十分奏效的方法。无须过多的言辞、无须撕破脸面，更无须牺牲自己，就可以说服领导接受意见。

四、不要装腔作势

任何领导都喜欢有知识、有才干的下级。在领导面前下级要敢于实事求是，即使是有能力的下级，急于表现自己的才能也不要操之过急，不要装腔作势。才能是需要通过行动和实力表现出来的。

凡是装腔作势的下级绝大部分都会当场被领导看出，只是有的领导给下级留点面子，不当面把“西洋镜”揭穿罢了。某领导就一个问题同时请教两个陌生的下级。本来两个人对这个问题都不懂，说不出个所以然来。下级甲老老实实地说：“我不知道。”下级乙听了领导的话后，略思片刻，便滔滔不绝、有声有色地说了一通。说完，面带得意的笑，希望领导可以夸奖表扬他。但领导连望也懒得望他一眼，却拍着下级甲的肩膀说："好！你这是科学的态度。"以后，那位领导常常找下级甲商讨问题，却一次也不找下级乙。后来甲晋升了。

五、不做"百晓"，不当"万能"

有的下级在一段时间内或者偶尔在某一方面作出了成绩，显示出才能，便喜欢充当"多面手"，好像他什么都知道，什么都会做，被人称为"百晓"或"万能"。

"百晓"或"万能"并非一种美称，而是一种讽刺。

人们都赞扬那些博学多才的人，也希望自己能有广博的知识，成为多面手。但是，博学多才和多面手并不是样样懂得，样样精通。因为人的精力是有限的，一个人是某一方面的专家，其他一些方面也有较丰富的知识，这就很了不起了，哪能样样精通呢？这里仍然应和着张载的那句名言："有不知则有知；无不知则无知。""百晓"、"万能"其实是很无知的。

六、不可随便向领导提建议

向领导提建议，一般要在准备充分，考虑成熟时方可提出，否则就不要随便提。

向领导进谏，既关系到建议能否被领导采纳，又关系到领导对你的评价和看法，对于此等大事则更要认真对待，周密准备，以便能取得最佳的效果。下面列几点建议也许会有所帮助。

1. 使论证更为完善

办公室主任在向领导进言前，一定要进行深思熟虑的准备，使自己的建议能经得住各种问题的考验。

（1）搜集必要的、准确而有力的数字和事实材料来论证自己的建议。

（2）试着去批驳与自己的建议相反的那些论点。如果能够做到将其驳倒，那就等于说已从反面论证了自己的观点。

（3）要充分考虑到各种反对意见。既要吸收其合理性以弥补自己建议的不足，又要指明其不合理性作为批驳的重点。

（4）要想一想，领导可能会提出什么样的问题来，并对这些问题的回答有一事先的准备。

（5）不妨对未来作一预期，展示建议的光明前景，并对各种可能性作出估计，这样，不仅可增强领导对方案的信心，也会使自己显得具有某种长远目光，引起领导的重视。

2. 多准备几个方案

办公室主任对领导提建议，既要知进，又要知退。不能让领导感到，除了接受你的建议之外别无选择。因此应事先多准备几套方案，供领导进行选择。

3. 研究领导

韩非子曾提出，下级对某些事情不能随便向上级进言。他提出几种情况：

（1）君主秘密策划的事，不知情者贸然进言就会有危险；

（2）君主表里不一的事，谁把情况说破，谁就会有危险；

（3）为官经历还不深，还未得到君主的信任时，如果把自己的才能全显露出来，那么，即使谋划成功也不会受赏，如果谋划失败，反而受怀疑；

（4）在向君主进言时，只说大话，毫无针对性，当仔细讨论时，就会让人反感；如果发言过于小心，就会被认为是嘴笨；如果高谈阔论自己的计划，就会被斥为信口开河。

韩非子所列举的这些情况，其实都是由于未对君主的脾性、好恶等进行充分研究所导致的，这就在告诫我们，知事固然重要，而知人则更是要中之要，如果不了解上级的特点，好的建议可能反而会带来坏的后果。因此，在提建议之前，办公室主任一定不要忘了，还要仔细研究一下自己的领导。

第四节　提案要讲究艺术

一、议案、建议和提案

1. 议案、建议和提案的概念

（1）议案

议案是提案的一种，是用来表达人民代表大会及其常委会行使职权、反映民意这一法律行为的法律文件。按照《全国人民代表大会组织法》的规定，全国人民代表大会主席团，全国人民代表大会常务委员会，全国人民代表大会各专门委员会，国务院，中央军事委员会，最高人民法院，最高人民检察院，一个代表团或者30名以上代表，可以向全国人民代表大会提出议案。在大会期间，一个代表团或30名以上代表提出的议案，由主席团决定是否列入大会议程，或者先交有关专门委员会审议，提出是否列入大会议程的意见再作决定。

《全国人民代表大会组织法》明确指出：全国人大议案应是提请全国人民代表大会或全国人大常委会审议，属于全国人民代表大会或全国人大常委会职权范围内的问题，《地方各级人民代表大会和地方各级人民政府组织法》也对各级人大的议案作了相应的规定。

（2）建议

建议同议案一样，也是提案的一种，它是人民代表对国家生活进行民主管理和有效监督而行使职权的一种重要文件。在人民代表大会召开期间，代表可以按照规定的程序和方式，向人民代表大会或它的常委会提出对各个方面工作的建议、批评和意见。

（3）提案

提案是指提请各级政治协商会议或企业职工代表大会讨论处理的建议、批评和意见，具体是：

政协委员提案。这是政协委员个人或联合以书面方式对各级国家机关和党政组织各方面的工作或政协的工作提出的意见、建议和批评。政协委员提案实行"三不限"原则，即委员提提案"人数不限，时间不限，内容不限"，以利于政协充分发挥民主协商和监督作用。

职工代表大会提案。这是职工代表根据会议确定的议题，按规定原则和程序提出并经职代会主席团通过立案的对于单位工作的意见和建议。

2. 议案、建议、提案的区别

议案与建议虽然都跟人民代表大会及其常委会有关，而且建议和不少议案都是由代表们提交的，但它们是两种不同的文件，其区别在于：

（1）法定对象和人数的要求不同

议案须由法律规定的单位以及一个代表团或者达到法定人数的代表提出，而建议没有这种限定条件，一般由代表个人或联名提出均可。如，全国和地方各级人民代表大会组织法规定，全国人民代表大会的议案，须有30名以上代表联名提出；县级以上地方各级人民代表大会的议案须有10名以上代表联名提出；民族乡、镇的人民代表大会的议案须有五人以上代表联名提出。

（2）内容所属的职权范围不同

根据人大"组织法"规定，议案涉及的内容都必须是属于人民代表大会或人大常委会职权范围内的问题，而建议不受这个条件的限制，一般不属于这个范围。

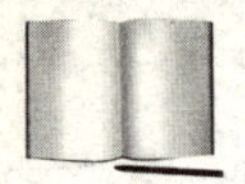

（3）审理机构不同

议案须经人民代表大会或人大常委会审议，而建议都由人大常委会的办事机构交有关机关或组织研究办理。

（4）期限不同

在人民代表大会召开期间，规定人大代表提交议案有截止日期。超过规定时间的，代表所提议案无效，只能作为建议处理，而在大会期间，建议不受这种截止日期的限制，甚至只要在大会闭幕之前提交大会，交有关单位办理即可。

（5）法律效力不同

议案经代表大会主席团审议并提交大会通过后，即具有法律效力，承办机关必须执行。而建议没有约束力，由各承办单位根据实际情况，认真加以办理和答复。

3. 议案、建议、提案的意义

（1）办理建议和提案，是加强政府同人民群众联系的重要渠道

认真办理人大代表建议和政协委员提案，是在新的历史时期同人民群众保持紧密联系的一个重要途径。人大代表的建议和政协委员的提案有着广泛的代表性，反映了人民群众的要求和意愿。从整体上讲，倾听代表和委员的建议、意见，就是倾听人民的呼声，重视、加强对建议和提案的研究办理，既可以使政府的各项工作更充分地反映人民群众的要求，又可以通过代表和委员向人民群众宣传党和政府的方针、政策和各项工作任务，更好地同人民群众保持密切的联系。

（2）办理建议和提案，是政府机关工作人员为人民服务、对人民负责的具体体现

我国宪法规定，一切国家机关和国家机关工作人员必须努力为人民服务。政府机关工作人员是人民的公仆，认真研究和办理人大代表建议及政协委员提案，是政府机关和工作人员不可推卸的责任和义务，也是“为人民服务”、“对人民负责”的具体体现。对建议、提案是否重视，办理是否认真，是衡量政府机关和工作人员为人民服务的思想树立得是否牢固的一个尺度。

（3）办理建议和提案，是加强社会主义民主和社会主义法制建设的一项政治任务

首先，加强民主与法制建设，使社会主义民主政治一步步走向制度化、法律化，是实现现代化宏伟目标和国家长治久安的根本保证。社会主义民主政治的本质和核心是人民当家作主，真正享有各项公民权利，享有管理国家的权力。人民代表大会制度是我国的根本政治制度，我国人民行使国家权力的机关是全国人民代表大会和地方各级人民代表大会。人民通过自己选举产生的人民代表大会及其常务委员会来讨论和决定国家大事，制定、颁布法律，以维护安定团结的政治局

面，保障国家建设和改革的正常秩序，形成我国政治、经济和社会生活的新规范。

其次，人民政协是我国具有广泛代表性的统一战线组织，在国家政治生活中具有极为重要的地位和作用。我国现有各级政协委员35万人，是各方面的代表人物。其主要职能是政治协商和民主监督。政协委员的提案是人民政协发挥其职能的一个重要内容。事实上，政治协商是政协委员作为人民的一员参政、议政，管理国家事务的一种具有我国特色的政治形式。因此，认真办理政协委员提案，有利于发扬人民民主，有利于调动一切积极因素为社会主义现代化建设和统一祖国的大业服务，有利于实现决策的民主化和科学化，是发展我国社会主义民主，健全社会主义法制，推进改革和建设事业的一项重要的政治任务。

（4）办理建议和提案，是认真接受人民群众监督，推动政府工作的有力手段

各级人民政府及其工作部门担负的改革和建设的大业，是千百万人民群众的事业，一刻也离不开人民群众的支持、信任、帮助和监督。代表的建议和委员的提案，集中了群众的智慧，其中许多是经过调查研究、深思熟虑提出来的，涉及面广，内容丰富。有不少是围绕着我国政治、经济和社会生活的各项重大任务提出来的，反映了人民群众对政府工作的关心和支持。

二、办理建议、提案的原则和要求

1. 加强对建议和提案办理工作的领导

加强对建议和提案办理工作的领导，这是做好这项工作的关键。要加强领导，首先必须提高对办理建议、提案重要性的认识。其次，各级政府和各级政府部门，都要指定一位领导分管这项工作，抓好办理建议和提案督促检查、协调配合、审查把关和总结、负责登记、交办、催办、报批、答复等具体工作。

2. 办理建议、提案要认真负责

各种内容的建议和提案千差万别，但在办理时，都必须有一个认真负责的态度。要把它看作是一项不可推卸的责任和义务，严格按照办理要求在规定的期限内认真办完，不能随意转送，互相推托、丢失或不办，要做到件件有着落。对建议和提案提出的问题，要区别情况，分别作出如下处理：

（1）凡是应该解决并且有条件解决的，要集中力量尽快予以解决。

（2）应该解决但因条件限制一时不能解决的，要订出规划，积极创造条件，逐步加以解决。

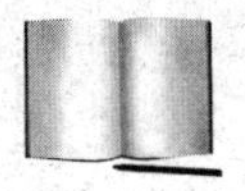

(3) 确实不能或不应解决的，要实事求是地讲明情况，向代表或委员解释清楚，切不可生硬对付，敷衍塞责。诚然，代表和委员所提的建议、提案，有的难免带有不符合现行政策或规定的情况，有的与客观实际状况不完全相符。尽管这类建议或提案有的地方不尽准确，但我们仍必须认真负责地加以办理。首先要认识这是代表、委员在行使参政、议政，管理国家事务的权利，是在关心、支持政府工作。其次，要认识到这类建议或提案尽管不完全准确，但都代表了一部分群众的想法和意见。因此，在办理建议和提案时，要将党和政府的方针、政策和规定以及实际情况如实向代表或委员讲清楚，并诚恳地做好解释工作，以得到代表、委员的理解、支持和赞同。当然，办理建议和提案不能乱许愿。能够解决的要尽快解决，有可能解决的要积极创造条件逐步解决，不能解决的要向代表或委员如实讲清楚，这也是认真负责。

3. 各承办单位要主动配合

建议或提案所提问题需两个以上部门或单位合办时，要确定一个主办单位。主办单位在办理时要起主导作用，会办单位要积极配合，共同协商，不得推诿敷衍。各方要主动联系，互相协作，然后由主办单位根据协商的意见，向代表或委员报告办理结果。主办单位要将办理结果抄送会办单位，不要不经会商就单独答复代表和委员。有时，也会遇到这样一种情况，即一件建议或提案中所提的几个问题都是独立的，并且分属于几个部门或单位的职责范围，这时，有关的部门或单位可以分别办理，分别答复，分别上报。

4. 加强同建议人、提案人的联系

对一些重要的或不太明白的建议、提案，承办单位要主动与人大代表和政协委员取得联系，深入了解建议或提案的内容，主动与代表和委员交流思想，共同协商解决办法，虚心听取他们的意见，如实、正确地答复问题，并耐心细致地作出必要的解释，以便使代表和委员全面了解情况，取得他们的谅解和支持。

5. 重视和加强调查研究

许多建议和提案所提问题比较复杂，办理的难度较大，问题的解决有的也涉及到好几个部门，有的则同现行体制、政策和人、财、物直接有关，而且在认识上可能还有一定的差异。办理这样的建议或提案，一定要重视和加强调查研究，组织必要的力量深入实际，了解情况，听取意见，与各有关方面反复协商，研究妥善解决的办法，在此基础上实事求是地办理答复。

6. 认真写好答复意见

为确保质量，国务院多次强调，对人大代表建议和政协委员提案的答复，要有办公室主任统一把关。办公室主任在把关时，应着重掌握以下几点：

(1) 内容要符合党中央和国务院的有关政策，符合实际情况。

（2）对所提的问题和要求，要逐项加以答复，切忌简单敷衍或答非所问，杜绝大话、空话、套话和假话。

（3）答复要规范化，按规定的格式和要求书写，并加盖公章。

（4）答复的口气要诚恳、谦逊，文字要通顺、简明、工整，对建议和提案的答复办理完毕后，要按规定程序上报。

三、办理建议、提案的程序和方法

办理人大代表建议和政协委员的提案，一般要经分发、承办、审核、答复和上报等五道程序。

人大代表建议和政协委员提案提交以后，经人大和政协的专门机构按大的工作系统分类和确定承办部门及地区后，即交付办理。一般说，交由政府系统承办的建议和提案，往往要占全部建议和提案的百分之八九十。政府及其工作部门接到人大或政协交办的建议和提案后，即按照上述基本程序予以办理。

1. 分发

政府收到人大和政协交办的建议和提案后，要由办公室进行登记和分类，经有关领导阅后，分发给具体承办单位。各承办部门和单位收到政府交办的建议和提案，也按此办法分发给确定承办的有关处、室或科。

2. 承办

具体承办时，要针对建议和提案中提出的问题，认真加以研究，对比较复杂的问题，尤其要慎重处理，必要时可听取群众和专家的意见，并进行科学的论证，然后，根据现行政策和客观条件，草拟出具体的办理意见或答复稿。涉及两个以上单位会同承办时，主办单位要认真牵头，会办单位积极配合，共同协商，提出切实可行的办理意见。

3. 审核

承办部门或单位拟出办理意见和答复稿后，要由办公室主任在内容和格式上进行统一把关，再报请本部门、本单位领导加以审核。

4. 答复

办理意见和答复稿经领导审定后，须加盖单位公章，按建议或提案表上所列代表或委员的通信地址，直接答复人大代表或政协委员。对人大代表的建议，承办单位一般要在9月30日前答复代表；对政协提案，应在交办之日起三个月内办理完毕并答复委员。如问题比较复杂，不能按期办理完毕，应先给代表、委员作一简要答复，说明在处理之中，待办理完毕后再将结果正式予以答复。

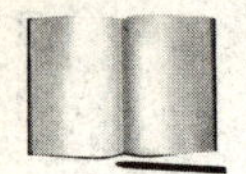

五、上报

承办单位对建议、提案的答复，应向原交办的人大常委会办公厅或政协办公厅报送三份，向交办的上级政府办公室抄报一份。同时，应注意建议、提案答复稿的存档备案。

第六章 办公室主任调查统计工作

第一节 调查研究工作基础

一、调查研究工作的含义

调查研究是国家机关了解情况、掌握政策的基本工作方法，也是办公室重要的业务活动之一。

“调查”是指通过对客观事物的考察、查核和计算来了解客观事物真相的一种感性认识活动；“研究”是指通过对调查材料进行审查和思维加工，以求得认识社会现象的本质及其发展规律的一种理性认识活动。调查是研究的基础和前提，研究是调查的发展和深化，两者虽有先后之分，但又是互相贯通，彼此渗透，不可分割的。在进行调查时，必须伴随着初步的分析和研究，这样才能使调查有的放矢，沿着正确的方向进行。在分析研究时，有时需要对一些问题进行局部的或进一步的补充调查，以便更全面地弄清事情的真相和来龙去脉。

二、调查研究工作的主要类型

办公室工作中，调查研究工作根据其调查研究的内容和方式，可划分为以下种类：

1. 根据调查研究的内容分

（1）基本情况的调查研究。

这是指在一定范围内，一定时间内，对所要调查的对象的基本情况进行的全面的、综合性的调查研究。这种调查研究具有普遍性，目的在于通过对这些地

区、部门或单位的全面情况的掌握和分析，找出主要问题，制定全面的、有利于全局发展的总体方案。这样的调查研究一般涉及面广，内容多，基本情况的调查研究是基础调查研究，是办公室工作最基本的内容。只有对基本情况摸得清，分析研究得透，为领导决策提供的参考意见才具有较强的实用性和正确性。否则，为领导提供的决策参考只能是脱离实际的东西，甚至是错误的东西。基本情况的调查研究具有的特点，一是调查对象具有整体性；二是调查资料具有完整性；三是调查结果具有普遍性。

（2）中心工作调查研究。

中心工作调查研究，一般的形式有专题型调查研究和典型型调查研究。

专题型调查研究，是相对于基本情况的调查研究而言的，是针对某一问题，特别是当前迫切需要了解和解决的问题而进行的，不是以人或单位为对象。它要求把点和面上的情况结合起来分析，这样才容易使调查研究有深度，分析问题针对性强。

典型型调查研究主要是根据调查研究的目的和要求，在对一定范围内的事物总体进行初步分析的基础上，有意识地选择有代表性的单位或人作为典型，进行深入细致的调查研究，借以由此及彼地认识所要调查事物的总体情况和发展变化规律，典型调查研究以客观事物的个性与共性辩证统一的原理为方法论基础，对象具有典型性和代表性，其结果具有说明一般、指导全局的作用。由于调查对象数量较少，可以集中时间和力量对典型单位或人进行深入系统的调查，从而比较深刻地认识问题。进行典型调查研究，最重要的是选好典型。

（3）政策性调查研究。

政策性调查研究一般分为：宏观发展战略型调查研究和微观局部型调查研究。

宏观发展战略调查研究主要是针对未来中长期发展战略而进行的。这种调查研究侧重于发展的目标、方针、规划以及各个方面任务的制定。调查的范围很广泛，涉及的单位和人员多，调查问题大多关系到全局和长远决策的重大课题。通过宏观发展战略调查研究，能够为一个较大范围的地区或系统制定宏观战略规划，进行全局性的部署，确立长远目标，做出重大决策提供参考依据。宏观发展战略调查研究一般投入的人力、物力较多，因此在组织上应有统一的领导，即由一个部门或领导牵头主持，组织有关方面的人员参加，分片分组调查，调查完后，统一汇总情况，统一分析研究。这样的调查研究由于调查的面宽，人员多，可靠性也较大，一般在宏观决策部门采用得多。

微观局部调查研究主要是着眼于眼前面临的局部性的、并且相对独立的问题、调查的范围比较小，问题比较单一。如通过对一个单位的调查研究，比较丰富地掌握这个单位的情况，找出存在的问题及其原因，提出解决问题的办法。微观局部调查研究可以为宏观发展战略调查研究提供具体详尽的参考资料。

（4）临时事件的调查研究。

即在某一事件发生之后，为尽快了解事件发生、发展的情况所进行的调查研究。这样的调查研究突发性强，时间紧。因此要求调查者必须深入现场，直接向事件的当事人或目睹者了解情况。

2. 根据调查研究方式分

（1）直接型调查研究。

直接调查研究是指调查者深入到客观事物的本身中，接触事物本身的当事者，了解和掌握第一手实际材料。直接调查研究常用的方式有普遍调查、现场调查、蹲点调查等。

（2）间接型调查研究。

间接调查研究是指调查者通过间接手段，如同有关调查研究人员进行座谈，或通过书面材料进行再了解，从而达到掌握实际材料的目的。这样的调查研究主要是工作任务繁重时采取的一种调查方式。间接调查研究的好处是可以通过别人的调查研究成果，尽快为领导提供决策参考，其弊端是容易陷入别人研究的误区，可靠性较差。间接调查研究常用的方式主要有：开座谈研讨会、走访有关问题专家、查阅资料等。

三、调查研究的内容和范围

1. 围绕中心工作开展调查研究

从全党全国来说，要以经济建设为中心，就各行各业各项工作来说，都应当服从和服务于这个中心。在这个大前提下，各级党政机关、企事业单位各个时期都有其中心工作，办公室工作人员要为领导决策服务，想领导之所想，急领导之所急，就必须围绕各个时期的中心工作，抓住领导当时最关心的重大问题开展调查研究。

2. 为起草文件而进行调查研究

在领导授意下起草各种文稿，是办公室工作人员经常性的工作。写这些文稿，要注意三点：一是必须与上级的政策规定一致。只能在不违背上级政策的前提下根据实际情况灵活变通，但不能反其道而行之。二是必须与同级领导过去制订的政策规定相衔接，不能前后矛盾。若新的政策规定与过去的政策规定不同，要予以说明，并宣布过去的政策规定何时废止。三是必须能付诸实施。而要做到这三点，一刻也离不开调查研究。因为只有通过调查研究，才能了解上下左右发布文件和执行文件的全面情况；才能从实际生活中发现问题，找出解决问题的办法。

3. 为贯彻执行各项方针政策进行调查研究

党和政府制定的各项方针政策，反映着各个方面的关系。有时候，一个具体的政策和措施的实施，会使许多人的利益发生变化，引起各方面的巨大反响。又由于事物复杂性和多样性，在执行政策的过程中，往往会出现未曾预料到的情况和问题。这就需要及时到有关部门或基层调查研究，了解这些政策得到哪些人的拥护，受到哪些人的反对，对哪些人有利，对哪些人不利，实行这些政策的进展情况如何，现在发展到了哪一步，出现了哪些偏差和其他问题，实行的结果怎样，是否解决了原有的矛盾，能否收到预期的效果。并及时反映给领导，作为他们修订或完善决策的根据，以便进一步指导工作，实施领导。

4. 临时性事件或事故调查

机关单位内突发性的事件或事故，或是政治性的，或是经济性的，或是生产性、技术性的；有发生于集体的，也有发生于个人的。这类调查，要求办公室工作人员查清事实真相及原因，分清责任，以便领导处理。调查时，可采用访问当事人和知情人、召开座谈会、察看现场、查阅技术资料和档案材料等方式。重大政治事件和生产事故往往由办公室工作人员配合保卫部门、公安部门共同进行调查。

5. 对遗漏问题进行调查研究

对这类问题的调查，又称拾遗补阙调查。它包括处于几个职能部门的临界点的问题；几个职能部门都管但只管一部分的问题；群众反映甚大但不知归哪个部门管的问题；虽分管部门明确，但被它们长期拖而不决的问题。

第二节　调查研究工作的程序

一、准备工作阶段

1. 调查目的的准备

调查研究是有目的而进行的。在开始调查研究之前，就应该对本次调查研究的动机、意图和任务有充分的正确的理解。因此，每次调查研究之前，必须吃透调查研究的目的，搞清下去调查什么，研究什么。

2. 调查对象的准备

在确定调查研究的任务之后，对所要去的地区、单位，对所要接触的人员进行了解，熟悉他们的情况，以便在调查研究时能因地制宜，采用不同的方式和方法，取得较好的调查效果。

对所要去的地区和单位的了解，主要应从与调查内容相关的该地区和单位的基本情况入手。

对所要接触的人员的了解，主要应从人员的基本情况以及个性特点、对情况的熟悉程度等方面入手。当对此有所了解后，大致对其进行分类，拟出调查时所应采取的方法。尽可能对所接触的地区、单位、人员了解得深刻一些，调查研究工作就能搞得更好一些。

3. 知识准备

调查研究是一项专业性很强的工作，如果调查研究者本身对某一问题没有较深的知识，就不可能做好这个问题的调查研究。因此，调查研究之前，调查研究人员应该尽可能多地掌握所要调查问题能够涉及到的知识。

知识的准备一般从三个方面来做：一是学习和掌握与调查研究的内容有关的上级规定、制度等文件；二是查阅有关的研究成果和报刊资料；三是学习和掌握与调查研究内容有关的自然科学和社会科学方面的知识。

4. 组织准备

调查研究是一种开放型工作，除一些极单纯的问题接触人少以外，一般的调查研究涉及的人员都比较多。因此，必须做好组织准备工作。

一是调查研究人员的组织准备工作。根据调查研究的任务大小，确定参与人数。如果一个单位承担难以完成，可以联合其他单位一起搞。如果参与调查研究的单位和人员比较多，就必须首先确定牵头单位和负责人，然后根据人员多少和素质确定分组，并对调查的时间、步骤、方法、具体要求和注意事项以及调查研究的经费、交通工具等作出详细计划。

二是调查对象的组织准备工作。一般的调查研究都是上级对下级的。因此调查者可以提前向被调查单位提出调查提纲和要求，以便调查对象有充分准备。被调查单位一般应根据调查提纲和要求，对调查对象进行安排组织。

二、了解情况阶段

准备工作完成之后，就可进入调查阶段了。了解情况是整个调查研究工作的基础，情况吃得透，问题摸得准，就为整个调查研究工作打下了好的基础。在这个阶段，应该尽可能多地接触有关人员，尽可能多地掌握一些第一手资料。掌握的情况越多，对下一步的分析研究就越有利。

要想多掌握情况，首先要深入下去，到基层，到工厂、商店、农村去，到群众中去，甚至可以通过直接的实践活动，接触情况，接触问题。这样得来的材料是最可靠的。其次必须放下架子，和群众打成一片，做群众的知心朋友。这样群众有话也敢讲，也愿讲，情况自然就了解得多了。第三，情况一定要搞清，搞透，哪怕是一点小问题，都应该头脑中清清楚楚。否则，连自己也说不清，研究起来就困难多了。第四，要善于掌握调查的技巧和艺术。第五，应该做好记录。调查的情况多，问题多，仅凭脑子记，免不了会有遗漏，尤其是时间拖得较长的调查，更应做好记录。

三、分析研究阶段

分析研究阶段是了解情况阶段的升华。了解情况阶段的工作，只有通过分析研究阶段才能成为成果。这一阶段包括：一是调查报告提纲的准备，二是调查报告的写作。

分析研究阶段是一个非常艰苦的过程，因此首先要有打硬仗的准备，要有顽强的毅力和高昂的斗志。其次，要掌握分析研究的一些先进方法。第三，要具备写作的基本技能。

四、综合提炼阶段

综合提炼阶段是调查研究的关键，因为调查研究的目的就是为了解决问题。

提出建议和意见，一是要切合实际，不要提出一些让人看不见、摸不着的空想来。二是要有充分的依据，必要时可对提出的方案进行专家论证，以保证建议和意见的正确性。三是突出重点，防止把重要的建议和意见淹没在众多的不重要的意见中。

第三节　调查研究工作的方法

一、实地调查法

实地调查一般有蹲点、检查和勘察等形式。

蹲点，是指调查人员比较长时间地在一个地方或一个单位进行调查，甚至有时要以帮助工作或直接工作形式出现。这样的方法获得的情况比较详细。

检查，是指就某一方面问题到部分地方或单位去了解情况，这种办法一般时间短，调查的面大，掌握情况全面，避免了片面性。

勘察，是指调查人员对某一具体事件进行现场了解，如对某事故的查处，就需要对现场实地进行勘察。

实地调查要求调查人员有敏锐的观察能力和较强的分析能力。因为实地调查主要靠的是自己对事物的观察和分析，一般没有现成的总结出来的成果可供参考，而且容易受到众多因素的影响和干扰。

二、召开座谈会

调查人在取得调查对象合作或单位支持的条件下，召集知情人开座谈会，调查情况。召开座谈会前的具体准备工作，大致有：

1. 确定参加调查会的人选、人数。一般来说，确定参加调查会的人选应掌握三条原则：一是知情者，二是敢于并善于当众讲话者，三是有代表性。参加调查会的人数以三五人到七八人为宜。过多则不易指挥掌握，发言者也难以尽言，过少则失去“会”的性质，等于个别调查。

2. 事先通知，让调查对象明确调查目的、调查内容，以便有所准备，并打消可能有的顾虑，取得事半功倍的效果。

3. 对调查对象的情况，尽可能做到“心中有数”，以便在调查会上更好地引导、启发他们发表意见，以及客观地分析研究他们的意见。

座谈会调查的优点是调查对象之间可以互相讨论，互相启发，集思广益，也容易发现新问题，使调查不断深入；结论比较科学，有代表性；相对地节省人力、物力和时间。缺点是不适宜于机密内容的调查，缺乏主见的座谈者容易产生从众心理，人云亦云，意见一边倒，不容易得到精确的资料或数据。

在召开座谈会时，主持人要注意以下几点：

(1) 要有平易近人的态度，要使人感到你的心是交给他的，你对人是信任的。这样，就有可能做到“以心换心”。

(2) 座谈会刚开始时，容易冷场，主持人要善于启发引导，由浅入深；会议进入中期，发言热烈时，主持人又要善于抓住中心，防止海阔天空、不着边际地乱扯，并善于抓住关键问题深入追问，或组织大家进行讨论，从不同意见中找到正确结论；座谈会后期，要善于发现新问题或抓住遗漏的情节，及时加以解决。

(3) 调查人不宜过早表态，也不要随便打断调查对象的发言，把发言者的意见纳入主观的框框。

(4) 要根据调查对象的不同心理，分别采用不同的记录方式。对重要的材料，应反复核实。

(5) 对个别有思想顾虑或言而未尽者，可在会后再个别交谈，作为座谈会调查的补充。

三、综合归纳法

所谓综合归纳法就是把研究对象的各个部分、各个方面和各种因素结合考虑，通过考虑得到普遍性的、有规律的东西，形成多样性的统一，在整体上把握事物的本质和规律。综合归纳法是从特殊到一般的过程，并不是事物各个方面的、各个部分的简单相加。

四、抽样调查法

抽样调查是从调查对象的总体中，按照随机原则抽取一部分单位作为样本，并以对样本进行调查和统计的结果来推断总体的方法。随机原则又称同等可能性原则，是指在抽取样本时，总体中的每一个单位都有同等可能被抽中的机会。如掷硬币，它的每一面出现的机会都是1/2，对于每一面来说，它们出现的机会都是均等的。

按随机原则抽取样本，叫随机抽样，它是抽样的主要方法。随机抽样的具体方法，主要有简单随机抽样、等距随机抽样、类型随机抽样、整群随机抽样、多段随机抽样 5 种。除了按随机原则抽取样本外，有时也可按非随机原则抽取样本。往往是在调查对象总体的内涵和外延无法具体确定，不可能或不需要准确推断总体的情况下，用这种方法抽样。非随机抽样又叫立意抽样。它与随机抽样相反，是按调查者的主观愿望抽取样本。常用的方法有任意抽样、判断抽样、配额抽样三种。

抽样调查实际上是一种普遍调查和典型调查相结合的形式。在普遍调查的对象太多无法进行时，它常用来代替普遍调查。抽样调查有不少优点。它一般都按随机原则抽取样品，调查结果比较客观；它的调查结论是运用数学方法计算出来，便于对调查总体作定量分析，对总体的推断比较准确。但抽样调查不太适于作定性调查，不能取代为了更深入地研究问题而采用的典型调查。当对调查对象的范围不十分明确时，不能进行抽样调查。

在统计部门、工业部门、教育部门，这种调查方式用得相当广泛。政府办公室部门，有时采取这种方式了解某项政策的落实情况，如责任制情况，市场物价波动情况等。

抽选好样本是搞好抽样调查的重要一环。样本抽选方法通常有以下几种：

1. 纯随机抽样

也叫简单随机抽样——按照随机的原则，直接从总体中抽取样本的方法。在总体单位数较少各单位之间差异不大时，适宜用此法。

2. 等距抽样

又叫机械抽样或系统抽样——先把总体各单位按某一标志顺序排列，然后按照相等的距离或间隔抽取样本的方法。此法抽样手续简便，只要计算出抽样距离和抽样起点，样本也就确定了。

3. 分类抽样

也叫分层抽样——按照总体的主要标志，将总体划分为若干个类型组，然后在各组中或纯随机抽样或等距抽样取得样本的方法。各类型组应抽取的样本数，可按照各类型组在总体中所占的比例来确定。此法用于总体单位数多并且差异很大的情况。

4. 整群抽样

即从整体中抽取群体作为样本，并对各群体进行调查的方法。

抽样方法确定以后，接着就是确定样本数目。确定样本数目的原则是：在保证抽样调查达到预期准确度的前提下，抽取样本的数目越少越好。

样本调查的另一重要环节是样本推算，即根据调查的结果，运用概率论和数理统计的原理，对总体的数量特征作出估计和判断，以达到对现象总体的认识。

样本推算是样本调查的目的，也是整个抽样抽查的目的。

样本推算的方法主要有三种：第一，如果样本调查结果是平均数，则用抽样平均数乘以总体单位数，推算出总体的总数指标。第二，如果样本调查结果是成数，则用样本成数结合总体的有关标志值，直接推算总体中各个相应的标志值。第三，如果样本调查结果是为了修正全面调查所得的结果，则先用样本调查结果算出修正系数，然后再以修正系数乘以需要修正的全面调查结果。

样本推算的完成，意味着整个抽样调查过程的结束。

抽样调查的局限性主要表现在两个方面：一是使用范围的局限。当总体各单位互相之间差异很大时，其效用会受到影响。由于抽样的目的是利用抽样调查的抽样平均数或抽样成数推算总体，因此，若未具备相应的全面调查的数字，就不能使用抽样调查。二是以样本调查结果推算总体上的局限性。抽样调查结果往往与实际情况存在某种程度的误差。尽管可以使这种误差趋于很小，但不会等于零。当然，这些局限性并不影响抽样调查的价值和意义。只要运用得当，它仍不失为一种科学的调查研究方法。

五、定性、定量分析法

定性分析是指根据社会现象或事物所特有的属性和运动变化中的矛盾性来研究事物的方法或手段。它是以大量的历史事实和普遍认识的规律为前提的，其依据是大量的历史事实和生活经验材料。在社会调查研究中运用定性分析方法可以比较直接地抓住事物的主要方面或特征，而将同性质的事物在数量上的差异略去，暂时不加考察。这在异质性事物的差异性较大的情况下，不失为一种简便的方法。在分析把握复杂事物的矛盾运动时，善于运用定性分析方法往往分析效率较高，能够很快从纷繁复杂的事物中找出事物的本质要素和特征。定性分析主要是运用演绎归纳的方法展开分析，带有很浓的哲学思辨色彩。定性分析方法的基础是矛盾分析法，并大量应用比较分析法、类型分析法、因素分析法等方法。同时，进行定性分析时一定要与定量分析有机地结合起来，以使定性分析法准确度更高，结论更深刻明了。

定性分析应注意的是：这种方法因为它的结论是凭借经验和概念推导出来的，在据以推导的大前提失真的时候，容易产生很大的失误，而且不易察觉。因此在使用这种方法时一定要注意大前提的正确。

定量分析，又叫量的分析，是关于事物数量方面的研究，即对社会现象存在和发展的规模、速度、程度等进行度量、计算和说明，从而了解社会现象的数量、数量变化和数量关系。

定量分析应该注意的几个问题：

一是防止罗列数字，缺乏分析研究。

二是要把定量分析和定性分析结合起来。

三是要把数量资料和非数量资料相结合，把综合统计和典型的了解相结合。

四是要正确运用社会统计方法。

五是要保证定量分析的真实性。

由上可以看出，定性分析是定量分析的前提和基础，定量分析是定性分析的补充和发展。

六、比较法

比较法就是把两种或者两种以上同类事物相比，分析辨别出其异同和高下的一种研究问题的方法。这种方法首先应把所有不同的情况、意见、方案都拿出来进行比较。参加比较的情况、意见和方案越多越好，可以使研究者有充分的研究余地，以找出最佳方案来。其次，在摆出不同的情况、意见和方案时，要尽可能多地把所涉及的情况和问题以及利弊都摆出来。只有这样，才能使比较进行得全面公正。否则，难以选出好的意见和方案来。第三，在摆出情况、意见和方案进行比较时，应从其利弊角度来分析，采取这一意见或方案，其利是什么，其弊是什么，采取另一措施其利是什么，其弊是什么，然后对其利与利、弊与弊、利与弊相权，两利相权取其大，两弊相权取其小，利弊相权取其利大于弊者。第四，进行比较，不仅要从纵向方面进行，还要从横向方面进行；不仅要从单方面进行，还要从多方面进行。比较的视野越大，其效果会越好。

七、民意测验法

民意测验一般采取以下两种形式：

1. 书面问卷

调查面较广，而调查问题又比较集中的可采用书面问卷方式。书面问卷又称调查表。它通常有两种类型：封闭式问卷和开放式问卷。

封闭式问卷，题目都是选择题或是非题，被调查人只能在有限的范围内选择答案或作出判断。其优点在于用数字或符号表示答案，便于计算机统计；缺点是答案事先设计，只有几种大体类型，无法调查特殊情况。

开放式问卷，题目是问答题和填充题，由被调查人自行答卷，不受任何限制。其优点是便于调查人自由发挥，详述己见，所得资料丰富、具体，既有共性，又有个性；缺点是无法用计算机统计，不便于归纳、概括。

2. 走访调查法

调查者通过抽样法，选出一定数量的调查对象，通过同他们面谈或电话联系等，了解他们的真实思想和意见。这种方式可以了解到与调查内容相关的其他内容。其缺点是容易使被调查者产生一些拘束，不愿谈出自己的真实想法来。

民意测验选的对象越多，了解到的情况就越接近真实。民意测验挑选对象时应注意不要单调地选一种人，而应从年龄、职业、收入、政治面貌、种族、性别等不同的方面选出不同的人员，这样才能保证民意测验的广泛性和真实性。

八、统计调查法

统计调查法是利用固定统计报表的形式，把下边的情况反映上来，通过分析而进行的一种常用的调查研究方法，由于统计报表的内容是比较固定的。因此可以通过报表分析出某项事物的发展轨迹和未来走势。运用统计调查法，应注意几点：一是统计口径要统一，否则是不可比的；二是应以统计部门的数字为准，否则分析的依据难免有误；三是报表分析要和实际情况的调查相结合，不能就报表进行单纯分析。

九、资料调查法

有些情况，如历史、地理、一般资料等，可通过查阅书籍、报刊、档案等资料获得。调查人必须熟悉图书目录和资料索引，以便顺利地进行查阅。这种方法简单易行，尤其对于不容易接触的东西或地方，通过这种方式就能获得一定的情况。缺点是收集到的资料是第二手资料，有时会由于其记录者的水平问题，使资料的真实性和可靠性受到影响。因此进行资料调查时，要认真核对资料，尽可能地掌握完整的资料。

第四节 调查报告的写作

一、调查报告的特点

1. 真实性

调查报告必须用事实说话，用大量的真实可靠、令人信服的事实、数据和资料作基础，揭示事物发展的规律，提出令人信服的观点和建议，不允许根据自己的目的虚构情节，歪曲事实。

2. 针对性

调查报告一般应选择具有典型意义的事件或问题作为报告的中心问题来写。并应通过报告，有针对性地提出作者对所调查事物的看法，正确地预测发展趋势，提出解决问题的意见或方案。

3. 鲜明性

调查报告以真实地反映社会生活，有根据地促进社会发展为目的，是一面时代的镜子。它从各个不同的侧面具体地反映社会生活各个领域中的客观情况和存在的问题，并带有普遍性和典型性，能为决策部门提供改进工作的咨询性意见和制定政策的科学依据，起到教育人民、鼓舞人民、推动社会进步的作用。因此，调查报告支持什么，反对什么，对某个问题怎样认识，都应该旗帜鲜明地提出来，要敢于揭示矛盾的实质，反映事物的本质特征。

二、调查报告的结构

调查报告的结构指的是报告内容的层次结构。

调查报告和其他文体大体一样，在具体层次安排上也没有什么固定的格式，可以灵活机动。写作者应该根据调查资料的情况和调研主题的需要，灵活地组织内容、安排结构，运用适当的形式表达，不必受到一些框框的限制。但调查报告的结构应具备一些必要因素。

1. 调查报告的结构层次一般应具有以下几方面

（1）该项调查的意义概述；

（2）阐述前人的研究成果；

（3）介绍本次调查的范围、对象、时间、地点、方法、程序；

（4）昭示调查事实，分析研究成果；

（5）总结与讨论，进一步辨明事物发展的趋势和方向；

（6）提出作者的观点和建议；

（7）注明参考资料。

只有具备以上几个层次，才能把调查后要说的问题说清楚。

2. 调查报告的内容顺序

按照调查报告提出问题、摆出事实、分析问题、解决问题的基本逻辑结构，调查报告的内容顺序应该有标题、开头、正文、结尾。

（1）标题。

主要有两种，一是由正题和副题构成。正标题通常用来提出问题或概括主题，或概括所要调查的事物的意义，或概括所要介绍的基本经验。副标题一般是用来说明什么范围内关于什么问题的调查。通常在标题里就标出“调查报告”或“调查”等字眼。二是也可随便一些，如有的只有一个标题，有的不标明“调查报告”或“调查”等字眼，可视内容而定。

（2）开头。

一般写概况，有的只介绍被调查单位或人的基本情况。有的则把调查的时间、方式等基本情况也写进去。有的开头把调查之后所得出的结论概括地提出来，使读者先有一个总的印象，以便引起下文，为后面的写作提供基本的线索。有的则先提出问题，后作结论。这部分应该语言概括，简明扼要，直截了当，抓住要害，揭示本质，做到扣人心弦，有吸引力。

（3）正文。

这是主要部分，一般有三个方面的内容：一是调查报告的中心思想和观点，二是说明中心思想和观点的事实，三是对这些事实的分析和评价。

由于调查报告是通过对事物的了解、分析、研究而写出来的，因此一般的正文的结构安排有以下几种，一是按照事物发展的逻辑规律来写，即按时间顺序来写。二是按照事物内在联系的逻辑规律来写，即围绕主题，从几个并列的，但有联系的侧面来写。三是按调查过程的顺序来写，当所调查的几个对象都有自己特点、做法和经验时，采用这种结构为宜。四是采取对比的结构，用两种截然不同的事物来进行对比，通过逐一分析，对其优劣得出结论。正文总的要求是：先后有序，详略得当，具体充实，有点有面，突出重点。

（4）结尾。

调查报告的结尾一般比较简要，有的扼要地提出结论来；有的概括经验的要点；有的交代事物产生的影响或群众意见、反映；有的说明不足之处或提出新的问题，指出努力方向；有的调查报告在正文部分已经表述清楚，可以省略结尾。

三、调查报告的类型

1. 按调查报告涉及的范围分

按调查报告涉及的范围来分，有普通调查报告和专题调查报告。普通调查报告是对全部调查的结果作比较全面而系统的描述。这类报告的特点表现在微观到宏观，由定量到定性的分析过程。专题调查报告是对某一专门的、有相对独立性的事物和问题进行调查后拟定的报告。这类调查报告要求主题集中，有较强的实用性、针对性。

2. 按调查研究的不同内容分

按调查研究的不同内容，可以分为五种类型：

（1）介绍新事物型。

这是在比较全面地、完整地调查某一体现时代精神的新生事物时所使用的一种调查报告。它要写出新生事物的情况、特点，阐述它的产生背景、发展过程，说明它的意义、作用，指出它的发展方向，揭示它的成长规律，促进它的迅速发展。

（2）介绍典型经验型。

这是对先进经验和典型事物进行调查研究之后所写的一种调查报告。它侧重于反映比较成熟和具有榜样意义的先进经验，为贯彻党的方针、政策，提供成功的经验和具体的做法，因而具有代表性、政策性和指导性。

（3）揭露问题型。

这是以批评社会不良现象和揭露存在问题为主要内容的一种调查报告。这类报告，具有特殊的社会作用，既可作为公正严肃处理问题的依据，又能起到反面的典型的教育作用，引起人们警觉，接受教训，少犯或不犯错误。

（4）反映社会现状型。

这是以反映社会现状为主要内容的，为领导机关了解情况、研究问题、制订政策和进行决策提供依据的一种调查报告。

（5）事物发展动态型。

这是对政治、经济、社会、文化科技等方面的某一范围、某一时期的发展情况，分专题调查研究之后写出的调查报告。

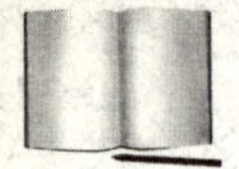

四、调查报告的语言特色

调查报告的语言同文学作品的语言不同，它要求简洁、明了、准确、生动、通俗。反对语意模糊和咬文嚼字，不用生僻词汇或华而不实的词藻，尽可能地用通俗易懂的语言来表达。不能过多地用修饰语。文字不能求长，不要拉拉杂杂，绕来绕去。应尽可能地用短小精粹的、直截了当的语言来表述。反对在陈述事实时，掺杂个人的见解，以使事实失真。在议论部分则不必拘泥，可在事实的基础上发挥，准确表达作者内心的感受，表明作者自己的思想倾向，以引起读者思想上、感情上的共鸣，增加报告的感染力。总之，调查报告的语言要精练生动。

五、调查报告的主题与选材

1. 调查报告的主题

主题是调查报告的灵魂，是作者通过调查研究在报告中需要说明的事物、阐述的道理，集中反映某种规律时所表现出来的基本思想。主题是否有社会价值，是否能引起人们的重视，对调查报告的成败具有决定性意义。

调查报告的主题有以下要求：

一是真实正确。调查报告的主题要反映客观事物本质规律，有积极的社会意义。调查报告的主题必须建立在真实的基础之上。

二是新颖脱俗。首先要对该次调查研究的已有成果进行了解，并将此同该次调查所得的情况进行分析比较，找出更具代表性和典型性的规律来。这样，就可避免同已有成果的重复，而挖掘出来新的主题来。当然，主题要新，并不是要脱离实际去空想，杜撰出违背事物规律的东西来。

三是鲜明通达。调查报告赞成什么，反对什么，对某件事情怎样看待，应该明确地表述出来，毫不隐讳，要让读者一目了然。

四是精练集中。不论内容有多少，都应该集中一个主题来写。如专题报告不能把调查中所得到的情况全部罗列进去，而应根据要反映的主题，集中选择一些重要的与主题有密切联系的内容，做到紧扣主题，与之无关的内容一概省去。同时，要直截了当，反对绕圈子，浪费文字。

2. 调查报告的选材

当调查结束后，收集到大量的素材，这为写调查报告打下了坚实的基础。但是如果不加选择地把这些材料统统罗列、堆砌起来，理不出头绪来，就妨碍了主题的表现。这时最好的办法是精心选材。

精心选材，就是围绕主题，由表及里，去粗取精，把分析得来的情况资料一一筛选，把那些与主题无关的、次要的、非本质的、琐碎的材料都剔除，选出那些能够反映事物本质的、主要的典型材料。一般的报告中运用典型例子，一个就够了，不必以多取胜，关键是要选出最有代表性的，最得力的例子来。选材一定要新鲜，切忌用别人已经用过的材料，如果一定要用，也应改换角度，使材料富于新意，变成新材料。还要注意核实，防止把那些未经核实的有严重失真嫌疑的材料选进报告中。在运用材料时，要注意详略得当，如果是紧扣主题的重要材料，要详写细叙；如果是与主题关系不大，次要的材料，即使再生动有趣，也要敢于割爱，或轻描淡写。

六、调查报告的表现手段

调查报告的表现手段主要是用事实说话。一篇调查报告如果只是提出了观点，空泛地议论了一番，是不能说服读者赞同你的观点的。最能打动读者的心，让读者同意你的观点的好办法，就是用事实来征服他。用事实说话的最好的办法就是用典型的事例来说明你的观点。因为典型事例具有代表性，能反映出事物的本质来，借助典型事例说明问题具有简洁性、透彻性、深刻性及巨大的说服力。

第五节　办公室统计工作的基本环节

办公室统计工作分为办公室统计设计、办公室统计调查、办公室统计整理和办公室统计分析四个基本环节。其中，办公室统计设计主要是定性工作，一般由专业统计人员承担。而办公室统计调查、办公室统计整理主要是定量工作，办公室统计分析既有定量工作，也有定性工作。四个环节相互渗透，构成了从定性到定量再到定性的认识过程，形成办公室统计工作的整体。

一、办公室统计设计

办公室统计设计是指根据工作对象的性质和工作目的，对办公室统计工作各个方面和各个环节的通盘考虑和安排。

办公室统计设计。按办公室统计工作对象的范围，可分为整体设计和专项设计。整体设计，是把工作对象作为一个整体，作全面的统计设计；专项设计，是对工作对象的某个部分作统计设计。按办公室统计工作的阶段，可分为全阶段设计和单阶段设计。全阶段设计，是对办公室统计工作的全过程作通盘安排；单阶段设计，是对办公室统计工作过程中某一个阶段的设计。

办公室统计设计的内容大致如下：

1. 明确办公室统计工作的具体目的。
2. 确定办公室统计工作对象的范围。
3. 规定办公室统计工作的空间和时间标准。
4. 根据目的，制定调查登记的项目、分类和分组的方法。
5. 根据管理工作的要求设计统计指标和指标体系。

二、办公室统计调查

办公室统计调查就是按照办公室统计工作的目的和要求，有组织、有计划、系统地采用科学的调查方法，向客观实际搜集各种统计资料的工作过程，要求所搜集到的资料具有真实性、准确性、全面性和及时性。

办公室统计调查按对工作对象的调查范围大小，可分为全面调查和非全面调查。全面调查，是对构成工作对象总体的每一个总体单位调查登记；非全面调查是对构成工作对象总体的部分总体单位调查登记。按调查登记的时间是否具有连续性，可分为经常性调查和一次性调查。经常性调查，是指随着工作对象情况的变化，随时将变化的情况连续不断地登记；一次性调查，是间隔一定的时间所作的调查。按搜集资料的方法不同，可分为直接观察法、报告法、采访法和通信法。直接观察法，是调查人员亲临现场，对工作对象直接观察和计量，以取得第一手资料的方法。报告法，是以各种凭证材料为基础，填写调查表，按时上报的方法。采访法又分为口头询问法和被调查者填法。由调查人员按照调查项目，口头向被调查者询问，以搜集资料的方法，称为口头询问法。当场发调查表，由被调查者当场填表，当场收回表格的方法，称为被调查者自填法。通信法，指把表格寄给被调查者，对方填写后再寄回表格的方法。

调查方案的基本内容包括：

1. 明确的调查目的。
2. 具体的调查对象和调查单位。

3. 具体的调查项目。

4. 确切的调查时间。

5. 必要的填表说明。

三、办公室统计整理

办公室统计整理，指根据办公室统计工作的目的，对调查资料用科学的方法加工整理，使之条理化、系统化，为办公室统计分析做好准备。

统计整理包括审核调查资料、统计分组、统计汇总和编制统计表四个步骤。

1. 审核调查资料

（1）审核调查单位有否遗漏，调查项目的资料是否齐全。

（2）调查资料是否按规定的时间上报。

（3）对资料进行逻辑检查和计算检查。

2. 统计分组

统计分组，是指根据统计工作的目的、分析对象的特点，按所选标志，将总体分为若干个组，使同一组的总体单位具有相对的同质性，组与组之间具有明显的差异。

通过统计分组，可以划分对象的类型，说明对象的内部结构，分析对象与对象之间的数量依存关系。

统计分组的关键在于选择分组标志和划分各组的界限。

选择分组标志，要根据办公室统计工作的具体目的，根据对事物内部矛盾的分析，结合具体的时间、地点等条件，选择合适的分组标志。分组标志可以是质量标志，也可以是数量标志。

对总体只按一个标志分组，称为简单分组。对同一个总体作若干个简单分组，形成平行分组体系。对同一个总体选择两个或两个以上的标志层叠起来分组，称为复合分组，复合分组可以形成复合分组体系。只有当总体单位很多时，才适于采用复合分组，复合分组的标志不宜太多。

3. 统计汇总

统计汇总的组织形式有逐级汇总和集中汇总两种。逐级汇总是将基层的调查材料自下而上一级一级地汇总。集中汇总是把全部调查材料集中到组织统计调查的最高一级机构一次性汇总。有时，也可以把这两种汇总形式综合，实施综合汇总。手工汇总有划记法、过录法、折叠法、卡片法四种。电脑汇总是指利用机构内部的电脑网络，取得各种调查资料并加以汇总。

4. 统计表

统计表的结构按统计的组成要素，可分为标题、横标目、纵标目、表中的统计数字。按统计表的内容，可分为主词和宾词。

统计表的种类按主词是否分组及分组程度，统计表可分为简单表、分组表和复合表。

简单表是指总体未经任何分组，仅罗列各总体单位的名称，或按时间顺序排列的统计表。

分组表是指总体仅按一个标志分组的统计表。

复合表是指总体按两个或两个以上的标志层叠分组的统计表。

统计表的编制规则为：

（1）标题应力求简明，确切和概括地反映出资料的主要内容及所属的空间和时间。

（2）统计表中的内容应简明扼要，不宜庞杂。

（3）统计表中宾词栏数较多时，各栏常用（1）、（2）、（3）等数字编号。

（4）统计表中数字应填写整齐，位数对准。不能写“同上”或“同左”等字样。没有数字处用“—”表示，缺数字处用“……”标明。

（5）表中数字如用统一的计量单位，可在表的右上端表明。如计量单位不统一，横栏或纵栏均可设计量单位。

（6）统计表的左右两端是开口的，不能画纵线封闭。打印统计表时，尤其应注意。

（7）统计表的下部可附注解或说明，但内容不宜过多。

第六节　办公室统计分析

办公室统计分析，就是根据办公室统计工作的目的，运用适当的分析方法和统计指标，对经过统计整理的资料，结合具体情况，由表及里地根据分析，从中揭示出事物的内在联系及其发展规律性。

办公室统计分析常用相对分析、平均分析、动态分析、指数分析、抽样推断分析等方法。

一、相对分析

相对分析的主要表现形式是相对指标，又称相对数。相对数是两个绝对指标对比的结果。

1. 绝对指标

绝对指标又称总量指标，是反映所研究的社会经济现象在一定的时间、空间和其他条件下的规模、水平、总量的统计数字。

绝对指标一般有三种计量单位：实物单位，包括自然单位、度量单位、双重单位、复合单位等；劳动单位；价值单位等。

常用的相对指标有结构相对指标、比例相对指标、比较相对指标、强度相对指标、计划完成程度相对指标等。

2. 结构相对指标

结构相对指标是反映总体内部组成状况的相对指标，又称比重指标，其计算公式为：

结构相对指标＝总体中的部分数值÷总体全部数值×100%

总体中各组结构相对指标之和为100%。

3. 比例相对指标

比例相对指标是反映同一总体内的不同部分之间数量比例关系的指标。其计算公式为：

比例相对指标＝同一总体中某一部分的数值÷同一总体中另一部分的数值

可见，其分子、分母可以互换，互换后从不同角度说明比例关系。

4. 比较相对指标

比较相对指标是反映同一时间不同总体之间同类现象数值大小对比关系的指标。其计算公式为：

比较相对指标＝甲机构某一现象的水平÷乙机构某一现象的水平×100%

其分子、分母也可以互换。

5. 强度相对指标

强度相对指标是两个有相互联系的不同总体的总量之比，它表明现象发展的程度、密度或强度。其计算公式为：

强度相对指标＝某一总体的总量÷另一个有联系的总体的总量

6. 计划完成程度相对指标

计划完成程度相对指标是表明计划完成程度的综合指标。其计算公式为：

计划完成程度相对指标＝实际完成的数值÷计划指标数值×100%

分子与分母的指标含义、计算方法、计量单位、时间长度和范围等方面完全一致。分子与分母不得互换，分子必须是实际完成数，分母必须是计划指标数值。分子减去分母，则表明计划完成程度的绝对效果。如果计划任务是用相对指标规定的，检查计划时应将原有基数包括在内。如果是在计划期内做预计检查，分子与分母的时间长度可以不一致，其计算公式为：

累计完成计划程度相对指标＝迄今实际累计完成数÷计划期全期的计划指标数值×100%

7. 动态相对指标

动态相对指标是表明现象在不同时间变动程度的相对指标。其计算公式为：

动态相对指标＝报告期某一指标数值÷基期该指标数值×100%

相对指标的计量形式有复名数、系数、倍数、成数、百分数、千分数等。

计算相对指标，要选择合适的基数，应注意对比指标在总体范围、指标口径、计算方法等方面具备可比性。

应用相对指标，要与绝对指标、分组法相结合，各相对指标之间也应结合应用。

二、动态分析

动态分析指从时间角度研究现象的发展水平和发展速度，并预计其发展趋势所作的统计分析。进行动态分析，应积累和掌握各个时期的统计资料，如果将这些统计资料按时间顺序排列，便构成动态数列，又称时间数列，动态数列可以分为绝对数动态数列、相对数动态数列和平均数动态数列三种。其中绝对数动态数列是最基本的动态数列，它又可以分为时期数列和时点数列，而相对数动态数列和平均数动态数列是在绝对数动态数列基础上派生的数列。编制动态数列必须注意数列中各个指标的可比性，例如在时间、总体范围、计算方法和指标内容等方面应该一致。

计算动态分析指标是动态分析的重要手段，动态分析指标分为水平分析指标和速度分析指标。

1. 动态数列水平分析指标

动态数列水平分析指标有发展水平、平均发展水平、增长量和平均增长量几项内容。

（1）发展水平。

发展水平是动态数列中各项具体的指标数值。在动态数列中，第一项指标数值称为最初水平，最后一项指标数值称为最末水平。在对两个时期的发展水平作动态对比时，作为对比基础时期的指标水平，称为基期水平，作为研究时期的指标水平，称为报告期水平。

（2）平均发展水平。

将不同时期的发展水平加以平均得到的平均数，称为平均发展水平，也称序时平均数或动态平均数。

2. 动态数列速度分析指标

动态数列速度分析指标有发展速度、增长速度、平均发展速度和平均增长速度几项内容。

（1）发展速度。

发展速度 = 报告期水平 ÷ 基期水平 ×100%

（2）增长速度。

增长速度 = 增长量 ÷ 基期水平 = 发展速度 −100%

第七章 办公室主任信息保密工作

第一节 信息沟通概述

一、信息沟通的含义

信息就是包含有新知识、新内容的消息。人们之间互相告知包含新知识、新内容的消息，就是信息的传递或者沟通。

信息的主要特征包括以下几点：

1. 真实性

信息强调的是客观存在的一切事物通过物质载体发出的有关内容，因此，任何信息都要求能如实反映客观的事实，凡不符合事实的东西只能称为讹传，不具有任何使用价值。

2. 价值性

信息强调的是各种事物通过物质载体发出的一切有价值的内容，因此，信息总会或多或少地对完成某项工作有所帮助。当然，信息的价值度有高有低，凡具有较高价值的信息往往是在对大量原始信息进行加工处理后才取得的，那些未经过正确取舍与筛选的信息往往比较分散，其价值性也要降低很多。

3. 多变性

由于客观事物复杂多变，反映其状况的信息也会随之变化，加上信息总是滞后于事实的特点，因此有价值的信息总是处于不断更新、矫正、扬弃、变化的过程中。

4. 共享性

信息资源与其他物质资源不同，物质资源在使用时具有一次性的特点，信息则不然。当信息的拥有者把信息传递给他人时，他仍保有信息的使用权。可见，除了需要保密的少量信息外，其他一切信息都不具有独占性。

所谓信息沟通，就是指各种可理解的信息在两个或两个以上的人群中传递或交换的过程。简单地说，信息沟通就是信息的交流、联系和传递。

二、沟通的种类

1. 按沟通组织系统分，可分为正式沟通和非正式沟通

正式沟通是指组织的信息按照明确的规章制度所规定的方式进行传递。它是信息传递的最基本的形式之一。组织内上情下达、下情上报、发现问题、控制偏差、搜集信息等都以正式沟通渠道为主要依托完成，组织的统一行为和相互协调也有赖于正式沟通渠道的健全和畅通。

非正式沟通是指办公室在正式沟通渠道之外进行的各种沟通活动，一般以办公室人员之间的交往为基础，通过各种各样的社会交往而产生。非正式沟通的方式多种多样，常见的有：办公室人员私人之间的交往及日常社交活动；非正式的聚会和同事之间的闲谈；社会上以及办公室内部存在的各种传闻；等等。非正式沟通是多渠道的，信息传递的速度相当快，有时能传递正式沟通所无法传递的信息，有时能将上级的意图加上自己的理解后再进行传播，这种沟通富于弹性，有时能出现意想不到的效果，很具有大众特征。

非正式沟通的优点包括：可以弥补正式沟通渠道的不足，传递正式沟通无法传递的信息，使办公室领导了解在正式场合无法获得的重要情况；了解办公室人员私下表达的真实看法，为决策提供参照；减轻正式沟通渠道的负荷量，促使正式沟通提高效率等等。非正式沟通的缺点常常表现在所传递的信息容易受到歪曲，如非正式沟通大量存在，将会削弱正式沟通的威信，使上级命令无法执行。在特殊情况下，非正式沟通会导致谣言四起，小道消息泛滥，严重干扰正式沟通的顺利进行。因此，在办公室管理中应特别注意非正式沟通的形式，要充分发挥它的优点，克服它的缺点，使之为正式沟通服务。

2. 从组织层次来划分，可分为上行沟通、下行沟通和平行沟通

（1）上行沟通。

上行沟通是指处于组织结构中下一层次的人员向较高层次的人员传递信息。比如企事业组织中的普通职工经过各层次管理人员，上至高层主管的沟通。这种沟通不仅是组织成员向管理人员、下级向上级反映自己要求、愿望、提出批评、建议的沟通，而且可以对执行上级指令作出回馈反应，使上级了解其信息被接受和执行的情况，为上级修正指令和制定新的决策指令提供资料。自下而上的沟通一般有两种形式：一是上级向群众和下级征求意见。包括调查、召开正式会议、

设置意见箱、建立来信来访机构、设立接待日、同下级进行一些闲聊等，以便从中了解下级情况，听取对上级的建议、意见或批评。二是群众和下级主动向上级反映情况，提出建议和意见。这种反映，既可以通过正式渠道，也可以通过一些非正式途径向上级反映。在组织中，只有这条上行沟通渠道畅通无阻，上级机关和管理者才能全面、准确和及时地掌握下面的实际情况，从而作出正确而有效的决策和控制。上行沟通实际上是对组织管理活动信息反馈的过程。它可以随时反映群众和下级的困难和问题，以便上级作及时的调整和控制。

有效的上行沟通可以为组织带来一系列的好处：

①有效的上行沟通能使管理者了解组织成员和下级对本组织方针、政策、措施等的理解和接受程度。只有上行沟通畅通时，管理者才可能知道下情，才可能作出正确决策。

②组织成员只有和下级坦诚地、无拘束地沟通，才能鼓舞他们自己参与组织管理，在工作、生产中发挥主人翁精神。

③群众中蕴藏着极大的智慧，对于如何改进管理，提高工作效率等，往往有真知灼见。然而只有当上行沟通畅通无阻，管理者才有可能收集到群众中有价值的建议和意见。

④只有当上行沟通畅通时，管理者才能从群众那里了解组织中的哪些方面存在着潜在的问题，做到防患于未然。一旦问题突然发生了，管理者也能在群体的帮助下，从容处理，不至于惊慌失措。

（2）下行沟通。

下行沟通一般包括以下方面的信息：

①向下级指示工作方针与目标；

②指派工作任务，提示工作程度；

③通报组织内部工作情况与成果，提供有关部门或工作人员思想动态等方面的情况。

下行沟通的目的是使上层机关和主管的工作意图和工作部署为下级或成员所理解和接受，从而得到下级和成员通力合作，推动组织管理活动。下行沟通有着重要的意义，只有广大成员和下级了解组织的总目标，工作才能有明确的方向，只有广大成员了解实现目标的具体措施，工作才更有效。

（3）平行沟通。

平行沟通是指组织中相同组别或层次的组织之间的信息沟通。平行沟通是保证组织之间互相通气，互相配合支持，从而减少不必要的摩擦、扯皮和冲突的一项重要措施。

3. 从发信者和接信者的地位是否变换的角度看，沟通可分为单向沟通和双

向沟通

（1）单向沟通。

单向沟通是指信息发送者和信息接收者两者之间的地位固定不变，信息总是由一方传向另一方。这种沟通方式信息传送速度快，发信者不必顾虑信息接收者的挑战，能保持发送信息者的尊严。

（2）双向沟通。

双向沟通是指信息发送者和信息接收者之间的地位不断地交换的沟通。这种沟通的优点是信息发送者和信息接收者之间不断地相互传递信息，直到双方共同了解为止，因而信息准确度高，信息接收者有反馈的机会，有参与感，通过沟通可以增强信息接收者的信心，免除信息接收者的不安，容易使其对立行为减少，从而有助于联络和巩固双方的感情。但在双向沟通中，信息发送者由于随时会遇到信息接收者的质疑和批评，因而常会感到有心理压力，并容易受到干扰，而且缺乏条理性。因此，一般说来，在工作任务不紧迫，需要准确地传递信息时，采用双向沟通的方式效果较好。

4. 从沟通的工具来看，沟通可分为语言沟通和非语言沟通

（1）语言沟通。

语言沟通，即借助于语言工具进行的沟通。语言是信息沟通中所使用的基本工具。在人与人的沟通过程中，传递信息要使用语言，一旦人有了某种思想、消息，就有传递出去的意向，就要使用语言进行沟通。

语言沟通有口头语言沟通和书面语言沟通两种形式：口头语言沟通即借助于口头语言形式进行的信息交流。其优点是：简便易行、传递速度快、信息反馈快、沟通效果好。其不足之处是：信息容易失真，信息保留时间较短。书面语言沟通的优点是：可以扩大交流范围，可以保证信息的正确性，能长期保存。不足之处表现为：时效性、适应性较差。

（2）非语言沟通。

在信息沟通中，人们除经常运用语言进行信息交流外，还运用非语言符号来表达自己的情感、态度、思想和观点。比如用眼神、身体姿态、面部表情和手势等来表达情绪，交流信息。非语言沟通是语言沟通的重要辅助手段。

三、信息工作在办公部门的地位

1. 它是办公部门的基本职能之一

掌握信息，提供信息，为领导科学决策提供依据，是办公部门的重要职责。

各级办公部门又是承上启下、联系左右的中心枢纽，每天都有大量的信息通过，有可能捕捉到更多的有重大价值的信息。从本质上讲，办公部门本身就是一个信息系统，其全部工作就是一个接收信息、加工处理信息和输出信息的过程，理应成为获取信息的重要渠道。如果领导需要的信息未提供，而提供的信息又不需要或不及时，那么就等于失职。随着改革开放的深入和商品经济的发展，信息工作的任务将越来越重，搞好信息工作已成为办公部门的一项新的突出任务。

2. 它是办公部门发挥参谋助手作用的有效途径

信息工作的开展，为办公部门更好地发挥参谋助手作用开辟了一条有效途径。办公部门及其工作人员，通过信息工作，不仅能够克服和避免自身的事务主义和官僚主义，加快工作节奏，提高工作效率，而且由于及时掌握动态，发现问题，向领导提供准确、系统、全面的信息，使其运用信息适时修订工作目标和计划，进而做出科学决策，同时还可以帮助领导摆脱“文山”、“会海”，集中更多的时间和精力深入基层，调查研究，指导工作，解决问题。

3. 做好信息工作是办公部门实现职能转变的需要

办公部门也必须更新观念，转变职能，强化信息工作机制，加快工作节奏，以提高工作质量和工作效率。办公部门只有充分收集和掌握信息，才能为领导出谋划策，提供决策依据；只有对大量的信息进行综合分析，加工处理，才能对问题提出处理意见和参考方案，供领导选择、决断；也只有通过信息的收集、传递和处理，多做一些超前工作，才会提高工作的主动性和预见性，变被动服务为主动服务。

四、办公室人员与信息沟通

信息在办公室工作中占有十分重要的地位。事实上，每一个办公室工作人员每天都在信息系统中工作着。如借助人的感觉器官把听到、看到的各种情况、材料反映到大脑中，就是在收集信息；再经过大脑的思维，产生观念和思想并逐步形成完整的知识，这就是信息的加工；把这些知识记忆起来，或者用文字记录下来，这便是信息的储存；把这些内容讲给他人听，或写成文稿、传真、报告等给他人看，这就是信息的传递。可见，办公室工作天天就是在和信息打交道。

在办公室工作中，每天所接触到的需要沟通的信息内容非常复杂，通常可分为以下几大类：

1. 与办公室工作密切相关的正式信息

这类信息包括上级部门的命令、指示、决议、通报、通告，以及下级部门的请示、报告、总结等等，这类信息比较正式，因而其地位较固定，沟通起来较为容易，接收效率也比较高。

2. 与办公室工作有关的非正式信息

这类信息包括办公室人员的情绪和心理活动，同事之间的私下闲谈，社会上的各种传闻和流言等，这类信息不具有正式的法律地位，常常是变动不定的，但对办公室人员的影响又是极其显著的，应恰当对待。

3. 与办公室工作有关的其他非语言性信息

如谈话时的表情、手势、动作、语音、语调等，这类信息常靠高度的语言技巧和谈话艺术来间接表现，目的是给接收者以暗示。这类信息传递灵活，但传递的效果直接依赖于接收者的领悟力，只有那些老练深沉的办公人员才能及时、准确地把握对方所表达的意思和说话时的心态。

五、信息工作的要求和程序

1. 信息收集的要求

（1）准确。

真实、准确是信息的生命，只有真实、准确的信息才能使领导决策建立在科学的基础上。因此，在整个信息工作过程中，办公室工作人员都要抱着对国家、对人民高度负责的精神，坚持实事求是的作风，尊重事物特征的客观性，如实地进行反映和描述。

（2）及时。

信息的时效性决定了信息的生命力在于流动，它流动的速度越快，在实践中获得的价值就越高。许多信息，得时而贵，失时则贱，尤其是经济信息。一个领导能否在瞬息万变的复杂环境中迅速作出反应，并适时作出决策，关键在于能否及时掌握信息。因此，办公室工作人员在信息工作的各个程序，都要有强烈的时间观念，突出一个“快”字。收集要快，整理要快，传递要快，尽量减少中间环节的梗阻。如不及时收集、获取，则有些本来有用的信息就会因时过境迁而失去价值。

（3）广泛。

在收集信息时，必须从上下、左右、四面八方各不同角度，广泛收集，并把收集对象的各种相关因素联系起来综合考虑，从中找出其共同性和普遍规律，以避免挂一漏万，顾此失彼，出现片面性。

（4）适用。

适用，即要有针对性，适合领导利用。提供信息即是为领导决策服务，办公室工作人员就需对办公室主任在组织中的状况有所了解：

①他们分布在不同的组织类型中，如有的在机关，有的在工厂，有的在商店，有的在学校。组织类型差异性往往决定了他们所追求的目标各不相同。

②他们分布在不同的组织规模中，如大型厂矿与中小型厂矿，超级商场与小商店，大学与中小学等等。不同的组织规模导致他们具体的工作内容和时间分布上存在差异。

③他们分布在不同的组织层次中，如中央与省、市、县级。即使在同一个组织层次中，也有高层领导者、中层领导者、基层领导者之分，如厂长、车间主任、工段长、班组长等。组织层次的不同决定了他们工作重点的不同。

④他们分布在不同的组织环境中，如社会主义制度和资本主义制度，发达地区和不发达地区。组织环境的不同使他们奉行不同的管理哲学和管理方式。

因此，办公室工作人员在收集、传递信息时，一定要有鲜明的目的性，时时处处以是否适合不同单位、不同层次的领导的需要为出发点。同时又须看到，任何领导每个时期的领导工作都有其中心，都有其关注的“热点”和“难点”，因此，办公室工作人员提供信息要围绕领导工作的中心，围绕这些“热点”和“难点”。另外有些问题虽然尚未列入领导的议事日程，但比较重要，也应及时报送。

2. 信息工作的程序

（1）信息的收集。

信息的收集是整个信息工作的第一环节，直接关系到信息的加工、整理、分析研究、提供利用。因此，收集信息首先要明确信息服务的对象和目的，收集对领导人进行决策有所裨益的信息，才能精要、准确，才能有利于工作，才能事半功倍。

就某个机关、企业来说，它们收集信息的内容如下：

①经济性信息。

主要指经济发展的速度、状况以及市场竞争及消费情况等。对主管经济工作机关来说，它的经营目的就是为了生产适销对路的产品，以取得最佳的经济效益。因此，就必须组织专门力量对市场进行调研，运用科学的方法和手段，系统地、有目的地搜集与产品有关的信息，对影响生产经营的各种内部因素作出评价，做到知彼知己，趋利避害，及时地采取对策。

②政策性信息。

主要指党中央、国务院公布的方针、政策、法规性文件。

上级机关或领导部门发布的直接与生产、工作有关的指导、指挥性文件，如指示、决定、决议、批复等。当前，我国正大力发展社会主义市场经济，机关改革体制、转换机制，一些新的改革措施不断出台。机关对这方面的情况掌握得及时，吃得透，就可以有针对性地制定自己的行动计划，这是关系机关发展方向的大事，必须予以重视。

③经验性信息。

这类信息是指反映各机关重要经验的信息。包括本机关、本企业和所属各部门的机构、人员、财务、物力、工作、生产等情况，以及生产计划、指标、统计数据、改革状况、科技发展、典型经验、工作总结等。

④科技性信息。

主要指与本机关工作、本企业业务未来发展有关的科技新成果以及先进的经验、方法等信息资料。当今世界，科学技术正在成为提高劳动生产率的重要手段和发展生产力的决定性力量，特别是高新技术，竞争激烈，作用巨大，因此，科技信息必然成为机关信息工作的重点。

信息收集的方式大致分为两种，一是传统式收集，即通过文件、会议以及电话等口头传达，收集上级来的信息；通过下级机构的口头汇报和书面材料，掌握下级的信息；通过同级机构和其他系统互相交换的材料、互通的情况，了解同级机构和其他系统的信息；通过信访或报刊等渠道了解社会各方面的信息等。二是开拓式收集，即在传统式收集的基础上，组织健全的信息网络，从信息网络中获取信息。

收集信息的方法主要有以下几种：

A. 观察法。

即人们以自身感官或借助仪器来认识客观事物。这不仅需要有强烈的事业心和责任感，而且还需要有正确的观点和严肃认真的态度，并善于利用先进的观察仪器的方法。

B. 调查法。

它包括普遍调查、重点调查、典型调查、专题调查、抽样调查、连续调查等。

C. 阅读收听法。

是通过收听收看广播、电视，阅读各种书籍、杂志、报纸、广告和文献资料等，来收集所需要的信息。

D. 投书索取法。

是指给外地的有关机关、事业单位或个人发出信函，请其提供某些信息。

E. 交换法。

就是用自己收集或加工整理的信息同有关机关、企事业单位或个人进行交换。

F. 购买法。

是向信息服务单位有偿购买所需的信息。

G. 委托法。

对一些内部的和不易获取的信息，可以委托有关单位或个人帮助收集。

此外，收集信息时还可以用预测法、实验法等等。

（2）信息的整理。

信息的整理是对收集到的大量原始信息，在数量上加以浓缩，在质量上加以提高，在形式上给予表现，使之便于传递、利用和储存的过程。信息的整理是整个信息工作的核心。

①信息的筛选。信息的筛选是信息处理的首要环节。信息的筛选工作，对于提高信息的利用率，起着至关重要的作用。

筛选体现了对内容的初步鉴别，其目的是让领导用最少的时间获得最大量的优质信息。

筛选的第一步工作是剔除虚假信息、失效信息和无效信息。

第二步工作是挑选出有价值的信息。有价值的信息包括：第一，全局性信息。主要指党委、政府近期工作的指导思想和工作中心，各级主要领导的讲话和活动，关系全局性的重大情况。第二，突出性信息。主要指已经发生或可能发生的，直接关系到人民生命财产的安全和社会安定的突发性事故。第三，方向性信息。主要指改革开放和两个文明建设中带方向性的新情况、新经验、新知识与新问题，对实际工作有见解的新看法与新建议。第四，反馈性信息。主要指上级重大决策与部署在各地区、各部门、各单位贯彻落实的情况。第五，预测性信息。主要指能预见未来发展变化趋势，为领导决策提供超前服务的信息。

②信息的加工。信息的加工就是对某一类别信息或一定时间内的信息，从总体上进行系统的归纳、整理，分析研究，综合处理，或者从中找出重要课题进行调查研究，最后形成比较系统、丰富的信息。加工后的信息应有利于领导人把握全局情况，有利于领导人发现规律性的变化或倾向性的问题，有利于领导人预测未来，适时做出科学决策。

信息加工包括两个层次。一是对现有网络上的信息和各地各部门提供的信息进行初步加工，称为基础性信息。这类信息只能供接受者了解动态。二是对各种基础性信息进行归纳、综合、分析和调查研究，提出有情况、有分析、有建议、有一定深度的信息。

信息加工的方法有以下几种：第一种是点、面结合法。即把反映同一内容的信息加以集中和归纳，从中找出带有普遍性、规律性的问题，使原始信息增强广度和深度。第二种是定量、定性结合法。即通过对大量的现象及其相互之间关系的科学分析和研究，完整、准确地把握事物的根本性质。第三种是反映、预测结合法。客观事物是发展变化的，因此不仅要提供动态性信息，而且要提供预测性信息。

信息加工的要求是既要有广度，又要有深度。横向综合要有一定的覆盖面，纵向综合则要反映工作全貌；综合处理后的材料要有情况、有分析、有对策或作出事物发展趋势的预测，以供领导人参考。

(3) 信息的传递。

信息的传递是指把筛选和加工后的信息，通过各种传播途径提供给接受者和使用者。传递是信息工作的衔接手段，它使信息的收集、整理成为有效的劳动。一般而言，信息传递的速度越快，范围越广，信息的利用就越迅速广泛，信息共享的意义也就越大。

信息传递的要求，一迅速。这是因为信息具有时效性，传递的快慢往往能决定信息工作效率的高低。加速信息传递的方法，一要尽量采用现代通信手段；二要通过建立直接联系点、简化审批手续等方式疏通传递渠道。三要准确。指信息在传递过程中不能失真。信息传递本身具有客观可靠性，即不受传递者的主观随意性的影响。但信息传递又是由人来操纵的，传递什么、不传递什么，受人的主观因素决定；程序操作也由人来完成。因此，稍有不慎，就会导致传递过程失误。减少传递层次，开辟多种传递渠道，是保证信息准确性的重要措施。四要保密。机关中许多信息涉及到党和国家的秘密、机关的秘密以及竞争中某些不宜公开的情况，因此要注意保密工作，根据信息内容的秘密程度，选配正确的传递方式，控制范围，勿使外传。

办公室工作人员传递信息要善于抓住几个关键，作为重点，优先传递。

①要抓住领导人决策的“空白点”，即把那些领导人应注意而没注意到、且带有一定倾向性的问题，及时传递给领导人，以引起领导人重视，及时进行决策。

②要抓住领导人决策与下属单位或职能部门工作实际的“矛盾点”，即由于领导决策与基层状况不尽相符，决策在基层实施中产生矛盾，难以实施或实施后效果不佳。办公室工作人员应及时反馈信息，以求加强沟通、修正决策。

③要抓住领导人决策在具体实践中的“症结点”。即收集基层组织在落实领导决策中遇到的阻力、困难并分析其原因。

④要抓住政治经济生活中的“敏感点”。即抓住机关工作、生产、生活中存在着的妨害安定团结的苗头性、倾向性的问题，特别是抓住敏感问题、敏感日期等方面的敏感信息，以便领导人及时处理。

信息传递的方式大致有以下几种：

A. 口头传递。是将信息变成语言传递给信息接受者。它具有简单、直接、快速的特点，是主任在单位内部传递信息时常用的一种方式。

B. 书面传递。是将信息变成文字、符号、图像传递给信息接受者。它是传统的信息传递方式，即使实现了办公自动化，仍然有一部分信息靠书面传递。它的特点是能避免变形失真，可进行远距离的多次传递，而且便于利用和储存。

C. 电讯传递。目前办公室的电讯传递，有电话、电报、汉字直拍、传真电报、通信卫星、电子计算机终端设备等多种方式。

（4）信息的储存。

信息的储存，即将加工处理后的信息保管起来，以便日后发挥其咨询、顾问、参谋、查考以及历史资料的作用。

储存的方法有书面储存、声像储存，计算机储存。无论哪种储存，都要求有条有理，排放有序，目录清楚，使用方便。

信息储存分两种，一种是办公室的信息储存，另一种是办公室工作人员个人的信息储存。办公室的信息储存，主要有以下几项工作：分类，即对各种信息按一定的规则进行类别划分；著录，就是对具体的信息资料进行如实的记载，一般按照一定格式，制成分类卡片，用简练的语言填写；建立储存检索系统，使源源而来的信息资料根据这个系统归类存放，需要时按类查找；保管，即加强信息资料入库的存放和保护。

第二节 办公室信息沟通的技巧

一、说话的技巧

话每个人都会说，但能否说得好，说得准确、生动、吸引人，却不是人人都能掌握的。要提高沟通的质量，就要学会说话的技巧，掌握以下几点：

1. 注意说话时的心态和情绪

掌握会话的技巧，必须在说话时具备良好心态，做到不卑不亢，切忌骄妄和浮躁。只有从容不迫，平静沉着，才能充分发挥出内在的潜能，把所要表达的意思说清楚。此外，掌握会话的技巧，说话者的风格对听者接受和认可所传递的信息也有很大的影响，若亲切和气，言语坦诚，听者接受说话者的观点就比较容易；若是语言生硬死板，态度冷淡，则容易使听者产生反抗心理和抵触情绪。

2. 注意用词的准确性

要掌握说话的技巧，必须具有一定的遣词造句的能力，具有较好的语言表达功底。说话时应该直截了当，用词准确，杜绝使用含糊不清的词语和概念，特别是切忌使用模棱两可、容易产生歧义的语词，要让听者一下就明白你所要表达的意思。

3. 注意语言表达的生动性

对善于表达的人来讲，把握语言的生动形象是十分重要的，好的演说者往往一开口就能把人"抓"住，凭的就是其风趣幽默、抑扬顿挫的表达风格。因此，对每一个想掌握会话技巧的人来说，学会控制语速的变化，做到有张有弛是非常重要的。

4. 注意提高语言的知识含量

要想把话说好，最要紧的还是要从自身的知识修养方面下功夫。比如许多人往往有这样的体会，与一位博学的长者交谈一番，常会感到受益匪浅，常言说"与君一席话，胜读十年书"就是这个意思。因此，要学会说的技巧，多读点书，努力提高语言的知识含量，是掌握说的技巧的关键所在。

二、聆听的技巧

要加强信息沟通，首先就必须学会"听"。

对于听力正常的人来说，能"听"并不难，但要注意准确把握听到的内容，理解说话人的意思，从"听"中揣摩对方的意图。聆听的技巧为：

1. 准确把握对方的语言内涵

在通常情况下，办公室人员进行沟通，都必须借助于语言。由于语言只是个符号系统，它仅仅为说话者描述和表达个人观点的符号或标签，本身并没有任何意思。因此，大多数沟通的准确性依赖于沟通者赋予字和词相同或相近的含义，而要做到这一点是相当困难的。其原因在于：

（1）语言是静态的，实际是动态的。行政活动处于实际的运动过程中，而人们用以描述它们的语言则是静态的、凝固的。对于同一种物质不断变化的情况，人们有时只能用一个词去描述，不准确的现象时有发生。

（2）语言是有限的，而实际是无限的。语言是用来指称事实、经验和关系，可是语言直到现在还远不能表达人们想要表达的一切事物。人们经常说某件事无法用言语来表达就是例证。

（3）语言是抽象的，事实是具体的。抽象是语言的重要特性，它帮助人们归纳问题。然而，在抽象过程中，人们总有所选择，有所舍弃，一千个人看《哈姆莱特》就有一千个哈姆莱特的形象。

针对这些情况，对一个好的听者来说，他首先应该静心倾听，力争把对方所说的每一句话、每一个字都听得清清楚楚，然后细心琢磨对方说这些话的主要意图，看话里是否还有话，对方对一些问题的理解和自己的看法主要区别在哪里。同时，应表现出十分真诚和认真的态度，尽量直视对方的眼睛，不随意打断对方的话，当对对方说的意思表示赞同时，应通过点头等动作让对方看到你的反应。当然，要做一个好的听者，自己的内在修养十分重要，良好的涵养能使听者表现得谦逊而有风度，使对方产生一种亲切感，更有利于对方说出自己的真实感受。

2. 努力把握非语言暗示的含义

当人们进行交谈时，常常伴随着一些带有其他含义的动作，如身体的姿势、头的偏向、手势、面部表情和眼神等。研究表明，在面对面的沟通中，仅有7%的内容通过语言表达，另外93%的内容是通过语调（38%）和面部表情（55%）来表达的。因此，对一个好的听者来说，应在用耳听的同时注意用眼仔细观察说话者的表情和动作，体会他究竟要表达什么意思。特别要注意对方说反话的情况，要时刻注意说话者的表情和语言是否相一致。

三、处理沟通障碍的技巧

在信息沟通过程中，即使全方位信息沟通网络，有时也难以保证领导及时、准确、全面地获得各种信息，其重要原因就是信息沟通障碍的影响。因此，为提高信息沟通的效率和效果，必须努力消除信息沟通障碍。

1. 沟通障碍

所谓沟通障碍，就是指那些不利于沟通准确性和时效性的影响因素。常见的沟通障碍主要有：

（1）个人因素。

这包括有选择地接受和沟通技巧差异两大类。这里，有选择地接受是指人们拒绝或片面地接受与他们的期望不相一致的信息。研究证明，人们往往愿意听或看他们想听或想看的东西，而拒绝不中听的信息。

（2）人际因素。

这主要包括沟通双方的相互信任，信息来源的可靠程度和发送者与接收者之间的相似程度。沟通双方的诚意和相互信任至关重要，上下级之间的猜疑只会增加抵触情绪，减少坦率交谈的机会，也就不可能进行有效的沟通。另外，信息来

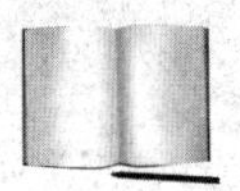

源的可靠性实际上是由接受者主观决定的，当面对来源不同的同一问题的信息时，人们最可能相信他们认为最诚实、最客观的那个来源的信息。沟通的准确性与沟通双方间的相似性有直接的关系，沟通一方如果认为对方与自己很相近，那么他将比较容易接受对方的意见，并达成共识；相反，如果沟通一方视对方为异己，那么信息的传递将很难进行下去。

（3）结构因素。

结构方面的障碍主要是指角色地位障碍，空间距离障碍，沟通网络障碍。

①地位障碍。

一般说来，组织规模越大，成员越多，处于中层地位的人员相互沟通次数增加了，而上下层地位的人员相互沟通次数相应地减少了。

为了减少和消除由地位引起的沟通障碍，高层主管和管理人员应转变作风，破除优越感，增强民主意识，密切联系群众，经常深入到第一线，体察民情，以平等的身份与群众促膝谈心，听取意见，让群众参与重大问题的讨论和决策，促进他们对组织的认同感，使沟通能有效地进行。

②空间障碍。

空间距离对信息沟通及其效果有很大的影响。一般说来，双方进行面对面的交流，有利于把复杂问题搞清楚，提高沟通效率。如果沟通双方距离太远，接触机会少，只能进行间接沟通，那就很难把复杂的问题说清楚，在组织中，管理人员与第一线工作的成员之间，成员与成员之间存在着空间距离的远近，造成了空间距离对信息沟通的障碍，使他们接触和沟通的机会减少，即使有机会接触和沟通，时间也十分短暂，不足以进行有效沟通。

为了解决由空间距离较远而产生的沟通障碍问题，管理人员应成立和发展俱乐部，兴趣小组，各种形式的协会，通过各种有益活动，缩短成员之间的空间距离，增加接触和交往机会，促进成员之间的信息沟通。

③组织机构障碍。

在组织中，合理的组织机构有利于信息沟通。但是，组织机构不合理，机构庞大，层次太多，信息从高层传递到基层既容易产生信息走样，又会使信息失去时效。因为，在信息传递过程中，经过层层甄别、过滤并掺杂大量的主观因素，就会使信息失真。一般组织往往采取金字塔形的结构，并用分工明确的负责制来加以保障，在这种结构中，组织层次较多，沟通常常采取上行沟通和下行沟通的垂直沟通形式。当组织成员用垂直沟通形式进行信息交流时，由于组织层次较多，不但信息传递速度慢，而且在各层次间转送信息时，会失去一部分信息，层层传递就逐渐减少其准确性。

2. 处理沟通障碍的技巧

在办公室信息沟通的过程中，以下一些方法在解决沟通障碍方面是行之有效的：

(1) 提高信息发送者与接收者的素质。

信息不管多么重要，都是要由人来掌握的，因此提高信息掌握者的自身素质十分重要。只有当信息的发送者和接收者都具有较高的文化素养和知识水平，都掌握了现代化的信息传输技术，才能在最短的时间内以最好的质量完成信息的传输任务，有效地避免信息的失真和误导。

(2) 加强人际交往，建立相互信任与合作的关系。

办公室信息沟通是一项涉及许多人的系统工作，它要求在整个沟通过程中保持连续性和完整性，为此，努力扩大办公室人员的相互熟悉和交往，建立彼此间相互信任与合作的关系非常重要。只有相互信任，领导与下属之间才能推心置腹地交换意见，共同为完成组织的使命而献计献策；只有相互信任，同事之间才能友好交往，建立起一种融洽的关系，保证每一项工作的顺利进行。

(3) 精简机构，减少沟通层次。

根据信息传递链的原理，机构的层次越多，信息的失真率越大。因此，努力减少行政机关的机构层次，简化信息的传递渠道，才能真正做到减员增效，把办公室的信息沟通工作提高到一个新的台阶。

(4) 积极开发多种类型的新型沟通渠道。

随着现代信息沟通技术日新月异的发展，新的沟通渠道不断涌现。如移动通信和无线寻呼的普及，使人们可以在任何时间、任何地点几乎不受限制地进行信息传递。尤其是随着计算机大规模地进入办公室，使原先需要大量工作人员进行分工合作才能完成的信息收集、处理、储存、传输等工作只要由少数办公室人员通过计算机就能轻而易举地完成。

四、沟通联络的控制

信息沟通离不开信息的收集、加工处理以及信息传递，因而对沟通的控制也应从这个方面入手。

1. 信息收集工作

信息收集是进行信息沟通的前提，也是进行管理决策的前提。主要做好如下工作：

(1) 在管理中，要收集到及时、有用的信息，关键在于信息员的素质。因

此，要提高信息沟通的水平，首先要提高信息员的政治方面、知识方面和能力方面的水平，建立一支反应灵敏的信息员队伍。

（2）在收集信息时，要开辟尽可能多的渠道，力求所收集的信息完整齐备，而且，在疏通这些渠道时，又要求树立全面观念、政策观念、时效观念和求实观念。

（3）信息收集工作要求信息来源真实可靠，原始记录准确无误。切忌使用模棱两可的信息。

（4）在信息收集过程中，常常会遇到“报喜易、报忧难”的情况。因此，对信息收集工作进行控制的关键是如实报告。

2. 信息加工处理

对收到的信息进行加工处理也是对信息沟通进行控制的一个重要环节。而且，只有通过加工处理过的信息，才能进行传递。

（1）信息的加工处理必须遵循准确、及时、系统和对实际工作具有指导意义的要求。

（2）在对信息进行加工处理时，要依据其来源、时效的不同，归纳处理，以提高工作效率。

（3）对信息加工处理的反馈。这是确保信息准确性的一条可靠途径。这种反馈是双向的，即下级主管部门经常给上级领导提供信息，同时接受上级领导的信息查询，上级领导也要经常向下级提供信息，同时对下级提供的信息进行反馈，从而形成一种信息环流。

3. 信息传递的控制

信息的生命在于传递。所以，要有效地控制信息沟通，必须努力做好信息传递工作。

（1）信息传递要贯彻“多、快、好、省”的原则，这是一般要求。在信息传递中，这几方面互相联系，互相制约。

（2）传递信息要区分不同的对象，选择信息传递的目标，确保信息的效用。同时，在提高信息传递的针对性时，注意信息的适用范围，考虑到信息的保密度，防止信息大面积扩散、泛滥。

（3）要适当控制信息传递的数量，但要注意信息过分保密和随意扩散的倾向。

（4）要控制越级传递和非正式渠道的沟通，尽可能地使之成为对层层传递和正式沟通渠道的补充，共同完成组织目标。

第三节 办公室信息沟通的输入与输出管理

一、信息的输入管理

1. 信息输入的途径

办公室信息的输入，主要涉及以下几类途径：

（1）上级部门下发的正式文件。

这类正式文件的种类十分复杂，包括上级党政机构正式下发的各种文件；中央和地方各级行政机构正式发布的命令、指示、决定、决议、通告、布告、公告、通知、通报以及有关部门颁布的法令，规章、规则、规定、条例、章程等等。

（2）下级部门呈送的各类文件。

这类文件主要包括下级机关、一般工作人员或公民上呈的报告、请示、报表、建议书、意见书、申请书、请愿书、群众来信等等。

（3）同级部门传递的有关文件。

这类文件主要包括相互间没有隶属关系、同级部门或不属同一级部门之间的行文。

（4）本部门自行获取的有关信息。

这主要涉及本部门参加各种会议获取的有关信息；从报纸、广播、电视及各种新闻媒介获取的信息；通过办公室人员亲自到基层采访和调查获得的第一手资料，有关部门和人民群众反映的各种情况等等。

2. 信息输入和管理

办公室信息输入的管理，主要涉及如下两方面的工作：

（1）切实保证收文制度的有序进行。

办公室的收文程序包括签收、拆封、登记、分发、传阅、拟办、承办、催办、注办、清退、归卷等内容；围绕着这一过程，应建立起各种有效的文件管理制度，主要包括文件的制作和监督制度；文件的登记制度；文件的清退制度；文件的存放保管制度以及文件的保密制度等。不少办公室由于收发文的数量繁多，内容庞杂，种类有别，往往呈现出复杂零散的状态，针对这种情况，应该按一定的原则把纷繁零散的文书材料整理成系统有序的分类案卷，以方便有关人员的查

找和使用，同时为有价值的文书资料的存档做好准备工作。

（2）切实搞好原始信息的收集和处理工作。

办公室信息的获取，除了被动地接收正规渠道的信息外，还应该积极主动地采用信息开发的方法，通过观察、发掘、试验、加工及改造等活动，利用自然、社会和思维领域里的资源创造出各种新的信息。信息开发成功与否，离不开办公室人员主动性、积极性和创造性的发挥。常用的收集原始信息的方法有常规性开发和创造性开发两种，具体来说包括专业实践、有偿征集、定点收集、采访阅读、信息追踪、解剖分析、捕捉机遇、推理加工等等。由于许多原始信息中包含着大量虚假的、错误的成分，必须对其进行认真的加工筛选才能获得真正有用的信息。加工处理的方法具体包括分类、比较、分析、判断、综合、统计、编制等步骤，保留有用的信息，剔除陈旧的过时的部分，并同时对其进行归纳分析，把有用的数据资料加工成能综合反映事物总体特征的信息，为办公室工作人员服务。

二、信息的输出管理

1. 信息输出的途径

办公室信息的输出，主要涉及以下几类途径：

（1）向下属部门发文。

这类文件的种类根据办公室自身的地位及特点而定，一般包括决议、决定、通告、通知、通报、规章、规则、规定等等，主要任务是指导下属部门有效地开展各项工作。

（2）向上级部门作汇报和总结。

这主要包括各类报告、总结、检查、调查报告、情况汇报、请示、报表、建议、申请等等，这些汇报和总结能保证上级部门及时了解下级部门的情况，发现问题并及时加以解决，从而对下级部门的工作进行有效的监督。

（3）向同级部门发出的函电等。

为了加强与同级部门的联络，办公室常常需要向有关部门发出信函，用来通报情况或解决问题，办公室也常常通过电话和传真等方式，与同级机构保持密切的联系，以保证工作的顺利进行。

（4）通过新闻媒体或其他途径输出信息。

办公室常常会通过新闻媒体，向社会大众直接传达有关信息，并可能收到较为强烈的社会反应；有时，办公室也通过各种会议的方式向上级主管部门或下级部门通报情况，传达文件精神，研究和讨论问题等。目前，通过现代化的通信手段，如微波、通信卫星和计算机网络输出信息已成为办公室信息输出的新课题。

2. 信息输出的管理

办公室信息输出的管理主要涉及如下几个方面的工作：

（1）切实做好办公室的发文工作。

办公室的发文程序包括拟稿、审核、签发、缮印、校对、用印、登记、封发、注发、归卷等，这些工作是由办公室内的收发人员、秘书、打字文印部门以及办公室领导人员分工负责、共同完成的。办公室的发文工作要求做到：拟稿时根据实事求是的精神如实汇报，制止虚报瞒报的错误发生；拟好的文稿应通过严格的领导审批程序，杜绝不负责任的乱发文现象；文稿的缮印和校对工作力求清晰准确、精益求精；文稿的分发工作要求耐心细致，避免遗漏。

（2）扩大信息输出途径，提高信息传送效率。

对于办公室现已掌握的信息来说，如何使它们物尽其用是一个十分重要的课题，办公室人员应根据行政决策需求的前后次序和轻重缓急，把有关的信息及时传递给行政领导和决策者。对各种信息的输出，要求办公室人员做到及时、准确、真实。传递的方式可以多种多样，随着现代通信技术的进步，更先进的传递方式不断地运用到办公室信息的输出过程中，如可视电话、移动通信、计算机网络等等，所有这些传输方式皆应本着迅速高效的原则加以运用，以保证信息传送效率的提高。这就要求办公室人员学会并熟练掌握新的信息传递方式、技术和业务，从而保证信息传递的时效性和高质量。

第四节　办公室安全工作

一、办公室安全工作的特点

办公室安全工作有如下三个特点：

1. 具有鲜明的政治性

办公室安全工作从局部来看，关系到办公室的人力、物力、财力不被侵害或灾害事故的侵袭，使办公室能有良好的内部运行程序，以确保各项工作、活动能正常进行，不受干扰，它直接影响到工作人员的思想安定及工作热情。从全局来看，办公室安全工作关系我国政治局面的安定团结，关系到党的四项基本原则和

国家的政策、法令的贯彻执行，甚至各方面关系的协调、政治气氛的良好，因而办公室的安全工作具有鲜明的政治性。

2. 明显的时间性

虽然做好办公室的安全工作应有严格的制度和规范，不可有一日的松懈，但是各种非安全事故的发生都有一定的时间性。如火灾事故发生的季节性相当明显，冬春一般被列为重点防火季节。盗窃案件往往好发于周末、节假日，尤为冬秋季节为盛。而泄密事件的时间性更明显。党和国家的各种大大小小的机密，在公开之前，都属于秘密范围，不可外泄。但许多机密随着时间的推移已失去意义，便可公开。可见只有了解其时间性的特点，才能使我们的工作有针对性，才能真正做好办公室的安全工作。

3. 具有一定的区域性

这主要是针对安全工作的内容而言的。虽然安全工作在任何一个部门、场所都要重视，但有些非安全事件的发生还是有一定的区域性的。就办公室而言，火灾易发生在设备操作区域，如设备操作中不注意安全规则，没有移开可燃物品，没有很好的防范静电，以及办公室电气设备安装使用不当，环境通风不良等，均可引起火灾。而盗窃事件最易发生于办公室中的财务部门，其目标主要是现金，其次是办公室中的贵重仪器和高档耐用消费品，如电脑、摄像机、录像机，以及贵重艺术品、文物等。保密则更有一定的区域范围，有些机关内可以知道的事情，可以传阅的文件，机关外便不许谈论、传阅，国内、国外，党内，党外都应有所区别，该保密的都应保密。

二、办公室安全工作重点

办公室安全工作虽涉及多方面的内容，但其中最主要的还是要做好保密工作。

保密，就是保守党和国家的秘密，防止失密、泄密、窃密。这是国家工作人员的义务和职责。

其中，丢失秘密文件资料、产品、图纸、实物，无论是否造成危害，均称失密。凡是把秘密泄露给不应知道的人员称为泄密。凡是采取非法手段窃取、搜集、刺探、收买、出卖、提供党和国家秘密的叫窃密。

保守党和国家的机密，既是办公室工作的重要原则之一，又是办公室工作的重要职责之一。因为各级领导机关、企业、科研单位的大多数文件都载有机密内容，许多事务属于内部性质，有些是需要绝对保密的。文件、会议和其他事务有机密内容，处理这些工作的办公室工作人员自然要比其他部门有更多的机会接触某一方面的机密，特别是高级机关的办公人员，机要保密的程度更高。对这些机密，办公室负有保护它不被泄露的责任。

三、办公室安全工作纪律和保密环节

办公室工作人员由于工作的特殊性，要接触大量的文件、接触领导，掌握一些机密情况，所以对他们要有严格的纪律要求。办公室的保密纪律主要是：

1. 不该说的话，绝对不说；
2. 不该问的机密，绝对不问，不打听；
3. 不该看的机密文件，绝对不看；
4. 不该记录的机密，绝对不记录；
5. 不在非保密本上记录机密；
6. 不在私人通信中涉及机密；
7. 不在公用电话、明码电报和普通邮信中办理机要事项；
8. 不在公共场所谈论机密；
9. 不在不利于保密的地方存放机密文件和机密资料；
10. 不携带机密材料游览、参观、探亲访友和出入公共场所。

此外，还应做到，不应在著述中涉及机密事项或资料，不应在新闻报道中涉及机密事项或资料，不应在有非涉密人员在场的条件下翻阅机密文件或资料，不应随意录收涉及机密的讲话及其有关事项。

要更好地履行办公室的保密纪律，一定要抓好保密的环节。保密工作一般包括两个主要环节，一是积极防范，千方百计预防失密事件发生，保住国家秘密。二是对窃密活动以及内部各种失密和泄密现象进行坚决的斗争。为此，必须制定严格的机要保密措施，主要是：

（1）加强保密教育。

各级机关的办公室必须加强对办公人员的保密教育，增强保密观念，使他们了解保密工作对国家安全的重要性，了解新时期保密工作的特点，各级机关领导和办公人员都必须遵守党和国家的保密规定，学习保密知识，养成良好的保密习惯。

（2）建立保密制度。

仅靠思想教育不能保证不失密，没有制度就没有标准，就没有措施，因此各级机关一定要建立一套完整的保密制度。制度的具体内容应根据各机关的个体情况来确定，一般应当包括文件保密、会计保密、档案保密、资料保密、通信保密等等。有了制度还要经常检查执行情况，使制度不断完善，不流于形式，使保密工作经常化、持久化。

(3) 严格挑选机要人员。

保密工作的好坏，保密制度能否执行，与工作人员的责任心和业务水平有重要关系。因此，各机关对机要保密人员一定要坚持“先审后用”的原则，严格挑选。同时对他们要加强管理，严格要求。

第五节　办公室保卫工作

一、办公室保卫工作的含义

通常，我们把为保护办公室环境设施的安全，预防和打击盗窃、防止火灾及其他自然灾害的发生，保护办公室工作人员的身心健康和安全而采取的措施和手段，称之为办公室的保卫工作。

二、办公室保卫工作的特点和内容

办公室的保卫工作主要有如下几个特点：

1. 复杂性

办公室保卫工作的复杂性主要体现在：违法犯罪分子涉猎的目标较多，犯罪分子侵害的渠道多，发生事故的空隙、漏洞多，各种危险物品较多。因此，要做好保卫工作有一定的难度。

2. 预防性

办公室的非安全因素是客观存在的事物，是可以被人们认识的，在发生危害之前 往往有预兆和迹象，人们可以预测、预防，危害的发生会在现场留下痕迹，可以调查破案。自然灾害有些可预防，有些目前暂时不能预测，但随着科技的发展，也将会被人们逐步认识。因此保卫工作具有预防性。

3. 针对性

对办公室而言，其非安全因素主要是盗窃、火灾、泄密及危害办公室人员的健康和安全的各种事故，因此，对保卫工作来说，必须要了解各种危害因素发生的可能性和规律性，有的放矢地实施办公室的安全保卫措施，这样才能有效地做好保卫工作。

4. 走群众路线

办公室的保卫工作仅靠个别领导人的重视或个别工作人员的警惕是远远不够的，还必须依靠广大的办公室工作人员，群策群力，提高警惕，积极主动地配合有关人员，消除各种隐患和不安全因素，这样，才能真正做好办公室的保卫工作。

办公室保卫工作的具体内容为：

（1）保护机关办公室的财产，特别是办公室的物质设备。

不恰当地使用设备或错误地操作设备，会造成设备的损毁，甚至引起火灾等事故。另外，由于缺乏有效的保卫制度或保卫制度实施不力，这些均易造成办公室设备、物资被窃。

（2）保证所有有关安全的法令得以实施。

必须制订严格的保卫制度，且要有专人负责，制度一经确定必须严格执行。

（3）维护办公室工作人员的健康和安全。

尽管办公室的工作人员不会招致各种严重的工作危险，但仍然有各种安全问题潜伏于办公室的桌子、档案柜、传送带与办公室的机器之间，办公室经常发生的事故包括：滑跤、绊倒、跌倒，这类事故占办公室事故总数的50%以上。办公室的通道、走廊等光照差或损坏未及时修理等，均易造成人员伤害事故。

三、保卫人员的职业道德

保安人员长期从事保安工作，形成了自身的职业道德，主要是廉洁奉公、不谋私利；政治坚定、爱岗敬业；遵纪守法、团结协作；不怕艰苦、勇敢无畏；文明值勤、礼貌待人。

1. 廉洁奉公、不谋私利

“廉”就是俭朴不贪污，“洁”就是干净。“奉”是给予、奉献的意思。“公”是指公务、公事。把这几个意思连在一起，是指在工作中勤勤恳恳，任劳任怨，一心为公而不谋私利。要求保安人员做到：

（1）全心全意为客户服务，坚守岗位，恪尽职守，认真履行职责。

（2）保持艰苦朴素的思想作风和工作作风，不被钱财所腐蚀。生活上不攀比，工作上高标准。

(3) 不利用工作的便利谋取私利。

(4) 做到克己奉公，即克服和约束自己的私欲而献身于事业，自觉地抵制拜金主义、享乐主义和极端个人主义的影响，防止人生方向的错误转化。

2. 政治坚定、爱岗敬业

政治坚定是要求保安人员始终做到有坚定正确的政治方向，即做到讲政治，有坚定的政治立场，有坚定的政治信念。在政治问题上要有敏感性，做到对党忠诚。

3. 遵纪守法、团结协作

纪律是一种行为规范，是为了完成某项任务而要求人们遵守的各种规定、条例、制度、守则、法规等等。纪律的基本特征是强制性与自觉性的统一，其本质是"服从"，没有服从就没有纪律。

纪律主要有以下几个方面：

(1) 政治纪律。

政治纪律是纪律的最高表现，政治纪律是保安人员必须做到的，是对保安人员的政治要求。邓小平同志曾说，执行党的政策是纪律的最高表现形式。所以，在实际工作中，我们要坚决落实关于"打防结合，预防为主"的治安工作方针。

(2) 组织纪律，即纪律在组织方面的表现。

例如，保安人员在工作中做到下级服从上级，在集体活动和民主生活中做到少数服从多数，在处理个人与组织关系时做到个人服从组织等等，这就叫组织纪律，组织纪律是实现团结的基础。

(3) 法制纪律。

党的十五大提出"依法治国"的方针。这一方针的提出不仅突出了法的治国意义，而且强化了法纪的作用。为了达到治国的目的，要求人们必须做到"有法可依，有法必依，执法必严，违法必究"。

(4) 保密纪律。

保密纪律是保密工作中的行为要求。国家机关、企事业单位都有其机密，即不可公开的重大事件，或在一定时期内不能公开的事情。有的属于工作的要求，有的是对敌斗争的需要。

(5) 工作纪律。

即保安工作中的有关规定和要求。如不迟到，不早退，严格遵守时间，坚守岗位，不擅离职守。遇重大问题应及时请示报告，而不应隐瞒不报。在工作中认真贯彻保安服务宗旨："安全第一，优质服务，遵守合同，信誉至上"。做到服从命令，听从指挥。用保安员的守则规范自己的行为。

第六节 办公室保密工作

一、保密工作的重要性

现阶段，阶级斗争虽然已经不是社会的主要矛盾，但阶级斗争还将在一定的社会范围内长期存在，并且在某种条件下还有可能激化，还有形形色色的敌对分子想从经济上、政治上、思想文化上、社会生活上进行着蓄意破坏以推翻社会主义制度。为此，对保密工作切不可麻痹大意，即使是对于人民内部，仍应当做好必要的保密工作。属于内部情况、动态或关系到人民生产生活方面的敏感问题，保密工作亦相当重要。从国际斗争来看，由于我国实行了对外开放的政策，与国际方面的政治、经济、军事、文化、科技等交流活动日益增多，国际上的敌对势力也在千方百计地利用我国对外交流的各种渠道，采用各种手段，加紧搜集、窃取我国的重要机密情报，以达到他们进行破坏活动的目的。面对这种形势，如果不严加防范，失去警惕，就可能使党和国家的事业遭到危害损失。因而，做好保密工作，严守党和国家的秘密，不仅是极端重要的，而且是十分迫切的。

二、保密工作的方针

《中华人民共和国保守国家秘密法》第四条规定："保守国家秘密的工作，实行积极防范、突出重点、既确保国家秘密又便利各项工作的方法。"这一方针是保密工作最重要、最根本的内容。它是根据国际形势的特点和我国现阶段社会主义革命和建设对保密工作的要求，总结了我们党和国家在保密工作方面的经验、教训的基础上制定的。无论在任何时候，无论在哪一方面，都应认真贯彻这一指导方针。

积极防范，是要求把立足点放在预防工作上，以防为主，防患于未然。保密工作是一条无形的战线，窃密与保密的斗争都是隐蔽的斗争。这个斗争无所在而又无所不在。一个单位、一个部门可能长期没有发生泄密问题，但它又可能在任何时间、任何部门发生泄密问题。另一方面，不泄密则已，一旦失密或泄密，损失就难以弥补。从这一点出发，保密工作就是防范性质的工作，并且是积极的防

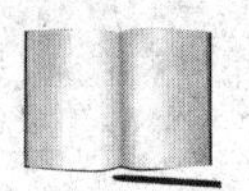

范，要把可能发生的失泄密事件消灭在萌芽状态。当然，积极防范并不是一句空话，它需要进行实实在在的工作。首先要对保密工作予以足够的重视，尤其领导要重视；其次要坚持经常性的保密宣传教育；第三要有一套保密制度和措施，严明纪律，并经常进行检查督促；第四要逐步完善必要的保密设施和设备，并随着经济和科学的发展，不断加强和改进保密技术手段；第五要加强调查研究，不断总结经验，善于发现问题、解决问题，提高保密工作水平，使保密工作的防范措施能适应不断发展的形势。

积极防范，就是要时刻保持高度的革命警惕。一是要树立高度的敌情观念，任何时候都要保持清醒的头脑。如果我们在思想上产生了麻痹，疏于防范，那么，敌人随时都有可能乘虚而入，窃取我们的秘密。因而，从一定意义上讲，没有敌情观念，就没有保密工作。二是要牢固树立国家观念，要时时处处想到保密关系到党和国家的根本利益，关系到全国人民的根本利益，要把国家和人民的利益看得高于一切，放在头等重要的位置。三是要有组织纪律观念，要自觉遵守党和国家的保密法规以及本部门、本单位的各项保密制度，从组织纪律上严格约束自己，做执行纪律的模范。只有树立了严格的纪律观念，才能在任何情况下严守秘密。四是要具有坚定的反腐蚀的观念，要在糖衣炮弹面前经得起考验；不为金钱名利所动摇；不为色情所诱惑；不因个人或小集团的私利而内外不分，置国家、民族利益于不顾；不在干杯和恭维声中忘乎所以，忘义失节。只有这样，才能防止上当受骗，防止因疏于防范而泄露国家秘密。

三、保密工作的机构及职责

《中华人民共和国保守国家秘密法》中明确规定：“县级以上国家机关和涉及国家秘密的单位，根据实际情况设置保密工作机构或者指定人员，管理本机关和本单位保守国家秘密的日常工作。”这是国家以法律的形式对保密工作组织和办事机构如何设置所作出的原则规定。无论是党政机关、社会团体，还是学校、工厂等企事业单位都必须遵循这一规定，按规定要求设置本部门、本单位的工作组织及其办事机构，以确保保密工作的正常进行。

在县级以上的国家机关、社会团体、企事业单位，根据保密工作的实际需要，一般都应建立保密工作委员会或保密工作领导小组，并确定专职或兼职工作人员，涉密较少的机关单位，即使没有必要设置专门的工作机构，但也必须有专门人员负责管理保密工作。保密工作的机构和人员除在较高层次的机关单独设立外，通常都设在机关的办公部门内，也就是说大多数机关办公室承担着本单位、本部门保密工作的日常事务。

保密组织的工作职责主要有以下几条：

1. 贯彻执行党和国家关于保密工作的方针、政策、法规、法令，指导、协助有关单位制定具体的保密规定和制度。

2. 认真组织开展本地区、本系统、本部门的保密工作，保证党和国家重要秘密的安全。

3. 利用多种形式，结合工作需要开展保密法规和保密知识的宣传教育，提高干部和群众遵守保密法规的自觉性。

4. 对保密工作随时进行督促检查，发现问题，积极采取措施，堵塞漏洞。

5. 加强对保密工作的调查研究，经常分析保密工作的新情况和新问题，不断总结工作经验，划分保密范围，明确核心秘密与非核心秘密的界限，指导保密工作全面开展。

6. 认真追查失泄密事件。凡重大失泄密事件，都要查清事实，吸取教训，教育群众。对失泄密情节严重的，应建议纪律检查或行政监察机关给以党纪、政纪处分，构成犯罪的应提请司法部门依法惩处。

7. 协调和指导机要、通信等方面的保密工作，促进保密通信事业的发展。

8. 协调部门与部门之间保密工作上的矛盾，做到密切配合，相互协作。

9. 完成上级领导和保密工作主管部门交办的工作。

四、保密工作的特点

保密工作具有以下几个特点：

1. 广泛性

虽然秘密有一定的时间和范围限制，但是国家秘密的内容所涉及的范围非常广泛。只要是我国的主权所在之处，几乎都有国家秘密。各个地区、各个部门、各个单位，不论大小和级别，都可能产生或涉及国家秘密，只是在秘密的级别和多少上有所不同。

2. 政治性

在阶级社会中，保密工作是为巩固政权和国家的政治服务的，是统治阶级管理国家的工具和手段，是属于国家政治工作的一部分。我国是社会主义国家，各个单位都要接受党和国家的政治领导，执行党和国家有关保密工作的规定。因此，其他各个单位的保密工作如同党政机关一样，具有较强的政治性。

3. 区域性

各种秘密都是有一定范围的，此范围之内的有关人员允许知道，对此范围之外的人员则要保密，做到内外有别。另外，中央、省、市、自治区、县等不同的行政级别有不同的密级范围。划定密级，即确定国家秘密的等级，就是为了把属于保密范围的每一个具体事项置于国家有关法规的认可和保护之下，以便有关单位和人员根据不同的密级采取不同的保密措施，最大限度地保护国家的安全和利益不受损害。

4. 时间性

世界上的秘密都是可变的，都是有时间性的。任何国家的秘密，都不是一成不变的，它随着客观形势的变化而不断地进行调整。

5. 群众性

保密工作是一项群众性的工作，只有扎根于群众之中，才能获得成效。在现代窃密与反窃密、情报与反情报的斗争中，保密工作绝不是靠有限的机密机构和几个专职的保密干部就能够奏效的，而是需要千千万万群众的支持和配合。

第七节　办公室安全保密措施

一、文件保密工作的措施

1. 准确地标明文件密级

对于制发文件机关来说，首要的问题是必须准确地标明文件密级，即在文件首页上端明显位置标注秘密等级或加盖秘密等级印章。有的秘密文件还有附件（单独装订），在附件首页也要相应标注其秘密等级。

2. 控制文件的印制权限

对于上级机关的秘密文件，原则上不准随意翻印或复印，如确属工作需要，必须翻印或复印的，要严格履行审批手续，并进行登记。翻印件和复印件按原件要求进行管理，以防造成秘密失控。

3. 限定文件阅读范围

对所有秘密文件要实行限级发文，规定明确的阅读级限和阅读范围。比如：“此件发至县团级”或“此件传达到全体党员干部”等等，就是为了严格控制文件的阅读范围。

4. 加强文件印制管理

秘密文件要由专门的印刷厂或一般印刷厂的保密车间负责印制，份数较少的可由机要人员专门打印。印刷份数要严格按照批准的份数印制，不得多印私留。印刷完毕之后，对文件清样、废页、废件、铅版、胶版或蜡纸、衬纸等都要及时销毁，不得随意堆放或任其散失。绝密文件要逐份打上印刷序号，以便更加严格地进行管理。

5. 严格文件封发管理

秘密文件封发要使用专门封袋，封袋的封面上要显著标明适用于所装文件秘密等级，封口要贴密封条。特别是绝密文件，要使用双层牛皮纸封袋套装，袋内所装文件要由发文人员逐件填写清单，以便收文查核。

6. 严格登记制度

秘密文件收发、分送、传递、借阅、移交、销毁等各个环节都应建立严格的登记制度，履行签收手续，明确工作责任。

（1）秘密文件不准通过普通邮政邮寄，不准在普通传真机上传递。机要通信人员在递送秘密文件时，不准办理与递送文件无关的事，坚持专程取送，不得互相传递。

（2）秘密文件传阅要有专人负责管理，阅读文件要在办公室或阅文室进行。高级干部确需在家中阅读的，要按有关规定，切实做好保密工作，机要管理人员要专送、专取，不能交由非保密人员往来传递。

（3）外出工作必须携带秘密文件的，须经领导批准，明确责任并办理登记手续，同时要采取安全措施，确保文件安全。不准携带文件逛商店、买东西、参加娱乐活动等。参加外事活动未经批准不准携带秘密文件。

（4）秘密文件的保管要有专门保险柜，机要室门窗要有安全设施，并经常检查安全情况，严格控制进入机要室的人员。

（5）借阅秘密文件要有严格的制度，未经批准，不得将文件借给知密范围以外的人员阅看，更不得随意带出机要室，长期存放在个人手里不归还。

（6）建立秘密文件的清退制度。对分散在各部门和个人手里的文件，要定期清理、收回，并及时核清文件份数，注意有无少篇短页。核对无误后，要造册、登记。如发现丢失现象，要及时追查。

（7）办理完毕的秘密文件要及时按要求立卷归档，认真鉴定分类，该上缴的及时上缴。对秘密文件档案也要建立查阅审批制度，未经批准，不许查阅，不许公开，不许复制。

（8）选编、汇编秘密文件不得擅自降低密级、解除密级和扩大发放范围，不得将秘密文件与普通文件混编成册，更不得将秘密文件在内部或公开的刊物上

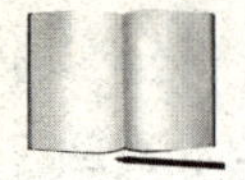

登载。

（9）销毁秘密文件要严格手续，登记造册，不准擅自处理。销毁时应派两人以上专人监销，现场严密监护，直到销尽为止。

二、会议保密工作的措施

会议保密工作的措施主要有以下几个方面：

1. 凡是秘密会议，首先要在会前认真研究具体的安全保密措施，规定保密纪律，对与会人员和工作人员进行保密教育。特别是绝密性会议，一定要采取特殊的保密措施，制定严格的保密制度，设立保密室和保密监察人员，并由会议主持人向与会人员和工作人员宣布会议的保密事项和保密纪律，做到在言行上和文字上不发生任何泄密现象。

2. 秘密会议的场所要选择在周围环境安全的地方，不得在接待外国人的宾馆、饭店举行。特别重要的绝密会议，安全保卫部门事先要对会场四周和场内进行严格的安全检查。

3. 秘密会议召开之前，工作人员要认真检查扩音、录音设备的保密状况，防止扩音设备产生寄生振荡泄密。严禁在秘密会议上使用无线话筒。

4. 秘密会议的与会人员入场时，要按参加会议人员名单验证入场，并由本人签到。严禁与会议无关的人员进入会场。对需要列席会议的人员，也要事先提出名单，报经领导人批准，不允许参加会议人员随意带领其他人员进入会场。对参加会议的实到人员要记录在案。

5. 绝密性会议要严禁与会人员记录会议内容，也不得携带录音机进入会场录音。

6. 秘密会议的文件、资料印发要有专人管理，统一标明密级，统一编号、登记分发，严格控制范围。会后需要收回的，要及时核对清收。严禁滥印乱发会议秘密文件、资料。

7. 领导在秘密会议上的讲话，未经本人审阅同意，会后不得随便整理印发，即使讲话内容为一般性质，也应按程序处理。

8. 秘密会议是否需要进行新闻采访报道，或哪些内容可以报道，哪些内容不能报道，要事先报经会议的主管领导审批，防止将会议的秘密事项从新闻报道中泄露。

9. 秘密会议结束后，工作人员或安全保卫人员要对会议场所和人员住址进行认真检查，看有无遗失文件、资料、笔记本等，防止因疏忽泄露秘密。

10. 做好会议记录的保管工作。秘密会议记录要视同秘密文件一样保管，未经批准，不得私自查阅、抽抄、复印，不得与普通会议记录混放，要有专门保险柜、专门人员负责保管，并建立健全相应的管理制度，定期立卷归档。

三、通信保密工作的措施

办公室的通信工作务必注意做到以下几点：

1. 属于国家秘密的文件、资料和其他物品必须通过机要通信部门传递，不准通过普通邮政传递。即使是采用挂号邮寄，也不得传递秘密文件。

2. 密电的传输必须通过机要部门使用规定的密码传输，不能使用普通电报或无保密措施的明传设备进行传输。

3. 严禁在无保密措施的普通电话和移动电话、无线电话里谈论国家秘密事项。

4. 严禁使用无保密措施的有线、无线通信设备召开涉及国家秘密内容的电话会议；严禁在涉及国家秘密内容的会议上使用无线话筒。

5. 通信保密机的研制、生产和使用，必须经保密工作部门审查批准，未经批准，一律不得使用。引进国外保密机，也应按照有关规定经过检查批准后方可使用。

6. 要害机关和部门的选址及通信设施的建设，事先须经有关部门进行安全检查，特别是对进口的通信设备要严格进行技术检查。

7. 对保密通信设备要定期进行技术安全检查工作，使之达到规定的技术标准，确保通信质量和通信安全。

四、科技保密工作的措施

科技保密工作主要对以下内容进行保护：

1. 有具体应用目的的科学技术活动内容。

2. 科学技术的活动场所、环境条件、设备装置、原材料等。

3. 有具体应用目的的科学技术发展水平。

4. 有具体应用目的的科学技术活动动态。

5. 有具体应用价值的物质成果。技术的物质成果是技术的物化形态，人们可以通过它分析和掌握技术的发展水平，窃取技术，因此应该对技术的物质成果采取保密措施。

6. 有具体应用价值的精神成果，如技术软件部分的理论、经验、技能、工艺、图纸、资料、数据、表格、配方等。

7. 掌握一定科学技术知识的科技工作者。科学技术是由人发现、发明并掌握的，因此，必须对科技工作者及其所掌握的与国家利益密切相关的科学技术、经验技巧、工艺诀窍、数据配方等采取保密措施。

五、宣传报道方面的保密工作措施

宣传报道工作涉及党和国家的政治、经济、军事、外交、科学技术、思想文化等各个方面，并且形式多样，传播迅速，反应敏感，稍有不慎，将党和国家的秘密通过宣传报道的途径泄露出去，就会造成不可挽回的损失。因此，办公室应特别注意以下几个问题：

1. 首先要弄清本部门、本机关应当保密的事项及范围，准确地划定秘密与非秘密的界限，一般秘密与核心秘密的界限。

2. 要树立正确的全局观念和保密观念，既搞好宣传工作，适应改革、开放的需要，又要确保国家秘密的安全。

3. 凡是中央或各级党委、政府尚未决定、或虽经决定尚未公布或不准公布的有关外交、军事、政治、经济、科技等方面的方针政策和重要措施，都不得擅自公开宣传报道。

4. 凡内部会议、活动等形成的秘密文件、讲话、资料及情况等，未经审查批准，一律不得擅自公开见报，公开发行的刊物、书籍不得登载秘密文件、内部资料等。

5. 新闻宣传部门送审的文字稿件、录音、录像、照片等，要认真进行保密审查，对不宜宣传报道的内容，要进行删节和修改，并对有关人员解释清楚。

6. 机关办公室主任要负责对宣传报道稿件的审查工作，重要的、涉及全局性的宣传报道稿件，要由机关主管领导人负责审查或报请上级领导机关批准。

六、经济情报保密工作措施

1. 经济情报保密工作既要适应国家改革、开放、搞活的形势需要，又要维护国家经济利益不受损害。要划定一般经济情报与秘密经济情报的界限，防止将秘密经济情报作为一般经济情报传递，造成泄密。

2. 国家经济工作的重要政策和重大的改革措施，如物价、工资等方面的调整，在讨论酝酿阶段直到出台之前，一定要严守秘密，在保密期间都不得泄密，确保顺利实施。

3. 凡未公布的国民经济和社会发展计划、统计方面的资料等，任何机关和个人都不得擅自对外提供或公开发表，确需公开使用的，要按照国家计委和国家统计局关于分级负责的规定，严格履行审批手续。

4. 在涉外经济活动中，经济情报的保密工作尤为重要，凡有涉外任务的单位，都要准确地划定应当保守的经济情报范围，在确需提供秘密情报时，要本着确保核心秘密和有领导、有控制地放宽对非核心秘密限制的原则，办理审批手续。

七、电子计算机保密措施

办公室要做好电子计算机保密工作，应采取以下措施：

1. 抓紧立法工作和实行科学管理。电子计算机的应用是窃密与反窃密斗争的新领域。世界各国都极为重视计算机保密工作，在抓紧立法工作的同时，还采取新技术实行科学管理。我国虽已制定和颁布了一些计算机保密条例和规定，但还不够健全；技术手段还比较落后，缺乏科学管理计算机信息保密工作的经验。这就要求我们必须大力加强计算机信息保密的立法工作和科学管理。

2. 确保计算机工作人员队伍纯洁可靠，这是做好计算机保密工作的关键。为此，首先要对涉密计算机工作人员，按照机要人员的条件进行严格审查，不使用不合条件者或思想有问题者。其次要经常性地进行思想教育，使计算机工作人员能自觉遵守有关保密法规。

3. 加强对保密工作人员和计算机工作人员的培训，使他们具备足够的保密知识和计算机基础知识，提高他们的素质，以满足计算机信息保密工作的需要。

4. 严格划分密级和采取屏蔽措施。涉密的计算机，不仅其加工处理的数据、信息要严格划分密级，而且计算机本体和联网终端的房间，也要划为秘密要害部门。划密的内容还应包括指令编码，各种程序和数据媒体等所有软件。采取屏蔽措施的目的在于防止电磁波辐射，防止计算机的输入、储存、加工处理和输出信息的外流。常用的屏蔽措施主要有：屏蔽计算机本体的主要部件；屏蔽计算机本体——中央处理机；屏蔽整个机房。

5. 加强计算机房、终端室、数据库和控制中心的安全保卫工作，重要的通道要设门卫，使用电子门锁，由计算机控制、记录出入者和时间。

八、涉外保密工作的措施

1. 在涉外活动中，总的要求是要坚持“内外有别”的原则，提高警惕、积极防范，友好归友好，保密归保密，防范各种可能的情报搜集活动。

2. 凡有涉外接待活动的单位，要严格划分密与非密，核心秘密与非核心秘密的界限，要规定统一的对外口径和保密范围。

3. 参加外事活动和进入外国人住处，不得携带秘密文件、资料及物品，如确需携带的，应事先履行批准手续，并严加保管。

4. 任何涉密单位、机关，未经批准，不得擅自接待外国人参观访问。外国人要求去控制开放区和非开放区，要按照规定办理审批手续。

5. 住有外国常驻人员的单位，不准让外国人接触我秘密文件和参加秘密会议，不应在外国人面前谈论秘密事项。

6. 未经有关主管部门批准，禁止将属于国家秘密的文件、资料和其他物品携带、传递、寄运出境。

7. 涉外工作人员要严守纪律，时刻提高警惕，不能随便许诺，不拿原则作交易，要自觉抵制资产阶级思想的侵蚀，并要学习掌握必要的反间谍、反窃密知识和技术，以适应工作需要。

第八章 办公室主任主持会议工作

第一节 会议工作概述

一、会议的含义

“会议”是有组织、有领导、有目的地商议事情的集会。有三个要素：

（1）两个以上的人构成的正式或非正式的社会集合。

（2）有需要大家进行共同商议的事情。

（3）有会议组织者。

二、会议的分类

会议的类型是指某种会议在会议形式、内容或性质上跟其他会议的特性有所区别，构成不同的会议种类。一种会议类型大都是许多同类特征的会议的集合。科学地划分各种会议类型，对于具体认识会议的特征和规则，并从根本上了解开好会议的基本要求，提高会议效率，显然有着十分重要的作用。

1. 按会议时间分

按会议时间一般可分为定期性会议、不定期性会议和临时会议。各级各类代表大会，各级党政机关的办公会，各学会、协会的年会都属于定期性会议。其他如检查汇报会、表彰会、奖励会、报告会、座谈会、动员会等都属于不定期性会议。临时会议，是为处理偶然出现的事件和问题而临时召开的会议。

2. 按会议规模分

（1）小型会议。办公会、座谈会、检查汇报会、协调会等都属于小型会议。

这种会议一般在本机关、本单位的会议室召开。

（2）中型会议。专业会议、经验交流会、表彰会等都可以称为中型会议。这种会议参加人员一般在百人以上，以至一两千人，一般安排在礼堂、剧场举行。

（3）大型、特大型会议。一般地讲，成千上万人参加的会议即可称为大型或特大型会议。

3. 按会议功能分

（1）决策性会议。指各机关、各单位领导集团贯彻民主集中制原则，对工作中的重大问题讨论作出决策的会议。这种会议有制度规定，一般也是定期召开的。这类会议的主要任务是：讨论上级指示；研究制定本地区、本机关、本单位的具体工作方针、政策、计划、措施；对一些重大问题进行决策。这类会议的参加人员一般是本机关、本单位的领导成员，有时根据会议内容也适当吸收有关部门的负责人列席。这类会议会后多数要形成纪要。这类会议规模较小，时间也比较短。

（2）总结、布置工作性会议。是指各部门、各单位为动员群众、布置任务或总结工作而召开的会议。这种会议视其实际情况而定与会者，可以是按不同层次级别分别召开的，也可以是各级代表或群众都参加的。这是一种动员群众、明确目标、鼓舞士气的会议。一般人数多、时间短、就地召开。

（3）宣讲、报告性会议。这种会议是为了宣传教育干部群众，提高认识，统一思想而召开的。这种会议规模较大，但时间较短，参加人员可根据内容确定。

（4）规定性会议。指各级党政机关、人民团体和企事业单位按国家法律和有关规定召开的会议，如各级党的代表大会、人民代表大会、妇女代表大会、共青团代表大会、职工代表大会等。这种会议具有两个特征：

①参加会议的人员必须是该会议的法定组成人员，会议的决策对象必须是会议职权范围之内的事；

②会议应在与会人员允分发表意见和看法的基础上，最后作出相应决议。

（5）联席性会议。是指需要几个直接隶属关系不同的部门或单位共同协商而召开的会议。目的是为了开展某种较大规模的活动，或讨论研究涉及几个部门或单位的事情，如一个部门或单位的党政工团部门负责人的联席会、群团联席会等。这种会议的与会者为有关部门负责人或代表参加，而且一般由一个部门或单位主办或牵头，其他部门分工密切配合，共同做好某项工作。

（6）预备性会议。在正式会议之前，为正式会议做相关准备的会议，分程序性和非程序性两种。

①程序性预备会议，是指预备会议是整个会议程序中的一个组成部分，如我国各级人民代表大会在召开之前举行的预备会议。它的主要任务是：

a. 通过大会主席团和大会秘书长名单；

b. 通过代表资格审查委员会名单；

c. 通过代表大会议程；

d. 通过有关需确认的事项。

②非程序性预备会议，是指为某些会议特意安排，目的在于为正式会议做思想准备的预备会议。

（7）表彰、奖励性会议。这类会议是为表彰、奖励先进集体和英雄模范人物而召开的。这类会议有时也可利用广播、电视的形式进行。

4. 按会议形式分

（1）座谈会。形式比较灵活，气氛比较活跃。有属于纪念某项活动的；有属于征求意见的；有属于讨论某一专门问题的。此类会议一般不做什么决议。

（2）普通会议。即通常召开的工作会、专业会等一般形式的会议。

（3）现场会。现场会议在场所上选择重大事件或重大事故的现场，或生产、工作、实验活动进行的现场作为会场而举行的会议。通常由领导在下属单位或部门召开，目的是以点带面地总结推广工作经验或者试点，或者当场解决某一问题，进行当面的领导或指导。

（4）电话会。电话会具有迅速、及时的特点，适合于一些比较紧急的专项工作，如防汛、森林防火等。

（5）电视会议。电视会议是利用特定的设备和通信传输网络传送图像、声音和信号举行的会议。电视会议可使各会场出席人都能看到、听到其他会场的情况，可节省与会人员的旅途时间和费用，与电话会议相比直观性较强。

（6）展览、展销会。这类会议是为交流商品信息，洽谈贸易，推销商品以及展示工作成绩而举行的。会议形式灵活多样，除组织有关人员参加外，还要选送商品和展品参加展销。

5. 按会议内容分

（1）庆祝会、纪念会。这是为庆祝、纪念某一重大事件或重要人物而召开的会议，如庆祝中华人民共和国成立××周年大会、纪念××诞辰大会等。这种会议时间较短，规模有大有小，视情况而定。

（2）专业会议。即为研究某一个专门问题或就某一方面的工作而召开的会议，多以部门名义召开，如教育工作会议、劳动工资会议、招生会议等。

（3）工作会议。即指为讨论研究一个时期或一个方面的工作而召开的会议。如党中央工作会议，省委、市委、县委工作会议，各级政府及直属部门的常务会、办公会，等等。这类会议的参加人员大都是各级党政机关、社会团体和企事业单位的领导人员。

（4）动员会、誓师会。这是为完成某项工作或开展某项重要活动而召开的会议。这种会议时间较短，但规模较大，少则几百人，多则几万人、几十万人。

（5）追悼会。这是为悼念死者而举行的会议。会场布置要庄严、肃穆，出席会议的人员除死者的家属和亲朋好友外，还有本机关、本单位的领导人员和群众代表。

以上只是简单列举几类，还有其他一些临时性的会议，如体育运动会、文艺演出会、表彰会、奖励会、报告会等。

三、会议的特点

1. 会议活动具有目的性

会议活动是有目的的聚集议事的一种活动。会议的目的应服从有关方面、层次工作的需要，并须与领导工作或有关社会工作整体功能、奋斗目标相一致。

2. 会议活动具有从属性

会议活动是实现某种工作目的的一种工作方式、方法。会议活动中的各种信息、思想、材料来源于社会工作特别是领导工作的实际，会议形成意见指导、推动实际工作或生产活动，其正确与否最终要接受实际工作或生产活动的结果的检验。可见，从本质而言，会议活动是社会工作特别是领导工作整体的一部分，从属于这一整体的需要。

3. 会议活动具有纵向整体性

会议活动是由准备阶段、进行阶段、会议形成意见的传达与催办等三阶段，并由若干个程序组成的会议工作系统整体。这一系统的功能在于保证会议顺利进行，提高会议效率，充分利用会议议事决策，实现会议目的。

4. 会议活动人员具有集体性和选择性

会议活动不是单独个人的活动，群体的聚会议事活动才能称做会议。某一会议的出席者都有一定的数量、一定的范围，这就决定了会议活动的整体性与选择性是合在一块的。会议活动的整体性，旨在求得与会人员素质与智力结合的合理性，求得与会人员能力与解决问题需要的协调性。

5. 会议活动具有思想性

会议活动过程中的信息具有社会性，它的发出、传递、收集、利用等，都将受到与会人员认识事物的能力等因素的影响。会议就是与会者对交流的各种信息资料所包含的思想意义进行提炼的过程，对信息资料的真伪、价值、性质进行鉴别的过程，把对某种事物的认识由感性认识向理性认识升华的过程。

第二节　会前准备工作

召开会议之前要做许多准备工作。认真负责地做好会议的准备工作，是开好会议的基本保证。会议的前期准备工作，大致包括以下一些内容。

一、确定会议名称

任何会议都有名称。名称一定要与内容相符，妥帖恰当。确定会议名称，通常有几种情况。

1. 以与会者的身份或职务作为会议名称的主体

看到这样会议的通知，便知请谁去开会。如党员、团员、支部委员、妇女主任、民兵、经理、职工代表、人民代表、局长……都可以作为会议的主体写到会议名称中去。例如，“××公司全体职工大会”、“××区××积极分子大会”、“××区老干部座谈会”、“××协会××届理事会”等。

2. 以会议的内容作为会议名称的主体

从这种会议通知可以得知该会议要研究什么问题，如计划、财务、治安保卫、经营管理、计划生育、环境保护、教材编审、经验交流等都可以作为会议名称的主体写到会议名称中去。例如，“××部外贸计划会议”、“××公司海外企业经营管理会议”、“××出口工作会议”、“××市计划生育工作会议”、“××公司××庆功大会”等。

有的会议是有届、次序列的，届次的序数词往往加在主办单位和会议主体之间。例如，“×××总公司第×次海外企业工作会议”、“×××协会第×届理事会议”。

二、确定会议时间

会议召开的时间一般是由机关、单位的领导人员确定的，也有的是办公室提出建议意见，由领导来决定的。会议时间长短应根据会议内容来考虑，安排会期应按照宜短不宜长的原则，能一天开完的会，就不要勉强拉长到两天、三天。

三、确定会议地点

会议地点和开会场所，要结合参加会议的人数和会议效果来综合考虑。一般安排会场要掌握参加会议的人数与会场的可容量大体相当。会期较长和有外埠人员参加的大型会议，除考虑会场情况外，还要考虑与会人员的食宿问题，如宾馆、饭店的可容量以及与会场的距离等。一般人数较少的小型会议，如座谈会、汇报会、协调会等可安排在本机关、本单位的会议室召开。至于本机关、本单位定期召开的例会，如办公会、常务会、常委会等一般都有固定的会议室，就不需要专门安排了。

四、确定与会人员

什么人应当参加会议，在大多数情况下是固定的。比如中央全会，中央委员是当然与会人；政治局会议，政治局委员是当然与会人；省的常委会议，常务委员是当然参加的。此外，有些会议，其名称就确定了大部分的参加人，例如，“省、市委农业书记会议”自然是要分管农业的书记参加。就是说，当领导机关在决定召开某种会议时，就已经明确了大部分的与会人员，会议组织部门照发通知就是了。

但是，在不少情况下仍需要会议工作人员提出与会名单，送请主管领导审定。这时，秘书工作部门在接到会议组织要求后，就需要根据会议的议题等相关线索，提供与会人员名单，邀请有关人员列席会议。

此外，提名与会人员时还要注意：

（1）要周到全面。对于按规定应该参加会议的人员以及与会议议题密切相关、应该列席的部分负责人，在提名时做到不漏提、不错提。

（2）要从有利于工作和有利于保密的原则出发，提名人员必须是与本次会议的内容直接相关者，以做到提名合情合理、不宽不严。

（3）会议秘书人员提出的与会人员名单，应提前报请领导审核，并作出必要的说明，不能临到会议开始时才提出，更不能“先斩后奏”。提名人员的名单只有通过领导审核后才能最后确定并通知。

五、会议议题的确定

选定和安排会议议题，是开好会议的重要前提。确定会议议题一般有四种做法。

（1）领导确定议题，办公室和有关部门准备材料。一般是由单位领导确定开会的议题，由办公室人员和有关部门收集情况，准备材料。

（2）办公室主动收集议题。由办公室对会议要讨论的问题事前深入基层收集材料，然后整理成系统意见，报告主管领导同意后，再安排时间予以讨论。

（3）下级部门提出的议题。主要是下级部门向上级汇报或是请上级审议的问题。由办公室汇总，经主管领导同意后，提交会议讨论。

（4）上级机关提出议题。主要是上级领导机关布置本单位讨论研究的问题，或上级领导机关下达指示和需要汇报的问题。由办公室汇总，经主管领导同意安排讨论。

例会议题的收集和安排，是办公室一项经常的工作。议题的收集，要在一周前，有的甚至在一个月之前就要把要讨论的问题摆出来排队，经领导同意后，列成议题表，发给有关人员参阅。

六、制发会议通知

与会人员确定之后，即可制发会议通知。会议通知一般采用文件或电报形式。不论是文件还是电报，都要求简明扼要，概念准确，要写清楚什么单位、什么时间在什么地点召开什么会议；要求什么人参加；会议的目的和主要内容；会议的期限和日程；报到的时间、地点；与会人员需做些什么准备；以及联系单位；等等。如需与会人员携带文件材料，或对随员、车辆有什么要求，也可写入通知。

为了让与会人员充分做好准备，有的会议在正式通知之前，先发一个预备通知。预备通知一般只写会议的大概时间、会议的目的和内容，会议的具体时间、地点待发正式通知时再确定。

大中型会议一般采用书面通知的形式，小型会议有的采用书面形式，有的则采用电话形式。不过电话通知也应事先拟出文字，以免出现遗漏。规定性的例会，可事先印制会议通知表，表中有应出席会议人员名单，依表逐个通知，可以避免疏漏。

重要会议在通知发出以后，还应跟踪落实，有时还需与会单位提前报送与会人员名单，以保证会议顺利进行。

七、会议议程、日程与程序的确定

会议议程是指会议所要通过文件、解决问题的概略安排。它的主要作用是使人们特别是与会人员对会议主要内容心中有数，预先做好准备。它由会议主持者确定，经大会通过，与会人员只能提出建议。议程一般采用简短文字方式写出。列入“会议议程”的内容一般是会议多项任务中最主要、最能体现会议的职能和成果的部分。

会议日程则是指会议各项活动在会期以内的每一天中的具体安排，可分为上午、下午、晚上三个时间段，它是与会人参加会议活动和人们了解会议情况的重要依据。日程表由会议秘书处根据会议的议程拟出，并印发给主席团成员、与会人员和其他有关人员。

相对而言，议程比较概略，日程比较具体。各项议程在会议期间何时进行，要在日程中显示出来，因此一般会议拟订一个日程表即可。

会议程序是为完成会议议程而按照工作顺序和时间先后依次安排的会议工作体系，是对会议议程的具体化，是为会议各项活动依次排列的顺序。

例如：

××会议程序：

（1）宣布会议开始；

（2）全体起立；

（3）奏国歌；

（4）请坐下；

（5）请×××同志讲话；

（6）请×××同志宣读××××决定；

（7）会议结束。

八、组织会议报到

会议报到是指与会人员从自己的工作单位或住地到达指定的开会地点并通知会议秘书部门。报到是会议秘书部门掌握与会人员准确到会情况并实施组织的重要一环。

有些会议还要求与会人员接到开会通知后，告知会议秘书部门自己是否可以参加会议，也叫报名。与会人员接到会议通知后向会议秘书部门报名，说明将参加会议，会议秘书部门就为其做必要的准备工作，如制发证件、准备文件、排列座次、安排食宿和交通工具等。如说明其不参加会议，会议秘书部门就不必为其做准备工作，省却不必要的劳动。一般说来，重要的大中型会议既要求报名，也需要报到，普通的会议只需履行报到手续即可。由下级机关自定与会人员的会议，则必须报名。

1. 会议报到的方式

报到的方式有四种：

（1）与会者本人持会议通知或单位介绍信亲自报到；

（2）本单位与会人员代为报到，一个单位参加同一会议人员较多时，可以采用这种方式，由一人代劳；

（3）秘书人员代劳；

（4）电话报到。

在现实生活中，大多数会议主要应当采用第一种方式。

2. 会议报到注意事项

会议工作人员负责报到工作，其任务是证实与会人员身份，进行登记，分发证件、文件、餐券和其他会议用品。会议工作人员在接受报到时，要注意以下几点：

（1）分发文件、证件、餐券时，会议秘书、总务、警卫机构应联合行动，在住地显著或适当位置集体办公，将所有手续一次办完，将所需分发物品一次发给与会人员，以方便报到人员。

（2）认真核实报到人员的身份并进行登记。一般情况下，与会人员应持会议通知或本单位介绍信亲自前来报到。会议工作人员要根据手中掌握的材料证实报到人员确是与会人员，特别是对委托他人代为报到的与会人员，更要核实无误，在确认报到人身份后，对其姓名、性别、职务、住房号以及是否带有随员等情况进行登记，发给其预先准备好的文件、证件、文件袋等会议用品。对于应报到而未及时报到的与会人员，应给予及时催促。会议报到情况应当及时汇总统计，报告会议领导人。

九、拟制编组名单

需要分组讨论的会议，会前要做好会议编组工作。不同内容的会议，编组的方法也不完全相同。各级党代会、人代会和职工代表大会以代表团为单位编组。工作会议一般按地区编组，有的也可以按行业编组。

会议编组名单一般是由会议工作人员提出建议方案报会议领导人决定。在确定会议编组名单的同时，还应确定各组的召集人和工作人员，以保证小组活动有领导地进行。

十、准备会议文件

准备会议文件是会前一项重要的准备工作，会议能否如期召开，会议的质量如何，取决于会议文件的准备程度。会议文件的准备分三个步骤：

1. 草拟文件

代表大会、代表会议通常组织专门班子起草文件，日常工作会议的文件主要由各职能部门起草准备。起草会议文件要经过充分调查，明确会议主旨和领导意图，重点突出，言简意赅。

2. 审阅文件

由会议秘书人员审阅文件是否成熟、规范，由会议主持者最终确定会议文件是否提交会议讨论。

3. 文件送印

会议文件经领导确定后，一般应在会前打印好、印好密级，做好分发准备。

第三节 会议准备

一、安排会议议题

1. 安排会议议题的原则

（1）办公室主任提交会议讨论的议题必须与所开会议的身份相适应。也就是说，提交会议讨论的议题，一定要是够该会议讨论标准。那种局部性的下一级会议可以解决的或者个别领导就可审批解决的问题，一般不要安排上级会议讨论。如果事无巨细，统统提交上级会议讨论，那么上级机关的领导就是整天泡在“会海”里，也将应接不暇。

（2）办公室主任提交会议讨论的议题，除特殊情况外，要有简要的文件或汇报提纲。汇报提纲应当开门见山，有针对性，对存在的问题和准备采取的措施，提出具体明确的意见。汇报提纲一般不要超过3000字，并应在开会前几天发给需参加会议的人员阅读，准备意见。除特别紧急的情况外，临时提出的议题不作仓促安排。

（3）提交会议讨论的议题及文字材料，必须事前经过专人对内容及文字审核把关，并报领导审批，否则不能安排会议讨论。

（4）每次会议议题的选定、安排，均请主管领导审定。

2. 安排会议议题的方法

安排例会议题，各部门有不同的做法，归纳起来不外乎几大类：

（1）主管领导临时确定议题，由会议人员向有关部门搜集文件，准备资料。

（2）待讨论的问题很多，文件也早已有所准备，只是一次两次会议讨论不了，有个先讨论什么后讨论什么的问题。这时，会议工作人员就要根据轻重缓急，根据当时情况提出建议，把要讨论的问题提出来。

（3）由会议人员事前收集议题，“找米下锅”，询问各主管方面有无需要拿到会议上讨论的事项，然后加以安排。有的在一周以前，甚至在一个月之前就把要讨论的问题摆出来排队，列成议程表，提交领导确定。

以上三种情况，前两者较为实际，后者可以作为补充。

不论采用哪种办法，任何议题的最后安排都应请领导定夺。

3. 办公室主任安排会议议题时应注意以下问题

(1) 一次会议议题不能安排过多或过少，一般以安排一个主要议题和一二个小议题为宜。安排议题过多，与会人员无法充分发表意见，或者讨论不完；过少则不能高效率地利用时间。要估计到每个议题所需讨论的时间，合理分配。

(2) 应当尽可能地将同类性质的议题同时提交一次会议讨论。也就是说，一次会议如果有两个以上议题的话，那么，它们的内容最好是相近的，这样便于讨论，节省时间。

(3) 可以准备一些后备议题，以便在会议进展顺利、时间充裕的情况下提供会议讨论。

(4) 手头要多掌握一些议题，宁肯储备待议，也不要“找米下锅”。当然，也不能储备太多。

二、提名与会人员

什么人应当参加会议，同安排议题一样，决定权在领导。

什么人应当参加会议，在大多数情况下是固定的。就是说，当领导机关在决定召开某种会议时，其大部分的与会人就已明确，会议工作部门照发通知就是了。

但是，在不少情况下仍需要提出与会名单，送请主管领导审定。因此，一般说，每种会议都需要适当数目的有关人员列席。

对一些没有固定与会人的会议，例如“民主人士座谈会”、“知识分子问题座谈会”，还有一些大型的“报告会”、“传达会”等，会议工作人员须根据领导机关的原则指示和要求，全面考虑后提出与会人员名单，供领导确定。如果领导自已拟定与会人名单，办公室主任可以提供有关资料或者提出补充意见，供领导参考。一般说，对于征求意见的座谈会，宜请各主要有关方面的人员出席，以便集思广益；对于讨论某一专题的会议，宜请专家和在这一方面有实际经验的工作者；对于纯纪念性的会议，可请一些有名望、有影响的人物。

对于办公室主任来说，提出与会人员名单，是一项重要工作。如果提名不当，将给领导工作造成不良影响，甚至在政治上犯错误。例如漏提应当与会的人，就无意中剥夺了他们参加会议的权利，会使他们的工作受到一定的影响。而把不应参加会议的人召集来参加会议，则可能犯更大的错误。有一个地区在召开处以上党员干部大会传达一次绝对秘密的重要会议情况时，发现到会人中竟有一名被开除党籍的人。可见与会人的提名是一项政治性极强的工作，不允许有丝毫的疏忽。

做好与会人员提名工作，关键是熟悉各部门的业务和各领导的动向。为了掌握情况，应该做到：

1. 多看些文件，例如部门的请示报告、业务资料等等。

2. 会议工作本身就是熟悉情况的良好机会。会议上有文件，有讨论，有决定，每次有不同的与会人，会议工作人员由于工作条件可以全部或大都知晓这些情况，只要留心就行了。

3. 请干部部门提供情况。例如从组织部门定期编制的干部名单摘记新情况。

4. 应当随时掌握领导的活动情况。

三、会议文件的审核与分发

1. 会议文件的审核

会议文件是一种非正式文件，是正式文件的草稿，提请会议讨论的客观对象。会议文件包括会议正式文件、会议参考文件、会议阅读文件等。会前能否准备好文件，特别是准备好会议的主要文件，对开好会议有着至关重要的影响。大中型会议如全国党代表大会、全国人民代表大会等，一般事先均组织一个文件起草小组。日常会议的文件，主要应由各职能部门起草。

为了确保会议文件的质量，提高会议效率，办公室主任应于会前对有关部门报送的会议文件进行初步审核，然后向领导提出能否提交会议讨论的意见。如果认为文件尚未成熟，应经主管领导同意后，退回有关部门进一步加工、修改。

办公室主任在初审会议文件时，应把握以下几条原则：

（1）各部门提交上级会议讨论的文件，必须事先经过调查研究，符合实际。

（2）提交会议讨论的文件，凡涉及有关部门的，各有关部门必须事先进行会商，广泛征求意见，取得一致；经过会商意见仍不一致的，可加以说明，在会议上将分歧意见如实汇报。凡未经会商的文件，一律不予安排。

（3）提交会议讨论的文件，应中心突出，开门见山，观点明确，事实准确，条理分明，语言简练。凡不符合上述要求的，应进行文字方面的加工修改。

2. 会议文件的分发

办公室主任在会议准备阶段分发文件时，应按照会议进程，分批分发文件，尽量避免把许多文件堆到一起同时发给与会人员，以利于与会人员根据会议进程有针对性地阅读文件，提高工作效率。

日常工作会议和一些大中型会议的文件秘密程度比较高，要按照编号分发。

如一次会议发几个文件，每个人员拿到的文件上的编号应是一致的。这样有利于文件的管理和收退。可以在文件上加盖与会人员姓名章或在文件上写上与会者的姓名，按人装封投送。封上应加盖密封章和限时章，同时要完善签收手续。内容重要又比较急的文件，应派专人递送。特别重要的文件还应采用回执办法，与会人员收到文件后，在回执上签字，退回发文机关。

四、会议通知

与会人员提名确定以后，要及时发出召开会议的通知。除日常工作会议外，对大中型会议的通知应发书面通知，尽量不用口头或电话通知，因为后者有时会发生差错。

各项会议通知，必须简明扼要，并应具备 8 个要素：会名、内容、开会时间、日期、地点、参加人员范围、入场凭证和报到时间及地点。与会人员须携带的文件或其他特殊要求，也应写入。

应先落实会场，后发通知。有的部门开会，会场未定或者未最后落实，就急忙印发通知。结果因会场落实不了，只得又发补充通知。为了做到心中有数，要对附近的主要会场、招待所的数据资料，包括可容人数、会场座号排列、招待所房间数等基本情况了如指掌。

时间要具体。有的会议通过只写某月某日，使参加会议者接到通知后，苦苦琢磨，甚至因此没能准时到会。所以，会议通知应写明某月某日上午或下午某时某分开会。

会议对象要考虑周详。会议开到哪一级，哪些单位派什么人参加，会议过程中是否需要扩大听报告范围等，在起草会议通知时都要做周密考虑。该参加的，方方面面不要遗漏了。有时需通知顾问、巡视员参加；有时得让离休干部参加听报告；有时要通知记录人员参加。如果是代表会议，在发出通知前，还要就代表分配名额、各方面的比例、代表条件和产生的方法等，专门发出通知。会议通知应写明出席对象、人数、职务，切忌含糊不清，把出席范围笼统写成“有关负责人员”，使人不得要领，或在理解上产生歧义。

有时，为了让与会人员充分做好准备，在正式通知之前，可先发预告性通知。这样，与会人员尤其是担任一定职务的领导，可以合理安排好本单位、本部门的工作，做到心中有数。

五、报名和报到

1. 报名。指与会人员通知召集单位能否到会。接到与会人员的报名后，会议工作部门应当为其做好必备工作，如制发证件、排列座次、准备文件、安排食宿和交通工具等。报名一般采用邮信、电话、电报等形式。许多会议的与会人员不是指定某个人，因而与会人员经常发生变化，如召开县委书记会，原定出席会议的书记生病，临时改换一位副书记出席，此时应及时报告会议文秘处。会议文秘人员接到更换通知后，应立即做好相应的修正工作，如换发证件、调配住宿等等。有些会议不需要报名，如大型报告会，机关办公室等一些日常工作会议，如不能与会，可事先请假；若能够参加，也不用报名。

2. 报到。指与会人员到达与会地点，并告知会议文秘部门。报到与报名是两步手续，已报名的与会人员因故不一定报到，来报到的与会人员也可能事先没有报名，会议人员应掌握这种情况。报到方式，一般应是本人持会议通知亲自报到，特殊情况也可允许其他人员代劳。报到时，应将事先准备好的文件袋（包括文件、证件、餐券和会议用品等）发给本人，同时，注意登记到达时间和随从人数情况。要随时掌握报到人数，发现该报到而未及时报到的，应抓紧催促，保证其按时参加会议，一般有外埠代表参加的会议，报到的手续是必须的。

六、会议编组

召开大型会议，与会人员提名确定后，办公室文秘在发会议通知的同时，还要对与会人员进行编组。

1. 编组目的。编组的目的是为了进行小会活动，或分组讨论问题。大会的许多具体工作是在小会中进行的，小会常常穿插在大会之间进行，是大会的补充。其实，许多重要议题，一般是先经过小会的充分酝酿和讨论，然后才拿到大会上通过的。因此，又可以说小会是大会的基础。

2. 编组方法。编组有几种不同方法：代表大会，多是以代表团为单位编成的若干小组；一般大会可以以区域为单位编组（一组或几组），也可以以专业为单位编组。概括地说，编组的基本方法有两种：一种是按地区编组，一种是按专业编组。

七、会场布置

会场布置也是一门学问。不同的会议，会场布置有不同的形式，要能反映会议的中心内容。庆祝大会会场要有办喜事的气氛，但又不可显得庸俗；座谈会会场要显得气氛和谐；报告会会场则一般要简单朴素。

会场布置的一般规律是：各种代表大会会场和其他大型会议会场，应有主席台，与代表席成面对面形式，讲台应在主席台和代表席之间，面向代表席，以便主席团主持会议。现在，多数情况，不管大型还是小型的会议，一般多不使用讲台，报告人在主席台自己的座位上讲话。但组织代表发言的会议和不设主席台的会议，仍需设讲台。

中型会议的会场，一般设主席台，但要求与代表席距离近一点，用一条桌子置于面对代表席的地方（可以略高于但不必过高于代表席）就行了。几十人到百多人规模的会议都可使用这个办法。

作为办公室主任，不论布置哪一种形式的会场，都必须注意：

1. 要靠拢起来，一方面表现和谐的气氛，另一方面也适宜于讨论问题。

2. 要使主席台面向大家，如规模不大，应尽可能避免向背现象。会议工作人员应当特别注意，有多少人参加会议，就摆多少椅子（可以稍多几把），摆椅子过多，与会人总是谦虚地向后排坐，容易把会场拉得很分散，不符合靠拢和便于讨论问题的原则。座谈会的会场形式可以更随便一些，摆桌子或不摆桌子均可。

会场是否悬挂国旗，是否悬挂横幅、张贴标语，应根据会议内容和情况需要，得到领导的同意后执行。

党政机关日常工作会议不必专设主席台，可采用固定与会人员座位的办法。

八、座次排列

召开会议，排列座次是必不可少的。尤其是大中型会议，须以此来保证开会的秩序。

会场座次，面对主席台来说，有前后左右之分，因此，办公室主任要合理地排列。各类大型的代表大会，可考虑按笔画排列，先按代表团（或地区）名称的笔画排列大的座次区域，再按代表小组（或地区）排定小的座次区域，然后按人名的笔画逐人排列（也可以不分区仅按姓氏笔画排列）。采用这种方法时，应注意以下几点：

1. 代表团的座区尽量不要横宽而要适当的直长，这样，就可使一个代表团具有从前到后的若干排座位。

2. 候选或列席代表的座位，应排列在正式代表位置的后边。

3. 对一些老、弱、病、残代表和代表团组的主要负责人，可予以照顾，排在便于出进走动的位置。排列座次，还可根据具体情况，采取其他方法。座次排定后，应报领导审定。

凡是固定座次，应在出席证和签到证上注明座号，或者在会议桌上摆置名签，并同时印制“座次表”发给与会人员，与会人第一次入场时，会议工作人员应做适当的引导。

并非所有的会议都要排列座次，多数会议可自由就座，这要视情况而定。

九、证件制作

召集开会，应视必要制发证件。一般说，制发证件只限于大型的重要会议，而通常的小型会议，不必制发证件。

1. 证件类型

证件的种类一般有出席证（或代表证）、列席证、来宾证和签到证，这四种证件都是参加会议的证件。另外还有会议工作证、记者证等等，这些证件是工作证件。

会议证件表明一个人的身份和权利，比如持出席证者不仅能参加会议，而且有表决权；持列席证者虽然能到会，但没有表决权；持会议工作证的只能是大会工作人员，有时还有工作区域的限制。证件有四个作用：一是证明身份，二是为了会议安全，三是为了统计到会人数，四是为了维持会场程序。

2. 制证要求

制发证件，应视具体条件“因地制宜”，不可追求一律。有些会议不排座次，就不必搞座号。有些大型会议，可以搞普通的入场券性质的证件。而一些重要的开几天以上的大型会议，不但要有正规的证件，而且要在证件上贴本人相片，加盖钢印。

3. 证件型式

证件的型式，应当反映会议内容，做到美观大方、朴素适用，切忌华而不实、低级庸俗。证件不必定形，可以根据上述要求设计，不妨“百花齐放”。

第四节　会场工作

一、签到

签到，是与会人员到会时的第一件事。

1. 方法。签到有各种办法：一种是簿式签到，代表入场在会议工作人员预先准备好的签到簿上签署自己的姓名，表示到会。这种簿子利于保存，有纪念性意义，但只适用于小型的会议，参加会议的人多了将会在会场门口形成拥挤现象，以至于造成秩序混乱，影响会议按时进行。另一种办法是利用如前所示的签到证卡片签到，它可以避免上述弊端，适用于大、中型会议。卡片签到是将印制好的证件预先发给代表，代表入场时交出一张卡片就行了。卡片签到也有两种办法：一种是签名的卡片，代表要在卡片上签上自己姓名才能入场；一种是不签名的卡片，由卡片上的固定号码代表出席人的姓名。重要会议使用的多是签名卡片，上面也印有证件号码或座次号码。

2. 目的。签到的目的：一是凭证入场；一是统计到会人数。

统计到会人数，是会务工作中一项急促而又细致的工作。领导往往在开会之前的一两分钟就向工作人员要到会人数和缺席人名单，这就需要以最快的速度统计出来，并且不允许发生差错。在不使用电子签到机的情况下，统计到会和缺席人需整理签到单。但是，这种方法必须等待到会人员大部到会以后才能开始工作，在会前只能统计到会和缺席人数，不能很快提出缺席人的具体名单。另外，工作人员还要把座次表全图印出来（上面有排号、座号、人名），一边接受签到，一边在座次表上销号。这样做，可以随时知道谁已到会，谁未到会，任何时候有需要，都可以立即把到此时为止的到会和缺席人数以及缺席人的姓名告诉领导。

二、引导就座

日常的小型会议，与会的人员一般都有自己的习惯座位。但多数会议需要与会者按照会前安排好的座位或区域就座。召开大型会议，为了方便与会者尽快就座和保持会场安静，需要采取某种方式引导就座。比如，在会议厅召开的大中型会议，一般都采用对号入座的方式或是将会场划分为若干区域，以地区或部门行业为单位集中就座；根据不同情况，有的也可采取随便入座的方式。无论采取对号入座，还是随便入座，或是划分区域入座，都应设立指座标，或由会议工作人员引座。有的小型会议也需要与会者有固定的座次，应在出席证或签到证上注明座号。如果不发证件，可在每个会议桌上摆置名签，并同时印制“座次表”发给与会人员，与会人第一次入场的时候，会议人员应做必要的引导，以便与会人员找到座位。

三、安排大会发言

召开大会，例如党的代表大会、人民代表大会等等，有的在分组讨论的基础上还要组织大会发言。安排大会发言的决定权属于大会主席团的有关领导。但是，办公室主任可能被委托先提出意见，供领导审定。

安排大会发言时，应当考虑以下几点：

1. 注意地区、部门平衡。做到在一天的会议里可以听到不同地区、部门的发言，使到会人员更快地了解全面情况。

2. 注意各级领导、主要领导与一般领导的均衡。

3. 注意主题平衡。每人的发言都有主题思想。一方面要安排符合会议精神的主题发言，另一方面也不要过分重复主题。相同内容的发言，不要紧连在一起，最好也不要放在一天，以免影响会场情绪，减弱会议效果。总之，要把内容相同的发言适当分开，使每天的会议不致让人感到单调。当然，如有实际需要，例如为了加强某种声势，反映某种呼声，还是可以把一个方面的发言集中安排在一起的。

为了安排好大会发言，保证会议踊跃发言，工作人员还应做一定的促进工作，主要是抓紧催交发言稿和掌握发言稿印刷情况，以保证发言稿能在发言前付印妥当并提前送一份给发言人。不是照本宣读的发言，当然不存在催交和印发发言稿的问题，但仍须询问发言人的准备情况，并将发言次序和时间告诉他。

四、做会议记录

会议不论规模大小，都应有记录，真实、客观地反映会议的内容和进程，为日后分析研究会议的内容提供依据。因此，会议记录是重要的文字档案材料，也是会议快报、简报、纪要的原始的、重要的素材。

一般情况下，办公室主任做会议记录的方法，不外乎摘要记录和详细记录两种。

1. 摘要记录。这种记录采用汉字直接记录。各级党政机关的日常会议，一般用汉字做简单记录，但有的地方，有时对此类会议也作详细的记录。

2. 详细记录，要求有言必录，包括发言中的插话等，都要详细记录在案。这种记录有的采用符号速记，有的使用录音设备，会后根据录音整理记录。也有的是速记和录音二者兼用。但有些会议不适宜录音，就只能速记。详细记录一般适用于特别重要的会议。对高级领导的重要发言，应当作速记记录或录音，以便做好传达和文献保存工作。

会议记录要求真实、准确、完整，不得随意增删改动，特别是速记，更要忠实于原话，保持风格，段落清楚，文字准确。

五、会场后勤保障

在会场上，应同总务部门做好以下工作：

1. 在小型会议会场或大会主席团座位上，适量放些笔和纸张，以备使用。

2. 大会进行期间，应适时向会议主持人建议休息十几分钟，以恢复精力，开好会议。在休息时应为代表准备休息地点。一般机关召开大会，如无条件，不必搞讲究的休息室，在露天院内散散步也是很好的休息。

3. 会议期间应有饮水等供应。

4. 大型会议、重要的会议，都应在会场内装置扩音设备，如需现场翻译的会议，应在会场装置译意设备。

六、发文件资料

在会中发文，若是一般性的文件资料，可在会场每个座位上摆放一份，也可在入场时，由工作人员在入口处依次发到每位与会者手中。

七、会场服务要求

会场服务是在会议进行中的服务，是在情况不断发生变动中的服务，这就对会议工作人员提出了特殊的要求：

1. 要把自己的工作目标和会议的目标统一起来。
2. 要实行集中统一的领导。

八、整理会议记录

大型会议在进行期间，一般都要印发会议简报或快报。

会议简报内容的来源之一是会议记录，因此，会后及时整理好会议记录很重要。由于现场记录十分紧张，字迹不可能很清晰，而且每人都有一套适合自己的现场记录法，有些常用术语，现场记录时往往简化了，不及时整理，隔时一久，有些问题就搞不清楚了。整理时，一方面要把简化的语句尽可能完善化，另一方面要把多余的“这个”、“那个”等口头禅去掉，尽可能做到语言文字的规范化，当然不能更动原意。

办公室主任在整理完会议记录以后，紧接着就要撰拟会议简报。会议简报的文字应当简短扼要，内容应当鲜明突出，可以是某个代表的发言摘要，也可以是综合反映代表的意见。不论是哪一种，都要选言之有物、言之有理、有创见、有新意的意见或建议，一般性的情况就不一定写进简报。会议简报一般均由大会文秘处印发，应当迅速及时，否则就会失去简报的现实意义，不能达到及时交流情况、反映问题、推动会议向纵深发展的目的。

快报是简报的一种更精练的形式，可以说是简报的“提要”。在文字叙述上要求比一般简报更言简意明，不穿靴戴帽，着重反映实质性的问题和急需解决的问题（如人事安排等）。快报仅供少数人参考。其最突出的特点是“快”，印发前不送发言人核阅，一般要求上午情况下午整理，白天情况夜间整理，第二天早晨即可印发至领导手中。这样，便于领导及时掌握会议进程，及时进行指导，同时也减轻了领导看文件的负担。实践证明，快报是向领导及时反映情况的一种较好的形式。

九、印发会议纪要

一些日常工作会议之后，应该印发会议纪要和决办事项通知，以便有关部门执行，同时也可避免日后查找时动不动就翻原始会议记录。

会议纪要不同于会议记录，记录是如实记载，纪要则是根据会议的宗旨，用准确而精练的语言综合记叙议事要点和决定事项，它是在记录的基础上进一步分析、综合、提炼而成的文件。

经过领导签发的会议纪要是会议的正式文件。这种文件，应当简短扼要，观点鲜明，确切说明事项，不必发表议论和交代情况。当然实际做起来也有差别，有的纪要需写得稍为详细些，要交代一点情况；有的纪要则简简单单，直接写出决定事项即可。

写会议纪要是为了发给有关方面执行，不只是为了留存备查。对于日常会议，如果会议决定的事项涉及有关部门，可以将会议纪要发给他们；也可以由相关工作人员从会议纪要上摘录出有关内容后通知他们。

印发会议纪要只限于日常工作会议，对于大型的会议和专业会议，因为都有正式文件和决议，一般不再印发会议纪要和决办事项通知之类的文件。

十、收退会议文件

会议文件在会后多数是要收回的。原因之一是会议文件多属草稿性质或参考性质；原因之二是会议文件多属机密性质，不宜长久存放在个人手里，以免遗失或泄密。然而，收退文件实在是一件伤脑筋的事情，由于种种原因，常常不能顺利地收回所有文件。虽然如此，办公室主任还是要想办法把文件收回。

可以在大会结束前夕开具应退文件的目录清单，发给与会人员，请其会后按清单全部把文件退回。一旦会议结束，办公室主任便应马上催退，如打电话等，必要时可以登门“要账”，不断地催退，直到退完为止。对于日常小型会议，例如省、市委的书记处会议、常委会议等等，可以在散会时要求留下文件，一遍“清洗”，干净利落。个别未到会人的文件，个别催退。

对于机密会议，如果有大量绝密文件分发，还可以采取更严格的办法。例如有的机关就采取了设保密室的办法。在会场设立保密室，给每一个与会人发一个文件袋，阅读文件时亲自到保密室领取，并在指定的地点阅读，临走时把文件装入文件袋，加以密封交给保密室，下次阅读时再凭证领取文件袋，绝对不准把文件带出会场。如果有人违反制度私自把文件带出会场，以纪律论处。当然，这是一种特殊的严格措施，一般情况是不采取的。

十一、催办

像现行文书处理中的催办一样，会议交办事项也要催办。催办事项的范围各机关稍有不同，有的宽一些，有的窄一些。比较普遍的是催办写报告，改写会议文件，代拟指示、批示等文书工作事项。

会议催办工作是不可缺少的，理由是如果不催办，部门可能将应当办理的事情拖延甚至忘记。经常催办不但可以避免这种拖延，而且可以及时向领导汇报，使他了解会议决办事项的办理情况。

催办应形成一定的制度，定时地催，直到办完为止。至于方法，办公室主任可以根据具体情况灵活运用，比如实行催办登记，利用电话，使用卡片等等。

十二、会议集体摄影

集体摄影是大中型会议组织工作的内容之一。摄影的目的是留作历史资料，载入历史档案。

1. 应根据领导的意图，按照会议的性质，确定摄影的规模和参加范围，并列入会议日程之中。

2. 进行必要的准备。联系好摄影单位和摄影师，必要时可请摄影师事先察看摄影场地。室外摄影，要根据上午和下午的时间，确定照相机摆放的方向和位置，并根据天气预报和天气变化情况，及早提出更改意见。应当画出摄影安排的平面布置图，对前排就座的领导人，应一一写上名字。一般来说，党的会议按党内职务，非党会议按行政职务排列。其他与会人员进入摄影场地的次序和队列位置，都应编写号码，以避免蜂拥而上，造成混乱。

3. 搞好现场指挥。摄影现场要设一名总指挥，严格按照预定方案实施统一指挥，无特殊情况，切勿随意改变，以保证大中型会议集体摄影活动有条不紊地顺利进行。

十三、会议文件立卷

会议文件是正式文件的一种。

会议文件立卷，是会议文件处理过程的最后环节。立卷，就是将会议期间的所有文件，依其内在联系，分门别类地组成一个或数个案卷。一般地说，一个案卷，就是一次会议所有文件的集合体。做好会议文件的立卷工作，不仅是因为大量的会议文件资料不加以系统整理，任其零乱失散，既无法科学管理，更无法迅速查考，而且在于会议文件自身反映了某一时期的真实面貌，反映了某项工作的客观进程，对会后的领导活动和有关工作仍然具有指导作用，还具有依据、查考和凭证作用。

会议文件立卷的基本要求是：按照会议活动过程，保持会议文件之间的内在联系，准确、全面、系统地反映会议活动的真实面貌，便于管理和查找、利用。

第五节　会议中的保密工作

一、会议保密工作的内容

任何会议，都有一定的机密性，都应该有一定的保密要求，必要时，还应该制定严格的保密制度和保密纪律。

会议文件的保密工作，是会议保密的重点，应该会同会议文件起草人员，采取有效的保密措施，达到不外传、不丢失的要求。鉴于会议文件都掌握在与会人员、会议工作人员和印刷人员之手，因此，文件保密的主要任务是教育持有文件的人员，提高警惕，加强保密观念，严格执行保密制度，及时清点文件件数，养成良好的保密习惯。为此，应该制发严格的保密制度。必要时应将保密制度印发全体与会人员，使之人人皆知，严格遵守。为了确保文件机密的安全，还应建立全面的检查制度。所有会场散会之后，都要进行彻底的检查，以便及时发现丢失的文件。递送和印刷当中的保密情况，也要定期进行检查。不符合保密规定的印刷厂，不能印刷机密文件；不符合保密规定的做法，要立即改正。一旦发现文件丢失，必须迅速组织力量查找回来。对文件失密事件，更要严肃处理，不得迁就。会后带走的会议文件，一定要采取保密措施，规定保密纪律，保证途中安全。

秘密会议和不宜公开的内部会议的保密工作包括下列基本范围：

1. 会议召开时间、地点、与会人员范围等的保密；
2. 会议议题、内容、活动日程安排等的保密；
3. 会议文件、资料等的保密；
4. 会议记录、纪要、简报、快报等的保密；
5. 尚未公布的领导在会议上的讲话、谈话等的保密；
6. 会议照片、录音带、录像带、影片等的保密；
7. 其他一切应当保守秘密的会议工作事务。

非秘密会议中需要保守秘密的事项也属于会议保密工作范围。

二、会议密级的划分

会议密级即会议的秘密等级。准确地划分和确定会议密级，是做好会议保密工作的主要依据。根据党和国家的有关规定，会议密级应分为“绝密”、“机密”、“秘密”三级。

第九章　办公室主任督促检查工作

第一节　督查工作概述

一、督查工作的含义

督查工作属于领导科学的范畴，是各级领导的重要职责，是科学领导的一个重要环节，是改进领导作风，狠抓工作落实、提高办事效率的主要手段，同时，督查工作也是办公部门的重要任务，是办公部门搞好服务的有效途径。

一般来说，办公部门就党的路线、方针、政策的贯彻落实情况、各项重大工作部署的执行情况以及各级领导批示、交办事项的办理情况进行督促检查的工作，应统称为“督查工作”。

二、督查工作的作用与原则

1. 督查工作的作用

督查工作具有以下几个方面的作用：

(1) 监督作用。

督促检查，从根本上说，是对各级领导工作作风的监督检查。针对当前一些机关存在的漂浮作风、官僚主义严重的现状，有必要通过督促手段，促使各级领导机关转变工作作风、克服官僚主义、提高工作效率，促使领导带头执行党委的决议，认真落实党委的工作部署。

(2) 推动作用。

路线再对头，方针再正确，政策再好，如果落不到实处，就收不到应有的效果。“布置多、检查少、效果差”和“会议开了、报告作了、文件发了、就是难落实”的问题，长期以来困惑着我们的领导机关。督查工作的开展，能够推动党委的决策和工作部署的贯彻落实，促使政策到位，具有明显的推动作用。

（3）控制作用。

决策出台后，关键在实施。领导最关心的问题经常包括决策能否落到实处，决策在实施过程中是否走了样，基层在落实决策中遇到了什么困难等。督查工作的开展，可以及时发现和解决决策实施过程中出现的新情况、新问题，对决策的运行起到控制作用，确保党的路线、方针、政策在正确的轨道上运行。这种控制不同于纪检、监察等职能部门的作用，而是站在党委的角度和全局的高度，从总体上和宏观上对下级党委执行决策的情况进行有效的监督控制。

（4）反馈作用。

督查工作的反馈作用主要是通过及时了解决策实施的情况，大胆地向上级党委和督查部门反馈决策实施遇到的各种问题来实现的，各级党委办公室应该把反馈情况作为督查工作的一项经常性任务，客观地、真实地把决策实施中的倾向性问题反馈上来，同时，认真分析问题产生的原因，提出对策建议供领导参考。督促检查是决策的一项后续性工作，贯穿于决策实施的全过程，不仅可以推动决策的落实，而且可以及时反馈决策执行情况，为领导机关修正决策或制定新的、更高层次的决策提供科学依据。

2. 督查工作的原则

督查是一个运行过程。从督查工作的性质和目的看，在督查过程中，必须遵循下述基本原则：

（1）系统原则。

在督查实践中，必须从机构运行和督查整体共同目标出发，注重系统内外的协调性和适应性，将宏观、中观和微观督查有机地结合起来，将各层次、各环节、各领域的督查统一起来，使之组成一个机构督查的有机整体。

（2）能级原则。

对机构运行过程实行有效的督查，必须根据督查对象的运行特征或构成要素，将督查系统划分为若干子系统，使之形成一定的督查规范和标准。根据不同的督查层次，划分出相应的督查范围，授予相应的督查权力，明确相应的督查职责，从而建立与动态相对应的督查秩序，从根本上克服各督查层次或子系统缺乏主动性、灵活性及责、权分离的弊端，使每个子系统和督查工作者，都有确定的、可以考核的具体责任和权力。

（3）动力原则。

在机构督查中的动力，就是要给予督查系统和督查人员精神的、物质的和信息的动力，这三种动力的综合协调，就会释放出巨大的能量，作用于机构运行过程。

（4）效能原则。

机构督查要有效、合理、科学，也就是要坚持效能原则。体现督查效能的形式很多，诸如督查效率、督查质量等。其中最主要的效能，是价值效能和反馈效能。

（5）弹性原则。

机构督查是一个动态过程。因此，督查计划的制定、督查方案的实施和督查结论的做出，都要具有一定的弹性和留有充分的余地。

三、督查工作的程序

1. 确定督查目标

确定机构督查目标，必须坚持最佳社会效益和实事求是的原则。在确定督查目标时，要以总目标为核心，根据不同时期机构发展的具体要求，从质和量两个方面作出具体明确的规定。

2. 拟定督查计划

首先应当根据督查目标，对所要进行的事项和督查活动，从历史到现实、从内部到外部进行多方面的考察、分析，从而对督查活动的方向、步骤和措施等作出准确的判断和测定。并在充分讨论和民主集中制的基础上，按照最优化的要求，运用多种技术方法，提出最优的督查方案，根据预测和决策的结果，编制出详尽的计划和安排。当然，在编制督查计划时，既要注意应有较强的针对性、时效性、统一性，又要统筹兼顾，积极可行。

3. 择定督查方案

对机构运行过程进行督导不仅要受社会、心理、习俗、市场、科技、文化、教育、自然、资源等多种条件的限制，而且还要受到督查系统所作用的范围、时间、空间以及督查的手段方法、信息等多种条件的限制。选择科学合理、行之有效的方案，必须具有完备的信息资料、遵照统筹兼顾、切实可行的原则，充分发扬民主和运用科学的方法。

4. 实施督查检查

在督查计划和方案的实施过程中，对受督查系统进行的审核、检查、控制、制约和调节，是督查功能充分发挥的综合表现。将督查任务分解为若干具体指标，落实到有关的督查机关和督查人员，并将各督查机关、督查人员及其各督查要素有效地协调起来，使之在时间和空间上保持高度的一致性，以便准确地反映督查的目的和要求，适应不断变化了的外界环境，取得最佳的督查效果，然后是实施检查调节。

5. 总结经验教育

督查的目的是完善机构运行机制，保证机构运行健康协调，促进机构不断发展。因此，对机构运行过程进行督查，首先，要认真总结督查工作中的正反经验。其次，要认真总结机构运行中的正反经验。

6. 建立和完善信息系统

建立和完善信息系统，不仅是机构督查工作一个必不可少的组成部分，而且对机构督查质量和效果有着直接的影响。做到将督查中获取的大量、繁多、杂乱的信息进行统一的储存、处理、选择和传输，从而形成一个完整的为企业督查服务的信息系统。

7. 评价督查效果

督查效果包括直接效果和间接效果两个方面。对督查效果进行评价的目的，是要找出影响督查效果的因素和寻求提高督查效果的途径。要使督查措施实施后取得最佳的效果，必须合理组织督查活动，健全督查体系，提高督查人员的思想觉悟和业务能力，实行责、权、利相结合的督查管理办法，逐步实现督查手段的现代化。此外，还必须创造一个良好的督查环境。

四、督查工作的方法

机构督查工作的方法有下述两种基本方法和专门方法：

1. 基本方法

（1）思想方法。

机构督查对象是一个复杂多变的网络系统，要对这个复杂多变的系统进行有效的监督，没有科学、正确的思想方法作指导是不行的。因为科学的思想方法是以辩证唯物主义为理论基础的。科学的思想方法表现为：

①实事求是的思想方法。进行企业督查，更应当从客观实际出发，深入实际，了解实际，然后根据机构运行的实际情况探求督查活动的客观规律，从“实事”中找出“是”来。

②不断发展的思想方法。企业督查是一个动态过程。因此，在企业督查工作中，必须从发展、变化的角度出发，去分析、判断督查对象。否则，督查的结论就经不起历史的检验，就不能达到以监督检查促进发展的目的。

③具体分析的思想方法。对企业督查，应当具体问题具体分析，使督查工作既有针对性，又能解决问题，发挥作用。

④群众路线的思想方法。企业督查的动力和核心是人和人们的积极性，而最明显、最本质的特征是民主监督。因此，通过督查促进企业的健康运行，就必须充分发扬民主，走群众路线，在督查实践中充分体现广大职工的意愿。

（2）分析方法。

机构运行是一个复杂的过程，对这个“过程”进行有效监督检查所运用的分析方法是多种多样的。

①矛盾分析法。通过对各种矛盾和各种矛盾相互关系的分析，以找出解决矛盾的办法，使各种复杂的、主观的、对抗性的矛盾发生转换，从而保证各项企业活动的健康进行。

②系统分析法。从整体、系统的角度对被督查的事项进行分析和考察。在督查实践中，应当将局部与全局、外部与内部、当前与长远紧密结合起来，将督查的具体对象放在整个企业运行系统内来分析和判断。

③定性定量分析法。机构运行的诸多影响因素都可以量化，即可以用数量关系表述和分析。所以，机构督查既要重视定性分析，更要重视定量分析，通过建立数学模型，编制运算程序，采用先进计算技术，进行数量上的对比分析，从而找出规律性的东西。这两种方法是紧密联系的。

2. 专门方法

（1）审核检查法。

对督查对象的活动、行为及结果，运用各种方法和手段进行审理、核对、检验、查对，以发现问题，查出弱点，理出线索，采取措施，予以纠正。

（2）调查验证法。

所谓调查验证法，是指在督查过程中采用调查对证、实地考察，技术验证，审阅核对、询问质疑等手段，对督查对象的各种行为及其结果的合法性、真实性、有效性、合理性进行的督查。

（3）综合协调法。

由于机构督查对象众多、情况复杂，因而要有效地发挥督查作用，必须具有高超的督查艺术，对各督查对象、某一督查对象的因素要全面分析，对不同时期和不同方面的督查重点要综合协调。

五、督查工作的内容

各级党委办公室的督促检查工作主要包括以下内容：

1. 检查党中央和上级党委制定的方针、政策、重要的文件和重要会议精神贯彻落实情况；

2. 检查上级党委和本级党委重要工作部署，重要决定事项的落实情况；

3. 检查上级和本级领导重要批示和交办事项落实情况；

4. 认真完成上级党委办公室交办的督促检查事项；

5. 负责人大代表、政协委员提出的需要由党委机关答复的有关提案、议案办理情况的督查；

6. 领导认为必须督促检查的重要事项。

六、督查工作的基本要求

1. 紧扣中心，突出重点

督查工作的范围很广，大到党的重要决策，小到领导的具体批示，都可以作为督查工作的内容，任务十分繁重。但是，各级办公室目前的督查力量相对薄弱。在这种情况下，如果面面俱到，四面出击，就难收到实效。因此，督查工作一定要围绕党委的中心工作来开展，把主要力量放在促进党委的重大决策和领导重要批示的贯彻落实上。党委一个时期有一个时期的工作中心，这个工作中心就是督查工作的重点。督查部门在认真完成批办督查任务的同时，要把工作重点放在决策督查上来，以推动党委决策的贯彻落实。

2. 尽职尽责，有查必果

各级办公室的督查工作是根据党委的授权进行的，必须尽职尽责地协助党委抓落实，做到有查必果，有果必报。凡列入督查的事项，必须抓紧催办落实；凡需要报送结果的，务必做到件件有着落，事事有回音。对于一些难度较大的督查事项，要下大力气，经常催办，并帮助承办单位排除落实过程中遇到的困难，力争取得实效。有些问题确因情况复杂，一时难以查清的，也要报告进度及其原因，并尽快找出克服困难、解决困难的办法，决不能久拖不办，不了了之。

3. 着力促进各级领导改进作风

督促检查工作从根本上说，是对各级领导工作作风的监督和检查，上级党委的决策，主要靠各级党组织和各级领导去组织贯彻落实，他们从外部推动和促进主体坚决按照上级党委的决策去落实，通过外因促进内因发挥作用。正因为如此，办公室的督促检查不是包办代替主体对于上级党委决策的贯彻落实工作，而重要的是促进他们改进作风，推动他们更深入扎实地抓落实、见成效。只要各级党组织和各级领导有了扎实的工作作风，上级党委决策的落实就有了保证。

4. 注重实效，确保质量

督促检查工作是一项抓落实的工作，是针对我们工作中存在的政令不畅通、工作不落实的问题提出来的，这一性质决定了督查工作必须十分注重实效，确保质量。要做到这一点，就必须防止形式主义，从实际出发开展工作，把注重实效作为督查工作的出发点和落脚点，在推动决策的实施上下功夫。

5. 举一反三，扩大效果

督查工作要注意通过办理某一具有典型意义的督查事项，连带解决一批同类问题，或是采取有效措施，使那些对全局工作有指导意义的督查事项发挥作用，扩大督查效果。对于一些重要的领导批示，在抓落实的同时，还可将落实情况在一定范围内通报，以推动面上的同类工作。对于督查过程中发现的不落实的典型，要敢于进行批评，以避免类似事件的发生。对于一些较大的决策督查活动的结果，除报党委领导外，可根据情况运用报刊、广播、电视等新闻媒介公开报道，扩大督查工作的社会效果。

6. 充分发挥综合协调作用

领导是抓工作落实的主体，作为工作机构的办公室，在督促检查工作中处于综合和枢纽的地位，因而办公室有条件也应当充分发挥协调作用，一方面，办公室要按照党委的要求积极进行督促检查；另一方面，要努力协调好党委各个职能部门和下级党委办公室的督促检查工作，以便使整个督促检查形成合力，形成一个有机的整体。

第二节　督查工作规范操作

一、狠抓督查工作队伍建设

抓督查工作队伍建设过程中，应注意以下两点：

1. 努力提高督查人员的素质

督查工作的性质和任务，要求从事这项工作的人员必须具备以下素质：

（1）要有坚定正确的政治立场和较高的政策水平。

督查工作人员必须在政治上同党中央保持一致，同党委一致，掌握马克思主义的基本原理，提高政治理论水平。同时，要熟知党和政府制定的方针、政策，学会用马克思主义的立场观点和方法观察、分析、处理问题。这样，才能准确地把握领导的决策思路，把握督查工作的重点，顺利完成领导交办的督查工作任务。

（2）要热爱本职工作，有强烈的事业心和工作责任感。

自觉站在对党和人民的事业负责的高度来想问题、当参谋，严格按照党和政府领导的意图和要求开展工作。要有求实的精神。在督查活动中，尊重客观事实，既不为个人感情所左右，也不为利害关系所制约。遇到棘手问题时，要敢于碰硬，排除干扰，秉公办事，对领导交办的督查事项要件件有着落、有回音。

（3）要有较强的组织、协调能力。

组织、协调是督查工作常用的方法之一，也是督查人员必须具备的一项基本功，督查人员往往在领导授权以后，协助领导进行督查活动的组织，协调工作任务繁重，要求督查人员讲究工作策略和艺术，提高组织和协调能力。

（4）要有较强的调查研究能力、综合分析能力和口头、文字表达能力。

只有这样，才能全面、客观、及时地了解情况，并对收集到的情况、资料进行去粗取精、去伪存真、由表及里、由此及彼的分析，作出符合客观实际的判断，及时反馈情况，提出参谋意见和建议。

2. 要求领导给予高度的重视和全力的支持

要下决心选调一批政治、业务素质较高的人员充实到督查队伍；要为督查人员了解领导决策意图、顺利开展工作提供必要的条件；要树立督查工作的权威，向督查人员授权、压担子，支持他们大胆行使职能。督查人员要在实际工作中加强学习，努力学习马列主义基本原理，学习党和政府的方针、政策，学习经济建设知识和督查业务知识，以适应督查工作的需要。各级督查工作部门要把提高督查队伍的整体素质作为自身建设的一项重要工作来抓。

二、建立健全督查工作网络

督促检查工作网络是在党委政府领导下，以办公室为枢纽、各职能部门密切配合、上下左右贯通、高效协调运转的一种工作联络系统。建立健全督查工作网络是做好督促检查工作的重要保证，必须做到四有，即有领导具体分管，各级党委和办公室都要有领导负责督查工作，逐步形成一种“领导抓、抓领导”的工作格局；有专门的工作机构，在省、地、县三级党委、政府办公室设立督促检查室（处、科）等专司督查职能的机构；有专职工作人员，各级党委办公室要配备一定数量的相应级别的专职督查员，党委和政府各部门也应配备专职或兼职督查员；有一套行之有效的工作制度，确保督查网络的正常运行。

三、督查工作的目标管理

1. 目标管理强调的是以目标为中心的管理。机关督查工作的目标管理是以强调明确的目标作为管理有效的首要前提，一切管理活动的开始就是确定机关督查工作的目标，执行过程也是以目标为导向，结束以后还是按照目标的完成情况来进行考核。机关的督查工作的目的、任务、行动都必须转化为目标，管理人员必须通过这些目标对下级进行领导并以此来保证机构总目标的完成。

2. 目标管理强调的是以目标网络为基础的系统管理。机构督查工作是有不同层次、不同要求的多个目标，不仅有总体目标，不同层次不同部门也应有分目标。正是由于总目标和各分目标以及各分目标之间互相关联，互相保证和依赖，形成了互相支援的目标网络系统，从而保证了目标的整体性和一致性。

3. 目标管理强调的是以人为中心的主动式管理。通过工作的日的性、管理的自我控制、个人的创造性来进行管理，机构督查工作的目标管理，由管理者和下属共同来参与目标的确定和目标体系的建立。作为下属不再只是做工作、执行命令、等待指导和决策，他们本身就应是目标制订的参与者。

4. 目标管理的优越性

（1）能提高机构督查工作的计划工作质量；

（2）能改善机构督查的组织结构和授权；

（3）能激励机构督查工作的人员去完成任务。

5. 目标管理的过程

（1）目标的制定。

目标是日标管理的核心，目标的确定要综合考虑其重要性、必要性、可能性等。

（2）目标的实施。

采取多形式、多渠道的宣传教育活动，根据企业督查工作的各级、各部门的目标和责任，各行其职；上级要为下级完成目标提供必要的技术和物质条件，保障有关的技术组织措施。

（3）对实施成果的检查与评价。

在企业督查工作的目标实施过程中，要经常调查了解和利用系统性的经济核算，对实施成果进行检查分析，跟踪控制，确保预定目标的实现。经过检查与评价，总结经验教训，用于制订下一期的目标，开始新的目标管理循环。

四、督查工作的制度建设

建立健全督促检查工作制度对于做好督查工作具有十分重要的意义。一是有利于明确职责范围，明确岗位责任，保证工作任务的完成；二是有利于提高督促检查工作的透明度，督查工作人员按规章制度办事，保证督查工作的连续性；三是有利于提高工作效率和工作水平，只要严格按制度办事，应能避免忙乱，减少差错，提高工作效率和质量。因此，各地在开展督促检查工作时，一定要注意加强制度建设。我们经常用的督查工作制度有：

1. 责任制度

这项制度的基本要求是上级和本级党委、政府的决议、决定以及各项工作部署或领导重要批示下达后，要一级抓一级，层层明确责任，按照领导负责、分级承办的原则，将任务落实到人，做到件件有人负责，事事有部门承办。需要由多个部门共同承办的事项，要明确牵头单位和负责人，以免出现工作环节上的“空当”。

2. 检查制度

这项制度的基本要求是在抓落实的过程中，各级都要根据不同的工作内容，运用不同的形式，对下级贯彻落实的情况进行普遍检查或重点抽查。进行检查或重点抽查时，要注意掌握总体情况，注重实效，切忌以偏概全、搞形式主义。要深入基层、深入群众，认真听取各方面的意见和反映，发现问题及时提出处理意见，报党委和上级督查部门。

3. 报告制度

这项制度的基本要求是党的重要文件和重大工作部署下达后，各部门应及时向上级报告工作进度和落实情况。凡文件或会议明确规定了报告期限的，要按期作出书面报告；凡未确定报告日期的，在文件下达或会议结束后 3 个月内作出报告；在执行中遇到重大的、特殊的问题，应随时报告。有的地方甚至规定，10 日内要报告办理结果或进展情况，一般事件当月办结，较大事件两月办结并要及时报告办理结果。

4. 通报制度

这项制度的基本要求是对各地各部门落实上级重大决策、重要工作部署的情况以及重要批示的办理情况，在一定范围内进行通报。对落实得好的，注意总结经验，加以推广；对落实过程中的不足之处要及时指出，并督促改进；对落实得不好、甚至搞“上有政策、下有对策”的，要进行批评。

5. 归档制度

这项制度的基本要求是对督促检查工作中形成的各种文件、资料，如领导的批示件、查结报告等，分类整理，立卷归档，随时备查。

6. 保密制度

这项制度的基本要求是对督促检查的内容要严格控制传播范围。对于那些不宜公开的督查事项，要严守秘密，防止因失密给工作带来损失。

第三节　督查工作的技巧

一、督查报告的写作技巧

1. 要突出本地特色

督查报告要突出反映本地区工作的特点，就是说要重点反映在贯彻落实上级决策中如何结合本地区的实际。我国地域广大，人口众多，往往一项决策下达后，由于自然条件、工作基础和群众觉悟程度不同，贯彻落实的方法、要求不尽相同。督查报告应当详异略同，即对于共性的东西、全国相同的事情要略，而对于具有地方或民族独特风貌的事物要详尽。如贯彻执行计划生育这项基本国策，总的要求是通过落实节育措施，达到少生优生的目的。但在具体工作上，由于内地与边疆、城市与乡村、汉族地区与少数民族地区的不同，又有不同的要求、不同的做法、不同的效果。督查报告就应该突出地反映这些具有个性特点、本地特色的东西，以便上级领导更好地了解本地本单位的实情。

2. 督查报告的主要任务是向上反映督查工作的重要情况

典型事件，有普遍意义的经验教训。因此，在内容上，要在求“实”的基础上，突出一个“新”字，即突出反映改革开放中所出现的新情况、新动态、新思想、新突破、新建树、新问题、新方法，尤其要突出反映新做法、新经验。因为新经验，对于解决问题，推动面上工作的开展，具有十分重要的指导作用。这就要求督查部门的人员多深入实际，深入群众，善于发现和认真总结广大干部群众在贯彻落实党委决策过程中创造出来的新做法、新经验，并及时向党委反馈，以便在更大的范围内加以推广和运用，使之转化为推动决策落实的力量。

3. 要突出反映问题

督查报告，一定要做到实事求是，既报喜也报忧，全面、准确、客观地反映真实情况，尤其是要敢于如实地反映问题。因为督促检查的过程，实际上就是不断发现问题和解决问题的过程。因此，督查报告应该如实地反映决策落实过程中出现的各种问题，特别是那些带普遍意义的政策性、倾向性、根本性的问题，便于领导及时采取措施加以解决。

二、查办催办的技巧

查办催办的主要任务是检查、督促、落实党和政府的各项方针政策，服务于中心工作。必须做到以下几点：

1. 与信息工作相结合

查办工作与信息工作相结合，既可以通过信息渠道发现查办线索，及时立案查处，又能在查办案件、事件的过程中，适时提供新的信息，两者相互促进，共同提高，从而不断挖掘查办深度。有的地方就把查办与信息工作合在一起，称为信息查办处（科）室，实践证明是可行的。

2. 与调查研究工作相结合

调查研究是我党的好传统。这里包含两层意思，一方面，查办催办工作本身要注意调查研究，主动寻求调研查办题目，变被动查办为超前查办。另一方面查办催办工作要与各级党政机关调研机构配合，在领导安排下，就某一问题进行调查，综合分析，写出有力度、有问题、有建议性的材料，为领导决策服务。

3. 与信访工作相结合

信访部门的主要任务是运用群众工作方法，负责处理人民来信和接待人民来访工作。它同查办催办工作突出为党委、政府中心工作服务是有很大区别的，但在联系群众、克服官僚主义、落实政策、提高党的威信等方面是一致的。因此，两者应经常保持联系，可以通过不同渠道了解社情民意，协调动作，联合办理一些重大的、事关全局的信访案、事件。对一般的群众来信来访应坚持由信访部门办理，需要查催部门办理的应当是一些带有政策性、苗头性和群众反映强烈的问题，这一条原则必须坚持，切不可“越俎代庖”。

4. 实事求是，秉公办案

查催工作必须敢于说实话、说真话，坚持原则，依法查办。只有这样才能保证查办结果事实清楚，证据确凿，定性适当，处理公平，发挥其应有的作用。

5. 分级负责，归口办理

所谓分级负责，是指对领导批交的案、事件和查办部门所看到、听到、见到的一些无人过问的重大问题，按照问题性质和隶属关系，转有关部门办理，做到层层负责，属于哪一级职权范围的，就由哪些部门办理。所谓归口办理，就是按照党政分工的原则和查办具体内容，根据各单位工作分工，责成办理。

6. 领导上阵，亲自查办

查催工作是办公室主任工作不可缺少的组成部分，而领导重视是做好查催工作的关键。因此，对一些重大问题和“老大难”问题，要呈请领导亲自批示查办，必要时，可成立由主要负责人牵头、有关部门参加的专案小组进行查办，领导要经常过问工作进展情况，听取汇报，协调解决矛盾，为查办人员正确行使职权撑腰做主。这样做，一方面能加快办案速度，提高办案质量，重要的是可以增强查催工作的权威性，保证查催工作的顺利开展。

7. 坚持结报反馈制度

查办工作的目的是督促党的方针政策的贯彻落实，改变有令不行、有禁不止的现象，所以，无论哪一级，哪个部门在接到领导机关和领导的批示查办件后，必须严肃对待，按照程序认真查处，并如期上报办理结果。

8. 树立全局观念，围绕改革和建设这个中心，以查办催办党和政府各项改革方针、决策和重要工作部署的贯彻执行情况为主。

三、专项查办的技巧

1. 要事实清楚处理得当

认真深入了解真实情况，掌握第一手材料，是解决和处理问题的基础；党的方针、政策和国家的法律、法令是处理问题的准绳。也就是说，一件事或一个问题的解决和处理既要看事实，又要符合政策、法律规定，这样才能取得令人满意的效果。要做到事实清楚、处理得当，就必须做到以下几点：

（1）调查细致深入，事实清楚。在调查的材料中，对历史演变、现状及其活动特点都能实事求是地反映出来。

（2）对问题的定性依据要充足，并能严格地按照党的政策、法律做出处理决定。

（3）党政机关及有关部门要互相配合，形成较强的工作力度，从而对问题的认识很快得到统一。对处理意见的落实要做到互相配合，迅速及时，从而取得显著效果。

2. 严格查处时限，彻底查清事实

严格查处时限，彻底查清事实。办结后，查处单位向上报告办理结果。此案件的办理过程中，首先组成调查组开展调查，并向主管机关写出调查报告，按照事实，对照党的方针、政策及有关规定，提出处理意见和解决方法，承办单位应正式行文上报办理结果，做出“处理意见”或“处理决定”。

四、跟踪督查的技巧

跟踪督查，一定要强调实效。首先，要看实际工作效果如何。对于决策贯彻落实情况，不能满足于只了解传达过程，所订计划和所作部署这类表面的、形式的东西。更重要的是要了解贯彻落实的实际工作效果。其次，是要强调深入，掌握实际。这就是说，跟踪督查必须有点有面，解剖麻雀，全面准确地了解真实情况。而不能一阵风，走过场，走马观花，蜻蜓点水。对落实好的经验、做法，要总结推广；行动缓慢的要分析原因；问题多的要找出原因总结经验教训，并进行情况通报，以推动决策的落实。要有专职督查人员参加督查组，以防止职能部门的人员从本部门的利益出发，只报喜不报忧，只讲落实的部分，不讲不落实的部分，只讲成绩和经验，不讲问题及其原因。要引导他们在分析不落实的原因、责任和提出完善决策的建议上下功夫，拿出更有价值的高质量的调研报告。

第十章　办公室主任信访与接待、外事工作

第一节　信访工作概述

一、信访工作的含义

信访是指人民群众用写信或上访等形式，向各级党政机关、企事业单位、人民团体及其领导人反映个人或集体的愿望和要求，提出批评和建议的行为。

从直观上看，信访工作是一项联系广泛的工作，是各级党政机关和企事业单位处理人民来信来访的活动，是联系群众的桥梁和纽带。信访受理者的任务是代表党政机关和组织处理信访者的信访问题。信访问题的解决，表明信访关系的转化。因此，信访工作的定义应该是：信访工作是党政机关、人民团体、企事业单位调整和处理信访关系、促进信访矛盾转化的有组织有领导的活动。

二、信访工作的特点与作用

1. 信访工作的特点

信访工作的特点，主要表现为：

(1) 服务性。

信访工作的服务性主要体现在：

①为群众服务，满足群众的正当要求；

②为领导服务，协助领导处理群众信访问题；

③为党的中心工作服务。

在信访工作中，这三种服务既相互联系，又有区别，统一落实到全心全意为人民服务的基点上。

（2）监督性。

信访部门虽然没有对监督对象的处分权，但是它可以通过自己工作的特点，充分发挥监督作用。

（3）群众性。

信访工作的群众性，一是指信访工作面向群众，联系群众，工作的对象主要是人民群众；二是指工作的广泛性。

信访工作的群众性，是党的群众路线的具体体现，主要表现为：

①代表党政组织联系群众，了解群众生活情况、思想动态；

②通过对话和书信形式向群众宣传党的路线、方针和政策，做好群众的思想政治工作；

③落实党的政策，为群众排忧解难；

④倾听群众的呼声，采纳群众的意见。

（4）政策性。

信访工作的政策性主要表现在两个方面：一是及时，准确地把群众在信访中提出的有关政策性问题向有关领导和组织反映，作为制定和完善政策的参考；二是按照党和政府的政策解决信访问题。此外，对群众在信访中要求解决的实际问题，信访部门除了按照“分工归口”的原则，转请有关部门酌情处理外，也要和有关部门配合，弄清情况，落实政策。

2. 信访工作的作用

（1）发扬党的优良传统，密切党群、政群关系。

通过信访工作，从中了解社会各阶层的情绪和要求，了解党和国家的方针政策的贯彻落实情况，了解人民群众的真实呼声和疾苦，了解社会风气和党风状况，了解社情民意，切实为群众排忧解难，满足群众的合理要求，加强党同群众的联系，增强群众对党和政府的向心力，调动群众的社会主义积极性。

（2）充分发挥群众的民主监督作用。

人民群众通过信访活动，对党和政府的方针政策发表意见，对各项工作提出批评和建议，对党和政府、企事业单位及其工作人员实行自发的、直接的、公开的、有效的民主监督，维护和实现人民群众民主权利。通过信访工作，可以及时发现领导机关及其工作人员存在的各种问题，查处违法乱纪行为，纠正不正之风，克服官僚主义，做到为政清廉。

（3）有效地调解社会矛盾。

信访活动是社会各种矛盾直接或间接的体现。通过信访工作，可以及时有效地调整人与人、人与组织、人与社会之间的关系，减少和消除不安定因素，促进社会的安定团结，促进生产力的发展。在改革的时期，信访工作调解矛盾的作用显得尤为重要。一是通过受理信访者的申诉和落实党的政策，满足其合理要求。二是及时调解处理有关方面的纠纷，把矛盾解决在初发阶段。三是通过受理检举揭发事项，扶正除邪、惩治不法。

三、信访工作的任务

信访工作是党和政府及社会组织管理者围绕社会成员反映和提出的信访问题所展开的全部活动。其工作任务具体如下：

1. 受理本地区、本系统、本单位和上级机关交办的来信来访事宜，为信访群众排忧解难，满足群众的正当要求。

2. 向所属地区、部门和单位交办来信来访事宜，并督促检查案件的处理情况。

3. 发扬社会主义民主，接受群众的民主监督，及时处理群众的各种建议或批评意见。调解社会矛盾，维护社会的安定团结和良好秩序。

4. 定期综合研究人民群众来信来访的情况和问题，及时向党政机关及负责人反映有苗头性或倾向性、普遍性的问题，并提出解决问题的建议。

5. 协助党政领导机关检查本地区、本系统的信访工作，发现和解决问题，组织交流工作经验。

四、信访工作机构的设置

根据中央《党政机关信访工作条例》的规定：“各级党政机关，要按照方便群众，有利工作和机构精干的原则，建立健全信访工作机构”的要求，各级党政机关和企事业单位信访工作机构的设置情况大致如下：

1. 中央、国务院办公厅信访局。

2. 中央、国务院所属各部门内设的信访办公室。

3. 县及县以上党政领导机关信访局或信访办公室。

4. 相当于县或县以上的企事业单位设立的信访处或专职信访工作人员。

5. 不具备设立专门信访机构或专职信访人员的单位或部门所设立的兼职信访工作人员。

五、信访人与信访问题分类

1. 信访人的权利和义务

信访人是指用写信或上访等形式向各级党组织和政府及有关的企事业单位、人民团体及其领导表达某种意愿的个人或集体。

（1）信访人的权利。

①对党和国家的各级组织及企事业单位、人民团体有包括政治、经济、文化、社会等各个方面的广泛的批评建议权。

②个人利益、人身自由遭到损害时，有权向党和组织或政府机关提出申诉。

③对党和国家机关及其工作人员的违法失职行为，有揭发、检举和控告的权利。

④对党和国家机关及其工作人员的工作有质询监督的权利。

（2）信访人的义务。

①要自觉遵守和维护国家的法律法令，在宪法规定的范围内活动。

②实事求是，不得夸大、隐匿、歪曲、捏造事实，不得诬告他人。

③自觉遵守和维护信访部门的各种规章制度，服从工作人员的安排，保证信访工作的正常秩序。

2. 信访问题分类

（1）地域分类法。

是以信访人居住的地域或信访问题所涉及的地域为特征进行分类的方法。地域分类方法便于对某一地区或部门的信访态势进行比较分析，便于按属地原则进行分类处理。

（2）时间分类法。

是以信访人来信来访发起时间或信访问题发生的时间为特征进行分类的方法。按时间分类，可以帮助信访部门联系当时的历史背景，分析和了解信访的发生规律和趋势。

（3）问题分类法。

是以信访人来信来访反映问题的性质为特征进行分类的方法。按问题分类可以帮助信访部门了解和掌握群众中信访问题的热点、难点，以便分类研究，区别处理。

以上三种分类方法可以单独使用，也可根据实际情况相互结合使用，如综合反映某一地区某一时间内群众集中反映了一些什么样的信访问题。

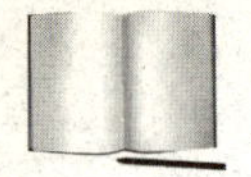

第二节 办理群众来信、来访的艺术

一、接收

主要包括拆封、装订、盖戳。当日收信，当日拆封，并加盖收信章。拆封，首先要按收信人单位、姓名和发信人的地址检查一下来信，看是否属于自己所受理的范围，以免拆错。拆封时要注意：

1. 信中如夹带有证件、现金、票证或其他贵重物品，要逐一清点核对，妥善保管，防止丢失。

2. 要保护信封和邮票、邮戳的完整，以便佐证投信时间和地址、供处理来信反映问题所要求的时间参考和复信的地址需要。若发现原信封无邮票，应说明。

3. 来信如缺张少页，应注明。

4. 如来信要求保密，应予尊重，不得任人翻阅。

5. 装订时，信纸与信封一并装订，信纸在前，信封在后，在上级机关和其他部门附转办单转来的信件，转办单、信封要与原信一并装订，转办单在前，信封在后。如果来信页码是颠倒的，要按照顺序调整过来。装订后，要在信的右上方空白处盖收信日戳，收信日戳应有收信单位名称和收信日期。如无收信日戳，也要另行注明收信单位和日期。

二、阅信

阅信的目的在于弄清来信内容。对于人民来信，只有细心阅读，了解全篇内容，才能做出恰当的处理。所以，阅读要集中精力，认真细致，要逐字逐句地体会，理解和掌握来信者的意图、要求及反映情况的各个过程。

并根据来信内容和要求，提出拟办意见。阅信要注意：

1. 要注意上访人因受文化水平限制，信的内容语无伦次，缺少逻辑和精神病患者的来信。如怀疑来信人有精神病，可请有关单位予以确认，再做处理。

2. 对重复来信，如不是内容完全相同的印刷信或复制信，都应同初次来信一样阅看，以免出现差错。

3. 来信中的急件，内容重要的要作为重点进行登记处理，对反映某方面重要问题的，应进行摘录或建议简报反映。

三、登记

就是在来信登记卡片或来信登记簿上按照项目填写来信的基本情况。字迹要工整清楚，用词要简明准确，条理分明，不失原意。要登记的主要内容有：

1. 写信人的姓名、职业、职务和政治面貌，以及信中涉及的主要人物的情况。

2. 信寄出的时间，收信的时间，所反映问题的发生及过程的时间。

3. 写信人的住址和工作单位，所反映的问题涉及的主要单位，由其他单位转来的信，应注明转信单位。

4. 来信的主要内容。一般采用摘记的方法，写明来信反映问题所发生的时间、地点、主要情节和过程，涉及的单位和人员，来信人的要求和愿望。注意做到既要概括全面，又要抓住中心。

在登记时还应注意到这几种情况的处理：

（1）遇到与前信内容相同的重复来信，要注明收信时间、数量、办理情况，倘若有新内容，则应补记。

（2）对随信寄来的证件，现金，票证或其他物品，应逐一登记清楚。

（3）如来信有领导批示、上级发函或已有处理结果和已向上级机关作了汇报的，应予注明，以便查找。

（4）经办人员要在登记卡片或登记簿上签署姓名，以示负责。

四、转办

转办就是受理来信的机关和信访部门，根据来信反映问题的性质，按照“分级负责、归口办理”的原则，转交给有关地区、部门或单位处理。这是处理人民来信，特别是上级领导机关和信访部门处理人民来信的一种重要方法。转办信件常用的方法有三种：一种是统转，即将转给一个地区和部门的信件，装在一起集中转出；一种是单转，即将一封来信单独转出；一种是函转，即对一件或数件重要来信附公函转出。

在转办人民来信时，还应注意几个问题：

对揭发、控告信件，要转给被揭发控告单位或它的上一级机关和领导人，问题重大的，原信一般不要下转，可用摘抄转办的方法处理，不要公开来信人的姓名和单位。

对反动信件，在呈送领导审阅后，转公安部门处理，严防扩散。

对危急信件，要用电话、电报或其他方法通知有关地区或单位采取措施。做好工作，然后将原信附函转出。

既无实际内容又无参考价值的来信只收不转。

对信中附有的现金和原始证件，分别以汇单、挂号或机要件退回，严防丢失。

匿名信要同具名信一样处理，该转的应按要求转办。

1. 复信

给来信人复信，是指受理人民来信的机关或信访部门在收到人民来信后，给来信人回信，宣传政策、做思想工作、告知处理情况、答复处理结果。作为领导机关和处理人民来信的信访部门，收到人民来信后，除匿名信和反动信件外，原则上都应复信，做到件件有回音。具体的复信应根据以下几种情况，酌情处理：

反映的问题按政策规定不能解决的，要复信宣传政策，讲明道理；

提出发明创造和合理化建议，有参考价值的，应复信鼓励，并说明处理情况；

对领导机关及工作人员提出批评意见的，可在领导作出正确处理之后，复信表示感谢，告知处理情况；

对咨询政策性问题的来信，复信给予具体的、准确的解释和答复；

对附有钱、票、证件等物的来信，复信告知下落；

对来信转交有关地区或部门处理的，复信告知来信人直接同承接单位联系。

对外国人及外籍华人、华侨和港澳台胞要求解决私人问题的来信，一般不要直接答复来信人，可口头答复其在国内的亲属、亲友。确需答复本人的，可请县级以上外事或侨务部门出面答复。

2. 催办

对立案交办的案件，要及时催促承办单位按期结案上报。对一些疑难案件，要深入承办单位进行检查督促，参与研究案情，给予帮助指导。

3. 立卷归档

对立案交办和自查的案件，按来信人立卷，分年组卷，移送档案部门统一保管。

五、热情接待来访群众

1. 诚恳热情

诚恳热情的态度是人际交往成功的起点，也是待客之道的首要之点。俗话说："情暖三冬雪，善招天下客。"不管是上级机关来的，还是下级单位来的，也不管其身份、职位、资历、国籍如何，都应平等相待，诚恳热情，不卑不亢，落落大方。

2. 讲究礼仪

接待活动作为一项典型的社会交际活动，务必以礼待人，体现办公室人员较高的礼貌修养。讲究礼仪包括：在仪表方面，要面容清洁，衣着得体，和蔼可亲；在举止方面，要稳重端庄，风度自然，从容大方；在言语方面，要声音适度，语气温和，礼貌文雅。

3. 细致周到

接待工作的内容往往具体而琐碎，涉及许多方面的部门和人员。这就要求办公室人员在接待工作中要开动脑筋，综合考虑，把工作做得面面俱到、细致入微、有条不紊、善始善终，也就是要一环扣一环，一丝不苟地做好每一件事，切忌有头无尾，缺少章法。比如说，接到一个任务后，不能慌张忙乱，而是弄清情况，做好准备工作，同时可以拟订出完整的接待计划。

六、登记与归口

对来访群众，首先要进行初谈，做好登记。登记来访者的姓名、性别、年龄、职业、住址或工作单位以及所反映的主要问题等。来访者反映的问题中，一类需要直接受理，另一类按照分级负责、归口办理的原则，及时介绍到有关部门去接谈处理。信访部门直接处理的来访问题主要有：

1. 涉及党的方针政策和中心任务的重大问题；
2. 可能影响安定团结及群众生产、生活的突出问题；
3. 反映带普遍性的政策问题和值得注意的倾向性问题；
4. 涉及几个部门并且容易形成互相推诿、需要协调处理的问题；
5. 长期越级上访，多次处理不服的重访"老户"问题；
6. 上级党政机关介绍来的或收容遣送回来的上访人员的问题；

7. 各级党政领导人亲自指示、责成信访部门直接办理的重要来访问题；

8. 集体上访人员的问题；

9. 有关询问党的政策的问题；

10. 反映承办单位拖着、顶着不办，长期没有解决的问题。

属于归口办理的来访问题，应按党政隶属关系和业务分工进行归口。由哪一级党政机关管辖单位的问题，一般转哪一级处理；属业务、技术性的问题，应归口到有关业务技术部门处理。

七、恰当处理与检查落实

1. 恰当处理

根据有关的政策、法律等对来访者反映的问题实事求是地给予处理，满足来访者的正当要求。

（1）当面解答或电话联系

对来访者提出的能当即答复解决的问题应予以答复解决。倘若来访者反映的问题紧迫或遇到意外情况，或者来访人提出的要求需要研究解决的。可通过电话向有关部门进行联系，弄清有关情况，予以处理。

（2）出具便函

来访者反映的问题，应由有关部门处理的，根据“分级负责，归口办理”的原则，出具便函，介绍来访者直接去有关部门接谈处理。

（3）立案查办或交办

来访人反映的问题重大或要求合理，政策又允许解决而长期得不到解决的问题，应按一定程序立案，直接进行调查，由经办人出调查处理报告，报请有关领导审批后转有关单位处理，或立案后直接发函交有关方面或部门办理。

（4）联合办案，严肃法纪

来访者反映的问题涉及两个以上部门、单位的案件，应组织协调有关部门和单位联合办理。

对少数无理取闹、扰乱社会治安或机关办公秩序而屡教不改的，经有关领导同意，可由公安、民政部门收容、遣送。个别的应严肃处理。

2. 检查落实

（1）催办、督办

对已交办的来访问题，应适时通过打电话、发函、派人、召开会议等形式催报处理结果。或深入承办单位，参与研究案情，检查督促，帮助指导，及早结案。

（2）审查批复

对承办单位的处理结果，符合政策，处理妥当的，要及时批复承办单位结案；对事实不清或结论处理不当的，应要求承办单位重新调查处理或复议。

（3）结果上报

对上级机关及领导批办的上访案件，应将处理结果及时上报。

（4）立卷归档

对立案交办、自查和联合办理的案件，结案后应将有关材料加以整理，按立卷要求及时立卷、归档。

（5）回访

回访，就是由信访受理者主动去拜访信访者，把调查情况和处理意见直接与信访人见面，征求意见，有针对性地做好疏通引导和政策解释工作，或了解结案后信访者还有什么问题和要求需要帮助解决，有无思想波动等，以巩固结案结果。

八、办理信访案件

1. 办理信访案件的含义

办理信访案件，是指党政机关、企事业单位及其信访部门在办理群众来信、接待群众来访的基础上，针对群众来信来访提出的一些比较重大的问题，认为需要调查处理的，通过一定程序，立为信访案件，直接调查处理，或按照“分级负责、归口办理”的原则，责成有关地区、部门或单位调查处理，并如期汇报处理结果。它是信访部门一项十分重要的工作。办理信访案件的基本要求是：本着实事求是、合情合理的原则，坚持群众路线，在调查研究，弄清案情的基础上，对照党的有关政策，积极主动地解决问题，满足群众的正当要求。

2. 立案范围

各级党政机关、人民团体、企事业单位需要处理的信访案件，一般包括上级交办、领导批办、自行立案等部分。符合以下几种情况的应立案处理：

（1）上级或本级领导批示交办的；

（2）揭发干部违法乱纪，情节比较严重的；

（3）控告检举坏人坏事的；

（4）对所受处分或结论不服，并有正当理由的；

（5）涉及群众生产、生活的重大问题；

（6）较重要的发明创造和批评建议；

（7）按政策规定应予解决，但有关单位互相推诿或顶着不办的；

（8）涉外问题和涉及重要统战人物的信访；等等。

3. 立案程序

对人民群众来信来访提出的问题进行立案交办，一般要经过以下几个环节：

立案　上级交办或领导批示交办的，要依据交办函件或批示立案。本级立案的，应由受理人提出意见，领导批准。

命名　一般按照信访人的单位、姓名确定案件名称。

分类　分类的目的在于妥善安排办案力量和时间。涉及全局的案件属于大案；情节严重、内容重要的属于要案；久拖不决的案件属于难案。其他可定为一般申诉、求决类案件。

交办　交办案件要以正式函件下达承办单位，注明函号和需要查清的问题，并附上原信或申诉材料。

办案　办案方法多种多样，有的需要派人下去会同地方组织共同调查处理；有的则需要请地方组织和有关部门携卷来一起研究；还有的案件是跨地区、跨行业或涉及几个部门的问题，需要联合办案。

4. 处理信访案件的程序

处理信访案件，一般要经过下列环节：

（1）落实承办人员

是指确定负责案件具体工作的办案人员的过程。但应注意：本案的原办案人中、不适合再承办此案的，或信访人对其意见很大的，要回避。

（2）重新听取信访人陈述

是指办案人接案后，根据工作需要，重新找信访人全面听一次陈述、为搞好调查研究提供情况和线索。

（3）调查取证

是指针对信访人提出的问题，采取不同的形式，进行广泛深入的调查，听取各方面的意见，搞清案情，取得可靠证据的过程。

（4）研究结论和处理方法

指从案情出发，根据党的政策、国家法律分析确定问题的性质，提出妥善的解决方案。

（5）与信访人见面

是指将调查结论和处理决定告诉信访人，向其征求意见。

（6）落实处理意见

是指根据最后定案时决定的具体处理意见和方法，组织力量逐项落到实处的过程。

（7）结案上报

是指承办单位在对上级交办案件处理完毕时，写出结案报告，逐级上报。做到事实清楚、观点明确、理由充分、意见明朗，不要模棱两可或者含糊不清。凡上级机关交办的和领导批示交办的案件，要尽快加报查处结果，一般不得超过3个月，如遇特殊情况不能确切结案的，应向交办单位写出案件的查处进度报告。

（8）立卷归档

指案件处理结束，将全部有关材料装订成卷，存档备查。

上述这些是办案的主要程序。在实际工作中，可根据具体情况增加或减少某一环节。

5. 办案中应注意的问题

办案中应注意的问题有：

（1）要从客观实际出发，反对主观主义和形而上学，要采取严肃认真的态度，遵循实事求是的原则，积极主动地解决问题。

（2）要按政策办事，不搞无原则迁就，这是处理信访问题的准绳。

（3）要坚持走群众路线，树立为民排忧解难的责任感。

（4）要注意工作方法，发挥信访部门的协调作用。

6. 信访档案的利用和保密

信访档案的利用工作可按文书档案的利用原则和要求等进行。但由于信访档案中会有一定数量的检举、控告等方面的内容，为了不使这方面的内容及检举、控告者被泄露，就要在信访档案的提供利用时注意做好保密工作。对控告、检举揭发和批评等方面的个案档案材料，除已查实确属诬告的外，一律不予外借，以保护来信来访人的正当民主权利。

第三节　外事工作艺术

一、外事工作概述

1. 外事工作的含义

外事工作，是指我国各级党政机关、企事业单位和群众团体在和外国来宾相互交往中所处理的日常事务工作，亦称外事工作。

2. 外事工作的地位和性质

（1）外事工作的地位

外事工作是办公室工作的一个重要组成部分。第一，外事工作一般由机关主要领导人出面接待、洽谈或签约等，秘书部门要做好辅助工作。即使机关设有专门的外事部门，秘书部门也要负责联系，准备文件和资料，当好领导的助手。第二，相当一些单位没有设外事部门。由秘书部门负责外事工作，外事工作理所当然地是秘书部门的业务工作之一，责无旁贷，必须做好。第三，外事工作具有很强的政治性、政策性，事关重大。

（2）外事工作的性质

外事工作的性质，可以从以下几方面来认识：

①外事管理属于上层建筑的范畴，为经济基础服务。

一般而言，一项外事活动需具备以下五个要素：

有两国或两国以上人员作为宾主参加，并代表各自的国家；

有实质性的活动内容，明确的目的；

活动采取一定的方式或形式；

遵循一定的国际礼仪、礼节；

产生一定的影响和效果。

可见，外事工作是一项具有政治性、政策性的工作，属于上层建筑，为经济基础服务。

②外事管理是国家行政管理的一部分。

外事工作是政府的重要职能之一，它代表国家行使对外事务和对外国人的管辖权，是国家行政管理的组成部分。国家行政机关为贯彻执行宪法和法律，组织经济文化建设，必须进行广泛的行政管理。它包括诸如军事、外事、司法、公安、民政以及经济、文化教育等。

③外事工作是一项涉外的工作。

外事工作的对象主要是外国人，其次是本国公民。其具体事务的处理，实质上是协调我国政府机关与外国人或其所属国家之间的关系。因此，它是我国对外关系的一个窗口。这项工作搞好了，可以促进我国与各国人民之间的友好往来，促进各项事业的交流和发展。

因此，外事工作者必须坚决贯彻国家的对外政策，遵守外事工作纪律，在工作中加强与各部门的联系，审慎处理好各项事务。

3. 外事工作人员守则

（1）忠于祖国，发扬爱国主义精神，坚决维护国家的主权和利益，坚决维护民族尊严，不做任何不利于祖国的事，不说任何不利于祖国的话。

（2）在一切对外活动中要严格按照党和国家的方针政策办事。

（3）坚持无产阶级国际主义，不搞大国沙文主义。

（4）站稳立场，坚持原则，富贵不能淫，贫贱不能移，威武不能屈。

（5）分清内外，提高警惕，严守国家机密，严格执行保密规定。

（6）不许背着组织同外国机构和外国人私自交往；不允许利用职权和工作关系营私牟利；不许同外国人私下收授礼品，反对各种不良倾向和不正之风。

（7）谦虚谨慎，不卑不亢，讲究文明礼貌，注意服饰仪容。

（8）严禁酗酒。在对外活动中饮酒不得超过本人酒量的三分之一。

（9）坚持勤俭办事的原则，反对铺张浪费；发扬艰苦朴素的优良传统，抵制资产阶级思想侵蚀。

（10）加强组织观念，自觉遵守纪律，如实反映情况，严格执行请示报告制度，顾全大局，协同对外。

4. 外事活动仪式

（1）签字仪式

国家间通过谈判，就政治、军事、经济、科技文化等某一领域内的相互关系达成协议、缔结条约、协定或公约时，一般都举行签字仪式。

安排签字仪式。首先应做好文本的准备工作，有关单位、人员应及早做好文本的定稿、翻译、印刷、装订、盖火漆印等项工作。同时准备好签字用的文具、国旗等物品。与对方商定助签人员，并安排双方助签人员洽谈有关细节。

参加签字仪式的，基本上由双方参加会谈的全体人员组成。如果一方要求让某些未参加会谈的人员出席，则需要另一方同意，但双方人数最好大体相等。有时为了对签订的协议表示重视，可以由更高或更多的领导人出席签字仪式。

签字仪式，一般在签字厅内设置长方桌一张，作为签字桌。桌面覆盖深绿色台呢或台布，桌后放两把椅子，为双方签字人员的座位，主左客右。座前摆放各自保存的文本，上端分别放置签字文具，中间摆一旗架，悬挂签字双方的国旗。

双方参加人员进入签字厅。签字人员入座时，其他人员分主客各一方按身份顺序排列在各自的签字人员座位以后。双方的助签人员分别站在各自的签字人员的外侧，协助翻揭文本，指明签字处。在本国保存的文本上签毕后，由助签人员互相传递文本，再在对方保存的文本上签字，然后由双方签字人交换文本，互相握手。有时签字后可备上香槟酒等，共同举杯祝贺。

签字仪式安排还可以是其他形式。如设置两张方桌为签字桌，双方签字桌上，双方的小国旗分别悬挂在各自的签字桌上，参加仪式的人员坐在签字桌的对面。又如安排一张长方桌为签字桌，但参加仪式的双方人员坐在签字桌前面两旁，双方国旗挂在签字桌的后面。

如果三、四个方面签字，其签字仪式大体如上述，只是相应增加签字人员座位、签字用具和国旗等物。签订多边公约，一般仅设一个座位，通常由公约保存国代表先签字，然后由各国代表依一定次序轮流在公约上签字。

（2）开幕式

开幕式包括各种展览会如经济建设成就展览会、商业性的博览会、文化艺术展览会等的开幕式。工程项目的动工、竣工典礼和交接仪式的情况与开幕式类同。

开幕式通常由经办一方的负责人员主持。如果是东道国主办，则由东道国方面主持，邀请有关国家的代表团、使节参加；或者由展览团主持，邀请东道国有关官员出席。重大的展览会开幕式或重要工程的落成典礼等，东道国国家领导人往往前去出席，仪式较为隆重，一般小型展览的开幕式，则比较简单。

开幕式除双方有关方面人员参加外，可酌情邀请外国驻当地的使节、外国记者等参加。

隆重的开幕式，会场悬挂两国国旗，有的还奏国歌、致词，主办展览一方先讲，另一方后讲，然后剪彩，一般是邀请东道国或展览团参加开幕式人员中身份最高者剪彩，也可以是宾主双方各一位或各两位人士剪彩。接着参观展览，有时参观完后举行酒会招待。

二、外事邀请、接待与洽谈

1. 邀请前的准备

外事邀请不同于一般的国内宾客的邀请，要根据工作的需要，依必要性和可行性原则，量力而行。不论是初次邀请，还是礼节性回请，都要本着实事求是、讲求效益的宗旨，不可为邀请而邀请，也不可无视自己的财力、物力随意邀请，更不可超越权限越级邀请。否则，轻则达不到邀请目的，重则造成极不好的影响。因此必须严肃对待，充分认识这项工作的复杂性、繁琐性，并有思想准备。

邀请外宾往往同某项具体工作联系在一起，无论是礼节性回请，还是有目的的科技文化交流，开学术讨论会，参观、考察、游览等，往往先由本单位领导人员或具体业务部门、专门部门的负责人以书面形式向上级领导提出请求。邀请外宾可以是计划性的，也可以是临时性的。前者往往是按照本地区、本单位的工作计划进行具体落实；后者则可能是因为某项合作发生了问题，需请对方前来协商或作技术指导；或对方有投资意向，邀请对方前来考察投资环境等等。但不论何种性质，首先都需请示，将邀请的目的、意图、必要性、可行性等作出详细说明，以取得上级领导的同意。其次，待领导同意作出批复后，方可向对方发出具体邀请。邀请外宾不可只凭自己的主观意志，而无视对方的意愿，可通过各种途径或在合适的场合向对方表达邀请愿望。一般而言，国际间的交往邀请不是随意行为，亦非仅仅是出于礼貌客套。因此，发邀请者必须慎重，受邀请者也会认真考虑。邀请不论是口头或是书面，都应郑重其事，才有可能发展今后的交往。正式的邀请必须是书面的，以邮寄、电传、电子信件的方式均可。邀请发出后须耐心等待，不可催促。当然，可在邀请信中表达较明确的邀请时间、邀请人数、交流内容、大致安排，有必要的话可强调来访的意义，以促使对方接受邀请。然而也有可能对方有要事缠身，或因其他原因不能应邀前来，如果不能等待则可作罢；如果必须邀请，双方要经过反复磋商后，定出来访时间。总之，邀请必须抱诚恳态度，以礼貌的口吻，最好使用对方的文字语言，以表达邀请者的诚挚之意。

邀请之前还要注意两个问题：一是邀请时间不可过于仓促，即使是临时性的邀请，也要给对方一段考虑和办理来访手续的时间，时间太紧往往使事情功亏一篑；二是对邀请来访必须的经费开支作全盘计划。改革开放后我国在外宾接待方式上也吸取了国际上的通行做法，作出了许多改革。比如宴请来访外宾次数不宜过多，邀请范围尽量缩小，自 1980 年起，对来访重要外宾在我国境内由我免费招待的随行人数作了限制。以部长或副部长级为例，访华随行人员在 10 人以内，凡超过限额者，其费用自理。因此，各级单位也无妨在发出邀请时明确邀请人数、邀请对象，对其余人员概不负责费用。这样做既符合国际惯例，又可控制接待费用，花钱办实事。最后，当对方明确表达了来访之意后，便可具体安排准备工作。

2. 接待准备

接待准备工作的具体实施，应以接待部门为主，外事部门给予必要的协助，接待准备工作包括以下几方面：

（1）拟订接待计划

根据被接待外宾的身份和要求以及国家对该外宾的接待方针制订具体的接待计划。其中包括迎送，宴请，陪同人员的礼宾安排；确定出面主人、迎送人数和名单；主持和参加宴会的人数和名单以及陪同活动人员名单；宴请形式，规格标准，时间和地点；出入境手续，新闻报道；贵宾下榻、用车的具体要求和生活标准等。制订计划时要特别注意尊重外宾的风俗习惯，如清真、忌食等。重要的外事活动的接待计划要履行报批手续。

（2）具体准备工作

①提前预定住房、用车、行李车，机票、船票、车票、戏票、宴会、拜会地

点等。对一般代表团，除身份较高的团长外，均可用面包车或大客车；重要代表团，可请公安部门配备开道车；有高级官员来访，则应由公安部门派员随团活动。外宾房内，除有特殊要求外，一般仅备茶水即可。当然，有时可根据来访者的爱好而安排些特殊的物品，如水果、花篮或有特殊标记的毛巾等。有重要领导出面会见的，需事先与外办联络；预订宴会应向承办饭店讲清团名、中外宾客人数、菜数、宴请主持人、宴会费用标准以及是否清真或饮食习惯等。重要外宾和人数较多代表团的宴会要发请柬，东道主要讲话，因此外事秘书应事先准备请柬并拟好相应的祝酒辞。

②准备专业活动。要了解外宾的意向、要求并及早向有关单位介绍，事先准备好资料，安排好场所。

③落实参观单位。除向参观单位介绍外宾的意向、要求外，要交代接待方针和注意事项，事先安排好介绍人员。

④通知迎接、陪同人员。接待计划得到批准后，应用书面形式，将接待计划、外宾情况、各项活动时间和地点一一通知清楚。

⑤准备礼品。应按接待计划准备好有纪念意义或有特色的礼品，这对接待初次来访尤为重要。

此外，高级别的外宾往往享有行李免检和安全免检的权利，为此应事先向市一级外办办好免检证明。迎送重要外宾，最好事先与机场、车站联系妥休息室。

三、外事接待

1. 礼宾礼仪

礼宾礼仪有一定的国际惯例，各国根据本国的特点和风俗习惯往往又有自己独特的做法，但简化灵活，注重实效，这是基本趋势。我国素有“礼仪之邦”的称誉，在礼宾礼仪上既吸收了国际上的习惯做法，又形成了自己的独特风格，表现为：根据自己的社会、经济特点和外事工作需要作礼宾安排，适应对外政策和策略的要求；体现我国在国际交往中大小国家一律平等的原则，尊重各国风俗习惯，不强加于人；礼宾安排要有针对性，重礼仪、讲实效、有排场、不铺张，注意在生活上关心照料，尽量热情周到。

礼宾礼仪中尤为重要的是接待规格问题，即根据来访者的身份、地位、思想状况而分别采用以下 5 种规格：隆重、热情、友好和高规格；热情、友好和高规格；热情、友好和较高礼遇的接待；热情、友好的接待；友好接待。礼宾礼仪工作主要在迎送、会见、宴请三项事务中体现。

（1）组织迎送

在外事活动中，对外国人的迎送，应视其身份、访问性质以及两国关系等因素，精心予以安排。

①准确掌握来宾乘坐的交通工具的抵离时间，及早通知有关迎送人员及有关单位做好准备。

②安排好迎送、陪同人员及译员。外宾抵离，都要安排相应身份人员前往机场（车站、码头）迎送，特别是主要迎送者的身份应与客人身份相当、对口、对等。

③迎送身份高的客人，应事先在机场（车站、码头）安排贵宾休息室，准备饮料。

④安排汽车，预订客房。

（2）会见

会见或会谈，既有礼节性的，也有政治性、事务性的，不仅涉及对外礼遇，而且涉及双方交流、合作的实际内容，应予重视。从会见方式上说，我方主动安排会见客人的叫会见，客人要求会见我方的称拜会。会谈的内容则可以是广泛的，涉及实际的问题，其仪式和程序比会见正规，政治性、专业性较强。因而会谈前往往要做充分准备，按预备方案进行。

举行会见或会谈时要注意以下几点：

①除更改接待计划外，外宾提出要求拜会上级领导或有关部门时，应按审批程序报批，经批准后，再正式答复外宾并通知会见时间和地点。而接待单位在报批前应尽量弄清外宾拜会的意图、可能提出的问题，并将已提出的问题及时向主见人汇报。

②会见前车辆要落实，充分估计交通状况。会见前一般不安排分散活动，以确保外宾准时到达。陪同人员在会见前半小时抵达，以便向主见人汇报外宾情况。

③外宾抵达时，主见人在贵宾室门口迎接，接待人员则在大厅或大楼门口迎候，并引导外宾进入贵宾室。对重要外宾在进门后即由代表团团长向主见人一一介绍来团成员；对一般外宾可以在入座后分别介绍宾主双方。

④会见时，座位安排通常为圆形。按国际惯例，主宾坐于主见人的右侧，其他外宾依级别、身份均坐于右侧，我方陪同人员依次坐于左侧。译员和记录员一般坐于主见人和主宾的后排左右两侧。会谈时一般用长方桌子，宾主相对而坐，以进门为准，右为客，左为主，或对门为客，背门为主。

⑤会见或会谈时，均要做好专门记录，填写情况汇报表，会后对客人提出领导许诺的问题，应负责落实，做好后续工作。

⑥会见结束，主见人及陪同人员与宾客合影留念，然后在贵宾室门口与外宾握手告别，重要外宾可送至大厅或大楼门口握手告别。接待单位的陪同人员视情况送至大厅或大楼门口握手告别。

（3）宴请

宴会是一种重要礼仪。通常有国宴、正式宴会、便宴、工作进餐、冷餐招待会、酒会、茶会等形式。正式宴会上宾主要发表讲话，时间可视情况而定，以即席讲话的形式为最好。

招待会是指各种不备正餐、较为灵活的宴请形式，备有食品、酒水饮料，通常不排座位，可自由活动。常见的有冷餐会和酒会。近年来，在国际交往活动中采用酒会形式较为普遍。茶会是一种简便的招待形式。举行的时间一般在下午4时左右。茶会通常设在客厅，不用餐厅。以喝茶为主，略备点心和地方风味小吃。工作进餐是国际交往中经常采用的一种非正式宴请形式。它利用进餐时间，边吃边谈工作。工作进餐按用餐时间又可分为工作早餐、工作午餐、工作晚餐。双边工作进餐往往排席位，多用长桌，便于谈话。

一般宴会不作正式讲话，只在席间表示几句，或随话频频举杯，气氛活跃，亲切自然，举行宴请时应从以下几方面考虑：

（1）宴会的程序。

①确定宴请目的、名义、对象、范围及形式。

宴请的目的是多种多样的，可以为某件事，也可以为某些人。如招待来访者、贵宾，为展览会开幕、闭幕，为某项工程奠基、竣工，为某个工厂开工、周年庆典等。

确定邀请名义和对象的主要依据是主、客双方的身份，即主客身份要对等。

邀请范围应根据工作需要、宴请性质、主宾的身份、国际惯例、对方对我的态度和做法等多种因素而定。

②外宾到达宴会所在地时，出面宴请的东道主和参加宴会的主要人员可在宴会厅门口欢迎，我方如参加宴会人员较多，可由宴会主持人和少数人员在门口欢迎，其他人员可在席位上站立迎接。重要宾客宴会前可先在休息室稍坐。

③宴会时间一般可掌握在一个半小时左右，宴会结束后如宾主还继续交谈，可以在休息室进行。

④宴会结束后，让外宾先退席，我方人员则在门口送别或送至电梯口告别。

（2）宴会的席位。

①外宾的席位要安排在正副主人席位的两旁，先右后左。外宾中有夫妇者，应安排在同一桌并注意座位靠近。

②两桌以上的宴会，对我方人员的席位安排要通盘考虑，每一桌的我方主人

的选择和安排，既要注意与宾客的身份相当，业务接近，又要善于做接待工作。

③每桌至少安排 1 名译员，主桌若超过 12 人时，可根据需要安排 2 名译员参加，分别担任正、副主人翻译，以利工作，如有祝酒讲话，事先可交译员准备。

④桌次的安排，要根据宴会的实际情况。只有一桌，可安排在房间中央突出的位置，注意宾主双方身位地位较高者安排在离门较远的位置，然后按先右后左次序依次排位。两桌以上的，主桌应排在较显著位置，其他桌的正主人席位的方向与主桌相同。

（3）出席的人员。

①安排参加宴会、招待会的人员，应从工作出发，切勿为照顾关系而派无关人员。陪同出席宴会的主方人员不宜过多，人数应大致与外宾相同或稍多。

②邀请外宾参加的宴会、招待会，应将我方出席的主要人员以及时间、地点和其他有关事项告诉外宾和我方参加宴会的人员。重要的或大型宴请活动可发请柬。请柬上写桌次，并在宴会桌上放席卡。

③接待单位有关人员要提前到达宴会地点作准备，检查工作并具体安排照料赴宴人员，同时对不参加宴会的陪同人员给予必要的关照。

（4）宴请的规格。

安排宴会和招待会要按批准的计划执行，凡公费招待的对外宴请，通常为四菜一汤，冷盘和点心除外，参加宴会的我方人员应严格遵守饮酒不得超过个人酒量的 1/3 的规定。可以向外宾敬酒，但不向外宾劝酒。若即席点菜，不以主人的爱好为准，要考虑外宾的喜好与禁忌。招待宜用有地方特色的食品。无论哪种宴请，事先应开列菜单，并征求领导同意。

2. 参观游览与观看文艺演出

（1）参观游览

通过参观游览，以增进友谊和加深相互间的了解。主持参观游览应做的工作主要是：

①根据外宾来访的目的、性质及客人的意愿和兴趣，结合当地实际情况，有针对性地选择参观游览的项目。

②拟定参观游览的详细计划，准备车辆、食品、饮料等，并告知全体接待人员和各接待单位及早做好接待准备工作。

③根据外宾的身份，安排身份相当的主人陪同，并根据情况安排好解说员或导游人员。

（2）观看文艺演出

邀请外宾观看文艺演出，既可以宣传本国文化艺术事业的成就，也可使客人得到一种艺术上、精神上的享受。

3. 生活保卫

生活保卫要求热情周到，万无一失。工作安排包括：

（1）住所

根据来访者身份安排，高级、重要来访者宜安排在高级宾馆或知名饭店，一般来访者宜安排中等宾馆；身份地位较高者可安排套间，一般者安排单间。房中应准备好有关材料，如访问日程安排，迎送人员名单，住房、车辆安排，参观单位介绍，以及相关的请柬、宣传材料、图片等。

（2）坐车

根据来访者身份、礼宾次序安排，高级成员安排坐小轿车，其他成员人数较多时安排面包车。

（3）其他

如外宾有特殊饮食要求、禁忌食物，应及早告知宾馆饮食部门或相关接待单位；如来访者有身体不适应及时就医；对人数较多的来访者，应配备随团医护人员；协助外宾订购或确认机票，仔细核对起程时间；协助办理出境手续；协助兑换外币；及时了解天气状况，遇雨天应准备必要的雨具或临时变更活动内容等。

四、外事洽谈

1. 意向性洽谈

（1）洽谈目的

意向性洽谈是外事洽谈的第一阶段。首先是因为洽谈的一方有与对方合作的意愿，而通过谈判的形式商洽合作的可能性。如果经过谈判，双方能够合作，则进入签约洽谈阶段；如果谈判破裂，则洽谈终结。当然大多数情况下，洽谈双方都会在一定的基础上尽量使事情成功，虽然谈判可能是一个极为艰难的过程，但只要抱有诚意，且符合实际情况和条件，绝大多数合约、协议在双方各自权衡利弊之后都能成功。有时，洽谈也并非“从一而终”。如果先前的谈判对手不愿作更多的让步，或是双方合作的可能性过于渺茫，那么，一方也可能放弃这一对手，转而另外寻找合作伙伴。可见意向性洽谈是合作开始的前奏，有了意向，也就有了合作的前提。洽谈的目的就是为了实现这一目标。

（2）洽谈准备

①拟订计划。洽谈前要拟定一个计划，使得谈判人员在谈判中不偏离方向，循序渐进，最终达到目的。洽谈计划包括谈判主题、谈判日期、人员、地点、过

程安排等内容。谈判主题是关键，主题应简明、具体，如为引进外资，可以明确这样的主题：以优惠条件取得外方的贷款。谈判时就要围绕这一主题来进行，谈判的目的与主题相符；其次，要将谈判日期、谈判人员、洽谈地点等一一纳入计划之中，以便洽谈开始，相关人员就可按部就班实施计划。

②洽谈调查。正式谈判前，往往有必要了解谈判对方的法人身份、资本、信用、经营能力、经营方式等基本情况。

③预备方案。正式谈判前，往往备有两个方案，一个是对我方最为有利的方案；另一个是能够接受和利益最低的方案，参加洽谈的人员都应熟悉两套方案，在谈判中，争取最佳方案。

④物质准备。谈判是一项艰苦的工作。物质上准备充分，往往促使谈判朝成功的方向发展。比如谈判所需的文件资料，包括技术资料、法律文件、财务账目等都可能为谈判提供必要的信息；又如，为对方提供有特色的食宿、旅游购物，尽量使对方满意，表达出东道主的诚意。

以上准备工作就绪，即可按预定计划实施。

（3）洽谈组织

①地点选择。如洽谈地点安排在国内，邀请对方前来。可以选择本单位一处合适的洽谈之处，也可以在对方下榻的宾馆会议室进行。

②人员安排。谈判人员的组成包括：领导或项目负责人，专业人员，翻译或记录人员。人数最多不超过4人，其中一人为主谈，其他人辅佐。谈判人员以懂行、有专业知识、富有谈判经验并能言善辩者为佳。若能直接用外语与对方交谈则更好。谈判小组还应有所分工，领导、负责人协调指挥组内成员发挥各自的最佳作用，以避免自相矛盾。较大项目的谈判还要配备法律、会计等专业人员，谈判小组成员有时还可以随着谈判进程的深入和谈判对象的变化而有相应的不同。

③谈判进度。谈判进度要掌握松紧有度、紧中有松的原则。谈判时有横向谈判和纵向谈判两种方式。横向谈判是双方先确定谈哪些条款，然后再回头来谈；纵向谈判是逐个把条款谈定。谈判进度就要根据谈判的方式来明确。

（4）洽谈策略

谈判是智力与体力的较量。谈判人员能灵活运用策略，就可取得谈判优势，以下几种策略是谈判中经常运用的：

①休会策略。谈判中遇到障碍，双方相持，出现僵局时，可以先休会，设法消除紧张气氛，及时研究问题，调整对策。

②最后期限策略。提出结束谈判的时间，促使对方不作无休止的讨价还价，集中精力投入谈判，提高效率，但期限要适度。

③开放策略。向对方开诚布公，坦诚相见，使双方在诚恳坦率的气氛中完成

各自的使命。但需掌握开放程度，特别是对有诚意者方可实施。

④润滑策略。即馈赠礼品，表示友好，联络感情，但要注意场合、分寸，视不同对象赠送相应的礼品。

⑤先苦后甜策略。谈判之初将条件提得较苛刻，但不能说死，留有余地，然后逐渐降低条件。但放的幅度、速度不能太快，否则会引起对方疑心。

⑥不开先例策略。即向对方表明某种做法是破例的，不能破此例，否则今后难以应付同样情况，以求得对方的谅解。

⑦以外促内策略。谈判进入僵局，先休会，休会期间请更高级别的领导出来宴请、接见谈判对手，给予其较高礼遇，以促使谈判顺利进行。

（5）结束工作

谈判结束，着手准备合同签约事宜。此外，应总结谈判中的经验教训，包括检查我方谈判目标的实现情况，作出评分；检查我方谈判方案中有哪些不妥之处；总结谈判小组的工作情况，如职权使用，气氛维持、后勤合作等；归纳谈判对手的情况，如谈判风格、工作效率、关心的问题等。

2. 签约性洽谈

签约性洽谈是外事洽谈的第二阶段，它指经过前期的谈判过程，双方最终达成一致意向，并将此化为书面文件，以各自的法人代表签署姓名和盖印的方式确立双方的权利与义务关系。由于签约时通常举行签字仪式，以此昭示天下，立字为据，因此也是一种特殊而常见的洽谈方式。

（1）洽谈目的

签约性洽谈最主要的是认可双方的合同文本。文本的拟制往往不同于谈判的过程。当然它是在双方谈判记录的基础上成文。但这一文本必须分别以双方国家的语言文字表述，而且要做到准确、无误、没有歧义，用两国的语言文字解释，含义相同，这项工作也是重要的，须审慎、严谨、一丝不苟，以防后患。因此，这对谈判双方来说既是素质的显示，又是耐性考验。

洽谈成功后，所有资料文本都需做中文译成外文、外文译成中文的笔译工作。笔译人员首先应忠实于原文、原意，不要随便转义、用字要严谨。

当中外文字的文本拟制工作全部结束后，便可以进入签约过程。

（2）签约准备

正式签约前，要做好以下几方面的准备：

①确定日期。由洽谈双方商定，一般选择有意义的日期，如对方国家领导人来访，或本国领导人出访，这通常针对国家间的合作项目。一般情况下则挑选一个对参加签字仪式的双方领导人都合适的日子。

②确定地点。地点的选择往往根据合作项目本身决定，如系大型工程项目，

往往在现场举行签约仪式。而大多数情况下则在室内，如礼堂、宴会厅、会议室等。

③必备物品。需准备好签字文本，中外文字的文本至少一式两份。签字用的文具；代表双方国家的小国旗和插旗的旗架；签字桌、椅、桌布；签字后祝酒用的酒和酒具；摄影器材等。

④确定人员。参加签字仪式的基本上为双方参加谈判的全体人员，双方人数大致相等。出席签字仪式的，往往还有双方更高或更多的领导人，以彰示签字仪式的隆重、正规。

⑤会场布置。签字会场设置一长方桌，覆上桌布为签字桌。长桌上摆放各自将签字的文本，上端放置文具，中间旗架上悬挂双方小国旗，届时，签字人员分别有一位助签人，出席签字仪式的领导人和有关人员将站立在签字桌的后排。中外宾客的排位和国旗的悬挂均以国际惯例为原则，即右为上，左为下。以旗面为准，右为客方，左为主方。

（3）签约程序

①双方按规定时间进入签字会场，签字人员入座，助签人员侍立两旁，其他人员按主客位置并依身份顺序由中向两边站列。

②助签人员协助翻揭签字文本并加以指点，第一文本签完后，由助签人将文本互相交换，签字人再在对方的文本上签字，然后由双方签字人交换文本，相互握手。众人鼓掌表示祝贺。

③由服务人员送上香槟，宾主举杯共贺，摄影留念。

3. 外事洽谈的特点

外事谈判与其他类型的谈判，如国内谈判、国际工商谈判、人与人之间的交谈相比，有着自己的特点。

（1）与国内谈判的差别

外事谈判与国内谈判相比，有以下三方面的不同。

①在外事谈判中，谈判各方分属不同国家；而在国内谈判中，谈判各方同为一国之人。

②在外事谈判中，谈判双方语言不同，在文化习俗上也有较大差别；而在国内谈判中，谈判双方语言相同，文化习惯相同或相似，有共同的“语言基础”，双方易于沟通。

③大多数西方国家是以私有制为基础的，而我国是以公有制为基础的，所以谈判双方的根本利益是对立的。而在国内谈判中，谈判各方在同一国家制度下，谈判双方的根本利益是一致的，虽然也有个体和私营企业参加或参与谈判，但不能损害国家利益，所以，谈判的主导思想是一致的，至少在表面上是一致的。

（2）与国际商务谈判的差别

国际工商谈判是指不同国家、地区工业和商业领域的公司、企业之间为各自的经济利益而进行洽谈。

外事谈判与国际商务谈判相比，更具有以下特性：

与商务谈判相比，外事谈判的范围更宽，它不仅包括政治、军事，而且还有经济、文化等谈判，而经济谈判中也可以包括商务的内容。

与国际商务谈判相比，外事谈判更具有官方性，更代表国家、民族、政党的政治经济利益。

由于外事谈判的内容更多地涉及国家、政府、政党的利益，有时也会影响到其他国家、政府、政党的利益，因此要求谈判人严守机密。

第四节　外事出访

一、提出派遣计划

即各级党政机关、企事业单位根据本地区、本单位的经济、科技、文化发展与对外交流的需要，或按与外国签订的合同协议，各种国际会议的日程安排，国外有关部门的邀请，以及商贸业务往来的需要，拟派遣有关人员出国时，事先制订出国计划，写明出国目的、前往国家、出国人数、旅行路线、往返时间及所需经费等，按照出国事项和派遣人员的级别，分别经各级政府部门审查批准，经批准的，发给出国任务批准证明。

二、确定出国人选

派遣计划经批准后，除某些人员已随派遣计划获批准外，派遣部门要根据派遣计划的需要，确定出国人选。通常，公派出国人员应符合以下基本条件：

1. 政治条件。政治可靠，热爱祖国，作风正派，遵守纪律。

2. 业务条件。熟悉本职业务，能够完成出国任务，具有本行业的专业知识，了解国内外同类专业发展的一般概况，具有一定的实际工作经验和分析解决问题的能力。出国的领导人员有一定的政策水平和组织能力。

3. 身体条件。身体健康，能坚持正常的工作和管理。

选定符合上述条件人员后，再由派遣单位报送规定的主管部门审查批准。5年内曾经出国的，如无特殊情况，可不再办理报批手续。

三、申领出国护照

护照是一个主权国家发给本国公民、供其出入国境和在国外旅居、居留时证明其国籍和身份的一种证件。

按出入境管理办法规定，中国公民因公务出境。由派遣部门向外交部或外交部授权的地方外事部门申请办理出境证件。派遣部门在取得主管部门批准后，即可凭出国任务批准证明和出国人员政治审查批准证明向外交部或地方外事部门申领护照、发照机关依照《中华人民共和国护照签证条例》的规定，发给相应的护照。然后，由外交部或国务院专管部门或外交部授权的地方外事部门负责向前往国驻华使领馆办理签证。应注意的是，公务人员出国返回后，要及时将护照交还派遣单位，个人不得保存。

大多数情况下，许多出国人员是通过一般途径办理出国手续，大致须经以下过程：

1. 体检

凡出国前都要在国内进行体格检查，因为许多国家对患有某种疾病的外国人，明文规定不得入境。体检合格后方可办理出国手续。

2. 领取护照

护照的内容主要包括：姓名、出生年月、出生地、性别、职业、发照日期、有效期等，护照上均应贴有持照人的照片。

（1）领取因私事出国护照。

①公民因私事出国领取护照，必须向户口所在地的市、县公安局出入境管理部门提出申请。为了方便群众，减少层次，一些有条件的城市公安局决定，公民可以直接向市公安局的出入境管理机关申请出国，无需向所在地的县公安局或区公安分局提出申请。

②公民因私出国申领护照，除了回答外事警察的询问以外，还必须递交个人的身份证明和有关证明材料，主要是：交验户口簿或者其他户籍证明；填写申请表；提交所在工作单位或者所在地的街道办事处或者公安派出所出具的证明；提交与本人出国事由相应的证明。

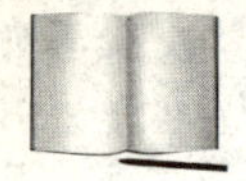

（2）领取因公事出国护照。

地方因公出国出境护照手续在省、市、自治区人民政府外事办公室和外交部授权的一些市外事办公室办理。经常有出国任务的部门或单位应指定专人办理护照。因公出国团、组、人员向当地外办申办护照的具体手续是：

①持派遣部门的介绍信；

②提供申办护照必须提供的文件和材料。

由国务院及其有关主管部门或省、市、自治区人民政府或其授权机关下达的同意出国出境的任务批件；由有关部门下达的同意出国出境的人员批件；前往国家邀请单位的邀请函电的原件及邀请人名片；出国者近期照片3张。照片应是正面、免冠、素背景、服装整齐的小二寸半身照片，但不得使用人头像过大或过小，歪头侧面的艺术照，及人像模糊、怪发型、年轻人蓄胡子、围围巾或多年前的旧照及翻拍的照片。照片背面应注明申请人姓名。

③每个团组须填写“申请出国护照签证事项表”和护照卡一张。

拿到护照后，应检查上述内容填写是否正确，照片上有无钢印，核对无误后在签字栏内签上自己的名字。护照的有效期一般为5年，期满后需再次出国的，要办理延长手续。出国前凭护照办理所去国和途经国的签证，凭护照购买国际航班、船、车票等，在国外凭护照旅行，办理居留手续等。护照务必妥善保管，不得污损、涂改，严防遗失。如出国前不慎丢失，要即刻向有关部门重新申领并登报申明原护照作废；若在国外时遗失护照，则可向中国驻外使领馆重新申领。

颁照部门在发给普通护照的同时，发给出境登记卡，出境卡的作用是证明持照人此次出国得到批准。持照人从口岸出境时，边防检查站要查对所持护照上前往国签证与出境登记卡上注明的前往国名称是否一致，两者相符才能放行。

3. 办理签证手续

取得护照后，还须取得前往国的入境许可，即签证。签证是一个主权国家官方机构对本国和外国公民出入国境或在本国停留居住的许可证明。签证一般直接签在护照上，也有的签在其他身份证件上。如前往未建交国，往往另纸签证，与护照同时使用。

申办签证的一般手续如下：

（1）出国人员在所属部门办妥有关手续后，在申办签证时必须提供下列材料：有效护照；邀请信原件；全团名单；签证表；其他要求提供的表格或证明材料。如工作许可证、日程表、健康证明、黄皮书、在留资格证明、入国理由书等。

（2）在申办临时因公出国签证时应特别注意以下几个问题：

各国使、领馆对申办签证都有各自的时限要求，出访者应按各国规定的时限提前申办签证，否则很难保证如期启程。

按规定，临时出国团组和个人的签证申办工作一律由外交部和有权自办签证的单位统一办理。任何个人和非自办签证单位均不得自行前往使、领馆申办和领取签证。亦不得自行前往或通过电话向各国驻华使、领馆查询和催办签证。

跨地区、跨部门组团出国时，如果当地没有被访国家的领事馆，应由组团单位统一申办签证。同一地区或部门多单位组团出国时，应由组团单位统一申办签证。

如果被访国家在出国人员所在地设有领事馆，应就近在当地申办签证，即使同一团组的人员分别在两个或多个使、领馆辖区，也应照此办理。如遇特殊情况需要在一地办理时，应征得使、领馆的同意。邀请函最好请邀请人分别发给各地出国人员。若时间紧迫来不及办理时，也可商出国人员所在使、领馆使用复印件。

签证表格一般由出国团组或个人自行填写，不会填写者可由他人代填，但最后必须由本人签名。签证表格应逐项填写，不得漏项；书写要工整，不得涂改，英文签证表必须用黑色钢笔或圆珠笔填写；所填内容必须与事实相符，不得弄虚作假；凡要求贴相片者，应在贴相片处贴上小二寸与护照同版照片。目前文化部外联局、北京市外办等单位已采用电脑填写签证表，所填表格准确、规范，各单位和个人可委托上述单位填写签证表。

申办签证前，持照人必须在护照上签名。

4. 置装

公派出国人员出国前，国家按规定发给一定数量的服装补助费，以便在国外穿着大方、整洁、得体，不失国家尊严。应按规定置装，不要用置装费在国外购买衣物。置装前要多了解前往国家的气候，适宜穿何种服装，尊重东道主的要求和当地习惯，置办舒适、美观、适宜的服装。

5. 购买机票

这是出国前的最后一道手续。购票时须交验护照并在中国民航所属售票处办理。飞机票买妥后，首先应检查班次、日期、途经城市、到达城市是否正确，然后检查班机座位是否得到确认，只有得到确认，才能搭乘飞机。

四、办理出入境手续

任何国家对入出境旅客均实行严格的检查手续。办理这些手续的部门一般设在入出境地点，如机场、车站、码头。入出境手续包括以下几项：

1. 边防检查

很多国家由移民局负责边防检查，主要是要求填写入出境登记卡片、交验护照、检查签证等。有些国家免办过境签证，并允许旅客出机场到市内游览，但要将护照留在边防检查站领取过境卡片，返回时再换回。出入境卡须填写的项目有：航班号、来自何处、姓名、出生日期和地点、性别、职业、国籍、逗留国家的地址、家庭地址、护照号码、谁提供生活费用、签字。

2. 海关检查

一般仅询问一下是否有需申报的物品，或填写旅客携带物品入境申报单。必要时海关有权开箱检查所带物品。各国对入出境物品，管理规定不一。烟、酒、香水等限额放行，文物、当地货币、动植物等违禁物品，非经特许不能携带出入国境。

3. 卫生检疫

旅客出入境时，国境卫生检疫部门要检查预防接种证书。有些国家有时免验，但对某些流行病检查特别严格，如发现未进行必要接种，则采取隔离、强制接种等措施。

4. 安全检查

为防止劫机事件的发生，对登机的旅客必须进行一定的安全检查，主要检查有无武器、易燃易爆物品、剧毒物等。检查方法有：过安全门、用磁性探测器近身检查、物品检查、红外线透视仪检查等。

下　编

办公室主任工作艺术

第一章 办公室主任与领导相处艺术

第一节 如何才能得到领导器重

一、办公室主任与领导相处的原则

作为办公室主任，与领导相处有以下七大原则：

（1）要彻底领会和理解上级所实行的方针。

（2）要理解上级的人格和行为。

（3）要理解上级对部下的期待。

（4）要理解和掌握上级的工作方法和特点，并与之密切配合。

（5）要理解和掌握上级的好恶及对问题的看法。

（6）要理解和体会上级的处境及心情。

（7）要理解上级的难处。

二、首先要“领会精神”

“领会精神”，对办公室主任来讲是至关重要的。如果办公室主任缺乏了“领会精神”，就会不知道工作从何入手。“领会精神”应该从以下几个方面做起：

1. 敬业精神

（1）对工作要有耐心、恒心和毅力。

（2）苦干要加巧干。勤勤恳恳、埋头苦干的敬业精神很值得提倡，但必须注意效率，注意工作方法。

（3）敬业也要能干会“道”。“道”就是要让领导知道或感受到所付出的努力。

2. 服从第一

服从第一应该大力提倡，善于服从、巧于服从更不应忽视。

（1）对有明显缺陷的领导，积极配合其工作是上策。

（2）有才华且能干的下级才容易引起领导的注意。

（3）当领导交代的任务确实有难度，其他同事畏首畏尾时，要有勇气站出来承担，显示自己的胆略、勇气及能力。

（4）主动争取上级的领导，很多领导并不希望通过单纯的发号施令来推动下级开展工作。

3. 关键是多请示

（1）关键事情。领导主管的领域和事情，如某领导抓财务、人事，那么财务、人事的事一定要向他请示。

（2）关键地方。领导擅长的领域，如下级写了一篇综合性文章，对经济方面的那一部分把握不大，就要向擅长经济工作的领导请教。

（3）关键时刻。请示也要把握好“火候”，该请示的时刻不要懈怠，不该请示时就要等待机会。

（4）关键原因。向领导请示问题不要随随便便，请示前应该对请示的原因有个圆满的说法，才能在请示时让领导感觉到事情的重要，很值得自己慎重考虑。

（5）关键方式。方式不同，请教的效果也不一样。所以，请教时一定要讲究方式，万万不可不分场合“随便乱来”。

三、工作中要能独当一面

每个单位的工作都是一个整体和系统，这个整体和系统总体上由领导来把握，其中每一部分都要有具体的人分工负责，领导一般只是在宏观上控制和把握。这种分工的特点就要求下级要有独立性，能够独当一面。

事实上，领导从解决问题的角度讲也不可能事必躬亲，他的精力不允许他每件事情都操心过多，更何况有些尴尬的事情领导不便于出面，需要有那么一些下级做“马前卒”替领导挡驾。

工作有独立性，独当一面也是下级“生存”和发展的必备素质。如果某个下级能对某方面的工作独当一面地出色完成，领导就会觉得在这方面离了某个下

级就不行，觉得下级的存在并非可有可无，那样下级价值和地位才能得以巩固，才能在单位立足扎根。另一方面，一个人做下级可能只是一种“过渡”，在“过渡”时期积累工作经验和锻炼各种能力是很重要的，要想在未来顺利走上竞争岗位，也需要有独当一面的能力。

然而，很多人在独立性方面表现相当差，一味地依靠领导，离开领导便会一事无成。这样的下级领导并不喜欢，至少觉得靠不住，甚至认为有之不多、无之不少。有些人在工作中连需要干什么，怎么干，干得怎样，一点也不清楚，凡事都向领导请示，不仅不让领导省心，还给领导增添了不少麻烦，把领导搞得焦头烂额，结果往往是把领导搞得很心烦。

四、要有独立的见解

独立的见解是一个人胆识、经验、能力和态度的综合反映，领导决策时很希望下级出谋划策，提出“点子”供他参考。当然，这些见解并不一定被采纳，但它至少可以启发领导的思路，帮助领导修正自己的决策。作为办公室主任，能够做到这一点，领导就会重视。

阿尔巴顿·康是福特很赏识的建筑工程师，37 岁时福特对他委以重任，去设计建造海兰德公园工厂。阿尔巴顿·康对此早形成了大胆且独特的方案，他问福特：“把工厂设计成长 264 米，宽 23 米，四方形的 4 层建筑，以钢筋混凝土为材料，可以吗?”

“好!”福特基于信任毫不犹豫地同意了这个建议。

“玻璃占建筑物外观总面积的 75%?”阿尔巴顿·康接着问道。

这个大胆的设想对一般人而言简直不可思议，福特却深懂其中的奥妙：“玻璃面积大，厂房内采光效果好，对大规模作业非常有利。”像受到启发似的，福特兴冲冲地接着说：“机械厂房设在另外一边，是一栋玻璃屋顶的一层建筑，总厂和机械厂房在天井中用钢梁连通，上有吊车，制造完的引擎或变速器就可以利用天井中的吊车搬到总厂了。总厂 4 楼全楼面的天井也加装吊车，建造倾斜方式的生产流水作业台。”

阿尔巴顿·康心领神会：“对极啦！成品可以由高向低自然滑下，人可以不动，只要产品移动就行了。”

“太好了！就照这样设计吧!”福特最后拍板，充满信任地把这个任务交给阿尔巴顿·康去办。

说出自己独立的见解要用合适的方式，阿尔巴顿·康正是掌握好交谈的节奏，通过启发诱导并给福特以充分考虑的时间和空间，让自己的见解融入福特的意见，最终给福特的感觉：这家伙设想真大胆，受其启发我也就想出这些好办法。于是，放心地把任务交给了他。

五、能够独立地承担一些“重量级”任务

独当一面更多地体现在能干大事上，能够替领导承担一些棘手的问题是独立性的重要表现。

尼古拉就是林肯身边能够替他处理很多麻烦事的得力助手。林肯当选总统后，经常派尼古拉到华盛顿以外的地方去执行极为重要的政治任务，如调解一场有使纽约共和党发生内讧危险的关于授权问题的激烈争吵，或派到明尼苏达州去协助消弭一场印第安人的战争。在1864年重新确定总统候选人的共和党代表大会上，他是林肯的个人观察员。林肯当选总统后工作很忙，不可能每天亲自翻阅报纸，为了关注报纸对总统的评论，只好依靠尼古拉严密注视报界动向，尼古拉便对重要消息作简短提要，这项工作直至今天仍是大多数政府的一项固定工作。

六、把被同事忽略的事情承担下来

任何单位无论分工多么细致，也总有一些不起眼的地方被大家忽视，有心的下级往往注意在细微处下功夫，独立地把这类工作承担下来。在领导眼里，这些做法属于填补空白、弥补疏漏的行为，说明你比其他人心更细、心眼更多一点、考虑更周全些。

某单位订阅了《领导参阅》杂志，大家看完后便扔进放在墙角里的纸袋里，谁也没想到日后还有用。李琳琳觉得这么重要的资料扔掉很可惜，就一期一期的收集大家扔掉的《领导参阅》。年末，一位副书记忽然想起要看这份资料，大家顿时慌了手脚，此时，李琳琳笑眯眯地把自己苦心收集了一整年的《领导参阅》呈给副书记，副书记很吃惊又很欣赏地表扬了这个“别有用心”的细心人，要求大家不要光知道做面上的事，更要注意工作中易被忽视的问题。

七、要维护领导的尊严

即使很英明、宽容、随和的领导也很希望下级维护他的面子和尊严，而对不尊重别人的人感到不顺眼。

一般地讲，领导的面子在下列几种情况下最容易受到伤害，必须多加注意。

(1) 领导出现失误或漏洞时，害怕马上被下级批评纠正。

(2) 领导至上的“规矩”受到侵犯。

(3) 有些人对领导不满，虽不当面发泄，却在背后乱嘀咕，有意诋毁领导的名誉，揭领导的“家底”。

(4) 有些领导能力不强，最怕下级看不起自己。有些人经常哪壶不开提哪壶，有意制造机会让领导“丢人现眼”，以此捉弄领导。

与领导打交道，应注意以下几点：

(1) 领导理亏时，给他留下台阶。

(2) 领导有错时，不要当众纠正。

(3) 不冲撞领导的喜好和忌讳。领导的忌讳是多年养成的心理习惯，有些人就不尊重领导的这些方面。

(4)“百保不如一争”。不要消极地给领导保留面子，而是在一些关键时候、“露脸”的时刻给领导争面子，让领导锦上添花，多增光彩。

(5) 藏匿锋芒，不让领导感到自卑。

八、漂亮地完成领导交办的任务

漂亮地完成领导交办的任务，无疑可以赢得领导美好的印象。

所谓完成得漂亮，就是要按时按质又快又好。到一个新的单位，或者新来一位领导，对领导布置的任务，大部分的下级都知道不能马虎。但常出现两种倾向：一种是速度上拼命地抢第一，但忽视了质量；一种是只想搞出点“世界上最好的”来，却没有按时完成。

领导交办下级工作任务，是对下级工作能力的信任，也是展示个人能力的机会，漂亮出色地完成任务才能放心地让领导予以委任，也让领导满意的同时得到肯定。所以下级能否漂亮地完成上级交办的工作，无论质量好坏都会在领导心中留下印象，也可以作为领导用人的关键。

九、务须让领导站在自己的前头

作为办公室主任，想要进行某项计划，首先，必须得到领导的赞同，还必须争取上级的协助，使计划得以顺利进行。

领导的功劳与下级是分不开的。下级的意见、做法都必须通过上级来体现，所取得的成绩也必须由上级来体现。上级往往是荣誉的直接授予者，而下级的付出才能达到目的，实际上下级也出色地完成了任务。

聪明的做法，与其自己高谈阔论，不如花点心思去了解领导的意见，凡事都想出头的习惯应加以抑制，许多由自己想出的点子和计划，不妨通过领导的口说出来，才能顺利达到目的。这就是“舍花取果”的做法，就是让领导站在前面，而事实却是下级通过领导获得成功的机会。

尤其是对具有上进心的人来说，如果不懂得维护领导，以获得自己的工作成果，不如让领导站在前头，以利于自己工作理想的达成，就不能算是成熟。因为一旦得到提升，就更需要维护领导，才能使自己的能力发挥出来，使自己及下级的想法，得以在工作中获得实现。

十、应通过领导来获得工作成果

一般来说，领导的工作业绩总是要通过下级的工作来体现，因此，领导为提高本部门的工作成果，就必须想尽方法来激励下级的工作热情，并帮助其提高工作能力。

从下级的角度来看，如果对被分配的工作尽职，或只是照领导的指示工作，这是一种被动的工作方式。具有主动工作精神的下级，会设法摆脱这种被动工作方法，寻求在工作中隐存自己的想法，并力求实现以表现自己的价值。所以，对领导交办的工作，有时也可以提出异议，有时也可以向领导进言，这实质上就是在推动领导，达到了一种通过领导来表现自己工作成果的目的。

十一、多做实事，少露锋芒

能力超过领导的下级，最好学习古人，运用韬晦之计，收敛锋芒，以免引起领导的提防和同事的嫉妒。

《三国演义》中的刘备就是韬光养晦的榜样。东汉末年，群雄并起，汉室的后代刘备暂时依附于曹操。刘备为了让曹操不提防自己，采用韬晦之计，专门在后园中种菜，让曹操以为自己是一个胸无大志的人。曹操毕竟不是等闲之辈，他看出了刘备的才能，特地设酒宴与刘备共论英雄。曹操问刘备："当今之世，谁是英雄?"在刘备历数袁术、袁绍、刘表、孙策、刘璋、张绣、张鲁、韩遂等辈后，曹操都说不是，他指着刘备和自己说："天下英雄，唯有君与操尔。"刘备因被曹操说破，大惊，酒杯失手掉到地下打得粉碎。当时正是雨天，雷声大作。刘备忙说是他怕打雷。堂堂男子汉连打雷也怕，遂使曹操曾一度不介意这位后来与他争夺天下的蜀国之君。

一个能力超过领导的下级，被世俗之人非难、诽谤是必然的。那么，如何才能既使自己的才能得到发挥，又不让世俗所诽谤呢?

唯一的办法是多做实事，不说空话，甚至只做不说。

多做实事，不说空话，一是不要光宣传自己的"宏伟计划"，向领导和群众夸下海口以后，不见行动。二是不要弄虚作假，浮夸虚报，报喜不报忧。三是不要有了一点小成绩就上电台、上报纸、上电视，替自己做广告。四是不要把成绩全部记在自己的功劳簿上，而要把功劳归于领导和群众。这样做，群众既不会埋没你的功劳，又能使能力不够的领导在心理上得到平衡。

十二、不可擅自处理领导职权内的事

有能力的下级，最喜欢帮助领导处理问题。如果是在领导的要求下或者得到了领导的同意，那当然是很好的事，是锻炼自己的好机会。但是，切记不可以越位，切记不可以擅自处理领导职权范围的问题。

领导如果没有委托做什么事，除尽自己最大的努力完成自己的本职工作外，其他时间应合理分配做些与工作相关的事情。只有在完成领导分配、委派自己的工作时，不侵犯领导的权限的前提下，漂亮地完成任务，才能充分显示自己的才能。

十三、争取从能力和人品上获取领导的信赖

任何一个学识渊博或精明能干的人，如果没有大家对他的信赖感，要想取得

成功都是很难的，也很难为领导重用。而任何一个想有所作为，能在自己的工作范围内取得突出成绩的下级，都必须得到领导的器重，得到领导器重的一个最基本的要素就是取得领导的信赖。

信赖可分为两种，一是对其为人处世的信赖，一是对其工作能力的信赖。前者是指人格上的信赖，有些领导最看重这点，后者是业务能力，也就是以成果表现出来的实绩。

在这两种信赖中，最理想的莫过于两者都具备。即既信赖人品，又信赖能力。但在现实生活中，两者却很难一致。有些下级，人品很好，但工作能力不强，而有些下级，工作能力很强，但人品欠佳，还有些下级，人品、能力均很差。作为领导来说，该怎样面对此种情况呢？一般来说，比较正统、规矩、本身能力也不太强的领导，对下级看重的首先是人品，至于工作能力只要不经常出大的差错，不经常捅娄子，一般的工作能够应付，他就满足了。而对于开拓精神强，工作能力强，对下级驾驭能力也强的领导来说，他看重下级的往往就是能力。只要能做事，有较强的开拓性和创造性，打开工作局面，就不错。至于人品欠佳，可以控制。当然，对那些人品、能力本身就差的领导来说，他看重下级的就既不是人品，也不是能力，而是对他毫无条件的依附，对这样的领导，最好的办法是避开他。

十四、了解领导对自己的信赖程度

每个人在这个问题上都倾向于对自己有利的解释，这是一种根据自己的主观愿望所作的推测，因为谁都不愿意让领导不信赖自己。有一个 30 多岁的工厂技术员，有一次他说：“与领导相处，有些事情是需要谈开的。”

原来他的领导只比他大一岁，他们的关系处得很随便，经常在一起打牌，彼此交情不错，他以为领导很了解他，也觉得领导对他很信赖。

但是有一次发年终奖时，他却发现并没有他想的那么多，甚至比一些比他表现差的同事还少，因而百思不得其解，心想，都是铁哥们儿了，怎么这样对待我呢？

为此，有一天下班后，他到领导家里去，一本正经地向领导说他所做的工作与所发奖金不相称的事，令人惊讶的是，领导对他的工作情况并不很了解，甚至他曾经向他说过的一些事，他也不记得了。

“自从那次谈话后，领导改变了对我的看法，这一次发奖金还马马虎虎。说真的，有时候，事情还是需要谈开的。”他深有感触地说。

由此可见，因为过于亲近，以致把领导同下级的关系看得太随便，结果他的实力反而没有被正确了解。作为领导来说，当他与一个下级的私交很好时，他往往不会很留意这个下级的工作表现，或者会对这个下级的工作表现出比对其他下级更严格的要求。无论哪种情况，当一个下级与一个领导的私交过密时，一般都会影响领导对其工作的信赖度。

平常如果该讲的话不讲，该要求的事没有要求，则自己工作能力也会被低估，最后会发现自己并不如想象的那样受信赖，这种情形屡见不鲜。

切记：不要因为与领导很要好，就以为一定受信赖，这是一种很天真的想法，还可能产生骄傲心理。

富兰克林曾说过："如果你想知道金钱的价值，只要向人家借钱就知道了。"

同样地，如果想知道领导对自己的信赖度，试着主动去说服领导看看。

说不定领导笑容满面的脸，会突然变得阴沉，或者不再说"一切全靠你了"的话，而吐出"不能信任你所说的事情"一类的话。

对此，也用不着用"原来这个人是这样"来责备领导，而应趁这个机会，更加努力充实自己，以逐渐增加领导对自己的信任。

也有许多领导是为了让下级有干劲，才经常说这种话。如果领导对下级说：

"你到底会不会做？我有点担心。"

则可能使软弱的下级不但失去工作干劲，甚至连不多的自信也一扫而光。稍微聪明一点的领导都不希望产生这种结果，所以才会说"我信任你"、"好好干"来鼓励。

虽然没有必要产生自卑感，但也不必因领导说了"信任你"而沾沾自喜。宁可认为自己远未受到领导信赖，从而更加振作精神，以争取真正的信赖。

树各有高低，人各有长短。领导欣赏的是下级的优点和长处，而不会是下级的缺点和短处。不少人的确能说会道，会埋头苦干，但领导却并不认为他们怎么样，原因就在于这些人不善于表现，不会表现自己，没有掌握表现的学问。

善于表现自己的优点和长处，既显示出自己的专长，又体现出自己的处世能力和聪明，善于表现至关重要。

十五、明白领导对自己的期望

领会领导的意图、读懂领导最能考验一个人的"悟性"。经常听到领导说某某人"悟性好，一点就会"，也经常听到领导抱怨某某人"不灵通，翻来覆去交代多少遍也不领会意图"。由此可知，善于读懂领导也是善于在领导面前表现的重要方面。

李续宾是曾国藩手下善于揣测其意图的爱将。一天，曾国藩召集众将开会，谈到当时的军事形势时说："诸位都知道，洪秀全是从长江上游东下而占据江宁的，故江宁上游乃其气运之所在。现在湖北、江西均为我收复，仅存皖省，若皖省克复……"此时，李续宾早已明白曾国藩的意图，趁势插口道："藩帅的意思，是要我们进兵安徽？""对！"曾国藩以赞赏的目光看了李续宾一眼，"续宾说得很对，看来你平日对此已有思考。为将者，踏营攻寨计算路程尚在其次，重要的是要胸有全局，规划宏远，这才是大将之才。续宾在这点上，比诸位要略胜一筹。"李续宾一句话赢得了这么高的评价，实在是高明之举。

读懂领导、准确领会领导的意图，并非一日之功。曾国藩说李续宾"平日对此已有思考"，一语破之。常言道：凡事预则立，不预则废。只有平时紧紧围绕领导关心的敏感点进行思考，才能在把握领导意图和工作思路方面有超过其他人的可能。

办公室主任不仅要领会领导意图，还要真正明白领导对自己的期望。

（1）领导的工作态度和想法不同，其对办公室主任的期望也有所不同。凡事都小心谨慎的领导，如果觉得目前的工作能够按部就班地进行就已满足，则下级若不断地提出问题或要求，将与领导的期望相背。如以报答领导的期望来说，此时宁可确实做好交办的事情，不要有兴风作浪的举动。

（2）领导的个性不同，其对办公室主任的期望也有差异。一般来说，技术干部出身的领导，个性上多喜欢按部就班，因此对程序的要求非常严格。对于规定的程序，即使是芝麻大的事情，如果下级不遵守，他必定会找毛病，致使有些下级讨厌他，而采取敬而远之的态度。其实，只要了解他的个性，反而容易掌握住他的期望。

某位办公室主任有一次他的领导要求他提出业务改进方案。他将现状过滤后，提出了一个自认为非常好的方案。他觉得："再没有比这个更好的方案了！"

于是，他非常自信地把这个方案交给了领导。可领导看后却说："哼，不论任何情况，方案必须要有两个以上，才能够比较出优劣来。从头再做一遍吧。"

他的领导断然将他的方案驳回来。虽然他的领导也认为这是个很好的方案，但是一向做事谨慎的领导，认为要有两个以上的方案才符合他的期望。

该领导的做法看似过分苛求，可也有他的道理。只要领会出这个要点，再附提一案，就不难迎合他的期望。

（3）领导对最高阶层的方针的理解程度不同，间接地对其下级的期望也就有所不同。若"提高服务品质"是某单位最高层本年度拟订的工作方针。那么，作为办公室主任就要先看自己的顶头领导对此所持的态度，如果能知道，也就等于掌握住了领导的期望。

十六、显露自己的水平和能力，让大家心服

在公共场合显露自己的过人之处，是为了创造一种可比较的局面。“不怕不识货，就怕货比货”，“是骡子是马拉出来遛遛”。领导平时赏识某个下级，但又怕众人不服气，只有把别人“比”下去，让人心服口服，才感到踏实。所以，争气的下级应该体会到领导的这种心理，注意在公共场合显示自己的过人之处，不辜负领导的信赖和赏识。李续宾作为曾国藩的心腹、爱将，就善于表现自己，给曾国藩挣面子，既保住了自己被赏识和重用的地位，又平息了其他将领心中的不服和妒忌。

十七、务须信守承诺和约定

要获取领导的信赖，务须“信守承诺或约定”地工作。但是许多人，在接受领导交办的工作时，往往信誓旦旦地说：“行，没问题。”但就是迟迟不付诸行动，直到领导屡次催促，才借口推诿道：“真对不起，一直忙不过来。”

大部分爱推诿的人，一般都会失去领导的信赖。拿破仑说过：“要守约定，最好的方法就是绝对不要跟人约定。”但在如今的世界上，没有人能够在无任何约定的情况下生活下去。

一位日本学者在《信赖的基础》一书中，曾指出：

(1) 要站在对方的立场来思考事物；

(2) 确确实实遵守约定；

(3) 言行必须一致；

(4) 彼此要经常沟通；

(5) 替对方的难处着想。

只要将上述的“对方”改成“领导”，就成为让领导信赖的基础。

十八、要踏实能干

一个称职的领导最关心的事情，莫过于本部门的工作成果——实绩。若只是

部门气氛活泼，彼此人际关系融洽，而实绩却平平，那么，领导对此一定是不满意的。

许多办公室主任工作往往都十分卖力，但却容易出现下述缺点：做事虎头蛇尾；对结果预测不准，以致发生意想不到的问题；处理事情速度太慢。结果是再怎么努力，也难以把工作做好，引起领导的不满，当然也就无法获得领导的信赖。

如何获得领导的信赖呢?

（1）提供信息。下级应当将与自己工作有关，而对领导极端需要的信息及时提供给领导，而不要等领导询问时才说，这样效果就不理想了。

（2）抓住机会，及时向上级汇报工作的进展情况，以及可能遇到的问题。

（3）领导要求下级说明或汇报工作时，应简单扼要地表明重点。

（4）向领导说明数字时，须考虑要把重点放在哪里。一本正经的人总想把数字所示的细节都说出来，如此，反而会变得太零碎，如目前不必要提出来的负面数字也提出来作引证，将会使领导陷入被动局面。

（5）当领导称赞时候，应该率直地表示高兴，并表示感谢的心情。

十九、善于弥补领导的不足

办公室主任应该填补领导不擅长或能力不足的方面。技术干部出身的领导，如果不擅长与其他部门交涉，则办公室主任应该负责与部门人员的交涉和谈判等事情。相反，如果领导擅长与人交涉和谈判，但不长于工作细节的考虑和拟订详细的计划等，则办公室主任就应该主动担负这些工作。

但是，如果办公室主任以某种施恩的态度来承担这些工作，就会引起相反效果。

另外，办公室主任有些工作，起初是为了替领导解难才承担的，如果弄得自己太突出，就容易招致误解。这并不是说办公室主任不该替领导解难，而是要把这种替代工作控制在适当的范围内。就是说既要帮助领导，又要保全领导的面子。

一位在日本很有影响的企业管理者曾说：“不可踏入领导的圣域。尽快抓住扮演领导所需的角色。”

的确，每一位领导都有他不可侵犯的圣域，也就是他最得意而引以为傲的领域。有些办公室主任工作能干，却不小心在领导的圣域里随便插嘴，或任意妄为，这是很不好的。

领导总是认为，能够弥补自己缺点的能干的办公室主任，是可靠的；但是对领导擅长的领域也要插手的办公室主任，会被领导认为爱出风头，如果经常这样做，领导就会警觉，长此以往，说不定会演变成敌对关系。

如想成为领导的得力助手而受信赖，应该与领导配成搭档，努力成为他的好伙伴。

第二节　与不同性格领导相处的技巧

一、与冷静型领导相处的技巧

这个类型的领导常常表现为：说话不多，举止优雅；高兴不会大笑，不会手舞足蹈；悲痛不会大哭，不会逢人诉说；认为对的，不会拍手称许，不会热烈表示赞成。

如果遇到这样的领导，一切工作计划，提供意见，不要自作主张，等到计划决定后，只要负责执行便好。至于执行的经过，必须有详细记载，即使是极细微的地方，也不能稍有疏忽，这种一丝不苟的精神，详细记载的报告，正是他所喜欢的。但执行中所遇到的困难，最好能自行解决。

二、与热忱型领导相处的技巧

如果遇到热情的领导，必须明白他的热情并不会持久，要保持受宠不惊的常态，采取不即不离的方式。“不即”可使他热情上升的走势和缓，不至在短时间内便达到顶点，同时可延长彼此亲热的时间；“不离”，可使他不感失望。“君子之交淡如水”，对热情的领导，最好是这种方法。

总之，对热情的领导，只能用急脉缓受的方法。万一他的情绪低落，就安之若素，静待适当机会，再促使感情回升。他的感情好像时钟的摆，摆了过去，还会再摆回来的。

三、与豪爽型领导相处的技巧

如果遇到的是豪爽的领导，那真是值得庆幸。只要表现出过人的工作能力，只要时机成熟，绝对不用担心没有发展的机会。是金子在哪里都会有发光的时候，不必担心怀才不遇。

当机会未到时，仍在愉快地工作，并做得又快又好。这表示了自己游刃有余的能力。同时还要随时留心机会，一旦发现可以异军突起时，就要好好把握。与豪爽型领导则比较容易沟通，可以进谏自己的意见，好好表现，努力工作表现自己的能力。这类领导虽较好相处，但也要讲究适度。

四、与平庸型领导相处的技巧

平庸型领导具有的共同特点是：能力差却事事都想插手；决策武断听不进建议；水平不高却担心身边的人看不起；成绩不多因而常争抢下级的功劳。

遇上这样的领导，最好“既来之，则安之”，把自己的工作做好。

1. 弱将手下照样出强兵

流行的观念认为，强将手下无弱兵，以为一般人在能力强、领导有方的环境中提高快、进步快。实际上，对一些能力强的下级而言，在平庸型领导手下更能春风得意地表现自己，如果受能力型领导的指挥，可能反而发挥不出自己的主观能动性。

2. 期望值要合理

对平庸型领导往往是“希望越大，失望越大”，故而应将期望值定得合适，不要太高，不要超过领导能力所能达到的限度。

3. 扶助领导出谋划策

平庸型的领导一般决策水平也不高，拿不出好主意，易受下级影响，忠诚地为之献策献计的人往往能受到他的重用。

不要小看没有多大能力的平庸领导，他之所以能够升到领导的位置，必然有他的理由和根据。有些缺点是可以克服的，但有些弱点并不是能够弥补的。一句话，要善待那些平庸型的领导。

五、与优柔寡断型领导相处的技巧

优柔寡断型领导有几个共同特点：决定问题时左思右想，前怕狼后怕虎，举棋不定，犹豫不决；办起事来畏首畏尾，小心翼翼；事后常常后悔不迭，抱怨连天。他们的领导风格不健全，缺乏魅力，给人的感觉是胆子小，不果断，甚至会给工作带来麻烦，让大家都受到牵连。

1. 贴近领导取得信任

优柔寡断的领导缺乏主见，很容易受各方面意见的左右，听的意见多了，就犹豫不决起来。因此，要使领导接受自己的建议或主张，应该平时注意加强与领导的感情联络，取得领导的信任。常言道：熟人好办事。这句话对优柔寡断型领导同样适用。

2. 说服应有耐心，不可急于求成

犹豫不决的领导遇事不果断，前怕狼后怕虎，而且最怕此时下级逼迫，如果下级过分着急，态度强硬，恐怕适得其反，领导会采取相反的办法，来对待下级。“你跟我急，我还跟你急呢！看谁急过谁！”这样做事就麻烦了。

说服优柔寡断的领导非要有耐心不可，要和风细雨，不要急风暴雨。慢慢地接触，反复权衡利弊，多种方案进行比较，最终达到说服的目的。心诚则灵，功到自然成，领导也会被慢慢感化的。

3. 争取承诺和肯定

有些优柔寡断的领导经常朝令夕改，经常变动自己的决定，使下级很被动，很尴尬。对付这种情况的一个有效办法就是争取领导明确的承诺，领导已经肯定和认可的决定，让他保证执行起来后不再作根本性的改变。

承诺在一定程度上很有效，常言说“一诺千金”，说了就应该兑现。“君子一言，驷马难追”，领导也应考虑自己说话的分量和权威性，经常失言不仅对他的威信，同时在对重大问题的处理上能够当机立断，便于工作的顺利开展和进行。所以，领导一旦在众人面前承诺以后，一般也争取不再变化,。承诺有助于坚定领导的信任，防止他再前思后想反复无常。

六、与多疑型领导相处的技巧

多疑型领导一般表现为：过度警惕，对下级的一言一行都得琢磨琢磨；不信任下级，凡事都要问个究竟；怀疑下级背着自己说坏话；缺乏自信。

那么，怎样与疑心很重的领导相处呢？

(1) 做事小心谨慎。凡事都要掂量掂量，从领导的角度考虑考虑，是否有破绽或漏洞，是否能有引起领导不放心的地方。

(2) 常汇报，多请示。汇报、请示是最能使领导放心，不至于产生过多疑虑的方法，这样，下级也就能安下心来做工作了。

(3) 善于给多疑型领导鼓气。多疑型领导一般是由于缺乏自信心、底气不足引起的，需要在关键时刻得到下级的激励，消除重重疑虑。

七、与彼此不团结的领导相处的技巧

当一个单位的两位主要领导闹不团结时，作为一个办公室主任如何与之相处，的确是一个令人左右为难的问题。处理此种问题，应做到“四要四不”。

1. 要保持距离，不过分亲热

作为办公室主任，与领导接触，同领导交往，是做好工作的需要，无可厚非。但是，必须科学掌握交往的“度”，对矛盾双方都要注意交往的分寸，过与不及都不好。特别是不要以为是××主管的办公室主任，必须偏于××，这种想法是不客观的，也是幼稚的。

2. 要一碗水端平，不厚此薄彼

如果两位主要领导闹矛盾，办公室主任必须以实事求是的精神，站在客观公正的立场上，将一碗水端平，绝不可凭个人好恶、感情亲疏，“势力大小”，亲一方、疏一方，维护一方、反对一方。只要不违背原则，两位领导说的话都要听，布置的工作都应完成，即使工作很忙，一时难以完成，也要根据轻重缓急合理安排，做到统筹兼顾，不可厚此薄彼。

3. 要“超然事外”，不介入矛盾

个别素质不高的领导，为达到个人目的，还可能会说别人的“不是”，或指责挑剔，或评头品足，有的为讨好拉拢下级，甚至可能在下级前面说些丧失原则的话。遇到这种情况，只能“洗耳恭听”，守口如瓶，恪守“三不”：一不多嘴多舌，添油加醋，介入矛盾，参与“派仗”；二不当传话筒，这边说说，那边讲讲，通风报信，两面讨好；三不在群众中嘀嘀咕咕，乱发议论，评判谁是谁非。

4. 要巧妙沟通，不隔岸观火

作为办公室主任，对领导之间的矛盾，既要超然事外，又不能隔岸观火、坐山观虎斗，要尽自己所能，做些沟通协调、化解矛盾的工作。当领导之间产生误会时，要主动从维护团结的大局出发，巧妙间接地提供一些有利团结的情况和信息，帮其解除误会、缓解双方的矛盾。

八、与火暴脾气的领导相处的技巧

1. 管好“火源”

脾气大的人，往往性子比较急躁，肚子里装不得一点事，容易发火，一点就着，一碰就响。与这样的领导相处，要了解他的性格特点，同时要理解他。要切实认真做好本职工作，领导交代办的事，不拖延耽搁；办事利索些，雷厉风行；事前做好工作的各种准备，说话不要太呛。尽力避免摩擦“点火”。

2. 控制火势

一旦领导发火了，一定不能对着干，火上加油送风，导致火势越来越大。办公室主任应当成为一条“隔离带”，不让火势蔓延，使领导的火不能持久，慢慢自动熄灭。如果是下级的过失导致领导发火，办公室主任首先要作自我批评，找出过失原因，采取补救措施。同时，要知道不少火气大的人嘴巴厉害心肠软，火上来得快，下去得也快。摸清这一点，才能控制火势蔓延，不致将关系越搞越复杂。

3. 把握火候

爱发脾气的人，火一上来，如同火山爆发，有时固执己见，蛮不讲理，急不择言，只图痛快。领导发火时也可能有些不在理，或者给工作造成影响。对于脾气大的领导，应把握火候，择机进言，讲明常发火对身体、对同事和对工作带来的不利影响，请领导遇事要冷静、理智，不要放纵不好的脾气，这是积极“防范宣传”。

4. 正确对待领导的发火

在此提出处理领导发火的9条建议，供大家参考。

（1）不马上反驳或愤愤离开。

（2）不中途打断领导的话，为自己辩解。

（3）不要表现出漫不经心或不屑一顾。

（4）不文过饰非，嫁祸于人。

（5）不有意嘲笑对方。

（6）不用刻薄的含沙射影的语言给领导某种暗示。

（7）不转移话题，假装没听懂对方的话。

（8）不故作姿态，虚情假意。

（9）不灰心丧气，影响工作。

九、与嫉贤妒能的领导相处的技巧

这种领导的典型特征是害怕追随者的竞争，不能容忍下级超过自己。面对这样的领导，应采取以下的对策。

1. 不可让领导自惭形秽

遇到嫉妒型的领导，应小心从事，不可将自己的聪明外露，而使领导自惭形秽。

三国时的许攸，本来是袁绍的部下，他是一名谋士。官渡之战时，他为袁绍出谋划策，袁绍不听，他一怒之下，投奔了曹操。曹操听说他来，没顾得上穿鞋，光着脚便出门迎接，鼓掌大笑道："足下远来，我的大事成了！"可见此时曹操对他的看重。

后来，在击败袁绍、占据冀州的战斗中，许攸又立了功，他因自恃有功，在曹操面前便很不检点。有时，当着众人的面直呼曹操的小名说道："阿瞒，要是没有我，你是得不到冀州的！"曹操在人前不好发作，强笑着说："你就是不错！"内心却已十分忌恨。

许攸并没有察觉，还是信口开河。有一次，随曹操进了邺城东门，他对身边的人自夸道："曹家要不是因为我，是不能从这个城门出出进进的！"

许攸口出狂言，轻视曹军将士，最终被杀掉了。

2. 在领导长处之外发挥自己的特长

在有较强嫉妒心的领导手下工作，要善于在领导长处之外发挥自己的特长。避免与领导的特长发生冲突。长领导之不长，才是扬长避短、明智之举。在领导所不精通的领域大显身手，会让自己很快干出工作成绩，引起领导的重视，因为你是领导完成其职责工作的重要保证。

3. 寻求组织解决

办公室主任对待这种领导的首要策略是努力减少其嫉妒，使他能够善待自己。但这绝不意味着软弱可欺，如果领导出于心胸狭窄、妒火难平，不断地进行压制、打击和报复，办公室主任就有必要以切实的行动，请组织出面解决。

十、与自私的领导相处的技巧

自私的领导常常遇事替自己打算，与下级争名利。权力是他谋取个人私利的敲门砖，心中只有自己。办公室主任在与这类领导相处时应掌握以下原则。

1. 洁身自好

不能为虎作伥，这种自私的人什么事都做得出。他可能把得到的私利分你一半，但在引起众怒时，也会把你抛出去当替罪羊。领导的任职毕竟没有下级的名声长久，故不可与之同流合污。

2. 沉默

如果领导的所作所为实在过分，可以沉默表示无言的抗议。聪明的上级会领会沉默的含义。

3. 有原则地代领导受过

自私的领导为了自己的利益，往往要把某些事故的责任推到办公室主任的身上。作为办公室主任一定要注意的是，在一些小事情上，被他人错怪了而代领导受过，便可不必去申辩。

十一、与挑剔型领导相处的技巧

一般来讲，喜欢挑剔型的这种领导有两类：一类是水平较高，他认为下级应该把他交代的一切干好，因为他总是拿自己的水平要求下级。再一类就是嫉妒心强的人，他不会尊重下级的劳动成果，不会设身处地考虑作为办公室主任的难处，故意刁难下级，他以为如果找不出毛病，就显示不出自己的水平高。与这两种类型的领导相处，要采取以下对策：

1. 准确了解任务

当领导交办一项任务时，办公室主任不能虚应了事，随后便把它忘记，应该问清楚领导的要求，工作性质、最后完成的期限等，避免彼此产生误解，耽误工作。

2. 争取领导的信任

办公室主任应该尽自己最大的努力获得领导的信任，让他明白自己是一个忠诚的、尽职尽责的人，可以主动提出定时向他汇报，让他完全了解工作情况。一旦获得领导的信任就不会过分地受到挑剔和指责了。

3. 多汇报

这里说的多汇报是让领导知道办公室主任在干什么。在强调困难的时候，还要重点介绍是如何克服困难的。

4. 多请教

在工作中多请教领导，使他感到在自己的成绩中有他的心血和功劳，他便不会否定，转而是肯定和表扬了。

十二、与缺乏信任型领导相处的技巧

有的领导在嘱咐办公室主任做事时，总要加上一句“别搞坏了”、“小心失败”、“我怀疑你的能力”等。领导以为用这样的话可以提醒办公室主任加倍注意。

遇到这种情况，办公室主任可用下列方式作一番尝试：

1. 从小事做起

做好那些能做得很漂亮、很成功的小事，不要嫌其微小。只有能把小事做得很漂亮，才能把大事做成功。俗话说：“以小见大。”许多领导也常用这种方法考验办公室主任。如果办公室主任认为这是大才小用，不认真地去做，那么，领导便会认为办公室主任连小事都干不好，会更加轻视。

2. 不抱怨

不必直接向领导抱怨，表示委屈。在工作中要任劳任怨，确有委屈时可在适当的时候委婉地提出。

3. 克服困难

当自尊心受到刺伤时，要用坚强的毅力去克服困难，相信逆境更能出人才。做一个自信、自尊的人，将领导的不信任化为促使自己奋发向上的动力。

4. 通过第三者力荐

通过领导信得过的第三者极力推荐，可提高领导对自己的信任度。

十三、与强迫型领导相处的技巧

强迫型的领导主观臆断，独断专行，经常用命令的口吻同下级讲话，希望所有的人绝对地无条件地服从，不允许下级有异议，不允许有反抗行为。在这样的领导手下工作，办公室主任应掌握以下原则。

1. 不卑不亢

办公室主任对这种领导，应采取不卑不亢的态度。不卑不亢即不自卑也不高傲，待人态度得体、分寸恰当。

2. 减少正面冲突

办公室主任要尽量减少与这种领导发生正面冲突，以免领导形成你故意同他对着干的成见，造成工作无法开展。

3. 寻找机遇

与这样的领导相处，要积极寻找机遇，自然而然地显示自己的才干、能力与学识，争取得到他的重视。

十四、与无节奏型领导相处的技巧

有的领导工作起来抓不住重点，没轻没重，一天到晚忙个不停，但没有头绪，干不到点子上，使得下级也劳而无功。从原因上讲，有两个方面：一是工作能力差，抓不住主要问题；二是心理素质差，缺乏大将风度，没有形成有条不紊地开展工作的习惯。作为办公室主任应采取以下的对策：

1. 以稳制躁

以静制动，以稳制乱。既要听从他的安排，又要保持自己清醒的头脑，在领导明显的失误处，适当做一些变通和修正，并且向他提出一些好的建议和方案让他参考。

2. 完成任务

出色地完成工作任务，并在完成他交给自己的任务中把认为正确的思想灌输到他的思路中，从而取代他的某些不科学的主张，以减轻其紧张、焦虑的心理。

3. 舒展放松

当工作过于忙碌，气氛有些紧张之时，可以用一些幽默的语言使双方绷得过紧的神经放松。

第二章 办公室主任领导指挥艺术

第一节 掌握下达命令的艺术

一、下达命令因人而异

1. 对性格倔强的下属

办公室主任对性格倔强的下属下达命令时，下属常会因心胸狭窄而受到刺激，因而常拒绝执行领导的命令。勉强让下属干的时候，他们会因情绪问题把工作搞得一团糟，对于这种下属，必须采取“以柔克刚”的方法，而且最好在下达完命令之后，再适当给他们一些名利方面的引诱。

2. 比自己年长或同龄且曾获得卓越成绩的下属

对这样的下属，办公室主任在下达命令的时候，一定要表现出虚心向他人请教的态度。比如可以直率地对他们说：“我需要借助你们的经验和智慧。”

二、下达命令的技巧

1. 如何使下属接受命令

一般情况，领导部署的任务和下达的命令，下属都能认真地完成并严格执行。但往往也有例外的情况。有时领导在部署任务时，工作布置还没有结束，下属就迅速地回答：“我懂了”，这样，领导就停止了交代和安排，很放心地让下属去办。但事实上，下属并没有真正懂，或者做了但不符合领导的意图，遇到此种情况，领导应该如何对待下属？

领导对于下属所说的“我懂了”，应该弄清其确切含义，并准备好应付的具体措施。一般有以下几种情况：

领导平时必须善于注意和观察下属的性格，了解他的心理和语言习惯，有些下属回答："我懂了"，确实是懂了，这时语调一般诚恳而稳重，值得信赖，可以放心大胆地让他去做。以这种方式回答的下属多半性格豪放、开朗，快言快语，做事顾虑少，不会缩头缩尾。

有些下属在说"我懂了"时，则漫不经心，盲目回答，不考虑后果，当时未必真懂，只是略知一二，便自以为是，到了真正工作时，才发现力不从心，慌手慌脚，怠工误时。这些人多半注意力不集中，考虑问题不全面，听话时易断章取义，对领导的话不能全面理解。

对于这种下属，领导下达命令时，应缓慢有力，语言简洁，中心明确。并严格规定并期限给他施加一定压力。在期限之前严加督促。适当的时候，给予一些必要的鼓励和帮助，使他能较好地完成任务。

还有一种情况，下属说："我懂了"时，语气响亮，态度倔强，这时下属口吻里带有抗拒的意思，很不服气，似乎领导的指示方法和内容有问题，平时对领导很尊重很服从的下属有时也会这样做。

遇到这种情况，领导应该认真反省一下。自己的命令和指示是否有问题，自己考虑是否周到。如果是自己的命令和指示有问题，下属没有着手去做领导布置的工作，就应当给予原谅。

领导下达命令给下属时，应注意下属反应及回答方式，揣摩他的心理，从其语气和神态中，可以判断出任务安排下去后，他们能否胜任。

2. 要求下属掌握你指示的意思

许多下属在听从上司的指示时，均表现得唯唯诺诺。到真正实行时，却跟不上进度。此时如果上司光是指责下属无能，不但无济于事，也破坏了一个上司的形象。

下属工作有错漏，不一定完全是他的责任。人与人之间的沟通，发生误解的情况是在所难免的。这并不是任何一方的责任，不能以上司的权势威吓下属。

为了使下属有效率地执行任务，上司有责任在发出指令的同时，试探对方的接收程度，但这并不代表不断的叮咛，而是肯定下属已经明白你的指令内容，以及你对他的期望。

只要下属能明确以下五点，他便算是清楚地接收了你的指令。

（1）知道该项任务从何处入手。

（2）知道该项任务涉及什么人。

（3）知道该向谁求助。

（4）清楚目标是什么。

（5）可以对完成任务的日期做出较肯定的预计。

3. 命令系统必须集中

所谓“一个部门，一个头儿”，意即对一个员工下命令的老板（上司）只有一个人。

简单举个例子，只有总务科长才能对总务科的员工下命令，会议科长或采购组长并不能直接对总务部门的员工交代任务，即使员工受到其他部门上司的命令，也不必听从，只需表明：“请你去向总务科长说明。”相对地，你在对下属交代任务时，也不能忽略此项原则。即使你对其他部门的员工下命令，对方也不会听从你。答应你，公司指挥系统即可能因此而混乱。

这虽然是一项死板的规定，然而，若员工们不切实遵守，公司内部会秩序大乱。因此，当其他部门的领导对你的下属下命令时，你必须提出抗议，并且断然拒绝：“你若要对他下命令，必须先经过我的同意。”然而有时你的直属上司会越权，而直接命令你的下属。如果你的上司命令的工作内容轻而易举，则无伤大雅，若是一件困难、重要的任务时，你必须斩钉截铁地陈述你的不满：“你这样做让我很为难。”

假如越级的命令经常发生，甚至形成一种习惯，这会对你的职务产生影响，你必须立刻加以制止。

4. 划清上司与下属间的权责

上司与下属不是不可以做朋友，但是要划清彼此的权责。公事公务时，做下属的往往埋怨上司不讲人情。其实身为上司，有许多无可奈何的事，上级的压力、下属的需要，都是不易应付的。

如果一位上司为怕下属不合作，而刻意迎合他们的性格，因而影响到工作的效率和质量，这位上司的心理压力必然很大。

总之，无论任何时候，涉及工作的，都不应视作嬉戏。虽然不至于用命令的口气，但是起码要让下属知道工作不是闹着玩的。

遇到拒绝接受指令的下属，也许令身为上司的你感到威严被损，心里非常反感。暂且请勿气恼，先弄清楚对方为何拒绝接受指令。一般而言，有以下数种原因：

（1）你定出完成任务的时间太仓促，下属没有信心如期完成。

（2）该下属有辞职的打算，不想在临离开前接受太大压力的工作。

（3）该项任务的财政预算太少。

（4）该下属感到掣肘和限制太多。

（5）该下属与其他参与工作的人不和。

（6）缺乏自信。

（7）被私人问题困扰，或刚受到重大打击，故不敢接受较重要的任务。

（8）该下属知道有同事对这项任务很感兴趣，因而有意向上司提议另派人选。

（9）自恃平时与你的感情融洽，随意推卸任务。

（10）另有兼职，时间不容许他接要超时工作的任务。

以上十项下属推卸指令的原因，有些是可以原谅的，例如（2）和（7），你不要指望情绪无法再集中工作的下属完成这些重要任务。对其余八项原因你要向下属表明“他必须遵从”的态度，并鼓励他尝试摒除心中的顾虑，保证若遇到财政、责权或者其他问题，你必会做出适当的安排来协助他。当然，如果属于（9）和（10），你的态度便要显得较强硬，但不能当众指责，以免破坏了上司的形象及更伤害对方的自尊心，造成怨恨。对自恃昔日与上司的感情融洽而随意拒绝指令的下属，更不能纵容，以免其他下属感到不公平。

第二节　以提高效能为工作要求

一、领导要做领导的事

1. 尽量排除不必要的工作

领导除了不要插手别人职权范围内的工作外，为了节省时间和精力，提高工作效率，还应在通常属于自己的工作中再作精简。也就是说只做那些非做不可的工作，而可做可不做的工作则应尽量排除，少做无效劳动。例如：打电话能办的事就不写信，便条可以解决的就不写长信；应该由下级提出的办法便让下级准备，不替下级思考问题；办事前做好准备，搞好沟通，减少不必要的扯皮和误工。对那些非做不可的工作，也要综合起来考虑，哪些先办，哪些后办；哪些要重点抓，哪些只要过问一下就可以了；哪些事要专门去办，哪些事可以合起来办。

2. 善于自我约束

所谓自我约束主要包括两个意思：一个是要抓大事。领导要努力克制自己，尽量不为那些琐碎的小事而浪费过多的精力，不要“捡了芝麻，丢了西瓜”。二是要求领导不直接干预下一级领导的工作。因为这样既浪费了自己的精力，又挫伤了下级的积极性，打乱他们的工作部署，造成依赖、埋怨或对抗情绪，使他们没有主见和责任感，实在是费力不讨好。

所以，领导一定要把自己约束在自己的职权范围内，不干预下一层次的事。当然各部门各岗位之间、上下级之间要互相帮助，密切协作，但是第一位的，应当先把自己的分内事干好。如果把自己的事放下不管，却去干别人的工作，这与现代的专业化分工要求是格格不入的。不属于自己职权范围内的事不直接去管，这才是清醒的领导。

二、提高效能的技巧

1. 凡事应做好准备

有无准备，做起事来效率大不一样。有准备，就会使工作一开始就进入"重负荷运转"，减少"空运转"时间。所以对每个时期的工作应有预见性，走上步，看下步，免得消极被动，贻误时间。每天的工作也是这样。如果头一天做好计划，当天又能提前一会儿上班，不仅能为下级和群众树立良好的榜样，还可以对当天的安排进行思考，使一天的工作处于主动状态。再如，领导要在办公室里尽可能多准备一些必需的手册、参考资料和各种工具书，以便在需要时随手拈来，减少时间上的浪费。

2. 克服忙乱现象

忙，是领导的正常现象，也是工作积极、事业心强的一种表现，只有什么事也不干的人才不感到忙。但是，忙，应该有限度，有秩序，有效率。

产生忙乱现象的原因大致有以下几种：

(1) 对所担当的工作，没有比较妥当的通盘安排，没有正常的工作秩序，赶上什么就抓什么，这样势必杂乱无章，顾此失彼。

(2) 上下左右职责不清，分工不明，不该找你的事也来找你，长久下去，习以为常。

(3) 主观上愿意多做工作，总觉得对什么事情都有责任，唯恐哪件事情没办好，会被人家说工作不努力，能力差。

(4) 缺乏实际工作经验，对要处理的问题难决难断，一拖再拖，考虑再三。

(5) 对副手和身边工作人员缺乏充分的信任，唯恐人家工作做不好，于是就事必躬亲，越俎代庖，把自己累得要死，而人家却闲了起来。

(6) 没有给办公室建立必要的制度。领导对于外来的文件、请示和报告，不把关、不过滤、不研究，也不提出处理意见，一切照送照转，办公室成了收发室，起不到参谋助手的作用，加重了领导的工作负荷。

（7）情面、关系的纠缠。一个人一旦当了领导，找他的人就多了起来，有要求解决个人问题的，有来拉关系套近乎的，也有同乡、同学、亲属和过去的同事来叙旧情、让你帮助办事的。都接待吧，实在受不了；不接待吧又怕人家说自己“架子大”、“六亲不认”、“一阔脸就变”。

（8）迎来送往，耗时过多。

（9）揽权太多。同级的权也揽，下级的权也揽，以为管事越多，权力越大，威信就越高。

（10）过去做具体工作，走上领导岗位后，事必躬亲的习惯一下子改不过来。有些新干部觉得自己年轻，多做点事务性的事也应该，免得人家说：“当官才几天，就当甩手领导!”

那么，领导怎样才能克服忙乱现象呢？除了学会授权之外，还有以下四条经验可供参考：

（1）建立科学的工作秩序，划清职责范围

哪些工作必须自己做，哪些应由别人做；哪些事自己做主，哪些事要集体研究等，对于这些，领导必须做到胸中有数。而要建立这样一个科学的工作秩序，就必须建立健全岗位责任制，领导班子成员之间、正职与副手和助手之间、部门与部门之间、上下级之间、个人与个人之间，都要划清各自的职责范围，使之各负其责。不该领导管的事，坚决不管；该管的事，主动去过问；凡是下属提上来需要领导拍板定案的问题，必须要求把情况和意见一并拿上来。如果应由下属处理的问题下属不处理，把矛盾上交，领导则不应受理。

（2）一切领导都要对自己的时间实行计划分配。事实证明，不做计划的人只能消极地应付工作，在心理上处于受摆布的地位；有计划的人则居于支配者的地位。时间计划有下列几种：

①日计划。在前一个工作日接近终了时编好第二天的计划，有助于克服紧张忙乱的现象，避免丢三落四，顾此失彼。

②周计划。有许多工作是按周来安排的，把月计划分解到每周里面，便于分步骤实施。

③月份计划。机关或部门的工作常常是以季或月为单位的，每个人都应根据本单位的工作来安排自己一个月的活动。

④年度计划。每当新的一年即将来临时，应当回顾上年的时间利用和事业进展情况，做出新的年度计划，以便更有效地使用一年的时间。

3. 做好时间消耗记录

对于每个人来说，如果能抓住大量容易溜掉的时间，就能按时完成更多的工作。

办公室主任要想科学地运用时间，首先必须善于检查自己的时间使用状况。办法是在做完每一件事的“当时”，立即记下所耗的时间，每天一小结，连续记两周或一个月，然后进行一次总结分析，看看自己的时间究竟用到了什么地方，从中找出浪费时间的原因。据专家研究证明，凡是这样做的人，对于节省时间、提高效率收效甚大。

4. 做到“当日事当日毕”

如果一个领导在上班伊始就拖拖拉拉，不在乎什么上午下午、今天明天，那就绝不会做出什么令人瞩目的成就。从现在做起，从今天做起，当日事当日毕，应该成为一切领导的行动准则。今天的事不要等到明天，上午的事不要拖到下午，白天的事不要延至晚上。某项工作一旦开始，就要一鼓作气地完成它。完成一项，然后再做下一项，这样会使你加快速度，并不断享受到完成任务的喜悦。

5. 善于从工作的反复中节约时间

对领导来说，有许多工作是周期性地反复出现的，如阅文、开会、会客等。这些反复性的工作占用了领导的大部分时间。如果是有心人，在每一次循环中都能节约点滴时间，那么就会通过多次反复比别人多赢得大量时间。

6. 敏捷地捕捉时机

办任何事情，都有一个最佳时机问题。抓住了这个时机，办得及时，就省时省力，事半功倍。许多事实表明，善于抓住时机，是最大的节约、最高的效率。

7. 善于处理轻重与缓急的关系

领导在一般情况下，应先考虑事情的轻重，然后再考虑事情的缓急。首先是先办重要而又紧迫的事，最后是既不重要又不紧迫的事。

8. 养成快速准时的习惯

领导要提高时间利用率，必须缩小时间计算单位。用“分”计算时间的人，比用“时”计算时间的人，效率要高得多。因此，办公室主任做每项工作都要给自己定出一个时间限度，何时起，何时止，能用半小时办完的，绝不拖到一小时。

9. 摸清自己一天中的最佳工作时间

人在一天中的精力就像大海的潮水一样，有高潮也有低潮。只是因每个人生理素质不同，高低潮的时间有很大差异。有的人早晨精力最充沛，有的人晚上能动性最高。领导要留心摸清自己的精力涨落规律，把一天中最重要的事情放在最佳工作时间里办，而把一些较简单的事情放在其他时间处理。

第三节　指挥工作的技巧

一、布置工作的方法

1. 怎样向下属布置工作

在实际生活中，常常可以看到这样的领导：他对一个新来的员工，首先表示欢迎他到本部门来工作；然后让他与原有的人见见面，向他简单介绍几句本单位的情况；再后，三言两语交代一下让他做什么工作；然后，就扔下他不管了。另有一些领导在布置工作时，常常犯一种毛病，就是从来不明确地告诉下属干什么、怎么干，他以为自己了解和掌握的东西，下属也应该懂得；或是有意识地不向下属交底，放任不管，而当下属的工作没有达到他所要求的标准时，他就批评一顿。这些做法都是不当的。

向下级布置工作的正确做法应当做到任务与职能相称。

（1）你所分配的任务应当是他的职责范围之内的，是属于他岗位责任制范围之内的事，而不能把本应属于上层的事交给下一层去干，把下层的事交给上一层去干，或是把本应由甲完成的任务让乙去做，乙的事让甲去做。如果那样乱摊乱派，势必搞乱层次，打乱工作秩序，使人无所适从。当然，一些特殊情况下的特殊任务，也需要临时变通，但不能太频繁，特殊情况一过，还应当各司其职，各负其责。

（2）所分配的任务要与他的能力相一致，有多大能力的人就分配给他多重的活儿。不然，让能力强、水平高的人去干简单的活儿，就会既浪费人才，又使他心情不舒畅，认为领导瞧不起他，重要的事不让他去做；如果让能力差、水平低的人去完成复杂、艰巨的任务，不仅容易误事，而且执行任务的人也有反感，认为领导是故意找别扭，强人所难。此外，在工作量上也要考虑，工作一次交得太多，会使他感到承担不了；太少，又使他感到英雄无用武之地。

此外，领导在分配工作时一定要掌握技巧。

（1）在指导思想上要“远”、“近”结合

领导分配工作应首先考虑分配对象能否完成任务，并保证总体目标的实现。但是，如果长此以往地满足于这一点，忽视和放松对部属的培养和工作积极性的调动，也会带来单位生机、活力的减弱和后劲的不足。正确的指导思想应该是

“远”、“近”结合，既注重眼前任务的完成，又要注意从长计议，在培养人才，增强后劲上面下功夫。

（2）工作标准的制订要高低适度

在同等条件下，领导分配工作标准要平等待人，公平合理，否则，容易引起下级的不满。有人说：“不怕苦，就怕不公”，就是这个道理。但是，在内在素质、外在条件等因素均有差异的情况下，既要一视同仁，从严要求，又要因人而异有所区别。

（3）在人才组合上要“强弱”互补

特别是在需要多人紧密配合方能完成一项具体任务情况下，在确定人员、明确职责和具体分工时，既要充分发挥各自的特长，又要注意发挥他们之间的合力和互补作用，力求做到使其心理上相融，性格上相抑，能力上互补，达到“1 + 1 >2”的最佳效果。

（4）在具体人员上要“长”、“短”兼用

一个人身上“长”和“短”，不是固定不变的。“长”可以变“短”，“短”也可以变成“长”。领导分配工作时在允许的条件下，要力求扬长避短，尽量照顾各自的特长，使其有用武之地，这对调动积极性，搞好工作是非常有益的。但是，当一个人对自己“短缺”有了深刻的认识和改正的决心，并希望上级考验时，采用“短兵长用”的方法，往往会收到意想不到的效果。

2. 交代必须明确

在布置工作时，以下各项应当十分清楚：

（1）什么任务，属什么性质，有什么意义。

（2）应达到什么样的目标和效果。

（3）什么时候完成。

（4）向谁请示汇报。

（5）应遵循哪些政策原则。

（6）执行任务者在人、财、物和处理问题方面有哪些权力。

（7）步骤、途径和方法是什么。

（8）可能出现哪些情况，需要注意什么问题。

当然，以上各项要因人因事而易。重要的事就要交代得严肃、明确、具体，简单的事则可以粗略一些；对于头脑聪明、经验丰富、一点就透的人，可以简明扼要，不必耳提面命；对于新手和能力差的人，要尽可能把想到的东西都告诉他，使他少走弯路。

3. 取得下属的同意

下达指令、布置任务之前，自然要作好充分准备，把问题想得周密些。但在向下属交代的时候，还是应当抱着商量的态度。对于自己感到不大有把握的意见，要虚心向下属征求，如果下属的意见有道理，就要及时采纳。即使对于自己的设想感到很有把握，也要善于启发下属动脑筋，提看法，以便使指令更完善、更切合实际。如果执行者没有什么意见可提供，则可通过适当的问话，来检验一下他对指令是否充分理解了，是否变成了他自己的思想。对于那些执行者有权随机处理的细枝末节，也不必过多纠缠，议论不休，以免束缚下属的手脚。所以，通常情况下，不要形成领导居高临下，执行者俯首听命的僵硬气氛。事实证明，在布置任务时只有对下属抱着信任、尊重、平等、虚心的态度，下属才容易理解，乐于接受，也才会更好地执行，更认真地履行责任。

4. 对下属发出有效的指令

办公室主任可以通过“号令”进行有效指挥。发出一个指令是容易的，但要正确且有效地发出指令则是困难的。指挥艺术的基本要求是发出的指令要正确，要能有效地执行。

发出正确有效的指令，其要点是指令要明确、要相对稳定。只有发出的指令是明确清楚的，才能使下级对同一指令产生相同的理解，员工才会有一致的行动。要使指令明确，在发出指令时就要使用准确的词语，多用数据，减少中性词汇和模糊语。指令应当包括时间、地点、任务要求、协作关系、考核指标和考核方式等内容。指令还应当简明扼要，一目了然。

如果指令变化过多过快，缺乏稳定性，下级会形成一种采取短期化行为的倾向，以便捞取好处。或者下级根本不信任领导发出的指令，这就会难以管理和控制。因此，在发出指令前要仔细审查指令的可行性，在执行中可能遇到的阻力，以及处理的方式。向下级解释清楚指令的内容和要求执行的原因，以统一全员的认识。如在执行过程中发现指令有不切实际的地方，应因事因时而异，区别情况采取不同的补救措施，立即更正发现的原则性错误。

5. 让你的命令迅速被执行

没有被执行的命令是毫无作用的，因此办公室主任应当注意让命令有效地执行的方法。

命令并不是向下属发布之后就完事了，信任下属固然必要，但你的监督也必不可少。

切记，即使在你日理万机、分身乏术的情况下，也不要放弃监督的权力！

要保证工作顺利进行，你的命令就必须得到认真地贯彻，你必须亲自去检查工作，因为下级不敢忽视上级的检查。换句话说就是：“不检查总会有疏忽！”

检查一个人的工作，以便督促他能够很好地执行你的指令，但也不能伤害一个人的感情，所以这也是一种艺术。监督过度会毁坏一个人的主观能动性，监督不够对执行命令也很不利。要监督还得考虑不要引起被监督者不满的最好方法是：随时到工作现场走走、看看。你的露面对于能使一个人保持紧张的工作状态起着有力的督促作用。

二、指导工作的方法

1. 政策指导

办公室主任要善于进行政策指导。它主要包括：

（1）制定和修订政策

实践必须以政策为导向。领导的责任就是要在不同的时期，根据不同的任务，适应不断变化的客观情况，制定和修订政策，来满足实践的需要。

（2）宣传政策

再好的政策，职工不熟悉，也无法执行得好。把政策宣传透彻了，下面自觉地按政策办事，领导的目的也就达到了。

（3）落实政策

办公室主任一方面要模范地执行政策以影响下级，同时又要指导下属从实际出发，创造性地把各项政策落到实处。

2. 思想指导

善于从思想上进行指导的办公室主任是高明的领导。实施思想指导的目的在于：

（1）提出和概括新的思想

哪一个部门的领导能够及时地提出符合部门发展方向和客观规律的新思想、新观点，并为其员工所接受，哪里的工作就会产生新的飞跃。

（2）宣传先进思想

宣传先进思想，包括先进的政治思想、管理思想、科学思想、文化思想等。

（3）纠正错误思想

办公室主任要对那些不正确的思想苗头和倾向予以纠正，把员工的思想引导到正确的轨道上来。

3. 目标指导

办公室主任主要通过以下几个方面来实施目标指导。

（1）通过目标的确立来积极调动员工的积极性。办公室主任在为本部门确定奋斗目标的时候，要发扬民主，集思广益，鼓励大家献计献策。

（2）通过对目标的宣传解释来提升部门的凝聚力。

（3）通过帮助下级确定目标使本部门的目标落到实处，避免目标沦为“一纸空文”。

（4）从掌握目标实施情况来考察下级，推动工作。上级领导要经常检查、了解目标的实施情况，及时解决存在的问题，并用目标的实现程度来考察下属的能力高低，衡量他们的业绩大小。

4. 方法指导

有时下属做不好工作，既不是思想有问题，也不是作风不好，而是缺少得当的工作方法。因此，办公室主任有必要对下属进行方法指导。指导包括：

（1）办公室主任仔细研究工作方法，并经常教育下属注意学习和总结领导工作的规律性，在实践中形成属于自己的一套工作方法；

（2）将若干经过实践证明行之有效的工作方法向下级推广；

（3）对下属的一些不正确的工作方法，要及时发现、及时提醒，帮助其纠正。

三、检查工作的方法

1. 事先要有检查准备

检查工作是一件严肃而细致的事情，如果毫无准备，心中无数，就不要下去，而应准备好了再说。所谓准备，就是对所要检查的工作，在总形势上要有一个基本的了解，在方针政策上也要比较熟悉，对倾向性问题也要胸中有底，以便更有针对性地进行检查。否则，下去之后，就容易出现一问三不知，或说错话、出歪主意的现象。同时，对检查的重点在哪里，哪个是关键部位，何处是薄弱环节，也要基本掌握，不然就会收效甚少。对于一些大规模的、复杂的检查项目，事先要有一个较详尽的计划，人力如何配备、时间如何安排、达到什么要求、采取哪些方法步骤，都应事先计划明确，然后按照要求分工，各负其责地安排好后，再着手作检查。

2. 不要为检查而检查

检查下级的工作，主要是检查对路线、方针、政策的执行落实情况，检查决策的实施情况，看下级是否准确迅速、积极主动，卓有成效地完成应该完成的各项任务，这是检查工作的主要目的和内容。但检查工作不是一件单一的、孤立的事情，如前所述，它也是搜集信息、考察培养干部、推进工作、提高自身领导素质的重要渠道。既然检查工作这件事有着如此丰富的内涵和重要的意义，它也就理所当然地成为领导的一个重要职能，就应当把它放到应有的突出位置上，下大力量抓好。如果能意识到这一点，就会自觉地把上述要求作为努力实现的目标，坚持标准，从严要求，高质量、高效益地做好检查工作。

3. 检查要有标准

检查工作没有标准，大家就无所遵循。一般地说，要以原来制订的目标和计划为标准；但是又不能把这个标准定得过死。它既是确定的，又是不确定的：所谓确定，是说必须拿目标、计划作为尺度来衡量实际工作情况，非此不成为检查工作；所谓不确定，就是不能削足适履，硬要客观事实符合主观认识。为此，检查可以分为两步：

（1）以既定目标和计划为标准，衡量工作进展情况及绩效。

（2）以实践结果为标准，分析其与原定目标的差距，找出得失成败的原因，拟定纠正的措施。

4. 不乱发议论

领导检查工作，当然要表示态度，提出意见，发表议论，但不能随意、无所顾及、不负责任地乱发议论。因为基层的工作人员长年在下面工作，那里的情况他们最熟悉，最有发言权。即使有需要指正的地方，也要看准了再说，不要乱表态，作为上级领导的意见，下面的群众是很重视的。如果乱发议论，不但会使自己被动，降低自己的威信，还会给下级造成思想压力，形成瞎指挥，给工作带来损失。

5. 敢于表扬和批评，但要注意方法

领导在检查工作时，必然要对下级的工作作出评价，或表扬或批评，目的是更好地调动积极性，激励他们做好工作。

（1）要坚持原则，敢于讲话，是非要清楚，功过要分明，正确的坚决支持，错误的坚决纠正，好的要表扬，坏的要批评，不能含糊敷衍，模棱两可。

（2）要掌握分寸，不能过头。表扬要实事求是，留有余地；批评要诚实中肯，恰如其分，严而不厉，同时不抹煞下级作出的努力和成绩。只有这样，才能使其口服心服，便于今后改进。

6. 防止主观性、片面性和表面性

主观性是指不从实际出发看问题，而戴着有色眼镜看问题，先入为主，自以为是。思想片面性是不能全面地客观地看问题，“只知其一，不知其二”，“只见树木，不见森林”。而表面性，则是走马观花，蜻蜓点水，“知其然不知其所以然”。这些都是检查工作的大忌，一定要注意防止和克服。下去之后，不要带框子，抱成见，而要一切尊重客观事实，具体问题具体分析。好话坏话都要听，缺点成绩都要看。要扎扎实实，了解真情况，获取真知识，不要作风飘浮，浅尝辄止。

7. 在解决问题上下功夫

一些领导检查工作时常犯的毛病是：只看病不治病，只调查，不解决问题。殊不知，检查工作的目的，说到底就是要发现问题，解决问题，把事业推向前进。当然，与发现问题比起来，解决问题是要费力气的，领导就是要知难而上，努力从解决问题上看本事，见高低。凡是当时就能解决的，就要立即解决；当时不能解决的，也要本着为事业负责的精神，创造条件，抓紧做工作，争取尽快解决。

四、工作中“推”的艺术

1. 可以“推”的几种情况

（1）深入了解情况

当有人提出某件事情要求处理时，你对这件事情一无所知，情况不明，难以作出正确判断和处理，在这种情况下，不能简单地给予肯定或否定的回答。这时就可以说：让我了解一下情况再答复你。“推”的目的是为了把事情的来龙去脉搞清楚，然后再做决定。当然，领导不可以此为借口，对事情推而不管，置之不理，失信于民。

（2）培养锻炼下属

领导遇到自己下属职权范围内的事情，下面能够自行处理的，领导不要越俎代庖、取而代之，而应“推”给下属；对下属没有把握或感到无力处理的事情，领导也不应急于处理，可以先让下属拿一个处理意见，在此基础上，对其进行指导和纠正。

（3）等待认识提高

人们认识的提高需要有一个过程，有些情况和问题，在当事人真正认识之前，往往固执己见。因此可以“推”一推，让事情适当发展，用事情发展的过程或结局，引导他们改变看法，提高认识，达到纠正其错误的目的。这种“推”不是回避矛盾，而是运用人的认识规律，更自觉更有效地去解决矛盾，处理问题。

2. 不同情况下的“推”

（1）看实情，视事而定

在实际工作中，领导一定要分清事情的轻重缓急，对急需处理的事情，就应立即处理，不可随便乱推，硬推不仅要误事，还会影响你与当事人之间的关系，你把他推出去，他对你肯定会有意见。他去找别的领导，别人又会认为你在推卸责任，进而影响领导之间的关系。因此，该自己办的事，不要推给别人，该现在办的事，不应拖延时日。

（2）看对象，因人制宜

有些问题的处理，还要因人而异，要考虑到当事人的个性特点，看其接受程度如何，“推”能不能取得预期的效果、达到“推”的目的。如果当事人接受不了，就容易产生逆反心理或误解，加深矛盾，甚至会引发新的问题。比如，性急的人，“不到黄河心不死”；鲁莽的人，自我控制能力比较差。遇到这种对象，最好不要“推”，“推”则会使矛盾加剧，甚至激化，产生难以想象的不良后果。

（3）看火候，适可而止

在实际工作中，有的事情可以“推”下去，一推到底，不言自明，自生自灭；有的事情“推”到一定程度就要适可而止。因为，事物随着时间的推移，会不断发生变化。“推”不是放手不管，一推了之，而要密切注意观察其发展变化情况，把握好火候，适时进行处理，以期达到适时适度、恰到好处，妥善解决矛盾和问题。

五、处置突发事件的方略

1.“快刀斩乱麻”，取得时间上的主动权

处置突发性事件，争取时间极为重要。如果该决断的时候，还在反复“研究，“看看，再看看”，便会落个“小事闹大，规模扩大，难度增大”的不利局面。因此，要尽可能快地处理。要在众多矛盾之中，找出主要矛盾，在不清楚之中，找出清楚之点，抓住火候果断处置。使一些别有用心的人，来不及钻空子，无时间出馊主意。在处理事故类、灾难类突发事件中，要分清轻重缓急，把“抢救”作为第一位的工作，力争把生命财产损失降到最低限度。同时也要注意做好通讯联络、现场保护、事故报告、原因调查等工作。

2.“包公断案”，取得决断上的主动权

“包公断案”的特点，是重调查、重证据、严格依法办事。处置突发性事件，同样需要这种风格。这就要求领导勤于调查，把事件真相弄清楚，严格依法照章处置。在处置中不徇私情，不畏权势，真正做到“不唯书，不唯上，只唯实”。这样，决断正确，反响会更好。如果事实掌握不准，决断一错，就会增加若干倍的工作量。若是处置事件当中有徇私谋利行为，就更会引起下属不满，把事情弄坏。

3. “宜粗不宜细”，取得工作上的主动权

处置突发性事件时，通常来讲，应“宜粗不宜细”。要先抓主要矛盾，查主要对象，找主要原因。对于一时难弄清的线索，特别是与事件关系不大的问题，可先搁一搁，必要时再补查。力求抓住主要问题突破，取得工作上的主动权，及早公布事件真相，以便快速缓解矛盾，平息事端。

4. “不留尾巴”，取得防患上的主动权

在处置突发性事件中，既要能快则快，果断了结，又要慎之又慎，妥善处置。事件处理完毕后要积极总结教训，防止此类事件再次发生。

六、随机处事的妙招

1. 转移法

转移法可以说是“明不管暗管”，就是当领导面对一个非处理不可的事情时，不去直接处理，而是先撇开去处理其他问题。从表面看，这种方法似乎有悖常情，不可思议，但其实并非是真的不管，而是通过处理其他事情所产生的效果，使问题得以解决。历史上的“围魏救赵”就是转移法的一个成功范例。

2. 不为法

不为法与转移法不同，不同的是它是真正的不管。世上有许多事，不去管它，它会自生自灭；越去管它，则越会变得麻烦。针对这类事情，就要采用不为法。

3. 换位法

凡事正面难以疏通，领导不妨灵活适时地运用“逆向思维”，来个“换位”思考，即换个角度去处理事情，也许就能找到一条解决问题的捷径。在处理一些事情时，领导同样应设身处地考虑是否理解了别人，尊重了别人，否则，有时事情难免处理不好，也处理不了。

4. 糊涂法

作为领导在处事中有时装糊涂，也是必要的，它和不为法结合往往能奏奇效。对世界上的事要看“开”一些，不能事事都“抠死理”，耿耿于怀，否则就钻进了“牛角尖”。“大事精明，小事糊涂”，实际上是领导意志坚定性和原则性的深层次体现。

七、对下级施行处罚的艺术

1. 处罚条例应适用于任何人

火炉烫人是不分亲疏贵贱的，在五色棒面前也是人人平等的。如果在制订处罚条例时讲一视同仁，在执行时，又因人而异、网开一面，条例就失去了威力，领导也就威信扫地了。

2. 应当预先示警，先教后诛

历史上，曹操置五色棒于门旁，蹇硕的叔叔违法于后，知法犯法，没话可说。火炉呢，也是这样，事先被烧红摆在那里，大家都是看见了的，谁去碰它，它就对谁不客气。如果不预先示警，而是不教而诛，就会弄得大家人心惶惶。用今天的话说，就是要把教育和处罚紧密结合起来，而且在顺序上，一定坚持思想教育在先，处罚在后，这样不仅能使犯错误的人减少，而且也使他们心服口服。

3. 处罚必须及时

处罚必须能使违纪之人和未违纪之人立刻看到不遵纪守法的害处和损失，起到警戒的作用。而不及时的处罚只会助长员工违纪的行为。

4. 处罚必须公开

这是因为，处罚也是一种教育，是从反面向人们宣传不遵守法纪会有什么结果。因此，不能简单从事。只有公开进行，才能起到以儆效尤的作用。

5. 事实准确，处罚适度

平时，在有人违反纪律时，领导不一定都在现场，所以必须认真调查，把事实搞准。这样，既可以防止冤枉好人，又使违犯者没有狡辩抵赖的余地。在决定给予何种处分时，要仔细斟酌，使之罚当其非，处罚过轻或过重都不足以服人。

6. 令出法随，彻底贯彻

法纪条令并不是摆在那里吓唬人的“纸老虎”，而是“一触即烫”。反之，如果“触而不烫”，大家不但都敢去摸，甚至还敢把它推翻。

7. 惩罚之后要继续做工作

处罚兑现之后，事情并没有完结，要把思想工作做好，具体指出他错在哪里，帮助其查危害，使其增强改正错误的决心和信心，并为其改正错误创造条件。

第三章 办公室主任用人、用权艺术

第一节 办公室主任的权力与授权

一、办公室主任拥有的权力

1. 影响权

影响权是一种由于领导干部的表率作用，赢得被领导发自内心的信任、支持和尊重的一种权力。

办公室主任运用影响权要把握好三个环节：

（1）工作中要使用影响权

要兢兢业业，勤奋工作，勇于改革，带头实践，要求下属做到的，自己首先做到，用实际行动做好被领导的思想政治工作。

（2）作风上使用影响权

要深入群众，联系群众，和群众打成一片，反对摆官架子。要带头发扬实事求是的作风，不弄虚作假，不搞花架子，不欺上瞒下，要敢于说真话。

（3）生活中使用影响权

要注意不搞特殊化，不以权谋私。

2. 职位权

职位权是由组织机构正式授予领导干部在组织机构中的地位引起的，它是居于合法地位的领导所享有的指挥他人、促使他人服从的权力。职位权是办公室主任职权大小的标志，是其各种权力运用的基础。当职位权被确定以后，就标志着办公室主任的权力被法律所认可，并受到相应的法律保护，作为办公室主任就可以名正言顺地进行领导活动。

领导在运用职位权时应注意以下三点：

（1）要敢于独立负责。

（2）指挥好直接下属。

（3）要正确发挥本职的作用。

3. 奖赏权

奖赏是领导为了肯定和鼓励某一行为，而给予下属物质上或精神上的奖励，以达到使被激励者得到心理、精神以及物质等方面的满足，从而激发其继续前进的动力。

办公室主任运用奖赏权要抓好以下四个环节：

（1）奖赏的标准。

（2）奖赏的形式。

（3）奖赏对象的产生。

（4）奖赏的宣布。

4. 惩罚权

惩罚权是办公室主任对下属物质上或精神上进行训诫的一种权力。

惩罚权在使用上有四个方面的特点：

一是自上而下的压制性。

二是违纪的惩戒性。

三是适用范围的有限性。

四是运用强制权的坚决性。

惩罚权在运用的过程中，需要具备坚定性、准确性、迅速性，而不能优柔寡断、软弱无力。如果惩罚手段无力，那么在被领导者的意识当中就不能建立起正确的服从意向。

5. 专长权

专长权是指由于办公室主任具有较高的智力、较强的才能、丰富的知识而引起的权力。人们一般愿意接受比自己知识多、业务水平高的人的领导。专长权是领导进行领导活动的重要基础。专长权的内容包括智力、能力、知识。

办公室主任使用专长权要顺其自然，不要刻意表现自己。在领导活动过程中，有的领导为了显示自己，对别人和下属的任何看法和意见都加以否决，这样就会使别人及下属在与其相处时感到压抑，认为在这种领导手下工作，既得不到自尊，又不能发挥自身的才能，从而产生一种逆反心理，从心里瞧不起这种领导。另外，领导要在下属知识和能力迅速增长的情况下，加强学习，抓紧增强专长权。否则，下级的知识水平超过上级，上级反倒变成了“实际的下属”。

二、授权的方法与技巧

1. 授权前应考虑多方面的问题

授权不是简单地向下属下达任务，同时还要考虑多方面的相关问题：

（1）授权应考虑的问题

授权在事实上包括意义、胜任、自我决策、影响四个方面。

①意义指的是工作目的与价值，其估价要和个人的理想及标准联系起来。当工作要求与个人信念相符合时，这项工作便变得有意义了。

②胜任指的是个人相信下属有能力出色完成某项特殊任务。

③自我决策指的是个人觉得自己有权发动组织各类工作活动，尤其是当员工感到他能够自由选择解决某个特殊问题的最佳方法时，自我决策就又上升到了一个新的高度了。

④影响指的是员工能左右工作的重大成果或结果的程度。

（2）授权应注意的问题

①不要忽视专业技能。

②选择适当的人授权。

（3）授权的基本构成要素

构成授权的基本要素：工作指派、权力授予和责任创造三种。

①工作指派往往是授权过程的第一步。

②权力授予是指在指派工作的同时，管理者应对下属授予履行工作所需要的权力。

③责任创造的含义是，主管在进行工作指派和权力授予之后，仍然对下属履行的工作绩效负有全部责任。

（4）成功的授权经验

定期和集体成员分享领导权，听取他们对重大决策的见解。向集体成员公开奋斗目标，邀请他们发挥创造力，共同找出方案。给自己培养一个接班人，对集体成员的能力要深信不疑，广泛公开有关信息，对被授权的员工要进行培训。

2. 逐渐授权法

办公室主任要做到视能授权，在授权前就要对下属进行严格考核，全面了解下属的德才情况。但是当领导对下属的能力、特点等不完全了解，或者对完成某项工作所需的权力无先例可参考，可采取见机行事、逐步授权的方法。如先用“助理”、“代理”职务等非授权形式，试用一段时间，以便对下属继续深入考察。当下属适合授权的条件时，才授予他们必要的权力。

3. 引导授权法

办公室主任在给下属授权时，不仅要充分肯定下属行使权力的优点或长处，而且也要指出下属的缺点或工作中存在的问题，要其尽量克服和避免。同时还要进行适当的引导，防止其偏离领导工作目标。办公室主任实施引导授权法的目的在于支持下级工作，帮助解决问题，特别是在下属发生工作失误时，帮助纠正失误。当然，领导发现下属确实不能履行权力时，就要采取果断措施：或收回权力，或派人接管，以避免遭受损失。

4. 弹性授权法

办公室主任在运用弹性授权法时，要掌握授权的范围和时间，并依据实际需要对授给下属的权力予以变动。弹性授权分单项授权和定时授权：实行单项授权，就是把解决某一特定问题的权力授予某人，随着问题的解决，权力即予以收回；实行定时授权，就是在一定时期将权力授给某人，时间到期后，权力即刻收回。

为避免引起下级误解，实行弹性授权，改变授权方式时，应当对下属做出合理的解释，以取得下级的理解。

5. 权责同授法

授权时，领导必须向被授权者明确交代所授事项的责任范围、完成标准和权力范围，让他们清楚地知道自己有什么样的权力，有多大的权力，同时要承担什么样的责任。

6. 充分授权法

充分授权法既适用于工作重要性比较低，而且工作完成与否不会导致全盘工作失败的单位，也适用于系统管理水平较高，各子系统协调配合等诸种情况较好的单位。办公室主任在充分授权时，允许下属决定行动方案，包括完成任务所必需的人、财、物等权力完全具备的方案，并且准许他们自己创造条件，克服困难，完成任务。使用充分授权能极大地发挥下属的积极性、主动性和创造性，并能减轻办公室主任不必要的工作负担。

7. 不越级授权法

现代领导体制都是逐级领导负责制，具有明显的层次性。授权不能随便跨越层次，而只能逐级进行，否则就会引起混乱。如厂长可向科长、车间主任授权，而不能向科员和车间工人授权。同时，授权只能授自己职权范围内的权力，而不能把别人的权力授给自己的下属，否则就会引起更大范围的混乱。

8. 不充分授权法

办公室主任在实行不充分授权时，应当要求下属就重要性程度较高的工作，在进行深入细致的调查研究的基础上，提出解决问题的全部可能的方案，或提出一套完整的行动计划，经过上级领导的选择审核后，批准执行这套方案，并将执行中的部分权力授予下属。

采用不充分授权时，上级领导和下属双方应当在方案执行之前，就有关事项达成明确一致的要求。这样，才能保证授权的有效性。

9. 不轻易授权

凡涉及有关组织的全局问题，如决定组织的目标使命、发展方向、人员的任命和升迁，以及重大政策问题等，不可轻易授权。一般应当交给专门的政策研究机构或咨询机构提出决策分析方案，最后由高层领导直接决策。

10. 目标授权法

目标授权法是办公室主任根据下属所要达到的目标而授予下属权力的一种方法。领导授权的目的，是通过授权激励下属去实现组织的目标。领导只有将组织的总目标进行必要的分解，由组织内部的各个管理层次及部门的所属成员，各分担一部分任务，并相应地赋予一定的责任和权力，才能使下属齐心协力，共同奋斗，努力实现组织的总目标。

11. 制约授权法

制约授权是在领导授权之后，下属个人之间或组织之间的相互制约的一种授权方式。制约授权是办公室主任将某项任务的职权，分解成两个或若干部分并分别授权，使它们之间产生相互制约的作用，以有效地防止工作中出现疏漏。

12. 因事择人授权法

授权的一条最根本的准则就是要因事择人，视德才授权。授权不是利益分配，不是荣誉照顾，而是为了把事情办好，因此要选择思想品德端正、有事业心和责任心、有相应才能又精力较充沛的人，授之以权。

13. 关心、支持授权法

领导要做被授权者的坚强后盾，经常地给予必要的支持和指导，以防止在执行过程中可能出现的偏差和延误，帮助解决可能出现的困难。

第二节　巧妙借权与控权

一、借权的艺术

1. 怎样借上级之权

向上级借权的技巧很多，比如请上级领导到本部门做指示或进行现场指导；

经常、及时地向上级请示汇报工作，使下级和群众知道自己的工作是得到上级支持的；积极主动地配合上级开展工作，取得上级信赖。这些做法都能达到向上级借权的目的，能在客观上增加下属对自己的尊重和服从。

2. 怎样借下属之权

若本部门工作面广人多，变动性大，有许多工作和问题自己闻所未闻，即使知道，亦鞭长莫及，管不了那么多，那么必须借用下属和基层的力量才可以实现。

而下属和基层分布在各条战线的各个部门，他们和本部门职工朝夕相处，一同工作，对本部门和事情较为了解，是领导的中坚力量，是连结领导与群众的纽带。精明的领导此时会充分相信下属，相信他干得比自己还要好，巧妙地把自己的想法变为下属及基层的主意并由下属及基层去办理。一些工厂的厂长，在聘任基层干部时，制定一责双轨制：即某一部门的领导既要挑起生产行政工作的担子，又要挑上思想政治工作的担子，对本部门的物质文明建设和精神文明建设负全责。这就是厂长为了对工作负全责而向基层借权，依靠基层干部抓好生产的同时，落实思想政治工作。领导的这种借权，实质上是领导的意的数倍放大，既有授权，又含有扩权，一般来说，基层是很乐于接受的。

3. 怎样借领导成员之权

班子成员与自己是同级，至多只是正副职关系，这就意味着互相之间既是天然的合作者，又是潜在竞争者，这种复杂而微妙的同级关系，弄不好会形成内耗式的“窝里斗”。因为，根据班子成员的竞争心理，同时安排他们各抓一项工作，看谁抓得效果好，以此激发他们的积极性；根据班子成员的竞争心理，今天安排你去抓项有难度的工作，明天又安排他去抓另一项有难度的工作，谁做得好就表扬谁，哪点做得好就表扬哪点，形成互相之间互不示弱、你追我赶的局面；领导有时也应“委曲求全”，迁就成员的一些小要求，这会产生“面子效应”和“报偿效应”；对于嫉妒心很强的同级，用佯装不知、以德报怨、自信自重的方法积极化解，全力感化，防止这些人成为领导班子的内耗源。

4. 怎样借社会关系之权

社会的政治、经济发展是不平衡的，总是波浪式前进的，各项法制不健全，加上人们的思想感情往往是自发的，法律有时亦难控制。实际上，错综复杂的关系网在推动或制约着社会的进步。这里，我们说向社会关系借权，是利用其有利的方面。有一工厂，厂长将一技改项目让厂办主任去办理，主任知道在众多项目情况下，银行的资金投放是有限的，它可以支持这个，也可以支持那个，特别是很多工厂竞争上项目时，他们的可行性论证都很好，银行的专业技术人员很难评估。该厂办主任就展开了公共关系活动，一方面积极正面争取，另一方面利用了

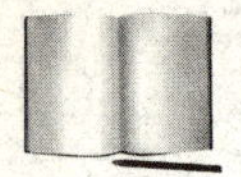

银行的拍板者与本厂职工的同学关系，很快地获得该银行的资金贷款，使该厂从逆境复出。这位主任就是很好地利用了社会关系，推进了企业的发展。

5. 怎样借群众之权

借群众之权的主要艺术有：

（1）领导的自我表露，亦即领导自觉地、有意识地把自己的某些要求和情况告诉群众，使群众获得直接理解领导意图的机会。不过自我表露的量要适度，态度要积极，过分消极的自我表露往往会给群众带来焦虑。

（2）用自我损害的方法可以赢得群众的支持。领导必须向群众说明，自己之所以要这样做的目的是出以公心，这样做连自己的权力和利益也要受到损害，自我损害的方法可以增加表率效果。

（3）用提高参与感的办法克服个别群众的消极情绪。有个别群众会由于领导的做法而受到极大的损失，应吸收他们参与到制定决策的过程中来，尽量满足他们的心理需要，防止不良情绪的扩散。

（4）利用群众愿与领导友好相处的愿望，增加自己的向心力。其艺术在于抽时间跟群众“随便聊聊”，这往往比“正式谈话”更有效。

6. 怎样借集体之权

集体的组织原则是少数服从多数。决议一旦定下来，就不能由个人随意推翻。因此，即使现在普遍实行厂长负责制，但作为领导，一定要善于利用集体的力量，借用集体的权力去完成任务。比如，任命一位基层干部，如果厂长把方案提交党委和行政主要领导通过后再任命，就比厂长自作主张要容易得多。厂长这样做，是利用了集体的意志，集体决定，使少数人难以违抗，这就是懂得了向集体借权的艺术。有些单位领导不懂得运用这一艺术，结果是好心亦办不好事情，把矛盾都集中到自己身上。这样的领导不能不说是“自找苦吃”。

7. 借权应注意的问题

（1）虚张声势的借权

过分地在别人面前突出自己拥有的权力和权威，这是领导缺乏实力的一种表现，此种方法可以哗众取宠，但不可能获得精明人的支持。

（2）借便宜行事权

领导处事时常常不追求真理，而是考虑怎样做能脱手，或能指挥得动。借用便宜行事权常常以损害本部门的某些制度为代价，这会带来更长远的麻烦。

（3）骑墙策略与双向借权

有些办公室主任希望在借权上有所得，但又不愿有所失，所以往往会在技术上采取模糊态度，企图取得不同观点的人的支持。这种策略偶尔用几次或许有效，但是未必每次都能左右逢源。

（4）两难式借权

事实上是一种强制借权，它有双关作用，迫使别人不是屈服于领导的压力就是致使对方面对更糟的处境，这是一种巧妙强制借权。

（5）强制借权

这种方式在结束矛盾公开化方面常常能临时奏效，但是它只能是得逞于一时，结果往往会使矛盾更加恶化。

（6）边缘借权

使用“边缘”的、似是而非的资料证明自己的正确性，或以此来否定别人。

（7）借“假参与”权

领导通过表面上让别人分享决策权而使自己的统御权得以扩大，但事实上领导只借用这一民主制形式，让别人参与非自己本意。

（8）为自己的主张而借权

不是为了工作而借权，而是为了保全自己不变的主张而借权。某些领导固执己见，对那些持否定性意见的人抱有成见，把工作上的不同观点变成同事间的情感对立。其唯一的行动方针就是游说自己的主张，这很容易失去他人信任和统御权。

（9）用“裁剪”信息来借权

对于上级的指示断章取义，都朝着有利于自己的方面去解释问题；或用不怀恶意的谎话来扩大自己的统御权。这种方法经过一段时间很可能产生“掩耳盗铃”效应。

二、控权的艺术

1. 牢牢掌握总目标

领导授权的全部目的，就在于激励下属为实现总目标而分担更多责任。现代的任何组织都是一个多因素多层次的有机整体，整体与局部、整体与环境、局部与局部有着密切的联系，任何局部出现偏差都会妨碍领导目标的实现。领导的根本任务是保证整体领导目标的实现。因此，授权以后的领导，就要把精力主要放在部门发展的大局上，及时掌握变化中的新情况，发现领导决策和执行中出现的偏差、矛盾和问题，并对偏离目标的局部现象进行协调、纠正。

2. 宽严相济，恩威并重

宽严相济强调的是：办公室主任在控制下级权力时，既不能过宽也不能过严，要宽严适度。既不能使下属轻动妄为，又不使下属束手束脚、顾虑重重。既

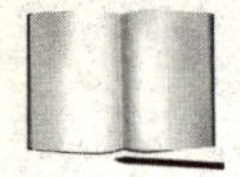

能大胆放手，使下属有所作为，又能把握方向，宏观控制，使下属有所不为。

恩威并重强调的是：在实施控制时，既要施之以恩、施之以德，感化影响、说服指导，从而赢得下属的信赖；又要施之以威、施之以权，查验所为，奖优罚劣，使下属有敬畏之感。要做到施恩时宽宏大度，大公无私，不计前嫌；施威时正气凛然，号令如山，言必信行必果，令行禁止。

3. 致人于前，防患未然

兵法云："凡先处战地而待敌者佚，后处战地而趋战者劳。故善战者，致人而不致于人。"就是说，凡先到战场等待敌人的就安逸，后到战场奔走应战的就疲劳。所以善于指挥作战的人，能调动敌人而不被敌人调动。

善于控制的办公室主任，总是掌握主动，致人而不致于人。如何才能致人而不致于人呢？这就要求办公室主任必须加强前馈控制，要加强这种控制，就需对权力运行进行估计和预测，并针对预测的信息采取相关的措施。要以虞待不虞，要未雨绸缪，要在"亡羊"之前做好可能"补牢"的准备，以便防患于未然。

4. 放手不撒手

领导的授权，是让下属分担责任，要放手让他们对各自职责范围内的事进行决策和处理，只有当下属不协调或发生矛盾时，领导才出面解决。但授权不是让权，授权以后领导照样负有全部责任，不能撒手不管，放任自流。如果领导授权是图省事，享清闲，自己当"甩手掌柜"，那就错了。领导在其位，就要谋其职，行其权，负其责。

5. 对下属应多引导

下属有了职权之后，计划如何制定，工作如何安排，任务如何完成，派谁去完成，这些都是他们分内的事情，授权者不要再去过问。领导要过问的是下属的目标能否如期或提前实现。领导要善于发挥导向作用，根据形势的发展，为下属提供切合实际的观点、方法和措施。要多协商，少强制；多发问，少命令。领导不要强迫下属做力所不能及的事情，要大力支持其工作。当他们在工作中出现失误时，领导应善意地加以引导和启发，帮助其改正，决不能多加指责。如果确实发现下属的工作有严重问题，不能履行其职责，领导就要马上采取措施，或派人接管，或把权力收回。

6. 权力制约之利弊

权力制约是办公室主任控制权力的主要方法。它的最大优点在于可以限制权力的滥用，有利于防止腐败滋生。即抑制权力的负向作用，保证权力的正向作用。

权力制约也有其局限性。这主要表现在：第一，权力制约若因领导主观原因发生偏差，容易压制权力行使者的积极性、创造性，被控者有一种被动的、被强制的感觉，容易挫伤其自尊心，影响其积极性、创造性。第二，权力制约使民主性得不到充分发挥。所以领导在运用权力制约时要特别慎重，掌握必要的尺度。

三、影响权力运用效果的因素

1. 社会心理

社会心理对办公室主任权力运用的效果有重要的影响。领导在运用权力时，应该正视社会心理，并善于利用社会心理。

2. 领导的身份和实际地位

一般来说，办公室主任都有一定的实际职务，但有些领导还兼有其他身份。这种多重身份的办公室主任，往往比单一身份的办公室主任影响力大。在某种领域造诣较深，有重大建树，或者有突出贡献的办公室主任，往往具有权威，其社会地位高于一般办公室主任，对权力运用的效果就会更大。

3. 人际关系

对于办公室主任来说，人际关系好，一呼百应，就能充分发挥权力的作用，进而使实际权增大。人际关系不好，权力运用就会受到阻碍。人际关系好，领导在运用权力时有时即使欠当，也往往会被谅解。人际关系不好，即使权力运用得当也难以发挥出应有的作用，若有欠当就很可能成为遭到攻击的把柄。

4. 授权、分工和权限

上级对办公室主任的授权、本级领导集团成员间的分工和权限划分是否明确，对权力运用效果的影响是非常关键的。授权不明、权限不清，办公室主任就没有主动权，便无法开展工作。如果上级任命时就有意见分歧，本级领导集体也有意不给分工，就缺少纵向和横向的有力支持，实际上就可能是有职无权了。即便是有授权、有分工，但权限范围不清，在使用权力时也会常出现扯皮现象，要么不敢大胆用权，要么互相争权，要么推诿不管，这显然都会影响办公室主任权力的运用效果。

四、滥用权力的表现

1. 不该决定的问题擅自决定

企业的领导应根据自己的职责权限，做出自己职责范围内的有关决策。办公室主任决策主要解决作业任务中的问题，包括经常性的工作安排，如每日的任务

安排、人员调配、设备使用等，还包括解决生产过程中出现的非正常的偶然事件，如设备发生故障，原材料、设备供应不上等。

办公室主任决策主要针对安排一定时期的任务，或解决生产、工作中的某些问题，如人员出勤率不高、原材料不足、某项费用超支等。高层决策要解决的是关系全局性的及与外界有密切联系的重大问题，如生产项目、产品结构、发展战略、职位培训、选人、用人等。

不同层次的领导，应该只决策本层次的生产经营和工作中的问题，如果决定其他决策层次的问题，就是“越权”。

2. 不该管的事情插手管理

不少领导喜欢管事，对下属、甚至对下属的下属的工作，这也看不惯，那也不满意，这也不行，那也不对，在这里挑剔一番，到那里指责一气。在这样的领导人眼里，别人干什么都不行，唯有自己才是最有事业心、最有责任感的。

3. 不该执行的任务越俎代庖

在实际工作中，有许多事不是管理人员必须做的，而应该由职能部门去做。结果领导越俎代庖，事必躬亲，不分巨细地去做下属具体管理部门的那些日常工作，陷入繁琐的事务中而不能自拔。

这样的忙，既是“越权”，又是失职。包揽下面的工作是“越权”，忙于具体管理而忘记了管理人员的主要职责便是失职。如果只忙于具体事务，做自己职责范围外的事情，那么势必削弱了抓大事、抓战略、用人、决策等重要工作。

第三节　鉴别人才与考察下属的方法

一、合理地鉴人识才

1. 人才，并非是完人

现在对人才的识别，往往不是先着眼于人才的优点和长处，而首先看其毛病和短处。古人有训：“金无足赤，人无完人”。道理讲起来很简单，但真做起来却常常忽略这个古训，生怕违背了“德才兼备”的标准，其结果又往往总是因为对其“德”拿不准而废其才。如某企业的几位领导都看准了生产科科长某某，他精通全厂生产流程和业务调度，如能提升为生产副厂长准是把“硬手”。但一想到他曾离过婚，虽已明察其原委，还是唯恐有关“道德不好”的嫌疑，故未予以提升。

要坚持“德才兼备”，但不可强求每个人才都是完人。

哪一个人在工作上发挥自己的优点时敢保证时时处处都不过头，都能恰到好处？又有哪一位领导在观察下属发挥优点时能精确地把握住优点与缺点的那个“结合点”？稳重与寡断，细致与繁琐，深思熟虑与谨小慎微，独立见解与主观自恃，果敢决断与不够民主，雷厉风行与性格急躁，等等，一边是优点，一边是缺点，这两“点”往往会在一个人身上同时显现出来。因此，每个领导都应懂得，人才，并非是完人。以完人来要求人才，都会是“人将不才”，这样，不仅埋没了人才，也会给自己的事业带来损害。

2. 人才，并非是全才

现实工作中，有的领导要否定某人不是人才，通常是指出他在某个方面的“不才”。这些领导的人才观念就是：人才即是全才。全才，大概是指人的全面性的才能，即在各个方面都有过人之处，不然，就不能以“人才”相冠。而事实上，这样的人才是根本不存在的。俗话说：“行行通，行行松。”一个人的智力、体力，都是有限的，任何一个人都不可能在所有的方面超过其他人。虽然现实中也有某某人是“文武全才”的说法，但这种“全才”也只是相对而言，或者是指他的综合才能要比别人高一些，并不意味着他在任何方面都超过了别人。正确的人才观应该是：人才，仅仅是指有一技之长、一专之能的人。也就是说是指在某个方面、某一点上有所专长的人。人才从处事风格上大致，可以分为开拓型、稳健型、守成型等。然而，即使现在被人们推崇的开拓型领导人才，其实也不过是专门性人才而已。这种人才胆识过人，作风泼辣，说干就干，很少保守，容易开创工作局面，但他与稳健型人才相比，往往在对问题的深思熟虑方面欠佳。所有的领导，也只是专才，是领导方面的专门人才。离开了领导岗位，厂长不一定是一个技术好的车工，财政局长不一定是个业务拔尖的财务出纳员。所以，不能强求一个人样样精通。

3. 人才，并非是奇才

提起人才，许多人会自然地想到历史上的张良、诸葛亮这些奇才式人物。这类奇才异能之人古今都有，但毕竟为数极少。这类人才具备了他人无法与之比拟的先天条件，因而创造出了“前无古人，后无来者”的辉煌成就。这些人是人才中的精华，而不是人才的全部。大量的人才倒是与奇才相对应的平凡之才。

如果我们要求一切人才都具有高超的奇异的本领，那么，我们就像戴了墨镜，看不到五彩缤纷的世界，看不到各种类型的人才，甚至像盲人一样，找不到人才。人才按用途大致分为三种类型：决策型人才、执行型人才、操作型人才。大量的人才是执行型人才和操作型人才。这些人才，不可能也不需要是奇才。他

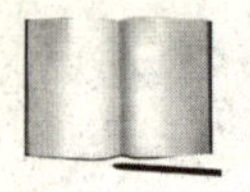

们只需要在处理日常工作和技术性问题时，有较高的才能，而不需要他们人人足智多谋、才艺双全。即使是决策型的人才，也不可能都是像张良、诸葛亮那样杰出的奇才。所以，办公室主任必须树立这样的人才观念：人才，并非是奇才。

4. 人才，并非都有文凭

有一种观念，人才就是有大学毕业文凭的人，这是近几年的文凭热形成的"流行病"。人才是有知识的，这就容易使人们简单地把人才与知识分子等同起来，而知识分子大都是有"文凭"的人，所以，人们就在人才和文凭之间画了等号。文凭是一个人受教育程度及掌握相应知识的标志，它能在一定程度上反映一个人的知识和才能，因此，看重文凭知识是必要的。但是，人才并非都有文凭。所谓人才，是指在某一领域有突出才能的人，而才能是一个人运用自己掌握的知识处理问题、解决矛盾、开拓局面所具备的实际才干和能力。才干和能力主要通过实践表现出来。才干有三种类型：一类是既有文凭，又能实干；一类是没有文凭，但通过自学已具备相应的文化水平，实际能力很强；一类是没有文凭，有实干精神，积累了一套丰富的工作经验。拥有后两类才干的人也都是人才，但他们都没有文凭，因此，人才并非都有文凭。

同样，反过来，拥有文凭的，也并非都是人才。有一些"昏昏者"躺在文凭上睡大觉，其实际知识相当贫乏，工作能力也很弱，这样的有文凭者岂能称得上人才。因此，办公室主任在"文凭热"中必须树立这样的观念：人才，并非都有文凭。在重视文凭的同时，不唯文凭看人。选拔人才，最重要的要看其实际才干。

5. 鉴人识才的秘诀

（1）辨识人才，不能用片面眼光

古人说："见骥一毛，不知其状；见面一色，不知其美。"辨识人才也是这样，不能仅看某人在某一时、某一事、某一方面的表现，而要从多方面进行观察，做综合性的思索，然后再下结论。

（2）辨别人才，不能僵化地遵循书本上所规定的一些标准

关于人才的特征和标准，尽管需要在理论上进行各种研究和规定，以供各级领导参考，但人才毕竟是活生生的现实中的人，理论上所给定的那些规定和标准是很难准确把握的。

（3）“事不成无以知君子”

判断一个人才能大小，最可靠的标准是看他做成事情的多少与难易。我国古代思想家荀子将其概括为“岁不寒无以知松柏，事不成无以知君子”。一个领导也应注重在实践中考察和熟悉人才，了解其工作表现和工作成绩，并以此作为根据，鉴别他是不是人才，是属于哪一层次、哪一方面的人才。选才用人要大胆，但又必须慎重，因为人才与事业是紧密联系的，用人不当，必贻误事业。所以必须多在实践中对人才进行全面观察，做到“操千曲而后晓声，观千剑而后识器”。

（4）“任不重，则无以知人之士”

着眼于现有的业绩，往往还不能全面地认识一个人才，尤其判断不准他具有多大的能力，能胜任哪个层次上的工作。一个人如果仅从他的现状看并没有“雄才大略”，而把他放到一个恰当的位置上也许其就会表现出非凡的才能。这正如日本的一位企业家所说的，人们往往不是有这个能力才担负这个职务，而往往是担任了某个职务才发挥出了惊人的能力。

（5）“辨才需待七年期”

白居易有一诗句：“试玉要烧三日满，辨才须待七年期。”这就是说，辨识人才绝不是一蹴而就的事情，需要放长眼光，从发展趋势中去考察、去把握。每个人都具备一定的基本素质，根据这些素质识别人才，要求领导具有一种特殊的或者说是近乎潜意识的洞察力。识别这种才能，虽然比较困难，但却十分重要，这实际上是领导在识人问题上所作的一种带有战略性的决策。

二、考察下属的艺术

1. 进行日常观察

办公室主任可以通过日常工作和生活，对身边的下属进行观察。通常，办公室主任对下级日常的观察可从以下四方面入手：

（1）留心被考察者生活、学习、工作等各方面的言谈举止，判断其工作和生活作风好坏、能力大小。

（2）根据“同类相聚、同气相求”的原理，通过了解被考察者结交什么人，敬重仰慕什么人，鄙弃什么人，看其思想状况和品格高低。

（3）通过被考察者在关键问题上和关键场合中的表现辨其良莠。

（4）在相互比较中观察。同是下属，在同一个问题上的态度和做法就不大相同，优劣、高下自然会显现出来。

2. 充分利用下属的特长

敢于让下属发挥有争议的特长，是精明的办公室主任在用人过程中必须具备的素质之一。由于人们认识客观事物的立场、观点、方法不尽一致，认识水平和切身利益迥然不同，在对某个被使用对象的特长和短处做出评价时，势必会出现一些偏差。对于某些颇有才干的下属来说，否定了他的特长，也就否定了他的价值。因此，一个审慎的办公室主任，决不轻易否定一个下属的特长，就像决不轻易否定下属自身一样。从某种意义上说，敢于力排众议，果断使用下属有争议的特长，正是精明的办公室主任比平庸的办公室主任显得技高一筹的一个重要方面。

为了充分做到用人之所长，管理者在用人时，可参考以下三种方法：

（1）个体取长法：这是现实工作中最为常见的一种“取长”方法。

（2）群体取长法：是一种根据人才群体的对比情况，通过科学分析，做出准确判断，充分发挥人才个体的最佳才能的一种用才方法。

（3）提前取长法：这是一种立足于长远利益，同时兼顾眼前利益，并运用发展变化的观点来选用人才特长的方法。

3. 有意考验

对于办公室主任来说，仅仅面谈和观察，有时还不足以识别一个人，这就要求进一步采取一些必要的方法，对被观察者进行一些有目的的试探，在动态中进行考察。比如，领导有目的地把某项工作交给被考察者去完成，从而检验他的能力，授意他在某种场合发言以考察他的讲话水平等。

4. 倾听群众的评议

办公室主任考察和识别下级，光靠个人的智慧和眼光，难免存在片面性和局限性。若要对下级的思想、品质和能力进行全面客观的了解，必须充分征求广大群众的意见和看法。这样，不仅有利于防止和纠正可能出现的偏见，而且可以使办公室主任开阔视野，拓宽知人渠道，在更广的范围和更多的层次中选贤任能。

5. 考试测评

考试，是通过考卷来测评下级水平高低的一种方法。利用考试测评虽然难以真正测出其解决实际问题的能力，但对考察下级的文化水平、理论修养和专业知识还是有帮助的。办公室主任须知考试要有针对性，从事什么工作，就考与之有关的内容，切忌漫无边际地什么都考。要尽可能地注意对实际工作能力的考核，除了在考卷上出一些实际问题，让应试者提出解决办法外，在考试形式上还可辅之以口试，以弥补笔试的缺陷。

第四章 办公室主任晋升艺术

一、晋升通用法则

1. 把握时机尽显所长

所谓“人往高处走”，就是说没有人希望永远居于人下，在工作上能够获得成就感，得到上级的赏识，相信是每个人的愿望。可惜领导永远高高在上，每天总有处理不完的业务，如何做到对每名下属的才能有深刻的了解？所以聪明的办公室主任，他们懂得制造自我表现的机会，把握时机，尽显所长。以下有些简易的好方法，能助你突出自己的长处，让上级对你有深刻的良好印象，一旦日后有什么“肥缺”，他也会较容易想起你。

（1）除了对自己的工作性质有深刻了解外，你还须对其他部门的工作有一定的认识，虚心向别人请教自己不明白的地方，千万别以为这是费时费力的事情，领导会对这种勤奋好学的下属，极具好感。

（2）对于公司的发展情况及业务上的问题，你要特别留意，这样做的目的可使你对公司所面对的种种问题，比其他同事知道得更早，在上级未计划如何分配工作之前，你已毛遂自荐，主动要求肩负解决某些疑难的责任。

（3）假如自己做错了什么事情，你要对上级直陈不讳，切勿推卸责任，这样做会令上级觉得你是一个可靠的下属。

2. 争抢领导最关心的工作

一个单位里的具体工作非常多，这些工作并不一定都是领导所关心的。领导最关心的，是关系到全局利益的较急、较难、较重的工作任务。

如果办公室主任能以敏锐的观察力，理解一个时期内领导的工作思路，以自己的最大才智和干劲，把领导目前最关心的事情办好，那么，无论在业绩上还是在上下级关系上，都能收到事半功倍的效果。

3. 竞争最关键的岗位

所谓关键岗位，是指在一个单位的工作中最有实际权威，对本部门整体工作

起决定意义的岗位。

一个人只要是具有相当的才干，在这样的岗位上最易出成绩，也最有条件使人们了解自己的才干，从而在人们心目中占有一定的位置。

4. 为了更高的职位奋斗

有的办公室主任，认为自己当了某某上级的助手，目前过得还可以，就满足了，不再奋起了。其实不然，作为一个人来说，不论你目前怎样，都应考虑将来要更好，从而去奋斗、去谋发展。就是说，做办公室主任固然好，但还需要发展，还需要晋升，为更高的职位而奋斗。

职位是一种非常重要的东西。它代表着权力，代表着地位和尊严，也代表着薪金收入。所以，在现有的水平上追求更高的职位，是每个上班族耿耿于怀、努力追求的目标。那么我们应当怎样去追求晋升呢?

只要我们想得到成功，在职位上获得晋升，那就不免要与同事展开竞争。

竞争的方式是多种多样的。但是以手段的正当与否，可以分为正面竞争与反面竞争。凡是在竞争中采取了正当手段的，可称为正面竞争；凡是在竞争中采取了反面手段的，可称为反面竞争。

正面的竞争是不容易获得胜利的，凡是获胜者，必有一番艰难的拼搏和痛苦的争斗。正是这个过程，磨砺了我们的意志，锻炼了我们的才能，为我们在今后竞争中获胜奠定了基础。

5. 在升职竞争中如何获胜

所谓人望高处，你想尽办法向上爬升，无非是希望出类拔萃，名利双收，这也是无可厚非之事。但这并不是你个人的事情，当你节节上升之际，你必须要与同事竞争，自己才可能稳步攀爬成功的阶梯。不过，若你只是一个自律的办公室主任，在不伤害别人的情况下，力争上游，最后获至美好的成果，这样才算是真正的成功。

专家特别为想升职的人，提供一些意见作为参考：

(1) 坦诚告诉你的同事自己的野心与理想，不作暗箭伤人的事情。一切以实力取胜，自我要求严格。

(2) 在公平竞争的情况下，知道对方遇到什么不快的事情，不可落井下石，只需表示同情，诚心祝福对方，你也不必特别为对方做什么事情。

(3) 小心观察上级对你的印象，是否满意你的工作表现，才考虑应否向他提出升职的要求。

(4) 如果你想调升至另一部门较高的职位，首先你要想想自己是否能够胜任，还是这只是你一厢情愿的想法，没有顾及其他外在的条件。

(5) 在一些重要工作上，你固然表现出色，但是也不能忽略微不足道的事情，如迟到早退、随意请病假。上级可能会在这些事情上，认定你不是一个谨慎的人，这会影响你的升迁机会。

(6) 与对手竞争职位期间，你可能听到不少对自己不利的谣传，你应该充耳不闻，不要理会。

(7) 不要涉入任何一宗人事纠纷中，以防引火烧身。

二、抓住可能获得晋升的机遇

1. 不要让机遇从你身边溜走

办公室主任升迁一般表现为两种方式，一种是实际职务的提升；一种是地位、待遇的提高。无论是职务晋升还是待遇提高，升迁都意味着对人的能力和业绩的肯定。从这一点来说，人的升迁与他的能力的提高和业绩的进步是一致的。

在仕途上，机遇是升迁的重要桥梁。

有的办公室主任对此不以为然，他们总认为自己的提升是因为自己有某些才能。这种说法，带有很大的片面性。

谁都知道，一个人被提升时，首先要有职位。没有空出的位置，任你才高八斗，学富五车，也不会被提拔到一个“悬空”的位置上。

当然，我们不否认才能在提拔中的作用，我们只是说，才能与机遇相比，毕竟是第二位的因素。我们经常看到这种情况：一些才智很高的人，因为没有职位的空出而怀才不遇；而有些才智一般的人，因为有机遇，也能顺势被提拔起来。其实就是这个道理。

2. 职位空缺带来的机遇

职位空缺机遇，是指因为某种原因，仕途上有了空出的职位，可提拔新的办公室主任。这就给所有可能被提拔的对象带来了机遇。

职位空缺带来的机遇是最好的机遇。其一般是客观条件所提供的，自己无法创造。

客观条件为我们提供的机遇有以下几种情况：

(1) 由于本单位、本部门的领导因为某种原因离开了现任的领导职位而为我们创造了升迁的机遇。例如：因为工作业绩突出，被提拔了；因为到了退休的法定年龄，离开了现职；因为工作不得力，被调整到其他单位、部门任职；因为犯了错误，被解除职务等。

(2) 其他单位或部门的领导职位有了空缺，而那些单位或部门的人员又都不具备提升的资格，需要从你们单位或部门中挑选优秀者去补充位置。这种挑选，有时是从组织角度，由上级组织人事部门实施的；有时是从社会角度，由用人单位以广泛招聘的方式进行的。

（3）因为成立了新的单位或部门，需要在你们单位或部门选拔一些人去做领导工作。这种选拔，也是通过组织选调或用人单位招聘两种渠道来进行的。

3.“天上掉下来”的机遇

这种机遇，纯属一种偶然的机遇。尽管它发生得不多，但是在现实中却客观地存在着。

通常，它是产生在极其特殊的情况下，一些单位为了政治上、经济上、工作上甚至更为特殊的需要，不得不把一个事先毫无提升希望的人推上领导岗位，这样的事在仕途上是屡见不鲜的。

三、哪些主任不易晋升

人并非都是十全十美的。办公室主任也如此，从性格上来看，总会有这样或那样的缺陷或不足，但是这些，只要了解了，并有意识地克服，并不是改变不了的事。

然而，也有一些让人印象深刻的人物。比如说，“专家型”的，认定他对事情有权威性的说法；“权术型”的，拍马钻营、追逐权势；还有“野马型”的，我行我素、为所欲为。

这些类型的人虽然使人厌恶，但其中却不乏成功的人物。原因是他们很了解自己，而且这些鲜明的个性对他们的事业并非阻碍，反而是一种助力。

但也有那些个性较为温和的，他们性格上的缺点看来似无大碍，但事实上却严重阻碍了事业的发展。以下四种类型的人在晋升时就会遇到困难：

1. 以暴露自己缺点为荣者

在许多公司都会遇到这种人。他们过分轻信自己的直觉，自我感觉良好。对于自身存在的不足，经常挂在嘴边，生怕别人不知道，以此来表白自己是多么地严于律己，多么地敢于自我剖析。

这种“你看我有多糟”的态度总有一天会影响他的前途，最后总有人不想“看”这些缺点，而更糟的是，很可能因此而把他整个人都否定了。

2. 过分宣扬自己

与暴露自己缺点的人相反，有的人则以“自吹自擂”为乐事，仿佛见到人不讲自己的长处，别人就不了解自己一样。时间一久，总让人觉得讨厌，更让人认为此人没有什么本事可言，就只有那么一点自我吹嘘的本领。

3. 悲观失望者

对于任何一种方案都有两种不同意见，无论是反对还是同意，作为主持会议的人来说，总是希望有人能出来，讲出自己的意见，哪怕是反对的意见。可以说，每个公司的会议上，都会有这样的人，他们的悲观言论能浇灭提议者的热情。

这是他们的作用所在，但是任何公司都不希望有这种人。在公司，这类人常常被派去干些事务性的杂事，或被派到那种无声无息的工作岗位上，只见其影不闻其声的地方。

如果你有这种情绪的话，一定要设法加以改变，即使有时需要强迫自己保持沉默，也不要贸然讲出你的悲观的言论，否则只会败坏大家情绪，使你在公司的形象更加糟糕。

4. 单干者

这类人总的说是不错的，他们工作积极肯干，质量和效率都很高。不足的是他们总是乐意独来独往，个人行动，不愿与他人合作干事。

他们的这种心态常表现为缺乏合作共事的精神或总是愿意独处。作为办公室主任，如果你是这四种类型中的一类，那么，你最好不要考虑升迁，更不宜考虑跳槽。因为，升迁或跳槽都会让你难以适应别人，或别人难以适应于你。

第五章　办公室主任工作中的语言、讲话艺术

第一节　办公室主任的语言表达特性

一、以情感人，富于时代性

1. 感召性

办公室主任的语言信赖度大，号召性强，具有突出的鼓动性和感召力。办公室主任总是善于利用具有感召力的语言艺术去工作，或用富于哲理的语言，扣人心弦，励人斗志，激起下属的热情，增强下属的信心。

2. 情感性

许多办公室主任善于以情感人，而不是以权压人。在交谈中或做思想政治工作时，与人为善，入情入理，运用亲切和蔼的语言感化人、催化人。作报告或演讲时，语言朴实无华，亲切入耳，具有很强的感染力和凝聚力，能博得群众的喜爱。

3. 时代性

办公室主任的语言要有时代气息，有时代感，不断吸取发展着的、创造性的思想营养和语言营养成分，以使自己的语言充满生机和活力。

二、语言表达中要符合身份和场合

1. 知识性

办公室主任在运用语言中应有知识性、科学性、哲理性和逻辑性，既有历史

的纵深感，又有现实的开阔感，能提供尽可能多的有用的信息，以启人深思，促人奋发。说话深刻有力度，就会产生令人钦佩的魅力。

2. 准确性

由于办公室主任在社会活动中的特定地位，所以办公室主任的语言表达，就不能是随心所欲的。办公室主任对人的评价，对事物的判断，必须实事求是。下达指示、进行决策时一定要准确无误，一就是一，二就是二，不能有半点含糊。

3. 生动性

办公室主任无论在什么场合下，都需要使用易被对方接受、鲜明生动的语言。办公室主任运用语言的生动性，一个最基本的要求就是要使用自己的语言。有些办公室主任往往愿意使用一些现代流行的套话。把这些东西生拼硬凑一起，乍听起来挺“新鲜”，实际上仔细回味起来，有些话似是而非，很不准确。这些语言不仅不能给自己的语言增色，反而更加逊色。

4. 精练性

办公室主任语言表达的精练性，体现为：

言简意赅，说话干脆利落，不拖泥带水，废弃空话套话，拧干“水分”，真正用简短精练的语言，给人以启迪，给人以鼓舞。

第二节　鼓动说服、拒绝的语言艺术

一、鼓动下级要避免走入误区

1. 鼓动操作要则

鼓动理论分析的是鼓动活动本身应遵循的一般规律，鼓动操作的要领是指进行鼓动操作时应该注意的一系列问题。鼓动操作的要则主要有以下几点：

（1）帮助下属建立安全感

在市场经济条件下，竞争日趋激烈，大多数人都不同程度地缺乏安全感。如果帮助下属建立安全感，会大大解放下属的生产力。

（2）善于开发下属的创造性

如果说，下属不愿接受某些困难工作，部分地源于缺乏勇气和热情，那是有一定道理的。但有时是因为缺乏解决困难的创造力。这时，明智的领导所要做的，莫过于开发他的创造力，使他获得解决困难的方法。

（3）注意强化下属的优点，弱化其缺点

要使能力超群的下属努力工作的同时，必须准备接受和容忍他的缺点。如果你不能容忍下属的缺点，那么留在你身边的，多半是些平庸低能之辈，而这才是你最大的缺点。对有些下属而言，与其挖空心思地去纠正他的缺点，还不如尽量努力使他充分发挥优点。

（4）要尽量使工作充满乐趣

当工作仅仅作为谋生手段而存在时，它对人的吸引力会大减，人们工作也是“不得已而为之”。尽管领导可以通过各种组织规章制度，使下属与工作结合起来，但由于工作并不能给他们带来乐趣，这无疑压抑了他们的工作热情和积极性。在这种情况下，领导应尽力使工作充满乐趣，使下属在愉快的心情下接受和完成任务。

（5）不要以自己的习惯或模式强求下属

世上没有两片完全相同的树叶，也不存在两个完全相同的个体，任何讲究领导艺术的领导都不能以自己的习惯或模式强求下属。否则，下属将会变得无所适从，“左右不是人”，既难以接受和适应领导要求的习惯或模式，又会打乱原有的习惯或模式，成语“邯郸学步”说的就是这个道理。

（6）培养下属的自信心

即使能力相当的下属，仅仅由于自信心不同，其工作劲头就有很大不同。所以，培养下属的自信心是一种既重要又省力的“动力投资”。

（7）不要忽视细节

所谓“细节”包括：自尊、自由、信心、依赖、爱、成就感等。常听一些下属这样说：“只要领导略表赞赏之意，我就会工作得更上心、更快乐。”对这些人来说，领导及时说些赞赏、鼓励的话，往往比奖金更能打动他们的心。

2. 注意你的说话技巧

办公室主任必须认识到有些意见或建议对于这部分人有效，但不一定对那一部分人也有效，或者效果不如前者。所以关键是要意识到影响人的以下几方面的因素：

（1）遗传特征

个人的基因构成会影响一个人的能力。

（2）种族

少数民族和汉族有着差别很大的生活经历。

（3）家庭

一个 4 口人的亲密家庭与一个失去了父亲的 7 口人的家庭对孩子们形成不同独立观念的影响是很大的，不同的家庭还促成其成员形成不同的处事观念。

(4) 社会等级

社会经济地位包括了受教育的机会。对一个普通工作和上过名牌大学的人而言，他们会听到上级对他们不同的批评。

(5) 籍贯

一个人的出生地和成长地对此也有影响。一个来自南方的人与一个在东北出生的人对于世界的看法是不同的。南方人说话通常很慢而且很有礼貌，而北方人说话则很快，显得很爽直。

3. 避免“惩罚或训戒”

对于那些有缺点、有错误的下属，包括屡教屡犯的成员，不应采取“惩罚或训戒”，因为它带来的更多的是畏惧，不能从根本上解决问题。当然，在基层工作中，如果领导与下属关系很“铁”、很“没的说”，领导一气之下，边责骂边动手，也未尝不可。实际上，这种情况在基层工作中并不少见。

4. 少用“说教式规劝”

“说教式规劝”是世界上使用频率最高的方法，也是成功率最低的方法。当然，我们不是主张不用，而是尽量少用，特别是对那些用而无效的下属，应及时改用其他方法。

5. 牢记鼓动十戒

它包括：一戒下属完成了任务，却激励他的上级或其他人；二戒期望下属样样都行；三戒是强调计划、组织的重要，而忽视人的合理欲望；四戒高高在上，好为人师；五戒工作进展顺利时，却横生枝节，或指手画脚；六戒只看小事，不重大节；七戒强调过程，忽视结果；八戒处处揽权，不敢放手；九戒心胸褊狭，不容异议；十戒忽视下属创造性的思考，认为这只与领导有关。

二、鼓动下级的方法

1. 几种鼓动语言方式及其技巧

(1) 赞美与表扬

领导经常赞美下级，职工的积极性、创造性不断被激发、被调动。赞美之于人心，如阳光之于万物。在我们的生活中，人人需要赞美，人人喜欢赞美。这决不是虚荣心的表现，而是渴求上进，寻求理解、支持与鼓励的表现。爱听赞美，出于人的自尊需要，是一种正常的心理需要。经常听到真诚的赞美，感到自身的价值获得了社会的肯定，有助于增强自尊心、自信心。

有的人吝惜赞美，很难赏赐别人一句赞美的话，他们不懂得，多正面引导，多表扬鼓励，是思想教育工作的一条规律。予人以真诚的赞美，体现了对人的新生、期望与信任，并有助于增进彼此间的了解和友谊，是协调人际关系的好方法。人人皆有可赞美之处，只不过优点有大有小、有多有少、有隐有显罢了。只要你心细，就能随时发现别人身上可赞美的“闪光点”。即使缺点较多或长期处于消极状态的人，只要稍有改正缺点、要求上进的可喜苗头，就应及时给予肯定、赞扬。

最有实效的赞美不是“锦上添花”，而应是“雪中送炭”。最需要赞美的不是早已美名天下扬的人，而是那些自卑感很强、被错当成“丑小鸭”的“白天鹅”的人。他们平时很难听到一声赞美，一旦被人当众真诚地赞美，就有可能尊严复苏，自尊心、自信心倍增，精神面貌焕然一新。内容明确、有特点的赞美，比一般化的赞美可贵、也更可信。与其空泛、笼统地赞美对方很聪明、能干，就不如具体地赞美他办成的几件聪明事。这样才有助于他发挥自己的长处、优势，激发起更强的上进心、荣誉感和自豪感。

（2）领导肯定和赞扬下级的重要性

领导所应遵行的领导方法中，有一条叫作鼓动原则，鼓动原则就是对下级要坚持物质和精神的鼓动表扬，并在具体工作中以鼓动表扬为主，最大限度地调动下级的工作积极性。领导究竟怎样做才能最大地发挥手中权力的功效？是多斥责、贬损，还是重在肯定、赞扬？这既是工作理性问题，但更是价值理性问题。政治家从事政治——“管理众人之事”（孙中山语），就必须深谙并尊重众人的脾性，把大家的积极性最大限度地调动起来。超越下属的心理习惯，文化构成，权力的运作就会违拗众人，得不到良好效果。

对于下属的成绩应该肯定和表扬，这是因为：

第一，能使下属对上级的指令获得更深刻全面的认识。

第二，通过下属自己的成就感的满足使其更加深信自身能力和自我价值。

第三，对获得成功的下属的褒扬必然激发下属的竞争。

第四，对下属成绩和良好思想品格的肯定和赞扬，实际上就是对另一种与之相对立的倾向的有力的否定和批评。

2. 领导肯定和赞扬下级的语言艺术

要使你肯定和赞扬下级的语言成为美言、美文，不但具有实效性，而且具有较强的艺术性，难度是很大的。有的领导对于下属的成绩，往往视为已成之事，因而倾注的感情、怀抱的意兴便会不自觉地有些索然。这样即使表示肯定和赞扬也常常变成“等因奉此”，虚与委蛇，或者不着边际地搬弄一番溢美之词，因此产生负面效应便在所难免。可见，对于肯定和赞扬下级的语言非但不能敷衍，而且需要着重探讨其中情义。

（1）情真意切

一位学者在论及谈话的艺术时指出：要充分发挥谈话的效力，肺腑之言，情真意切的诚挚的语言，才能发挥语言的最大力量。

（2）增进认识

肯定和赞扬当然是为了激励下属，但是这种激励应该是真挚热烈的情感与明晰深刻的理性的统一。

（3）扬长也须论短

下属的长处固然需要及时给予肯定和表彰，但是诚如老子所说："声一无听、色一无文"，倘若领导只会在下属的长处和成功面前来一声喝彩，那么这样的肯定和赞扬就会显得过于单调，既不能起到上面所说的增进认识的作用，也会有损于领导在下属心目中的能力与形象，造成了领导的角色模糊。

（4）虚怀若谷、见贤思齐的气度

在肯定和赞扬下属的时候，领导若敢于把自己摆进去加以自我评说，将使下属大为震动，并由此促进心灵距离的缩短。领导只有时时牢记，下属的才能和成绩再高，也都是在服务于共同事业的，那么他就不会有什么降尊纡贵的屈辱感，能够做到饥渴不已般地吸取下属的长处。这是领导执着的事业追求和具有自信心的表现。

（5）天然无雕饰的朴素美

至理是坦诚朴实的，无须穿衣戴帽；至情是质实朴素的，不用彩绘雕琢。只要把下属的成功视为自己的成功，只要在理性的高度上充分明了下属言行的价值，那就一定能使肯定和赞美发自肺腑，而这样的语言如"清水出芙蓉"，是最富感染力的。其感染力得益于朴直率真。

3. 赞美和表扬应注意的问题

（1）切忌褒少贬多

对有成绩的下级肯定和赞扬过多，不可避免地要造成未受肯定和赞扬的下级的心理失衡，这对于激励众人使之感奋是必要的。

但是这种效果一般情况下只应客观生成，领导不应采取双管齐下、曝此寒彼的方式。因为个体之间的差异有着条件性，某人有一种长处，而其他人不具备特定条件，就不一定能够形成这种长处。

（2）要忌任意拔高

领导肯定和赞扬下级的语言当然不可温吞，要具备应有的热度。但是如果不适当地过高评价了下属的成绩，人为地赋予成绩本身不曾有的意义、价值，这会被认为是庸俗的捧场行为。

三、以理服人

1. 借此说彼

借甲事物来说明乙事物，找出两个事物之间的某一相似点，不仅通俗易解，且具有很强的说服力，往往能收到事半功倍的效果。

2. 侧击暗示

侧击暗示就是通过曲折隐晦的语言形式，把自己的思想意见暗示给对方的说服方法。这种语言表达方式既可达到批评教育的目的，又可避免难堪的场面，所以常被用来作说服的有效手段。

3. 以褒代贬

褒贬的说服技巧就是运用修辞中正话反说的方法，把要批评的话，从相反的角度，用表扬的形式表达出来。

4. 鼓动激励

鼓动激励的前提是信任。苏联教育家马卡连柯说过："你信任他，任用他，赋予他更多的责任，往往正是调动他积极性的最好手段。"

这话是很有道理的，领导向下属布置任务，一方要求另一方做了什么事情，要想对方事务办得出色，就应该用信任的态度、商量的口气对他们说："×××，你脑子灵活，技术又好，考虑再三，觉得只有你来做这件事最合适。这件事很急，我相信你有办法尽快把这件事做好的。"听了这样的话，对方即使有困难，也会乐意地接受下来千方百计去完成的。如果这样说："这事是你职责范围内的，事情很急，你得在明天把它办了。"这种命令式的语言激不起对方工作的热情，也调动不了工作的积极性。

高昂的士气是提高工作效率、促人上进的一个重要因素，而高昂的士气来自于人的自尊。人的自尊心一旦丧失，工作的热情也随之消失。因此，一个领导应当不断努力提高自己公众的自尊性，而鼓动激励的说服技巧有助于提高人的自尊和工作的热情，这样才能把工作做好。

四、动之以情

1. 心理接触

心理接触就是运用心理学中的"情感共鸣"的原则归纳出来的一种说服方

法。这种说服法一般分四个阶段：

（1）导入阶段，即心理接触的初步阶段。

（2）转接阶段，即心理接触的中级阶段。

（3）正题阶段，即心理接触的高级阶段。

（4）结束阶段，这类说服方法常用于和不熟悉的对象或有对立情绪的对象的谈话中。

2. 融情动心

对待下属冰冷的态度、公事公办的言辞，都可能会引起对方逆反心理。

一位车间主任沉着脸对一个迟到了一分钟的助理工程师厉声说："迟到啦！扣奖金！"把她说哭了。

另一位车间主任对一个跑得气喘吁吁、满头大汗的师傅慢声轻语地安慰说："别着急！看你跑得上气不接下气的，准是家里有什么事耽误了时间吧？"两位车间主任抓出勤、抓纪律，目的一致，做得也都有道理，但效果却不同，原因就在于说服的语言形式有差异。

第一位车间主任板着脸训人，语言简单，少人情味，效果是消极的；而第二位车间主任的话则充满了人情味和对下级的关怀，让人很受感动，效果自然大不一样。

3. 道理、情感、利害

这是最常采用的说服方法，就是晓之以理，动之以情，衡之以利。

晓之以理，就是讲道理。简单的事情中的道理，运用一两个典型事例，再加上简明扼要的分析，道理就可以讲清楚。复杂的事情，涉及多方面的因素，触动一点就牵动全局，必须全方位、多层次、多角度地进行一系列的说服工作，从多方面展开心理攻势，并辅以严密的逻辑推理，水到渠成地得出结论。这个结论不宜由自己单方面推断出来交给对方，最好以征询意见的口气引导对方同你一起来推理，共同探讨得出结论。让他把你的意见、主张，当作自己寻求的答案，自愿接受，自动就范。这样的说服更高明。因为对于经过自己头脑思考发现的真理，人们更坚信不疑。晓之以理，要满怀信心、争取主动、先取攻势。当对方已明确、坚决地表示"不行"、"不干"、"不同意"等等之后，要说服他，就要付出加倍的努力。当然，争取主动仍要运用委婉、商量的语气，切忌盛气凌人、以势压人。如对方因此而产生逆反心理，再要说服他，同样也要付出加倍的努力。

晓之以理，还要结合动之以情，通情才能达理。牧师布道宣传的是唯心主义的宗教，但以情动人，往往能在催人泪下的同时，不露痕迹地对听众施加思想影响，使人不知不觉地接受其教义。这就是情感的力量。对于形象思维强于逻辑思维的青少年儿童，对于多数平日没有深刻的理论思维习惯的人，以事比事，将心

比心，运用其自身的经验教训，再加上感情色彩浓厚的语言，去进行绘声绘色的诉说，易令人感到亲切可信，引发情感上的共鸣，从而为对方接受道理扫清了障碍，铺平了道路。

“衡之以利”就是权衡利弊得失，讲清利害关系。那些实惠观念很强的人，理难服他，情难动他，唯有“衡之以利”是切实有效的一招。且不论对国家、对社会的利害如何，就是只从个人实实在在的得失考虑，他也应趋利避害，以接受你的说服为上策，那些明事理、重情义的人，并不过分讲究实惠。但你仍应设身处地充分考虑对方的切身利益。在此基础上进行说服，才称得上是真正的通情达理，也更令人心悦诚服。人生在世，要求生存与发展必须满足各种各样的正常需要。只有看准了对方的需求，说服才能有的放矢，确有成效。如果丝毫不考虑对方的合理需要，双方交谈就没有共同的基础，说服就无从谈起了。

五、拒绝的原则和要求

1. 拒绝的原则

对于不能接受的要求，一定拒绝，不要迁就和犹豫。口气可委婉，态度决不含糊，切忌模棱两可，使对方产生误解，仍抱有不切实际的幻想，既耽误他的事，又给你继续增添不必要的麻烦。但是，拒绝的方式要灵活多样。

当你遇到敏感的问题或难以承诺的要求，首先要不焦躁，沉着冷静，机智应对。对于无理的要求或挑衅性的提问，既可采取以主动动员为主的攻势，也可采取以防卫为主的守势。攻势有反守为攻与以攻为守。所谓反守为攻即不但不回答对方的提问、要求，反而回敬他一个难以答复的问题、要求；所谓以守为攻，即诱导对方自动回答的必要性。守势有转移话题、答非所问法，装聋作哑、沉默以对法，推诿搪塞、无效回答法，还有佯装不知，采用“不大清楚”、“不甚了解”、“缺乏研究”等模糊语言回答法。对于合情合理但目前还办不到的要求，可以拒此应彼，即在拒绝对方的一方面要求的同时，尽量满足其他方面的合理要求来作为补偿，以减轻他的遗憾、失望之情。也可以真心实意地为对方设想，替他出谋划策，建议他另求希望更大的门路。

2. 拒绝应看人而分别对待

如对方胸襟开阔，易于接受，最好及早开诚布公地说明原因拒绝，以便他另作安排。如对方毫无思想准备，承受心理压力的能力很低，猛然被拒，轻则可能烦忧、痛苦不堪，重则可能精神失常，最好以商量、研究之后再奉告为借口，以拖延战术再加上旁敲侧击，逐步暗示对方自觉意识到已被拒绝。但你始终未曾当面说出一个冷冰冰的“不”字。如对方是你的上级，与其让他一再催你答复，不如你主动登门说明原因，委婉拒绝，以免失敬。如对方是你的下级，即使所提的问题不便回答，所提的要求不合理，也不宜当众耻笑、训斥，而应耐心解释后暗示拒绝的原因。如对方对拒绝的理由信不过，仍想纠缠，不妨再加上人或物或事作旁证，以增强拒绝理由的可信程度。

合理的要求，一时还不能解决，不妨如实告诉对方。经过努力，待条件具备了，问题就会迎刃而解。如属于经过对方的主观努力可以创造的条件，拒绝与鼓励相结合进行，拒绝就有可能转化为动力。如属于受多方面客观条件的限制，非个人的主观努力所能改变，也应给对方以希望，而不能令人绝望。所谓给予希望，决不是说空话、许空愿，而是拒绝之后，再做一些必要的善后说服工作，使对方感到虽然某个要求未能得到满足，但工作还是有意义的、生活还是美好的。一拒了之与许空头愿都是对人冷漠无情，对事不负责任的表现。

六、拒绝的技巧

1. 说话留有余地

对提出建议的下级你可以这样说：“这真是一个绝妙的建议，但现在不是采用它的时候。”或者，“恐怕这是个不错的方案，但我们暂时不得不跳过它。”回绝时可着重于强调时间上的不合适，不要把话说绝，给对方个台阶下，这样可避免伤害他人的感情。

2. 选择应答

选择应答是对对方提出的问题有选择地回答，而不直接否定对方提出不合己意的问题。

例如某员工询问你对他曾提的建议的态度，你可以这样回答：“你的建议总体还不错，但这几天工作太忙，我们还没来得及认真讨论。”

3. 先表同情后拒绝

有时下属提出的要求并非无理取闹，有一定的合理性，但因条件的限制又无法予以满足。这种情况下，拒绝的言辞要尽可能委婉，并要予以安慰，使其精神上得到一些满足，以减少因拒绝产生的不快和失望。在语言表达上可采用“先肯定后否定”的形式。

第三节　提高讲话水平的艺术

一、看人讲话

“看人讲话”要有针对性，主要表现在以下几个方面：

（1）在鼓动听众时，要在讲话中充满希望。

（2）在说服听众时，要从理解角度出发，多用亲近、同情的语言，取得听众的好感。

（3）在要求听众时，要多讲你提出要求的理由，使听众认识到它的合理性。

（4）在拒绝听众时，要多用婉转的语言，不使对方感到沮丧，得到应有的谅解。

（5）在赞美别人的时候，要多用事实说话或第三者的口吻，不要过多地运用浮华的语言。

（6）在批评别人时，要一分为二，不能因出了问题就把人家说得一无是处，或言谈中带有尖刻、挖苦的话，让人难下“台阶”。

二、围绕主题讲究场合

1. 目的明确，中心突出

办公室主任在讲话的时候，应围绕一个主题去讲。想要表达什么意思，应该事先在头脑里作一下思考，整理一下思路，然后，设想出讲话内容的层次。讲一个主题，涉及的方面可能是很多的，这就要求领导讲得有条理，一环扣一环，使人一听便清楚你的主要意图，你的论证依据。如果一次讲话有多个主题，可以有目的地把它们分开来讲，以便突出各个主题的中心内容，这样更便于听者掌握。

2. 实事求是，言而有信

领导讲话，是代表一定组织、一定身份的，因此必须实事求是，做到言而有信。如果领导言行不一，不尊重听众，就会丧失威信。

所以，领导讲话应注意这样几个问题：

（1）不说空话、大话、假话、过头话。

（2）克服随意性，不轻率迎合部分人的无理要求，乱“许愿”。轻易“许愿”，一时能博得部分人的好感，但是办不到更没有好下场。

（3）少说多干。关系到群众利益的事情，最好多办少说，先办后说，或者只办不说，免得引起群众不满。

3. 简练贴切，生动活泼

要想把话说得动人、鲜明、有吸引力，还必须达到言简意赅，富有魅力的效果。这就要求领导要善于抓住听者的心理活动和性格特点，由浅入深，由表及里。一般来说，一篇好的讲话稿，要集思想性、知识性、趣味性于一身。当然，不同的场合，不同的对象，讲话的风格应该不同。正式场合应该庄重、认真、严谨；非正式场合可以带有风趣、幽默的语言。

第四节　当众讲话开头的艺术

“良好的开端，是成功的一半。”当众讲话中有一个引人入胜的开头，是获得成功的第一步。要知道开头给人的印象是深刻的，有时甚至超过讲话的主体部分。如果开始就平庸冗长，空话连篇，听众就会觉得乏味，就会影响情绪，不能集中精力往下听。因此，当众讲话必须重视开头，精心构思和组织好开头语，力争先声夺人，一开始就把听众吸引住。下面以作会议报告为例，来讲一讲当众讲话开头的艺术。

报告的开头部分，即开头语，也是讲话的开始。开头语的任务是什么？也就是开头要考虑讲什么的问题。毛泽东曾指出：“一篇文章或一篇演说，如果是重要的带指导性的，总得要提出一个什么问题接着加以分析，然后综合起来，指明问题的性质，给人以解决的办法，这样，就不是形式主义的方法所能济事。”开头语的主要任务是提出问题，说明会议的指导思想、任务，会议要研究、讨论、解决的问题。一般情况下，开头语主要考虑讲如下三个方面的情况：

（1）确定这个讲话有什么背景以及与讲话主题有什么重要关系的情况；

（2）揭示会议、讲话的主旨和任务，有的需要表明观点和态度，有的则在主体部分中表明；

（3）阐述为什么确定这个主旨。

十五大报告开头语就是很典型。讲话开头如下：

现在，我代表第十四届中央委员会向大会作报告。

中国共产党第十五次全国代表大会是一次极为重要的大会，是在世纪之交，承前启后，继往开来，保证全党继承邓小平同志遗志，坚定不移地沿着十一届三中全会以来正确路线胜利前进的大会。

大会的主题：高举邓小平理论伟大旗帜，把建设有中国特色社会主义事业全面推向21世纪。

旗帜问题至关重要。旗帜就是方向，旗帜就是形象。坚持十一届三中全会以来的路线不动摇，就是高举邓小平理论的旗帜不动摇。邓小平同志逝世后，全党在这个问题上尤其要有高度的自觉性和坚定性。

把我们的事业全面推向21世纪，就是要抓住机遇而不可丧失机遇，开拓进取而不可因循守旧，围绕经济建设这个中心，经济体制改革要有新的突破，政治体制改革要继续深入，精神文明建设要切实加强，各个方面相互配合，实现经济发展和社会全面进步。

确定这样的主题，是时代的要求，人民的愿望。

这个开头语首先介绍会议召开的历史背景，是在世纪之交召开的一次重要会议。接着交代了会议的主题，即高举邓小平理论伟大旗帜，把建设有中国特色社会主义事业全面推向新世纪。然后阐述了为什么确定这个主题，是时代的要求，人民的愿望。

在开头语中，可以三个方面的情况都讲，也可以只讲一两个方面的情况。如李鹏总理在第九届全国人民代表大会第一次会议上作的《政府工作报告》的开头语，就讲了两个方面的情况。他说：

本届政府从1993年3月就职，到现在已经五年了，任期即将结束。我代表国务院向大会报告过去五年的工作，对今年的工作提出建议，请予审议，并请全国政协各位委员提出意见。

这个开头语，首先介绍了会议的背景，本届政府五年任职已满。接着点明了报告的内容主要有两项，一是报告过去五年的工作，二是对今年的工作提出建议。这个开头语可谓简单明了，要言不烦。

明白了开头语讲什么的问题后，还必须考虑怎么讲的问题，也就是开头的艺术。下面将较为常见的几种开头艺术介绍如下：

一、当众讲话要开门见山，揭示题旨

这是当众讲话者经常使用的一种形式。其特点就是开宗明义，开拳就打，一开始就用高度凝练的语言，把讲话的主题或观点亮出来，让听众明白，接着进入讲话主体部分。话一出口，要谈什么内容，赞成什么，肯定什么，批评什么，否定什么，提倡什么，观点十分明确，毫不含糊。这样的开头能使听众很快把注意力集中起来，引起他们想听下文的欲望。例如：

1. 这次座谈会，重点谈经济工作。我对当前和今后经济中的若干问题，讲几点意见。

2. 现在，我就进一步扎实地开展绿化祖国运动的问题，讲几点意见。

3. 我主张将全党的学习方法和学习制度改造一下。其理由如下：

这三个开头语，均用了开门见山，揭示主旨的艺术。所不同的是例 1、例 2 只是揭示了会议及讲话的主题，没有讲论点或观点，而例 3 则把讲话的论点亮了出来，吸引听众去探求为什么，怎么办。

要根据你的目的、场合、观众以及标题来选择开头的方式。当你建立起亲和力以后，马上要让你的观众知道，你要讲的内容对他们非常有好处。要记住，你的观众会在心里嘀咕："听讲话对我有什么好处？我是不是应该溜走？溜出去喝杯咖啡怎么样？"

要主动获取他们的注意力；不可守株待兔。

二、当众要交代背景，说明情况

即在当众讲话的开头部分先介绍一些与会议或讲话有关的情况或背景，为什么开会，为什么讲话，让听众了解会议及讲话的来龙去脉，帮助听众理解会议及讲话精神，使之不感到突然和莫名其妙，引起听众的注意。运用这种方法开头，不管是交代时间、地点、人物，还是介绍事件发生、发展的背景、起因等，都是为揭示主题作准备。

例如：

1. 全党全军全国各族人民盼望已久的《邓小平文选》第三卷，已经出版并且开始在全国发行，这是我们党和国家政治生活中的一件大事。中央专门作出了《关于学习〈邓小平文选〉第三卷的决定》，举办了省部级主要领导干部理论研讨班，今天又组织这场报告会。各级党组织要按照中央的要求，组织广大党员和干部特别是县以上领导干部，认真落实《决定》，把这件大事抓好。

2. 这次会议是一次很重要的会议，中央对这次会议很重视。会前，中央政治局常委会和中央政治局先后听取了汇报，讨论研究了纪检监察工作方面的重大

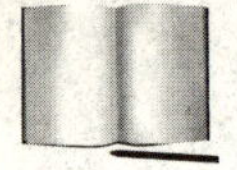

问题。×××同志的工作报告，讲得很好，我完全同意。下面我讲四个问题：

3. 白求恩同志是加拿大共产党员，五十多岁了，为了帮助中国的抗日战争，受加拿大共产党的派遣，不远万里，来到中国。去年春上到延安，后来到五台山工作，不幸以身殉职。

例1 简述了学习邓小平理论是全党全国的一件大事，中央专门作出了学习决定，举办了高级干部研讨班，今天的报告会是这一系列学习活动的一个部分，大家要高度重视。

例2 简要说明了中央对这次会议很重视，专门听了汇报，作了研究。提醒大家我讲话的内容是经集体研究决定的，并非个人意见。

例3 对白求恩同志先作一个简要介绍，使听众对白求恩同志有一个大概的了解。

值得注意的是：这类开头讲话一定要从中心论点出发，紧扣会议或讲话主题，不能信口开河，离题万里，使听众不知所云。介绍背景材料要实事求是，不能任意扩大，故弄玄虚，也要防止笼统地使用套话、空话。

三、当众讲话要提出问题，引导思考

这种当众讲话的开头一上来就提出问题，吸引听众的关注，引导听众去思考。听众听到这些问题，就会关注讲话内容，主动去思考，有助于激发听众欲求对问题解答的情绪。

例如：

1. 现在有一种风气，就是民主作风不够。我们本来要求解放思想，破除迷信，敢想敢说敢做。现在却有好多人不敢想、不敢说、不敢做。

2. 怎样高举毛泽东思想的伟大旗帜，是个大问题。现在党内外、国内外很多人都赞成高举毛泽东思想的旗帜。什么叫高举？怎么样高举？大家知道，有一种议论，叫做"两个凡是"，不是很出名吗？凡是毛泽东同志圈阅的文件都不能动，凡是毛泽东同志做过的、说过的都不能动。这是不是叫高举毛泽东思想的旗帜呢？不是！这样搞下去，要损害毛泽东思想。毛泽东思想的基本观点就是实事求是，就是把马列主义的普遍原理同中国革命的具体实践相结合。

这两个例子都是首先提出问题，让听众去思考。尤其是例2，邓小平同志紧扣主题，运用设问提出了一连串有关的、又是听众关心的重大敏感问题和原则问题，异常尖锐和突出，让听众不得不集中精力，留心静听。这个开头，不仅问题提得尖锐，发人深思，而且接下去的回答，也是旗帜鲜明，坚决有力，切中要害，为正文的论，拉开了架子，亮出了路子。

四、当众讲话要概括总结，引入主题

这类当众讲话的开头，首先对会议的有关情况及其他同志的讲话进行简要回顾小结，把会议决定的重要事项点一下，把重要讲话的内容归纳一下，然后给予肯定，在此基础上，一步一步引入讲话主题。这种方式一般在会议中间或结束时使用。

例如：

1. 召开这次全国组织工作座谈会，研究在新形势下如何加强和改进领导班子思想作风建设，很有必要，也很重要。我看了一些会议简报和综合汇报材料，刚才听了××同志和其他几位同志的发言，觉得会议开得是好的。××同志在会议开始时作了一个很好的报告，所讲的内容我都赞成。关于党的建设，最近我已经讲过两次，一次是在纪念建党72周年座谈会上，一次是在外交使节工作会议上，今天没有多少新话要讲了，只是把有些问题再强调一下。

2. 这次会议开得很好，很成功，在党的历史上有重要意义。我们党多年以来没有开过这样的会了，这一次恢复和发扬了党的民主传统，开得生动活泼。我们要把这种风气扩大到全党、全军和全国各族人民中去。

这次会议讨论和解决了许多有关党和国家命运的重大问题。大家敞开思想，畅所欲言，敢于讲心里话，讲实在话。大家能够积极地开展批评，包括对中央工作的批评，把意见摆在桌面上。一些同志也程度不同地进行了自我批评。这些都是党内生活的伟大进步，对党和人民和事业将起巨大的促进作用。

今天，我主要讲一个问题，就是解放思想，开动脑筋，实事求是，团结一致向前看。

这两个开头，都是对会议召开的有关情况进行概括总结，并给予高度评价和肯定。特别是例2，邓小平同志首先对会议进行了高度概括和评价，会议开得很好，很成功，在党的历史上具有重大意义；会议讨论和解决了许多重大问题，收到了很好的效果。然后提出了所要讲的话题，让听众感到亲切自然。

五、当众讲话要紧扣会议，交代任务

这种当众讲话开头语，首先要讲明会议的主要任务或主题是什么，要重点解决什么问题，达到什么效果，然后再提出所要讲的话题。现在领导讲话普遍采用这种形式。

例如：

这次全国宣传思想工作会议，是在我国建立社会主义市场经济体制和现代化建设的关键时期，继全国经济工作会议之后，党中央召开的又一次具有全局意义的重要会议。

这次会议的主要任务是，在邓小平同志建设有中国特色社会主义理论和党的基本路线指导下，贯彻党的十四大和十四届三中全会精神，按照“两手抓、两手都要硬”的方针，研究和部署在新形势下如何加强和改进宣传思想工作。通过这次会议，使党的各级领导和宣传思想战线的同志们进一步认清大局、统一思想、振奋精神、扎实工作，开创宣传思想工作的新局面，更好地动员、团结、激励广大党员和群众，把改革开放和现代化建设事业不断推向前进。

这个当众讲话开头语，首先简要介绍了会议召开的背景，然后重点介绍了这次会议的主要任务和要达到的目的。听众上来就知道会议的中心任务和主题是什么，会议是干什么的，便于听众吃透和理解会议精神。

六、当众讲话可以使用“开头的开头”

当众讲话的开头有两种形式。其中一种可称为“开头的开头”——直接对该场合本身发表评论。第二种开头方式是对你的讲话题目进行介绍。有时，这两种形式可以融合在一起。

任何开头的基本目的都要是吸引观众的注意力。电视为了争取收视率，不惜在节目片头、视觉效果、引人注目的广告、动人的音乐、故事情节导视等方面花费巨资。同样，你所做的介绍要么帮你赢得观众的注目，要么使观众丧失听讲的兴趣。

讲话一开始，你就必须抓住观众。只有当他们认为你能为他们带来帮助、欢乐或者有用的信息时，他们才愿意听你讲下去，至少，他们希望你能明白他们的感受、他们的态度或他们的价值。因此，你必须立刻让他们对你产生信任。他们为什么要听你讲？你与他们在何共同之处（或不同之处）？你为何有资格来讲这个题目？讲话的开头要开宗明义，让观众知道下面要讲些什么，他们为什么有必要听下去。

要激发兴趣，要建立和亲和力与威信，要开宗明义。如果你的讲话开头无法达到这些目的，你就需要采用“开头的开头”。

在“开头的开头”里，你可以这样做：

对别人所做的介绍做出回应。“我非常感谢你对我骑车旅行所做的评价，这使我在下面的10分钟内都会觉得不好意思。”（这能使观众认同你的尴尬境地。）

揭露自己的短处。“既然比尔先前谈到了大学母校，那么我也来提一下。我敢打赌你们绝对不知道，在我高中的年鉴里，我被列在了‘最有可能……’的那页里：‘最有可能拥有太多的衣服，几乎无法负担洗衣的费用。’你们有谁会蠢到这个程度，在同一天里把所有的白衬衣送去洗涤？谁又会那么不走运，让它们消失在了里屋的黑洞里？好吧，猜猜怎么回事？那么早上……”（揭露自己的短处，显示自己的弱点，更容易使观众对你产生认同。）

对特殊场合发表评论。“今天是您为社区提供医疗服务25周年纪念日，我对您表示衷心的祝贺。”（热情洋溢的开头能够鼓舞观众。）

记住一个特殊的日子或事件。“三年前的那场交通事故牵涉到了我的多位同事，直至今日我依然记得他们所做的牺牲。在今天这个纪念日里，让我们继续回顾这一事件。”或者，“本月是我们两家公司合作两周年纪念，我们已经发现了很多新的变化……”（分享共同的经历能激发观众的积极性。）

对观众表示称赞。“你们中的许多人为了参加此次会议，放弃了两天宝贵的工作时间；你们将人文关怀置于销售任务之上。”或者“据我所知，贵组织已经因为在出版业的杰出成就而获得了四个奖项。”或者“非常感谢你们邀请我参加一年一度的高尔夫锦标赛。”（这些话都能使观众备感亲切。）

回应观众的态度。“我知道，大家对于这一话题存在着一定的偏见，我很感谢大家愿意听听我的看法。”或者“我知道在座很多观众来参加这次活动时都要有事在身，但我可以向大家保证，我们今天的话题与各位的将来息息相关。”（这样的评论会激起观众的兴趣，并且显示出你的真诚以及对他们处境的理解。）

谈及先前的事情。“既然乔治刚才谈到了他的杂毛狗的故事，那么我也来说说我的类似遭遇。”或者，“我明白，在过去的四个月内，你们的员工会议一直围绕着‘这个主题’。我也想继续强调这一问题，不过稍稍做点变化。”（这样的回顾能显示你对该组织的兴趣，并乐于与他们分享过去的经历。）

谈谈你路上的经历。“你们也许认为，清晨五点从郊区开车到市中心是一件轻而易举的事情。那么，今天早上一定诞生了一项新的纪录……”（提起你与别人的相似遭遇，能增添人性化的色彩，往往也能增加幽默感。）

解释你为什么会被选来做讲话。“我不太肯定为什么珍妮会请我来发言，因为在座有很多人具备同样的资格。也许，她只是想听听我对此事有什么新的见解，而没有顾及到决策中的经济问题。”（这样的开头能激发他们的好奇心，并且显示出你对情况的了解。）

提一下场内的重要人士。在“演讲开始之前，我想对今晚出席与支持本次活动的乔丹·摩尔副主席表示感谢，他的积极参与为我们在全行业组织这一活动辅平了道路。简而言之，他为我们打开了方便之门。”（这样的评论显得十分恭敬，并对观众的看法表示认同。）

对出席活动表示高兴。“我想让大家知道，我是多么期待着今晚的活动。你们中的许多人都是我的老朋友，多年来对我关怀备至。”（表现出渴望与他们在一块儿，既是对观众的一种赞美，也能传达你诚挚的谢意。）

在任何“开头的开头”中，用语一定要简练，不要超过两三句，然后再真正开始介绍你的讲话题目。

第五节　当众讲话导入主体的艺术

主体是整个当众讲话的主要部分，这一部分是否成功直接决定着讲话的成败。看一个人作当众讲话有没有水平，是不是有分量，有没有特点，主要是看这一部分，必须下功夫讲好。

主体部分具体讲什么，怎么讲，讲到什么程度，这要根据会议的性质和任务来确定，应当紧扣开头语提出的论题或主旨，展开具体的阐述、分析、论证。既要有深刻的理论分析，又要有典型具体的事例，从多方面、多角度、透辟地阐明报告的主旨。

一、当众讲话要从切身体会入题

要想让一般的听众长时间忍受抽象式的声明，是很困难而且很费力气的。举例说明则很容易使听众听得下去，并且容易使他人信服自己的观点。既然如此，为什么不在开头时就举个例子呢？很多说服性演说者都是这样做的。有些讲演者觉得，必须先发表一些一般性的声明，事实上并不见得必须如此。一个生动的例子可以引起听众的兴趣，使人们愿意听你讲话。

罗威尔·陶马士是举世闻名的新闻分析家、演说家及电影制片人，在讲述《阿拉伯的劳伦斯》时，他这样开始：

“一天，我在耶路撒冷的基督街上走着，忽然遇见一位身着华丽的东方君主礼服的男子，他身侧挂着一把黄金弯刀，是只为先知穆罕默德的传人所佩挂的……”这种以自己的经验故事启程的方式，能十分有效地吸引听众的注意力，他们迫不及待地想知道故事后面的发展，紧紧跟随着讲演者，见知他的行动，步步向前推进，在不知不觉中就融于了某种情况当中，成为了其中的一部分，讲演者再不紧不慢地道出自己的评论就是水到渠成的事了。

管理大师卡耐基曾作过多次演讲，其中有一次是这样开始的：

“就在我大学刚毕业之后，一天晚上我在一条街上走着，突然见一个人站在一个箱子上头对着人群讲话。我很好奇，所以也加入了人群去听。这个人说：‘你从未见过一个秃头的印第安人，或从未见过秃顶的女人，是不是？现在我来告诉你为什么……’”

他的这个讲演是很成功的，因为只要朝着事件的结果推进，就能深深地渗透进听众的心里。

由于叙述的是自己的切身经验，演讲者往往能保持自信闲适的神态而避免一开口就紧张得前言不搭后语，处处卡壳。同时，以鲜活的事例为铺垫，观点的提出就不至于显得太突兀。更重要的是，大多数听众都更喜欢听故事而不是空洞的说教。

切身经验也可以是就某件事的背景进行交代，就某个事物的源流作介绍。以下是演讲大师鲍威尔·希利先生在费城的一次讲演中的开场白：“82 年前，大约是在这个季节，伦敦出版了一本小书，是一段故事，它注定将永垂不朽。许多人称它为‘举世最伟大的小书’。它刚出现时，朋友们在街上遇到时，总会彼此相问：‘你读过它了吗？’回答总是一成不变的：‘是的，上帝保佑，我读过了。’

“它出版的那天卖出了 1000 本，两星期之内需求量便达到 15000 本。自那以后，它曾经再版无数次，并且翻译成普天之下各个国家的文字。数年前，摩根以极高的价格购得原稿。它现在正与许多无价珍宝一起憩于庄严伟丽的艺术馆中。这本举世闻名的小书的作者是查尔斯·狄更斯，书名是《圣诞欢歌》。”

鲍威尔的这篇讲演旨在向听众推荐《圣诞欢歌》这本书。在演讲的开头部分，他对这本书出版时读者竞相购买阅读的景象作了比较具体描述，以及尔后历次再版，人们仍兴味不减的情况作了交代。在介绍了这些背景材料后，他郑重指出了这部令无数人爱不释手的名著的书名。你有什么感觉？是不是想马上了解一下小书的具体内容，这正是演讲者的目的。为了激起听众的兴趣，这段背景的交代就显得必不可少了。

二、当众讲话要内容充实，分析透彻

所谓内容充实，就是说当众讲话要有丰富的内容。只有内容饱满充实，占有丰富的材料，详细的例证，充足的信息量，才能有效地论证观点，给人以启发、教育和力量。

内容饱满充实主要是指有新鲜、深刻的思想观点，有具体、生动的事例。

一篇当众讲话有没有说服力，内容是否充实，关键是看论据是否充分，论证是否有力。如果论据不充分，观点就立不住脚，就没有力量，很难感染听众，就会给人一种“空”的感觉。要使论据充分，有效地证明主旨，就要选用大量有价值、有内容、有说服力的事实材料。所选用的材料要典型、真实、贴切、有新意。

仅有大量的材料还不行，必须进行深入的分析研究。运用马克思主义立场、观点、方法，对自然与社会发展中出现的问题、现象、事实，进行深入分析、判断，揭示其本质，抽象概括其规律。具体的理论分析，不外乎指出现象的本质属性是什么？产生什么影响（正面影响与负面影响）？问题产生的根源是什么？需要采取什么办法？

有的当众讲话，是一个提出问题、分析问题、研究问题、解决问题的过程。所以，讲话中就要有观点、有分析、有对策。提出观点后，运用大量的事实材料去进行深入细致地分析，在分析的基础上，提出相应的解决问题的方法及措施。这里的关键是对问题进行分析，分析越透彻，越有说服力。如果缺乏有力的分析，讲话就显得苍白无力，提出的观点和对策措施也缺乏强有力的支撑。

三、当众讲话要要言不烦，精辟概括

报告精辟简练，不拖泥带水，关键是学会概括，善于把大量琐碎的事物，用高度凝练的语言，概括成简短的话语。讲话水平高低，很大程度上取决于概括能力的大小。不会概括，写出来的文章，讲出来的话，就显得平铺直叙，层次不高，缺乏深度。概括能力是讲话者应具备的基本能力之一。如何进行高度概括？

1. 纵向概括

按照时间或先后顺序，把一些零散的事实材料，提纲挈领地归纳概括成几条或几点。

2. 横向概括

按照空间顺序，把横向的一些零碎的、分散的、复杂的事实材料，进行科学分类，归纳概括，使其条理和层次清晰，便于记忆。

3. 理论概括

就是对大量具体事例进行分析研究，从理论上进行归纳概括，从而得出带有本质性、普遍性、规律性的结论。

四、当众讲话要层次分明，条理清楚

当众讲话必须做到层次分明，条理清楚。

表现讲话的思想内容要有一定的次序和步骤，先说什么，再说什么，最后说什么，都要有一个总体的设想。通常把这种从总体上安排讲话思想内容的次序，展开讲话结构的步骤，叫做层次。层次又叫“意义段”、“逻辑段”或“部分”、“大段”等，也就是说主体共分几大部分。一般情况下，层次大于段落，一个层次包含几个段落，有时也等于段落。

安排层次要着眼于讲话思想内容的逻辑关系。换句话说，必须先有个合理的、清晰的讲话思路。

要使讲话层次分明，条理清楚，逻辑性强，就需要讲话者有清晰严密的思路，把层次、段落、过渡照应、用例、详略安排，以及部分之间的联系衔接都想得一清二楚，精心组织，才能紧紧抓住听众，使听众一步一步地掌握报告的内容。

为了使当众讲话听起来条理清楚明白，通常采用以下办法：

1. 设立小标题

将报告中所讲的内容按性质不同划分为几个部分，每部分前面加一标题，起一个提示作用，告诉听众这一部分主要讲什么内容。小标题既要准确地概括出这部分的内容，又要使用简洁、鲜明的语言。

设立小标题，能够鲜明地表示出讲话内容要点，体现出清晰的层次和条理，便于听众抓住讲话要领，更好地理解讲话内容。

2. 序码排列

将报告内容划分为几个部分，前面标以数码，依次排列下来。虽然设有小标题，但每一部分的内容都必须紧扣一个中心。一般情况下，每一部分内容的第一句话，提炼为论题句或论点句，用以表示出每一部分讲话的内容范围或主旨。

为了使讲话更加条理清楚，在每一大部分中，还可以用一是、二是、三是、四是或首先、其次、再次来划分，尽量不要重复使用。恰当地运用序码来划分层次，不仅给人留下条理清楚、层次分明的印象，而且能够加深理解，便于记牢。

五、当众讲话要逻辑严密，言之有序

讲话者讲话，逻辑一定要严密，有条理，通过逻辑分析的方式，把自己讲话的目的明明白白地表露出来。逻辑严密，言之有序的表现如下：

1. 层意不能重复

主体部分的内容有好几层，或者有好几部分，每个层次或部分都有相对完整的独立性，不同的层次或部分的意思不能基本相同，也不能部分相同。否则，就会出现前后重复的现象，既造成讲话的冗长、拖沓，也不便于听众理解。这就要求领导在讲话中对相同或相近的问题，要集中放在一个层次中讲，不要分散在几个层次中都说。有些讲话者经常出现这个毛病，同一个问题在不同的地方都讲到，给人一种重复的感觉。

2. 层意不能矛盾

各层所表达的意思虽然不同，但都是在总论点或主旨统帅下的层面，各个层面都是从不同的角度说明总论点或主旨的，不允许有与总论点或主旨相抵触、相矛盾的层面存在。

3. 层意逐步深化

后一层意思要比前一层意思向前发展，表现出一种由分析到综合、由现象到本质、由表及里、由近及远、渐进发展的逻辑关系。如果违背了这些逻辑顺序，就会给人“乱”的感觉，直接影响讲和听的效果。

4. 层次不能重复

每个层次或部分内部各个意思之间，也不能重复，不能互相矛盾。

有些讲话者通常出现的毛病是逻辑混乱，层次不清，前后重复，逻辑顺序排列不当，既没有层次感，也没有排列规律，杂乱无章，让人听起来非常吃力。

六、当众讲话紧扣目的的技巧

概括起来，当众讲话的目的，不外乎以下 5 种：

1. 传递信息或知识

如课堂教学、学术讲座、新闻报道、产品介绍、展览解说等。

2. 引起他人注意或兴趣

此类讲话多是出于社交目的，或为了交际，或为了沟通，或为了表明自身的存在，或为了引起他人注意，如打招呼、应酬、寒暄、提问、拜访、导游、介绍、主持人讲话等。

3. 争取听众朋友的了解和信任

进行当众讲话，往往是为了与广大听众加深感情，交流思想。

4. 激励或鼓动

这类讲话旨在加强人们现有的观念，坚定信心，引起精神上的兴奋，有时也要求得到行动上的反应，如赞美、广告宣传、洽谈、请求、就职演说、鼓动性演讲，以及聚会、毕业典礼和各种纪念活动、庆祝活动中的讲话，都是为着这样的目标。

5. 说服或劝告

此类讲话大多是为了让别人接受自己的观点，争取自身利益而改变他人信念。

目的明确，你的谈话、你的社交往往能够取得良好的效果，只有目的明确了，也才知道应该准备什么话题和资料，采取何种说话语体风格，运用哪些技巧，从而做到有的放矢，临场应变。因此每次讲话之前，不妨想一想："我为什么要说?"预先想一想可能产生的效果，并把预期的效果当目标去为之努力。否则便达不到讲话目的，有时甚至还会闹出笑话。

当众讲话目的的实现需要在讲话过程中自我控制，不断调节。人类的言语交际是一个相当复杂的，当表达的一方按照预期的目的发出话语信息，或因措辞不当，或对交际对象缺乏了解，引起对方的误解或反感，这时就得加以控制调节，换一种说法，使对方易于理解，乐于接受；有时讲话的开始阶段是按原定目的进行的，可是说到中途，或因周围情况的反应变化，或因兴之所致，谈走了题，偏离了原定目的，同样需要自觉控制，调节说话行为，以便回到原定话题上来。这是讲话者实现讲话目的的最优化控制手段。

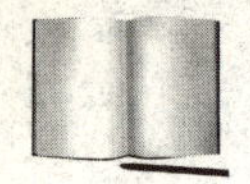

第六节　当众讲话结束收尾的艺术

一、当众讲话结束收尾的方式

结束收尾，即结束语。结束语同开头一样重要，好的结尾，能给人余音绕梁、回味无穷的感觉，也可发人深思，催人奋进。

结束语，一般是综合归纳主体的内容大意，提出希望、要求，鼓舞号召听众行动起来，按照报告中阐述的道理和主张去做。

结束语总的要求是：精悍有力，调子高昂，充满热情，这样才能振奋精神，鼓舞斗志，发挥巨大的鼓动力量。

结束语从内容上说要注意两点：

1. 要综合归纳全篇讲话的内容，作出肯定性结论，使听众对讲话全文有一个概括、完整、深刻的印象；

2. 要有鼓动性和号召力，给听众前进的信心和奋发的力量。报告结尾形式多种多样，通常采取以下两种：

（1）号召式结尾。

就是在讲话结束时，运用极富鼓动性的言辞，或提希望，或提要求，号召人们去努力行动，完成会议任务。例如，十五大报告是这样结束的：

让我们高举邓小平理论伟大旗帜，紧密团结在党中央周围，同心同德，不屈不挠，艰苦奋斗，把建设有中国特色的社会主义伟大事业全面推向21世纪！

（2）总结式结尾。

在讲话结束时，对前面所讲的内容进行提纲挈领地归纳和总结。例如，邓小平同志《在中国文学艺术工作者第四次代表大会上的祝词》是这样结束的：

这次大会，是全国文艺工作者在新长征中的第一次盛会，同志们是带着自己的丰硕成果来出席大会的。我们相信，大会以后，同志们一定会拿出越来越多、越来越好的艺术成果，向祖国和人民汇报。

谨祝大会圆满成功！

不管采用什么形式的结束语，都必须以简短有力的语句，总结报告全文的主旨，发出有力的号召。

二、当众讲话怎样控制怯场

怯场指的是在人前，尤其是人多的场合，因紧张害怕而不敢说话，或者说话时显得拘谨不自然。

怯场是一种心理障碍：要么感到自己被说话场合的气氛、形势所压迫；要么顾虑自己说得不好或说错；要么担心自己不是他人的对手，因而畏首畏尾，诚惶诚恐。

其实，这种心理障碍是完全不必要的。有的人在家人面前可以滔滔不绝，可一与外人交谈，他就难以启齿；有的人平时在三两个人的场合可以口若悬河，可人一多，尤其是上台，就心慌意乱，语无伦次。这说明他不是不能说，而是有心理障碍而非讲话能力所致，只要破除这种障碍，怯场也就会消失。

破除怯场心理障碍的办法有以下几种：

豁出去了　任何人都不是天生的敢在公众场合自如说话，都有一个艰难的“第一次”。美国罗斯福总统说过：“每一个新手，常常都有一种心慌病。心慌并不是胆小，而是一种过度的精神刺激。”古罗马著名演讲家希斯洛第一次演讲就脸色发白、四肢颤抖；美国的雄辩家查理士初次登台时两个膝盖抖得不停地相碰；印度前总理英·甘地首次演讲不敢看听众，脸孔朝天。只要抱定豁出去的心态，管他三七二十一，整个人也便放开了。

加强训练　如朗诵、自言自语，与陌生人大胆交往、与亲近熟悉的人交谈，多听别人的当众讲话等。

视而不见　就是自己在发言前，心中有听众，但在发言时，眼中不能有听众，只顾按自己的意图去表达。一位教师第一次登台讲课效果就不错，有人向他请教经验，他说：“备课时我心中一直想着学生，可一上讲台，我眼中所见，只有桌椅而已。这样，我就放松自如了。”

做好准备　这在非即兴发言中是容易做到的，对当众讲话的话题要有所了解，事先可广泛收集资料，打好草稿，这样讲话时就可做到心中有底，临场不乱。

三、当众讲话怎样面对讲台下的哄场

在苏联共产党第二十次代表大会上，赫鲁晓夫做了“秘密报告”，揭露、批评了斯大林“肃反扩大化”等一系列错误，引起苏联人及全世界各国的强烈反响，大家议论纷纷。

由于赫鲁晓夫曾经是斯大林非常信任和器重的人，很多苏联人都怀有疑问：既然你早就认识到了斯大林的错误，那么你为什么早先从来没有提出过不同意见？你当时干什么去了？你有没有参与这些错误行动？

有一次，在党的代表大会上，赫鲁晓夫再次批判斯大林的错误，这时，有人从听众席上递来一张条子。赫鲁晓夫打开一看，上面写着：“那时候你在哪里？”

这是一个非常尖锐的问题，赫鲁晓夫的脸上很难堪。他很难做出回答。但他又不能回避这个问题，更无法隐瞒这个条子，这样会使他丢面子，失去威信，让人觉得他没有勇气面对现实。他也知道，许多人有着同样的问题。更何况，这会儿台下几千双眼睛已盯着他手里的那张纸，等着他念出来。

赫鲁晓夫沉思了片刻，拿起条子，通过扩音器大声念了一遍条子的内容。然后望着台下，大声喊道：

“谁写的这张条子，请你马上从座位上站起来，走上台。”

没有人站起来，所有的人心怦怦地跳，不知赫鲁晓夫要干什么。写条子的人更是惴惴不安，心里后悔刚才的举动，想着一旦被查出来会有什么结局。

赫鲁晓夫又重复了一遍他的话，请写条子的人站出来。

全场仍死一般的沉寂，大家都等着赫鲁晓夫的爆发。

几分钟过去了，赫鲁晓夫平静地说：“好吧，我告诉你，我当时就坐在你现在的那个地方。”面对当众提出的尖锐问题，赫鲁晓夫不能不讲真话。但是，如果他直接承认：“当时我没有胆量批评斯大林”，势必会大大伤了自己面子，也不合一个有权威的领导人的身份。

于是赫鲁晓夫巧妙地即兴创造出一个场面，借这个众人皆知其含义的场景来婉转、含蓄地隐喻自己的答案。这种回答既不失自己的威望，也不让听众觉得他在文过饰非。同时赫鲁晓夫创造的这个场景还让所有在场者感到他是那么幽默风趣，平易近人。

第六章　办公室主任社交、谈判艺术

第一节　日常交际艺术

一、交际的寒暄艺术

其寒暄的形式，有以下两种情况：

1. 路遇式寒暄

路遇式寒暄，就是在路途上或一些公共场所里遇到熟人，顺便打个招呼。一种是对经常见面的熟人，握握手，说上句“你好”、“上班去呀”，甚至在路上骑车相遇，相互点点头，微笑一下，摆摆手，不用下车，擦肩而过。

另一种是在路上遇到较长时间没有见面的熟人，则不可以点头而过，要停下来，多说几句。如有急事要办，则要与对方说清楚再离开，这是人际交往讲话的基本常识。

2. 会晤前的寒暄

会晤前的寒暄，就是如约见了面，或客人来了后，在交谈正题之前的问候。一种是常见的问候方式，如“您好”、“请坐”等等。

从寒暄的内容看，则有以下几种：

（1）关情式寒暄。

关情式寒暄可谓是一种常见的寒暄方式。通过真挚深切的问候，对于加深人际间的感情，有着重要的作用。

（2）激励式寒暄。

激励式寒暄，就是在寒暄的几句话中，给人以鼓舞和力量。

（3）幽默式寒暄。

在寒暄中加点幽默诙谐的成分，对协调交际气氛是很有效果的，人际间的沟通与友谊就在这幽默的寒暄中间建立起来。

（4）夸赞式寒暄。

夸赞式寒暄也要讲点技巧，其中之一就是夸赞的内容最好要具体一些，才能产生较大的作用。

在寒暄讲话中，应注意以下几点：

①要注意对象。

②在不同的环境，要有不同的寒暄语言。

③寒暄要适可而止，过多的溢美之词则会给人以虚伪客套之感。

总之，通过寒暄讲话，给不快的人以安慰，给久别重逢的人以关情，给邻里亲友以欢乐，并由此沟通感情，联络友谊，促使人际交往达到水乳交融的佳境。

二、交际讲话的介绍技巧

自我介绍有以下几个基本原则：

1. 充满自信，从容大方

讲话者在你自我介绍时，要清晰地说出自己的姓名、职务，态度要不卑不亢，眼睛看着对方，并用眼神、脸部表情表示自己的友善和热诚。

2. 根据交际的不同目的，注意介绍的繁简

自我介绍包括以下基本内容：姓名、年龄、籍贯、职务、工作单位或地址、文化程度、主要经历、特长或兴趣等等。讲话者在自我介绍时，要根据不同场合的要求，决定介绍的繁简。

3. 自我评价时要注意分寸

自我评价一般不宜用“很”、“最”等表示极端的 。一定要自谦，不要过分夸耀自己。

讲话者作自我介绍应注意以下技巧：

（1）巧用“我”字。

自我介绍少不了说“我”。但过多地出现“我”字，会给人突出自我、标榜自己的印象。因此，首先要尽量少用“我”字，多运用承前省略主语句式；其次，要以平和的语气，平缓的语调说出“我”字，目光要亲切、自然；最后，要尽可能用“我们”来代替“我”。这样，则可以缩短双方的心理距离，促进感情交流。

（2）巧报姓名。

自我介绍首先就要报上自己的姓名，并加以注释。因此，自报得巧妙，会使

对方很快记住你的名字，并留下深刻的印象。报姓名时，切忌借助别人的威望给自己贴金的介绍。也不要靠“吹”来取悦对方。这样的介绍给人的印象可能会深刻，但却不会是良好的。

（3）交换名片。

交换名片已成为现代社会广泛应用的一种庄重、文雅的交际方式。递送名片时要双手恭敬地递给对方，并附带说一句“请多关照”或“请多联系”。

三、交际口语的应用技巧

讲话者在日常交际中的口语应用技巧大致如下：

1. 尽量选取双音节的词，并注意词语的音节搭配。口语是线性语流结构，以声传意，瞬间即逝，不像读书看报一遍看过去没看清楚，还可以再看两遍，所以同义的词最好用双音节或多音节的，而不要用单音节的。现代汉语的词语大多由原先的单音节变为双音节或多音节了，这就容易让人听清楚，更适合于“口传”或“耳收”。

2. 在用词风格上，多用浅易通俗、生动活泼的现成话，口语也要修辞，多用俗语、谚语和职业术语。

3. 句式要简短而灵活。句式简短不是语句零碎不完整。某些意思必须要有较长的句式来表达，就使用较长的句子。但在这样做的时候，可以通过详略呼应、灵活多变的方法来避免一味地冗长繁复。

4. 在运用修辞手法方面要注意与口语表达的特点相适应。如运用比喻、比拟，最好是因境设喻，浅易而直接；引用古典诗文，最好是翻译成现代白话，使用借代辞格，最好是加以简明的解释等等。

四、交际对话的技巧

讲话者进行交际对话的技巧大致有以下几点：

1. 求实法

求实法，即讲话要求实事求是。讲实话，吐真情，是对话的生命。为了沟通情感，解决问题，树立威信，每一位对话者都应这样做。

2. 对接法

对话的双方沟通，主要是靠语言，特别是回答问话者的语言。选择什么样的语言，采用什么样的方式，甚至用什么样的修辞，都需要大脑做出最快的反应。这种“快速组合”的最简单的方法就是对接法。在对接时，还可以抓住问句的某个词，甚至某个字眼，想象、发挥。修辞对接手法相应也是一种较好的对接方法，即问句用什么样的修辞方法，答句也用什么样的修辞手法。

3. 借用法

借用对联、俗语、名人名言、小笑话等，是讲话者阐述观点的很好的助手。

4. 拆词法

所谓的拆词，就是把一个完整的词拆开，表达另一个意义或加强词的感情色彩。拆词法用在对话中则能发挥讲话的幽默功能。

五、交际讲话的提问技巧

提问的目的，在于获取信息，打开话匣子，以利交际沟通。一个问题如何问，往往比问什么要重要得多。提问能否得到完善的答复，很大程度上取决于提问的技巧。

有效提问是确切而能引发对方回答的提问，要使提问有效，必须做到以下几点：

1. 提问要在谦和、诚恳的心理气氛中进行

切不可盛气凌人，故作高深，卖弄学识，要给人一种真诚和可信任的印象，形成坦诚信赖的心理感应，交谈才能愉快地进行。

2. 要使用一定的提问模式

这种提问形式能调动对方回答的积极性，满足对方渴求社会评价嘉许与肯定的心理。

运用这种提问方式，如果能配以微笑或赞许的笑容，那效果就更好了。

3. 必须善于运用延伸技巧

如果一次提问，未能达到问话目的，运用延伸提问是较为效的。如，可以继续问“为什么会这样的”、“你是如何想方设法的”，或者以适当的沉默表示你还在等待他进一步的回答，使对方在宽松的气氛中，更详尽地阐发内容。

问话是交际时一种常用的交谈方法，这里面是大有学问的。怎样才能问得好，这就要掌握问的形式和方法：

(1) 选择提问

选择提问容易造成一个友好的谈话氛围。被提问者可以根据本人的意愿，自由地选择答案。

（2）启示提问

运用启示提问可以采用声东击西、欲正故误、先虚后实、借古喻今等提问方法。

（3）诱导提问

诱导提问关键是诱导对方讲出自己的心里话。这种提问方式也是一种“迂回”对策。

（4）攻击提问

如果对方是对自己不友好的人或者竞争对手，这时候的提问目的是为了直接击败对手，你不妨可以采用攻击提问方式。

以上几种提问方法是讲话者在日常交际中较为常用的，但是，要掌握提问的艺术，一定要注意场合、对象、对方心理、发问时的氛围、词语的褒贬色彩，以及语调和说话速度等等。

六、交际讲话的鼓动技巧

如何利用自己的讲话艺术鼓动群众齐心协力从事某项工作，这也需要一些技巧。

1. 目标鼓动法

进行鼓动时，应为人们树立一个目标，其内容和人们的切身利益要紧密相关，容易使人们在期望中得到某种满足，从而，激起人们情绪的变化，使其振奋精神。

2. 选择时机鼓动法

合理地掌握时机，做好宣传鼓动工作，可收到事半功倍的效果。它能使处于抑制状态的人精神振奋，并可以使这种兴奋状态持久不衰，甚至更加兴奋。

3. 奇言妙语鼓动法

只有妙趣横生、出人意料的奇言妙语，才能产生刺激作用。鼓动性语言要选择具有独特性的奇言妙语，才更富有力量。

七、交际的应答技巧

一个有经验的讲话者能在接到对方的提问后，迅速思考并选择一个最佳的回答方法。回答对方提问，需要头脑冷静，不能被提问者牵着鼻子走，对于提问，能答即答，不愿回答的可以设法回避。

应答的技巧主要是在提问的前提里，在回答之前一定要认真分析对方的问话。如果不加分析，随口即答就可能被对方所控制，掉进“语言陷阱”。

因此，你可以在掌握好前提以后，选择如下几种应答技巧：

1. 用设定条件的方法应答

对方提问的内容，有时可能很模糊，有时很荒诞，甚至很愚蠢，以至于令你很难回答。这时，你可以在分析清楚的前提下，用设定的方法应答。设定一个条件，其结果不言而喻，而且能幽默地应答问话者的问题。

2. 利用双关的修辞方法应答

这种方法具有含蓄、幽默与讽刺的功能，能够收到意想不到的效果。

3. 巧妙地转移话题答非所问

对方提出问题，希望我们能做出明确的回答，我们却不愿意回答他的问题，这时就可以巧妙地转移话题，答非所问，让对方无法得到想要得到的答案。

4. 颠倒语序法

在回答对方发问时，如果将对方的语序略微颠倒一下，就能够成为一个与原来问句的意义截然相反的回答句式，如果用得好，十分巧妙。

机智的妙答是一个人智慧的综合化，是人们憧憬的高层次口才艺术境界，要想答得妙，必须注意生活感受积累，加强语言艺术的修养。

5. 巧妙地利用对方的问话

巧妙地利用对方的问话，在回答时也能收到良好效果。其中仿照和借用问话中的情态和词句，演变出一种出人意料的应答方法，是应付问话的一种较为理想的方法。

6. 否定对方问话的前提

对于对方的问话，有时不赞成，特别是当对方带有一种不友好的态度问话时，则需要做出否定的回答。否定回答主要否定对方问话的前提，基中包括观点、态度和倾向。

八、交际应变的技巧

随机应变是讲话技巧中一种很高超的能力，要达到这一点，必须具备极敏捷的思维，这应得益于长期有意识的训练、学习和模仿。

应急的语言技巧很多，主要的有：

1. 不动声色，应付尴尬

尴尬局面的出现，往往是刹那间的事情，如果缺乏镇静，大惊失色，那只能是手足无措，乱上添乱。如果能在心理上保持平衡与稳定，神色不改、镇静自若地面对出现的问题，才有可能巧妙机智地应付尴尬。

2. 转移话题，摆脱窘境

在社交中，有时会遇到自己不想公开或不能公开，而别人又偏偏要打听的事；或是自己偶然触及对方的伤痛、忌讳及隐私，出现了尴尬的局面。这时，以场景为媒介，迅速转移话题便是一种摆脱窘境的应急措施。

3. 急中生智，自圆其说

话语脱口而出，一有疏漏，就需在瞬息之间，发挥随机应变的能力，适应变化的情境和话题，修正自己讲话的内容，对话语进行快速而严密的变换、调整。

4. 运用幽默，巧解矛盾

在人际交往中，当矛盾发生时，幽默的语言会将僵局打破，产生一种神奇的效果，使一个窘迫难堪的场面在幽默中消失。

九、交际讲话的拒绝技巧

明确地拒绝，说个“不”字，需要的是勇气；而委婉的拒绝，则需要讲究技巧。那么，委婉拒绝有哪些技巧呢？

1. 暗示拒绝

通过身体姿态或非直接的语言把自己拒绝的意图传递给对方。如转动脖子、用手帕拭眼睛、太阳穴等，这些动作意味着一种信号：我较为疲劳、倦怠、身体不适，并望早一点停止谈话。

此外，微笑的中断、较长时间的沉默、目光旁视等可表示对谈话不感兴趣、内心为难等心理，从而间接表达了拒绝。

2. 转换话题

对方提出某项事情的请求，你却有意识地回避，把话题引到其他事情。这样，既不使对方感到难堪，又可逐步减弱对方企求心理，达到委婉谢绝的目的。

3. 先肯定后否定

对对方的请求不是一开口就说“不行”，而是先表示理解、同情，然后再据实陈述无法接受的理由，获得对方的理解，自动放弃请求。

4. 引荐别人，转移目标

实事求是地讲清自己的困难，同时热心介绍能提供帮助的人，这样，对方不仅不会因你的拒绝而失望、生气，反而会对你的关心、帮助表示感谢。

5. 诱导否定

对方提出请求后，不马上回答，而是先讲一些理由诱使对方自我否定，自动放弃原来提出的请求，以减少对方遭到拒绝后的不快。

6. 缓兵之计

对方提出请求后，不必当场拒绝，可以采取拖延办法。你可以对他讲："让我再考虑一下，明天答复你。"这样，即使你赢得考虑如何答复的时间，也会使对方认为你是很认真对待这个请求的。

以上6种拒绝技巧是以不便直接拒绝为前提的，现实生活中更多的是直截了当的明确拒绝。无论是直截拒绝还是委婉间接拒绝，都必须坚持是非标准，认真对待对方的请求，实事求是，坦诚相待。

十、防止交际失言的技巧

失言，即那种无意说错话的语言现象。防止交际失言的技巧有：

1. 从容自若

语言总是受控于大脑神经，当大脑神经过度兴奋时，思维就可能会杂乱无章，表现在语言上就是语无伦次，为了防止因紧张而失言，就要进行必要的心理训练和模拟演习，做到从容自若。

2. 调整思维

巧妙的回答往往不就事论事，而是换几个角度，别出心裁，且又不偏离问话的限制。如果只顺从一条思路，或只遵循一种逻辑，陷入单思维的死胡同，失言就不可避免。在实际交际中，对于某一个问题的陈述，即使你准备了多种思路，也要根据听众的实际反应和其他突发情况，及时调整思维的轨迹，这样才能使你的当众发言中肯而又得体。

3. 完整准确

省略往往会产生歧义，产生歧义就会造成失言。

因此，在运用语言这个最重要的交际手段时，就应该力求完整而准确地表达自己的思想，绝不能随便省略语言成分，特别是那些过渡性、限制性的成分。

4. 慎用新词

为防止交际失言，讲话者应在正式的、较为庄重的场合，慎用新词，尽量避免使用那些一知半解的新概念、新术语。

5. 培养良好的语言习惯

和任何生活习惯一样，语言习惯也是在日久天长的重复中养成的，讲话者只有在日常生活中的各种场合，注意使用规范的、文明的、富有艺术性的语言，才能培养成良好的语言习惯。

第二节 与媒体接触的艺术

一、把握好自己的分寸感

与新闻界交谈时，所涉及问题的多样性和敏感性，更要求讲话者的语言要把握好分寸。尤其是在回答政治问题的时候。

所谓分寸感是指语言表达者对情感、政策尺度准确把握的感知，分寸感也是衡量讲话者政治素养、思想水平的一个重要方面。

要准确地把握分寸，就需要表达者加强思想修养，增强政治素质，提高政策水平。

另外，把握分寸的另一个要求体现在说话的数量上，一般情况下，只对记者讲你认为可以公布的东西即可。

二、智答的技巧

在与媒体接触中，无论是专题对话、答记者问，还是电视采访，都离不开应答。那么，如何才能掌握好分寸，将记者提出的问题，既答得好，又答得巧呢？答问技巧可概括为以下六种：

1. 答非所问

有时，提问者出于不可告人的不良动机，往往在提问中设置圈套，致人难堪，此时不能直言答，可以采取闪转腾挪巧妙回避，这就是答非所问技巧。

2. 避而不管

对某些记者提出的不便或不能回答的敏感问题，就应采取避而不答的方式，加以巧妙拒绝。

3. 以问代答

实验物理大师法拉第有一次在大庭广众中作电磁学的实验表演。实验刚结束，忽然有人站起高声责问："这有什么用呢？"法拉第看了一下提问者反问说：

“请问，新生婴儿有什么用呢?”此例中，提问者暴露了他对科学的无知，而法拉第的以问代答则隐含着对提问者在科学上缺乏预见的嘲弄。

4. 怪问怪答

有时提问者出于多种原因，会提出一些刁钻古怪的问题，此时就应发挥创造性思维，跳出正常思维模式，他问得怪，你也要答的怪。

5. 委婉回答

回答时，碍于面子或其他原因，不便直言其意时，巧妙利用“弦外之音”，委婉回答。

6. 即兴智答

即兴智答要求答问者要反应迅捷，思维机敏，对突如其来的问题迅速做出判断，急中生智地以精巧的妙语作答。其特点一是要答得快，二是要答得好。

第三节　谈判艺术

一、谈判的含义及特色

1. 谈判的含义

提起谈判，不少人会想起唇枪舌剑、你输我赢。而唇枪舌剑、你死我活是为了需要；满面春风、携手共庆也是为了需要；故布疑阵、暗度陈仓是为了需要；开诚布公、坦率直陈也是为了需要；委曲求全、言辞卑怯是为了需要；义无反顾、慷慨激昂也是为了需要。需要是旋转谈判的魔方；需要是谈判运作的答案；需要是人类谈判的目的；需要，同样也是一种谈判的谋略。

因为我们每个人的需要各有不同，一个人不同时期也有不同的需求，这便使交换有了可能。所以，谈判的谋略就在于弄清双方的不同需要，并以此为基础寻求最大的利益。这样，谈判也就有了广义和狭义之分。

广义的谈判，是指一切为寻求意见协调、思想统一和意愿交流而进行的商榷过程。它具有随意性的特点。日常生活中的每一个领域或充满了这种谈判，生活中的每一个人都是这样的谈判者。

狭义的谈判，是指有准备、有步骤地为寻求对方意见协调，并用书面形式予以反映的磋商过程。具有阶段性、程序性、正规性以及负有法律责任等特点。例如，我国为恢复关税及贸易总协定缔约国地位而与美国进行的谈判；中美建交谈判；欧共体为推行一体化进程而进行的多边谈判；中外合资合作开办经济实体进行的磋商等等，都是狭义的谈判。

总之，谈判是一门科学，更是一门讲究语言技巧的艺术。

2. 谈判的特点

谈判是借助语言，尤其是口头语言进行的信息交流的过程。在这个过程中，参与谈判的人员进行的不仅是智慧、手段的较量，而且也是口头语言表达水平高低的竞赛。一般说来，商务谈判具有如下特征：

（1）对象的广泛性

世界上有众多国家，然而很多商务交往没有地区和国家的界限。从逻辑学的角度看，商品买卖的谈判可以在任何人之间进行。作为供方，其商品销售范围具有广泛性。同理，作为需方，其采购商品的选择范围也十分广泛。因而无论是购还是销，其谈判交易的对象都会遍及全国乃至全世界。为了使交易更加有利己方，也需要广泛接触交易对象。

（2）目的的功利性

谈判的各方出于某种需要坐到一起进行磋商，都是为了满足自己的功利需要而走向谈判桌。没有需要，也就无所谓谈判。正是为了不同的功利企图，世界上每时每刻才都有成千上万的谈判者进行着语言交锋。

（3）策略的智巧性

谈判既是口才的角逐，又是心智的较量。出色的谈判大师总是巧舌如簧，调动手中的筹码，取得意外的成功。他们或故布疑阵，虚虚实实；或言必有中，一语破的；或言不由衷，微言大义；或旁敲侧击，频频暗示；等等。

（4）语言的随机性

商务谈判中最普遍、最常见、最迷人的是谈判的多变性和随机性。在谈判中，我们需要根据谈判对象、议题、格局、环境、策略、时间、机会等的变化，随时调整自己的话语表达方式。这些方式不外乎包括使用不同的句型、不同的语气、不同的音量，感情色彩不同的措辞、不同的语序等等。只有随机应变地运用自己的口语技巧，才能与对方周旋于谈判桌上。

（5）战术的时效性

商品销售具有季节性、流动性等特点，因而商务谈判注重效率，讲求时效。谈判之初，各参谈方都有自己预定的谈判方案，其中包括各谈判阶段所安排的内容、进度、目标以及谈判的截止日期等等。商务谈判战术的时效性特征，可作为迫使对方让步的武器。

（6）合作制造双赢

一切成功的谈判，每一方都是胜者。如果把谈判看作是一盘对弈，就意味着以一种纯粹的比赛精神去谈一笔交易，就是竭力压倒对方，以达到自己单方面所期望的目标。我们的谈判目标，应该是双方达到协议，而不是一方独胜。如此，双方才会都认为有所收获，即使有一方必须做出重大让步，但整个看来，谈判还是有收获的。

成功的谈判都需要互谅互让，并应把谈判看做是一项合作事业，随时注意把不同的利益设法转变为共同的利益，方法是就双方共同的目标不断的沟通，发现共同的需要，强调双方可通过协议达成一致，而不是酝酿不一致的目标。

当然，合作无须摒弃竞争，但竞争要导致合作的结果，而不是不断对抗、导致最终不欢而散。合作，是谈判成功的基础，而且使谈判的成果更加丰硕，使达成的协议更能经受时间的考验。因此，成功的谈判，每一方都是胜利者。

（7）技巧胜于欺诈

通过谈判，可以使双方取得相互谅解、妥协，寻找共同利益。同时，谈判也是根据自身的实力，运用谈判的技巧，在谈判中得到有利于己方的结局。根据谈判这一特点，决定了谈判中语言运用的重要性，即谈判语言要谨慎、有分寸、简明扼要、留有余地、诚实等，以达到既尊重对方，又维护己方利益的谈判结果。

3. 谈判的语言环境

语言环境，在自然语言逻辑中，它有狭义与广义之分。狭义的语言环境仅指该句的上下文；广义的语言环境，除指上下文外，还包括谈判时的社会环境、自然环境及其他与谈判有关的各种因素，如谈判时间、地点、谈判条件、目的、谈判者的素质等，甚至还包括谈判中语言表达时的眼神、表情、手势、姿态等。

在谈判中，谈判者巧妙地借助特定的语境，就能使自己的表达鲜明、准确、生动、简练，从而有力地吸引住对方。对方也往往借助于语言环境，力求准确地理解我方的意思。

谈判中，要能动地适应并利用谈判的语言环境，就要使谈判者的主观因素与谈判的客观因素相统一。其具体要求是：

（1）谈判内容与谈判语境的统一

富有经验的谈判者，完全可以根据特定的谈判语境来决定谈判内容。谈判也要受当时的社会环境和自然环境的影响。谈判过程中的自然环境和社会环境的变化，要求谈判者具有高度的适应能力与支配能力。

（2）谈判语言结构形式与语言环境的统一

谈判的语言风格或华丽或质朴；谈判中语言结构形成，或舒缓或紧凑，都应取决于特定的谈判语境，这样才能增强谈判的说服力和论辩力。

（3）谈判者的仪态、风度与谈判语言环境的统一

应根据谈判语言环境来决定自身仪表、着装和态度。这些都可能影响谈判

效果。

总之，精明的谈判者。不仅要善于能动地适应谈判语言环境，还要有能力在一定程度上左右、制造谈判语境。

谈判的语言技巧有许多，但谈判者常用的有以下几种：

①转折用语。谈判中遇到问题难以解决，或者有话不得不说，或者要使对方的话题转向有利于自己的方面去，都要使用转折用语。这样可以起到缓冲作用，防止气氛僵化，既不会使对方感到太难堪，又可以使问题向有利于己方的方向转化。如“尽管如此……，但是……”等等。

②弹性用语。对不同的谈。判者，应“看菜吃饭”。若对方很有修养，语言文雅，已方也要举止得体；谈吐不凡；若对方语言朴实无华，那么己方用语也不必过多修饰；若对方语言爽快、耿直，那么己方就无须迂回曲折，可以打开天窗说亮话，干脆利索地摊牌。

总之，在谈判中要根据对方的学识、风度、修养，随时调整自己的说话语气、用语。这是双方沟通思想、交流感情的有效方法。

谈判中还要注意，在谈判终了时，最好能给予谈判对手以正面的评价。不论结果如何，对参与谈判的人来说，每一次谈判都是谈判各方的一次合作要过程。因此，一般情况下在谈判结束时对对方给予的合作要表示谢意，这既是谈判者应持的礼节，同时对今后的谈判也是有益的。

4. 谈判者要有敏锐的洞察力

一个人观察力高低，取决了他谋略水平的高低，善观察者，就不易被表面现象所迷惑，而能透过现象看本质，了解对手的真实意图，并应变制胜。老练的谈判家能将坐在谈判的桌对面的人一眼望穿，断言他将做什么行动和为什么行动。应变能力强的谋略家，往往能临机应变，灵活处置，适时地寻找最佳应变措施，拿出对应的制胜策略。

要有无私无畏的精神。有些特殊的谈判，如入虎穴，参加这种谈判往往会有生命危险。毛泽东同志赴重庆谈判，靠的是沉着机智、一身虎胆、以正压邪，以无畏对付强权，他正是凭着这种精神，取得了谈判的最终胜利。

老资格的雄辩家妙算如神，先胜而后求战；谈判之时，又能随机应变，因敌制胜；施谋用法，不拘一格，或投其所好，或攻其要害，或声东击西，或曲径通幽；虚虚实实，真真假假，处处掌握主动。

现代谈判包括经济谈判，涉及的知识领域较广，需要的知识和资料较多，如商业行情、金融常识、运输、法规甚至风土人情。选择人员时要注意考虑专业知识的需要，配合合适的人选，而且分工明确，责任到人。

二、沟通谈判感情

1. 创造友好的谈判气氛

要取得谈判的成功，就必须在语言运用上创造友好的气氛，使谈判的每一个阶段都朝着成功的目标迈进。

（1）寒暄期

正式谈判前的寒暄是十分重要的，它是谈判机器开动的奇妙的“润滑剂”，是减少双方心理障碍的有效的“催化剂”。

寒暄是要主动热情、大方得体，力求先入为主，借此表现出对对方的热情、友好、关心和信任，也表现出对谈判的诚意和信心，给对方留下一个深刻的第一印象。

寒暄的内容可以是多方面的，但最好是令人轻松愉快的，非业务性的。比如闲聊双方的家乡、阅历、家庭情况；双方的爱好专长、性格特点，以及时事新闻、文体消息等等，都可以作为很好的话题。寒暄要适可而止，及时回到正题。

（2）探测期

谈判开局后，就进入探测阶段。其目的在于双方阐明立场，弄清对方意图和谈判风格，进而各自调整谈判策略，寻求合作的最佳方案。因此，在语言运用上，就应当创造一种平静愉快、坦诚相告的良好气氛。

双方的开局发言，要做到准确传递、简洁鲜明、紧扣主题、恰如其分，在语音、语法、逻辑上要经得起推敲。那些模棱两可、卖弄词藻、故弄玄虚的语言，只能引起对方的反感，从而导致谈判气氛的恶化。

（3）还价期

由于双方从各自的利益出发，竭力使谈判朝着有利于自己的方向发展。因此，这一阶段的紧张气氛是难以避免的。谈判者要注意始终保持冷静的头脑和心平气和的态度，在语言运用上更要谨慎小心，防止由于出言不当而使谈判气氛恶化。

要力求表现出坦诚、恳切和正直，要开诚布公，豁达坦荡，不要拐弯抹角、闪烁其辞，以便取得对方的理解和协调。在表述不同意见时，要就事论事，就理论理，切忌对对方反唇相讥、冷嘲热讽、含沙射影、乱扣帽子。在讨论分歧意见时，要求同存异，避免对峙，切不可吹毛求疵、针锋相对，摆出寸利必夺、势不两立的架势。努力拓宽双方回旋的余地，减少因争议而带来的对抗心理，使对方感到我方始终立足于平等互惠、利益均沾的公正立场，使双方经过真诚友好的协商，达成合作的协议。

（4）签约期

经过双方艰苦的努力，终于握手签约。这时不管己方的谈判目标是否完全达到，都应该给予正面肯定，并表达谢意。既然已经达成了合作的协议，就应该充分肯定，更应当看重以后的合作前程，而不应在利益得失上计较不休，给谈判蒙上阴影。

一次谈判只能说明眼前，而协议的签署说明双方或多或少都会有所收益。合作是长期的，长久的利益还要靠企业的良好形象去维护、拓展。因此，无论就本次谈判还是着眼于与对方长远合作而言，签约期都应给对方以正面的评价和致以真诚的谢意，以给对方留下良好的印象，并为下次谈判合作打下坚实的基础。

2. 善用幽默，有利于营造友好融洽的谈判气氛

几乎在每一次重要会谈的报道中，新闻记者们都喜欢用这么一句话：

“会谈在诚挚友好的气氛中进行，宾主双方对各自关心的问题交换了意见。”

这句极平常的套话，道出了谈判中气氛的重要性。

谈判双方为了达到各自的目的，都希望谈判能取得圆满成功，这是十分自然的事。

当有关谈判的准备工作完成后，双方人员或神态安详，或气势夺人地在谈判桌前就座时，或当他们一跨进门时，谈判气氛就基本上形成了。

这种谈判气氛或者冷淡紧张，或者平静严肃，或者热烈友好，或者诚挚认真，或者松垮拖拉……

一旦形成某种气氛，那么这一次谈判基本上就是这种气氛，不大容易转变过来。

友好、轻松、诚挚、认真的合作气氛，对于谈判双方来说，都具有重要意义。所以，必须为建立良好的合作气氛下些功夫。

因为，这是有利于谈判的。

很多富有经验的谈判专家认为：当谈判双方人员寒暄就座时那一段时间，特别重要。在沉默的片刻，很难再用聊天来融洽气氛。这时，双方都需要调整一下情绪，松弛一下精神状态。

用什么样的形式来打破沉默，把寒暄时的融洽气氛带入正式谈判，对此，没有固定的模式。不同的人有不同的办法。所谓八仙过海，各显其能。只要对形成友好、活跃、热烈的谈判气氛有利，各种办法都是可行的。

按照惯例，总是先由东道主向客人致欢迎词，然后让客方先进，以示对客人的尊重。

这种时候，主客双方除态度友好、诚挚、有感情之外，最好能用语言表现出

一点幽默感，这对于造成友好融洽的谈判气氛，是很有作用的。

适度的幽默对建立良好的谈判气氛有几个好处：

（1）让人们精神放松

谈判即将开始时，双方人员总会有些紧张和不自在，尤其是第一次谈判更是这样。

汤玛斯·曼说：“当内心产生某种强烈欲望时，人很快就会摆出备战状态。”

处于这种备战状态的人们，因为戒备而显得紧张。这时，幽默可以使大家放松，可以平添情趣，打破紧张局面，创造和谐的气氛。

（2）可以进一步密切双方关系

一旦大家从那种相互戒备的心理状态下解放出来，大家的注意力便不再集中于胜败之念，而会转移到解决问题方面来。这样，良好的合作才可能进行下去。

英国首相丘吉尔在创造谈判气氛方面表现出的幽默天赋，堪称一流。

1943 年底，戴高乐将军的“战斗法兰西”由于得到美国和英国在武器装备上的支持，从 10 万人扩大到 40 万人，战斗在非洲到意大利的广大战场上。

但是在对待叙亚利的问题上，丘吉尔和戴高乐发生了分歧。

直接导因是法兰西民族解放委员会宣布逮捕了布瓦松总督，而此人是丘吉尔颇为看重的人物。

要解决这一件令双方都感棘手的难题只有依靠谈判了。

丘吉尔的法语讲得令人不敢恭维，戴高乐的英语却讲得很漂亮。这一点，是当时戴高乐的随员们以及丘吉尔的大使达夫·库柏早有所知。

这一天，丘吉尔是这样开场的。

他先用法语说道：“女士们先去逛市场。戴高乐，其他的先生同我去花园聊天。”然后，他又用足以让人听清的声音对达夫·库柏说了几句英语：

“我用法语对付得不错吧，是不是？既然戴高乐将军英语说得那么好，他一定完全可以理解我的法语的。”

话音未落，戴高乐和众人都哈哈大笑。这时，连平时十分敏感的戴高乐也完全失去戒备，以友好、理解的态度听取丘吉尔以结结巴巴的法语发表评论。

丘吉尔这番幽默开场白使气氛变得轻松多了。

他首先以谁也想不到的法语致词，起到一种出人意料的情绪转换的效果。戴高乐和他的随员们入座时都在想着丘吉尔对那件他们共同关心的事的提问，没想到他却说起自己与戴高乐的语言表达问题。其次，他对自己蹩脚的法语的自嘲，能让戴高乐和他的随员们感受到一种亲切，一种平易近人的谦恭。

无伤大雅的幽默在谈判开始时所起的作用，是许多谈判专家都重视的。

随着谈判的进行，双方可能发生分歧，或在一些具体细节上形成僵局，这种时候，幽默的作用也是不可忽略的。

1936 年，张学良、杨虎城在西安发动了“西安事变”。

张学良退出“剿共”战场，与红军实现停战，主要是由于他与当时中共中央联络处处长李克农的多次接触、会谈。最关键的一次是 1936 年 3 月在洛川的会谈。

这次会谈是双方第一次会面，主客之间都很随和，谈判气氛是轻松而和谐的。

但是，谈到统一战线问题时，张学良提出：为什么抗日民族统一战线不包括蒋介石？张学良认为，蒋介石也是有可能抗日的，而且当时中国的军事力量几乎全部掌握在蒋介石手里，因此，抗日必须联蒋。

李克农强调，共产党主张团结一切抗日力量共同抗日，而蒋介石搞“攘外必先安内”，所以不能把蒋介石列在团结的范围之内。

两人在这个问题上发生了争论。虽然李克农解释说，如果蒋介石愿望放弃反共政策，团结全民抗日，这个问题是可以考虑的。但是，仍然没能说服张学良。

这时，张学良幽默地说：“我的出发点是整销，不是零售。”

一句话，把大家逗乐了，紧张的谈判气氛顿时消散了。后来，这次会谈就其他几个具体问题达成了一致，取得了重大收获，为全民族抗战局面的形成铺平了道路。

熟练掌握幽默的技巧，并能够运用自如，那么，你就会给对方留下难忘的印象，创造一种轻松和谐的气氛。这样谈判对于你，就不再是难以应付的难题了。

这时候，你就会明白，能让人笑，能让对方高兴，已经是一种行之有效的感情战术了。不知不觉中，谈判桌上的筹码已发生变化，形势变得对你有利多了。

3. 谈判准备

从实战意义上讲，谈判是兵对兵、将对将的走马交锋。在谈判之前，不仅要熟悉己方的情况，而且还应准确地了解对方的意图，以便采取对策。因为情报信息是谈判获得满意效果的先决条件之一。

成功取决于正确的判断和坚定的信心。而正确的判断和坚定的信心，来源于事前周密的调查和充足的准备。

为了取得谈判的成功，在谈判之前，必须做到未雨绸缪，做好充分的物资准备和思想准备。

物资上的准备主要包括：

谈判所需的文字、图表、数据等资料的收集、整理；

谈判地点的选定、布置以及环境的美化；

谈判期间需要提供的样品；

谈判协议草案的拟定；

谈判所需的音像设备；

谈判人员所需的衣、食、住、行等。

思想上的准备主要包括：

选定谈判代表，征询专家、仲裁人员的意见；

商定谈判目的、最佳结果、最高或最低限价；

提出多种思路并设计多种方案；

拟定谈判程序、进度和会期；

确定使用的策略和技巧；

确定提出的问题，安排人及其发言顺序；

分析对方可能采取的策略和技术，准备相应的对策，等等。

“未雨绸缪”这一策略和技巧，既适用于买方，也适用于卖方。成功或失败的关键在于，看谁准备得最充分，看谁在做好充分准备的基础上所采用恰当的其他策略和技巧。

4. 谈判礼仪

一项谈判的成功，意味着双方达成协议，各有所得，互利互惠，而不应该一方独得胜利，置对方于死地。因此，谈判的双方不管力量怎样悬殊，强弱如何不均，就其关系说是完全平等的，双方必须互相尊重。

融洽友好的气氛是谈判得以顺利进行的重要条件。因此，谈判者必须使自己的言语文雅，分寸得当，使谈判双方始终处于一种尽可能的友善气氛中。

出言不逊、恶语伤人，激起对方的反感和不满，往往会给谈判造成障碍，甚至导致谈判的破裂。

谈判中的语言既要文明礼貌，又要坚持一定的原则，最有效的办法就是充分利用语言的艺术手段。有经验的谈判者常借助于高超的技巧，富有文采的语言，既创造和谐友善的气氛，又明确地表达自己的主张和观点，维护自己的利益。

谦虚不仅是人们应该具备的美德，从某种意义上说，谦虚也是谈判获胜的力量。尤其在谈判双方地域不同、文化背景各异的情况下，偶尔一句“我不太明白”、“我没有理解你的意思”、“请再说一遍”之类谦恭的言语，会使对方觉得你富有人情味，真诚可亲，从而愿意同你合作。

相反，若在谈判桌上趾高气扬，高谈阔论，很容易挫伤谈判对手的自尊心，引起反感的情绪，以致筑起防范的城墙，从而导致自己的被动。

谈判中谈吐高雅，使用礼貌语言，易使谈判对手感到亲切、愉悦，所谈之言也易于入耳生效，有较强的征服力，能收到以柔克刚的效果。如：“你好”、

“请”、“对不起”、“谢谢”、“请指教”、“拜托您了”，等等。在这些礼貌用语里，“谢谢”两个字使用最频繁，也是非常重要的，它是沟通谈判者心灵的虹桥。

对方赞扬你时，你应该说一声：“过奖了，谢谢!”或是“谢谢您的夸奖”。对方向你道歉时，你应该说“不客气”，或“我很高兴帮你的忙”。向别人说“谢谢”，口语要自然清晰，还要注意选择适当的机会，并伴以真挚的目光和微笑。一声“谢谢”，会在谈判对手心里引起很强烈的反响。

谈判中会说“谢谢”，是一种智慧，运用得当，会对你的谈判大有助益。

具有丰富、娴熟的使用礼貌语言的能力，可以使你在谈判桌上既谈吐文雅、优美，又能获得你梦寐以求的利益。

5. 通过第三方的认可来树立信誉

观众总是希望听到讲话者与自己持有相似的价值观与生活态度，当讲话者向观众陈述事实、罗列数据与分享经验时，大家都很希望自己能相信他们说的话。然而，除非观众有机会结识讲话者本人，否则讲话者的个人信誉只能是一个谜，宛如一道宽宽的鸿沟，只能靠证据或时间来弥补。

有一个途径能缩小这道鸿沟：通过第三方来传递信任。也就是说，要事先与另一个人或一群人建立良好的联系，而他们必须是观众相当信任的人。你可以向他们提供关于讲话者的书面材料，或者邀请一位德高望重的人为你做一下个人介绍。

6. 坦诚相待

在讲话中，观众都希望自己的所见所闻能与最终的所得相吻合。几个月前，我听说了这样一件事：一位演讲者在会上发言时，要求好几位观众将问题留到会后再同他讨论，他看上去十分诚恳，似乎竭力想同观众打成一片。然而几个小时之后，当有人带着问题去向他请教时，他却显得不耐烦。观众们这才明白，原来他只是不愿意“浪费时间”，在霓虹灯般闪耀的伪善外表下，隐藏着他冷漠的本质。

观众能够感受到讲话者的诚心与坦率。有的讲话既刻板又没有人情味，只是罗列了一堆事实，而演讲者就像躲在幕后的解说员，这样的演讲通常无法引起观众的兴趣。一般说来，讲话者要甘愿在观众面前解剖自我，敢于嘲笑自己的缺陷、错误或人性的弱点。

第四节 谈判策略

一、和“言”悦色的谈判韬略

关于谈判之道，一位专家曾这样说：“一个老谋深算的人应该对任何人都不说威胁之词，不发辱骂之言，因为二者都不能削弱敌手的力量。威胁会使他们更加谨慎，使谈判更艰难；辱骂会增加他们的怨恨，并使他们耿耿于怀想以言辞伤害你。”

谈判不同于决一胜负的棋赛。如果纯粹以一决雌雄的态度展开谈判，谈判者势必就要竭力压倒对方，以达到自己单方面期望的目标，即使善于巧言令色，也要冒一败涂地的风险。因为策动人们谈判的动力是“需要”，双方的需要和对需要的满足是谈判的共同基础，对于共同利益的追求是取得一致的巨大动力。因此，真正成功的谈判，每一方都是胜者。

一般说来，谈判可分为合作性谈判和竞争性谈判两大类型。不管是哪种类型的谈判都必须和“言”悦色“烧热炉灶”，以创造融洽气氛，沟通谈判双方，建立相互信任的人际关系。常用的方法有：

1. 礼貌用语，以“和”为贵

有个美国人到曼哈顿出差，想在报摊上买份报纸，发现未带零钱，只好递过10元整钞对报贩说：“找钱吧！”谁知报贩很不高兴地回答道：“先生，我可不是在上下班时来替人找零钱的。”这时，守在马路对面的朋友想换种说话方式去碰碰运气。他过来对报贩说：“先生，对不起，不知你是否愿意帮助我解决这个困难，我是外地来的，想买份这儿的报纸，但只有一张10元的钞票，该怎么办？”结果，报贩毫不犹豫地把一份报递给了他，并且友好地说：“拿去吧，等有了零钱再给我。”后者的成功在于礼貌待人、和言暖心，满足了对方“获得尊重的需要”，终于取得了对方的合作。

在谈判中，即使受了对方不礼貌的过激言词的刺激，也应保持头脑冷静，尽量以柔和礼貌的语言表述自己的意见，不仅语调温和，而且遣词造句都应适合谈判场面的需要。尽量避免使用一些极端用语，诸如“行不行？不行就算了！”“就这样定了，否则拉倒！”这些话会激怒对方，而把谈判引向破裂。

2. 适当插话，有利于谈判顺利进行

谈判中尽量不要打断对方的话，这是对对方的一种礼貌和尊重。

但是，谈判中不要打断对方的话，并不意味着始终保持沉默，倾听中适当地插话也是必要的。

因为不时地语言反馈，能够表明你一直在积极地听。同时对对方也可以在你的语言反馈中得到肯定、否定或引导，这对于谈判顺利进行是有利的。

适当地在谈判中插话，关键在于适当。

一般来说，有这样几种情况是插话的契机：

一是对方说话稍有停顿时，你可以插话要求补充说明。

如："请再说下去。"

"还有其他情况吗？"

"后来怎么样了？"

像这类语言，可以使对方谈兴更浓，把更多的想法和情况告诉你。

二是当对方说话间或喝茶、点烟思考问题或整理思路时，你可以插话提示对方。

如："这是第二点意见，那么第三点呢？"

"上述的问题我明白了，请谈下一个吧。"

这类插话，承上启下，给对方以启示和引导。

三是在对方谈话间歇的瞬间，给予简单的肯定的回答。

如："是的。"

"没错。"

"我理解。"

"有可能。"

"很对。"

"我明白。"

这种插话，可以表示对对方谈话赞成、认同、理解，使谈判气氛更加融洽和活跃。

谈判中的插话，还可以使用"重复"和"概述"两种方法。

"重复"具有促使对方讲下去，明确含义，强调话题的作用。

比如，当谈判对手谈及一个新的问题时，为了明确含义或者为了突出其重要性，我们可以这样来重复：

"您的意思是不是……"

"我想您大概想讲……"

"您认为这很重要吗？"

“重复”使用得及时恰当，往往能使谈判避免停顿和中断，可以收到很好的效果。

在与条理性不清和组织句子能力较差的人谈判时，应该抓住机会对他的言语进行一定的整理，以防其杂乱无章地“开无轨电车”。这里，比较有效的整理方法就是概述。

概述应紧扣主题，突出几点，理出头绪，去掉与主题无关的废话，保证谈判的顺利进行。

比如，我们可以这样说：“听您所说，大致有这样几个问题……”然后罗列几个要点，使问题显得清晰。

概述的方法很多：

“您刚才说……”

“用您的话讲，这就是，……”

“总而言之，你认为不外乎……”

这样的概述还给人以礼貌的感觉。谈判者往往喜欢别人理解自己的意思，如果你表达出他想说而没能说清楚的话，就很容易赢得他的好感，而这对谈判是有好处的。

但是，谈判中要注意，插话关键是“插”得适时。如果无休止地打断对方说话，同时频频改变话题，那么，会使对方感到谈判无法进行下去。

例如下面的谈判：

“请看，我厂最近生产的连衣裙款式新颖，花色美观大方……”“说到美观大方，我立即想起我们公司服装厂生产百褶裙，那真是……”

“这种连衣裙在国内是首创，一上市就被抢购一空！真是难得的畅销货……”

“要说畅销货，在我市百褶裙真是想象不到的畅销，年轻姑娘，中年妇女，甚至老年妇女也都喜欢穿，真是……”

如此打断对方的说话，会造成谈判中断停止。

为了使谈判顺利进行，一定要及时回答对方的问话，同时不失时机地同对方展开讨论等等。

但是说话必须掌握分寸，适可而止。如果你口若悬河，滔滔不绝，唠叨个没完，丝毫不给对方插话的机会，有可能会将自己不应给对方知道的意图暴露出来。同时，对方也会对你产生厌倦情绪。

3. 改变人称，勿加评判

在谈判过程中，即使你的意见是正确的，也不要动辄对对手的行为和动机妄加评判，因为如果谈判失误，将会造成对立而难以合作。如发现对方对某项统计资料的计算方式不合理时，就贸然评论说："你对增长率的计算方式全都错了。"对方听了，显然一下子难以接受。如果将这句话改变人称并换一种表述方式，其效果就大相径庭了："我的统计结果和你的有所不同，我是这样计算的……"对方听后就不会产生反感了。

4. 声东击西，可使对方在不知不觉中否定自己

在形势错综复杂的谈判桌上，战术技巧的隐蔽性常常能带来巨大的成功。

增强战术技巧的伪装，在对方不知不觉中实施你的转换方略，一方面明修栈道，另一方面暗度陈仓。这就要求你应该具有敏捷的攻击性，不给或尽量少给对方斟酌、思考的时间，对方一方面要紧跟你的思维指向，另一方面又穷于应付，在迫使对方迅速作出反应时，自然能起到使对方不知不觉中否定自己的效果。从而取得谈判成功。

我国历史上有一则晏子以声东击西的方法说服齐景公，救烛邹的故事。

齐景公非常喜欢打猎，喂养了一些捉野兔的老鹰，这些老鹰由烛邹管理。有一次，烛邹不小心，让一只老鹰逃走了。

齐景公知道了，大发雷霆，要将烛邹推出斩首。

晏子对齐景公说：

"烛邹罪不可赦，不能就这么轻易杀了他，让我来宣布他的三条罪状，然后再将他处死吧！"

齐景公点头允许。于是晏子指着烛邹数落着：

"烛邹，你为大王养鸟，却让鸟逃走了，这是第一条罪状；你使大王为了鸟的缘故而要杀人，这是第二条罪状；把你杀了，让天下诸侯都知道大王重鸟轻士，这是你的第三条罪状！好啦，大王，请将他处死吧！"

齐景公听出了晏子的话中之话，只好说：

"算啦！不用杀了。"

晏子的高明之处在于，名义上指责烛邹的罪状，实际上却在批评齐景公，声东击西，终于使齐景公放弃了杀烛邹的念头。

谈判中的声东击西，成功的关键在于要把重点集中于造成对方的错觉。这种错觉一旦形成，对方很可能对此作出错误的或违反事实本来面目的判断。

然后，再突然发出一个意义不同的信息，使对方措手不及。

1957 年，毛泽东率中共代表团出席莫斯科社会主义国家党的代表会议。

会议前，中苏领导人就"向社会主义和平过渡"的提法展开了针锋相对的争论。

有一次，毛泽东与赫鲁晓夫共同进餐。

赫鲁晓夫不失时机地想宣扬他的观点，一上餐桌就拉开了话匣子。

毛泽东并不直接回答赫鲁晓夫的种种发问，转而与他就另一个问题展开了讨论：

“赫鲁晓夫同志，你对我们提出的‘百花齐放’这个口号怎么看？”

赫鲁晓夫摸一下亮晶晶的额头，为难地眨眨眼，但目光仍不失敏锐。他早已请人捎话到北京，表示过对这个口号的忧虑。毛泽东现在还要这样问，什么意思呢？

“毛泽东同志，我想，你们的本意可能是说在文化艺术中，要允许不同的倾向发展，允许不同的学术思想争鸣……可是，花是有各种各样的——有美丽的花，丑恶的花，甚至有毒的花，对于有毒的花就不能让它开。”赫鲁晓夫用手做了一个有力的掐掉的动作，“要掐死它！”

“我们不掐死，留在那里做对比，做反面教员。”毛泽东始终微笑着。

赫鲁晓夫以沉默表示反对这个口号。

毛泽东点了点头：

“苏联报刊不发表这个口号，我们是理解的，赞成的。因为各国有各国的实际情况。这个口与对于苏联也许是不适合的，情况不同嘛，都要从各国的实际情况出发。”

醉翁之意不在酒。毛泽东表面上是讨论“百花齐放”这个口号，实则是不同意赫鲁晓夫把“向社会主义和平过渡”的理论观点写进会议宣言。

赫鲁晓夫虽不失精明，但还是中了毛泽东声东击西的计谋。

各国有各国的实际情况，他已经不知不觉同毛泽东一道论证了“从各国实际情况出发”，不能强加于人的观点，这样，便不好再把“向社会主义和平过渡”的问题搬到餐桌上来了。

在谈判中，一般在以下情况下使用声东击西这一策略：

——试探对方，以便了解更多的情况，为以后真正的谈判做一些准备。

——作为一种障眼法，迷惑对方，转移其注意力，延缓对方所要采取的行动。

——缠住对方，将其拖得精疲力竭，然后乘虚而入。

如果谈判对手采取声东击西的策略，应该引起警惕。一些老练的谈判者往往在一开始就问自己：这次谈判对方是不是采取声东击西的策略？

如果看出了对方的伪装手段，那就是及时采取必要的对策。

5. 以退为进，有利于掌握谈判的主动权

在谈判中先发制人、得寸进尺不失为一种策略，但是，这样很容易招致对方的抵触情绪，影响双方良好人际关系的建立与维护，使谈判陷于僵局。

因此，有经验的谈判者往往采取以退为进的策略。

退是一种表面形式，由于在形式上采取了退让，使对方能从你的退让中得到心理满足。由此，不但思想上会放松戒备，而且作为回报，或说合作，他也会满足你的某些要求，而这些要求正是你的真实目的。

谈判中以退为进的手法是很多的。

谈判中，可以替自己预留让步的余地，以便在对方的讨价还价中有所退却，满足对方的要求。

但是，不要让步太快。因为轻而易举地获得你的让步，不但不会使对方在心理上获得满足，反而会怀疑你的让步有诈。而慢慢让步不但使对手心理上得到满足，而且能更加珍惜它。

谈判中，让对方努力争取他所能得到的东西。对对方能够得到的东西不要去拒绝他，而是要让他通过努力争取来获得。

这样做，看起来是你的一种让步，而其实你是以对方应该得到的东西来换取他在其他方面的让步。这当然是一种有益无害的让步。

谈判中，要让对方尽可能多地发言，充分表明他的观点，说明他的问题，而你应该少说为宜。

这样，对方由于暴露过多，回旋余地就小。而你很少曝光，可塑性很大。两者的处境，犹如一个站在灯光下，一个躲在暗处。他看你一团模糊，你看他一清二楚。这样你就掌握了谈判的主动权。

除了让对方多说还要设法让对方先说，先提出要求。

这样做，既表示出你对对方的尊重，又使你可以根据对方的要求确定你对付他的策略，可谓一举两得。

谈判中，不要忘记“这件事我会考虑的”之类的说法，也是一种让步。

让步有实质性让步与非实质性让步之分。表示对对方的要求、观点的考虑如果仅仅停留在口头上，当然是一种非实质性让步，因为它与利益无关。

但是，这种说法能给对方心理上慰藉，因为至少你尊重他。虽然这种做法有点“口惠而实不至”的味道，但它却是一种以退为进的成功策略。

以退为进策略运用得法，常常是很有效的。

下面举个例子。

某市机床厂成为首批机电产品出口基地之后，该厂厂长率领一个业务小组赴美国寻找销路。业务小组出发之前，已给美国卡尔曼公司发去电传，表明了自己的意图。

业务小组与卡尔曼公司总裁一见面，便就双方所需的机床规格——报价。但双方在价格上互不相让，结果相持不下，最后总裁先生提出考虑一下再说。

这之后连续两天没有音讯。

但我方不动声色，耐心等待，不催不逼。

原来，业务小组在赴美前已对大量的资料进行了分析——美国为保护本国对外贸易，实行对日本、韩国、台湾地区提高关税的措施。一些代理商急于寻找避开“贸易保护政策”的机遇，这为我方产品进入美国市场提供了良好时机。

台湾向美国出口机床，必须从美国进口同等价值的计算机、糖、烟、酒等货物。台湾方面对此大为恼火，拒绝向美国出口机床。卡尔曼公司因此受到冲击，在该公司已经同其客户签订合同，并开出了信用证，客户也急需机床时，台湾方面却迟迟不肯发货，这使讲求信誉的卡尔曼公司十分被动。

我方的耐心等待，终于起到了效果。两天之后，沉不住气的卡尔曼公司终于打来电话约商谈时间。

之后，双方进行了谈判，我方胸有成竹，不卑不亢，经过反复讨论，终于签订了 150 台车床的合同。在谈判中如果发生意见分歧，一时难以得到统一时，不要急于要求达成协议。这时要善于忍耐。

以退为进不是消极地退让，其目的还是最终实现自己的目标。运用以退为进的谈判策略。往往比一味采取进攻策略更有效。

6. 多用肯定，婉言否定

首先，在谈判中不同意对方的观点时，不要直接选有“不”这个具有强烈对抗色彩的字眼。

即使对方态度粗暴，也应和颜悦色地用肯定的句型来表述否定的意思。比如，当对方情绪激动、措词逆耳时，也不要指责说：“你这样发火是没有道理的!”而应换之以肯定句说：“我完全理解你的感情。”这样说既婉转地暗示“我并不赞成你这么做”，又使对方听了十分悦耳，对你的好感油然而生。

其次，当谈判陷入僵局时，也不要使用否定对方的任何字眼，而要不失风度地说：“在目前情况下，我们最多也只能做到这一步了。”

再者，有时为了不冒犯对方，可适当运用“转折”技巧，即先予肯定、宽慰，再转折，委婉地否定并阐明自己的难处。如“是呀，但是……”“我理解你的处境，但是……”这种貌似承诺，实则什么也没接受的语言表达方式，体现了“将心比心”这一古老的心理战术。它表示了对于对方的同情和理解，而赢得的却是“但是”以后所包含的内容。

7. 适度沉默，可收到“此时无声胜有声”的效果

沉默不语也是谈判中的一种武器。

如果对方提出不合理的要求，或者你对他所说的东西感到厌烦，最好是坐在那里，一言不发。

我们有时会看到这样的现象：一位谈判者在和别人谈话中，当他感到乏味

时，会拿起桌上的报纸或其他什么，随便翻阅起来，这是暗示对方，报纸虽然很乏味，也比你的话有意思。

这种做法，无疑是让对方终止谈话。

谈判中，恰到好处的沉默也是一种艺术，所谓“此时无声胜有声”。

英国政治家赖白斯在一次演讲中，突然停顿，取出了表，站在讲台上一声不响地看着观众，时间长达 72 秒之久。正当听众迷惑不解之时，他说：

“诸位刚才所感觉到的、局促不安的几秒长的时间，就是普通工人垒一块砖所用的时间。”赖白斯以默语（即话语中短暂的间隙，又称停顿）的方式来表现演讲内容，实属高超，这是吸引听众注意力的一种方法。谈判中默语所表达的意义是丰富多彩的。它既可以是无言的赞许，也可以是无声的抗议；既可以是欣然默认，也可以是保留己见；既可以是威严的震慑，也可以是心虚的流露；既可以是毫无主见、附和众议的表示，也可以是决心已定、不达目的决不罢休的标志。

当然，在一定的语言环境中，默语的语义是明确的。

林肯在辩论中善于使用默语，甚至运用默语反败为胜。

林肯和道路拉斯著名的辩论接近尾声之际，所有迹象都指出林肯已失败。

在林肯最后的一次演说中，他突然停顿下来，默默站了一分钟，望着他面前那些半是朋友半是旁观者的群众的面孔。

然后，以他那独特的单调声音说道：“朋友们，不管是道格拉斯法官或我自己被选入美国参议院，那是无关紧要的，一点关系也没有；但是，我们今天向你们提出的这个重大的问题才是最重要的，远胜于任何个人的利益和任何人的政治前途。朋友们——”

说到这儿，林肯又停了下来，听众们屏息以待，唯恐漏掉了一个字。

“即使道格拉斯法官和我自己的那根可怜、脆弱、无用的舌头已经安息在坟墓中时，这个问题仍将继续存在……”

林肯这段话中，两次用默语来紧紧拴住听众的心，为他的演说增添了感人的气氛，从而达到了出乎意料的效果。

默语不仅可以增强语言的效果，也可以用来对付谈判对手。

比如，你提出一个诚恳的建议，而对方却给了你一个不完全的回答。这时，你应该等下去，沉默，往往会使人感到不自在，常常会给对方造成一种僵持的感觉，使其觉得非以回答你的问题或提出新建议的方式，来打破僵持不可。

要注意的是，你提出问题并沉默后，不要继续提出其他问题或发表评论，以防把对方从僵持中解脱出来。这样，你的这一计策就能奏效。

用沉默来对付饶舌的对手，当然还有一个礼貌的问题。如果对方在热情地讲述着，你却表现得极不耐烦，或无动于衷，那都是不礼貌的。

但如果你随声附和一两句话时，对方会误认为是对他的赞同，他讲述起来就会更起劲。

你不妨采取这种方式的沉默：

不时地端起茶来饮。

或者不时地看看表。

这样，多数人见到这种姿态就会终止谈话。

当然，也有少部分人故意视而不见，非得讲完不可。

这时，你可以做一些明显动作：

如动一动身体。

或故意上一趟厕所。

或借故干别的什么事。

如果担心这些动作还是有不礼貌之嫌，你可以眼睛故意不看对方，而看身旁的某处。

从道理上讲，听别人说话应当看对方眼睛才算有礼貌。

通过双目交流，达到感情的互相沟通。但当你避开对方视线时，这种沟通就会影响，而减弱对方的说话兴致。

二、双赢式谈判策略

双赢式谈判，是一种合作性的谈判方式。谈判双方都在努力达到一个双方都愿意接受的处理结果。如果把双方的冲突看做是能够解决的，那么就能找到一个创造性的解决方法，从而加强双方的地位，甚至会增进双方的关系。双赢式谈判的出发点是，在绝不损害别人利益的基础上，取得自己的利益。它主要涉及几个要点：

1. 将人与问题分开

将人与问题分开，是谈判双方共同获胜的主要方法。因为谈判的一个基本事实是：与自己打交道的不是对方的“抽象代表”，而是人。但实际上这个事实常遭忽略和遗忘。谈判双方难以预测的自我形式、价值观及不同的背景与观点，可能给谈判带来推动力量，亦能带来阻力和障碍。谈判中由信任、了解、尊敬和友谊所建立的工作关系，可使谈判更为顺利和有效；反之，会致使谈判破裂。

(1) 建立相互信任的合作关系。这是谈判最基本的前提。谈判中的任何欺骗一旦暴露，不仅会严重地损坏自己的形象，使自己处于被动的地位，而且很难会使谈判继续进行下去。

（2）对事不对人。也许这一点在谈判的过程中很难真正做到。它的有效方法是：双方把自己和对方看成是同舟共济的伙伴，而不是看做对手和敌人，携手寻求共同点。

（3）处理好“看法”问题。解决看法分歧的关键，不在于验证事实，而是寻求解决方法的那种“现实”。

（4）处理好“情绪”问题。良好的环境和情绪也是谈判成功的一个影响因素。虽然谈判主体代表着各自的组织利益，但他们实际上掌握着一定的灵活性，这种灵活性究竟如何运用，以及要何时运用就取决于谈判的当事人。

（5）处理好“沟通”问题。谈判的过程实质是为达成协议而进行的双方的沟通过程。只不过这里的沟通因双方对利益的坚持而十分困难，因此需要耐心真诚，在共同点上谋求沟通的成功与发展。

2. 将重点放在利益上而非立场上

谈判中经常出现双方固执自己的立场互不让步的情况。其实，立场是具体的、明确的，是谈判者为了达到目的或利益而做出的行动准则。但谈判的基本问题不是立场，而是利益。因此，处理谈判对方的明智之举是调和彼此间的利益而非立场。

（1）确认利益。利益是隐蔽在立场背后的决定因素。因此，必须在加以确认的基础上，才能设法进行磋商，进而获得满足的方案。

（2）磋商利益。谈判的目的在于彼此满足自身利益与需要。若能就利益而沟通，将会增加彼此满足的机会。

3. 构思双方满意的方案

预案对于谈判成功很重要。一般的谈判都是建立在事先拟订的预案的基础上。对预案有深刻的了解和领会，是双方谈判的前提和基础。

（1）将“构思”与“决定”分开。充分的构思，才会导致理智的选择，而过早的判断与定论势必遏制“想象力”。所以，谈判不应急于寻求最佳方案，而应极力开拓谈判的空间，即对谈判的构思。

（2）扩展备选方案。这是谈判预案的重要方面。一是利用已提出的某一优良选择方案，促使人们追踪获得这一方案的根源，然后再利用这个理论探索出其他的选择方案；二是从不同专家的角度探讨，这样可产生多种选择方案；三是拟出不同“强度”的建议；四是改变协议的范围。可将问题分割，也可以把主题扩大，增强某项协议的吸引力。

（3）寻找于双方都有利的解决方法。圆满达成协议的基础在于，双方所要求的是“不同的”东西而构成共同的利益。所以，寻找于双方都有利的解决方法，一是确认共同利益；二是契合分歧的利益。

（4）创造易于对方决定的条件。一是给出对方一定的回旋空间，“帮助”对手做决定；二是注意“决定”的内容，不能太伤害自己的利益；三是多提建议，少施威胁。

4. 坚持客观标准

运用客观标准需要解决两个问题：一是如何确定客观标准；二是如何在谈判中运用客观标准。

（1）确定客观标准。可以作为协议基础的客观标准不止一种，而有多种。一是公平的标准。如市场价格、先例、科学的判断、专业标准、效率性、成本、互惠原则等；二是公平的程序。应用客观标准去处理实质性冲突，用公平的利益去化解双方的利益纠纷，可以摆脱意志力较量的谈判结果。

（2）运用客观标准。一是由双方共同寻求客观标准；二是要用理性来决定哪种标准最合适及如何使用此标准；三是绝不屈服压力；四是坚持原则立场。

三、以战取胜策略

牺牲对方利益来获取己方的胜利，是以战取胜的谈判的特点。

1. “以战取胜”的方法

“以战取胜”的谈判者往往采用强有力的方法实现自我目的。即通过自己的行动，采用各种策略，来加强自身权力。他们往往设法寻找各种获取利益的机会，在谈判过程中不断要求得到好处；其每一个让步都经过深谋远虑，其战略是在取得更大好处下的让步。这种谈判策略的本质是采取强权的方法，以任务为中心，只考虑自己的特殊利益，而绝不考虑对方的荣誉、尊严和双方间的感情等因素。

“以战取胜”者最关心的是，把谋求的胜利建立在谈判的冲突阶段，也只有这一阶段，他们才有可能获胜的空间和余地。

“以战取胜”者熟悉各种策略与技巧，并深知对方的心理。

他们采用的方法有：

（1）不给对方留空间。即在谈判时，要求很强硬，提议很极端，不给对方讨价还价的余地，目的是为了降低对方的期望程度。

（2）有限的权力。谈判的决策权一般掌握在谈判人员背后的人手里。参加谈判的人，没有或几乎没有做决定的权力。这样一方做出让步；而另一方什么也不能决定。为了求得进展，一方只得不断让步，而另一方正在静静地期盼着这种结果。

（3）感情战术。即利用感情的爆发来控制对方。这是一种较为极端的方法。

（4）先取后让。即先进后退。也就是在给予对方之前，先从对方那里获得好处，而且尽量使对方首先让步，而自己不做相应的让步。

（5）不考虑截止期。虽然时间是谈判的重要因素，但"以战取胜"的谈判者似乎不考虑谈判的截止期限。虽然一切按时开始，但谈判时间好像可以无限制地延长，似有不达目的决不罢休的架势。

2. 以战取胜的反措施

对于以战取胜的谈判策略，必须制定周密的应付办法。常用的办法主要有：

（1）阻止进攻。

为要做到有效的阻止，就必须在谈判的开始阶段做到尽量回避其开场时的提问；保持一个中立的、打破沉默的阶段；不被对方试探问题时所牵引。

（2）控制谈判局势。

为控制谈判局势掌握谈判进程的主动权就必须做到规定谈判程序的形式和计划；准备做出的让步；把谈判面铺得广泛一些等。总之，要遵循计划，始终掌握住谈判的进程，把握住谈判的议题和谈判程序。

（3）针锋相对。

即采用与对方进攻策略相适应的措施，如先取得后给予；以诚意换诚意；对方发怒，就停止谈判等。此外，在与对方周旋时，可以采取扩大自身的影响力的其他方法。

（4）因势利导。

即把抗拒对方的力量引向对利益的探求，引向彼此有利的方案。

（5）邀请第三者。

当无法和对方进行原则性谈判时，可以邀请第三者出面进行调解。

（6）直接摊牌。

即明确地告诉对方自己让步的最大范围，让对方不要心存幻想。

四、攻式策略

1. 机警发问

为了解对方的真实想法和意图，必须十分机警地利用各种方法和技巧去探知对方的需求，而发问通常是取得信息的手段。老练的谈判人员总是密切注意对方的"心理变化过程"，仔细观察对方的举止、姿势、手势等，恰当地提问。

（1）试探性问题。

谈判者第一次使用提问方式是作为试探对方防御的一种方法。在对方的主张中发现一个弱点，并为了在发动大的攻势前肯定它，则对此类问题故意采取一般的方式来表达。

（2）具体问题。

具体问题是指一个只能提供数据回答的问题，其性质决定于问题本身的措词。具体问题是不能盲目提出的，提问人必须事先知道对方的回答或至少知道一部分时，才能向对方提出。

（3）“是否”问题。

在谈判中，“是或否”回答是一个谈判者所能给予的最强的承诺。因此，提问者绝不应该提出那种对方只能以“是”或“否”作答的问题，除非提问者事先已准备好理由，而且确信他将得到所需要的回答。这种回答最好是双方已非正式地达成一个明白的协议。还有一类情况是，如对问题都有事实可以作答，就会使提问者陷于绝境，除非提问者已准备好补充的问题，否则就只能接受。

（4）进攻性问题。这是一种既有价值又有危险的提问方式。这种提问容易引起对方的冲动，并可能引起冲突。一般来讲，谈判要尽量避免的是冲突，因此这种提问，应是在深思熟虑之后认为冲突是不可避免时才提出的。

总之，谈判双方都可能提问，较主动的办法是将问题转给己方的专家回答，自己则可获得思考下一步应采取的策略的时间。

2. 对个人施加压力

即对对方谈判小组中的弱势成员施加影响和压力。

（1）恭维。这是对对方年资较低、经验较少的人采用的武器。这种人不承认自己不了解情况，特别是资历浅的专业顾问。

（2）胁迫。胁迫与恭维的做法相反，可以用来对付一个代替其上级来洽谈的资历较浅的成员。

（3）施压。即利用与对方谈判小组上级的关系，威胁对方的谈判人员，特别是对付谈判组领导。这样，对方可能真的信以为真或迫于暗示的压力，从而做出让步。

3. 武断行为

谈判人员的行为一旦变为“不可理喻，就超越了价值观念的准则，而不会被正常的说理所打动。所以，有时武断行为反而更加有效。

4. 置对方于不合情理的情况

抓住对方有问题的主张不放，使其陷入尴尬。这样，至少可以迫使提出该主张的人要用种种限制词重新解释该主张，以免自己陷入窘境。

5. 摸底

即明知提出的要求大大超过对方可能接受的程度，仍故意提高要求，以试探其反应。在采用此策略时，必须按对方可能做出的反应而计划下一步的做法。如为维护声誉不受损伤，最简单的方法是由谈判小组中二把手提出，领导出面调解；如对方认为要求是合理的，那就必须重新衡量谈判的结果以及原来己方对谈判对手实力所做的估计；最困难的是对方表面接受，己方不知道对方是误解己方的意思，还是真的接受。在这种情况下，可以通过要求对方说明其理解程序，以便进入下一项议程对话的方法来试探对方的想法。这样，摸底方法成功与否，便能分晓。

6. 双簧戏

利用人们避免冲突的心理，在谈判中上演双簧戏，是给对方施加压力的一种技巧。一般在使用此技巧前，应进行自己的策划和排练。选择角色时，一部分人须真正具有进攻性的威慑力，使人望而生畏并易于令人激怒，而另一部分人必须善于逢场作戏，左右逢源，机智灵活。

当谈判一方发怒，对方一般都会被激怒，而后又感到懊丧，感到自己失去理智，这时恰好发怒方的另一部分人出现，使大家冷静下来，并说服谈判中的一部分人。这样通过如此反复，实力对比会发生很大的变化。

7. 承受约束在先

承受约束也是一种重要的进攻性策略，其说服力随着己方受到限制的明显程度而变化。承受约束可按其说服力的强弱排列如下：

（1）制约对方的国家法律。

（2）未经行政或立法机构修改而仍然在法律上对对方有约束力的法规。

（3）对参与谈判的对方具有约束力的标准订约程度，或是签约必须涉及的第三方发出的指示。

（4）过去的先例。

（5）上级的指示。

（6）谈判一开始，对方谈判人员自作主张采取的立场。

总之，谈判双方都可能使用承受约束的策略。如果己方的承受约束强于对方，就可能压倒对方。

五、防御策略

防御策略是针对攻势策略所采取的措施。主要有以下几种：

1. 守口如瓶，佯装误解

促使另一方继续说下去是谈判中最有效的防御策略之一。说得越多，暴露得越多，于是对方就越容易暴露自己的真实动机和最低谈判目标的底线。把守口如瓶和佯装误解结合起来，是一种有效的方法。促使对方重复其论点的方法是佯装误解。对方重复其话题，就可使己方获得时间考虑对方论点的是非曲直，以决定对策。

2. 模棱两可

模棱两可的答复会使对方摸不到己方真实的想法和底细，并使己方有时间考虑对策。

3. 笼统作答

当对方为了解详细情况而提出具体问题时，己方可以用范围更广的笼统概念回答。

4. 回避

对于对方提出的问题，也可以不直接回答而采取回避的办法。

5. “但书”技巧

直接的否定或无调和余地的态度，应保留到确实打算这样干的时候才使用，因为这就表示谈判已无回旋的余地，可能破裂。而“是”却有三种用法：一是“不”，二是“也许”，三是真正的“是”。谈判者面对一个直接的问题，也许希望给以否定的回答，但为了不冒犯对方，也不给以肯定的许诺，可以用“但书”的技巧。

“但书”的技巧，是指回答的肯定部分应看起来是站在对方的立场上，否定部分旨在指出不能按对方的意愿行事的理由。最理想的情况是，己方谈判人员用回答的否定部分能促使对方采取有利于己方的立场行事。

6. 反提问

反提问法是与“但书”技巧密切联系的方法。这种提问方式将问题的焦点引向其他方面。

7. 稻草问题

问题本身对己方并无价值，且无足轻重即所谓“稻草问题”。提出稻草问题，正是准备放弃它，以便为己方创造机会，以获得对方真正的让步作为回报。因此，己方在谈判时提出的最初各项要求中包括一个或几个稻草问题，就可以确保有些“储备”，作为对对方所做让步的补偿。不过，在决定选择什么作为稻草问题时，必须用对方的观点来看问题，以保证对问题的客观方面和主观方面全面考虑。

8. 战略休会

当己方感到无法抵挡对方不断施加的压力，而认为必须采取缓兵之计以寻求对策时，必须中断谈判进程，以便摆脱对方的纠缠，并给己方以喘息机会。

9. 疲劳战

疲劳战是指人为地拖延谈判时间，剥夺谈判人员所仅有的休息与娱乐时间。如对来访的谈判人员表面上用友好的晚宴款待对方，以及其他可能令对方感到疲惫的方法，总之使对方谈判者精疲力竭，从而影响谈判结局。

10. 合伙

即努力争取各方面的行动支持，尤其是将对方视为知心人，取得对方的支持，并就双方的分歧问题寻求解决的途径。这种策略对于合同执行过程中，由于任何一方的拖延或不能做到规定的要求而引起的谈判是非常有用的。

第五节　谈判语言表达艺术

一、谈判入题技巧

谈判入题的方法，主要有以下几种：

1. 从题外话入题

如可以谈谈关于气氛的话题；可以谈谈关于旅游的话题；可以谈谈有关娱乐活动的话题；可以谈谈有关新闻的话题；可以谈谈有关衣食住行的话题；可以谈谈有关嗜好、兴趣以及有关名人的话题。

题外话内容涉及广泛，只要平时加以留心，使用时使可信手拈来，不花力气。可以根据谈判的时间和地点，以及双方谈判人员的具体情况，脱口而出，亲切自然。不必刻意修饰，那样反而会给人一种不自然的感觉。

2. 从“自谦”入题

若对方为客，来到己方所在地谈判，应该谦虚地表示“我方照顾不周”、“请谅解”等等，或者由主人介绍一下自己的经历，自谦自己缺乏谈判经验，希望通过谈判得到指教，建立友谊等。

3. 从介绍己方谈判人员入题

可以在谈判之前，简要介绍一下己方谈判人员的经历、学历、年龄、成果等，由此打开话题，既可以缓解紧张情绪，又不露锋芒地显示了己方强大的阵容，使对方不敢轻举妄动，暗中向对方施加心理压力。

4. 从介绍己方的基本情况入题

谈判之前，先简略介绍一下己方的生产、经营、财务等基本情况，提供一些必要的资料，以显示己方雄厚的实力和良好的信誉，坚定对方合作的信心。

二、谈判中如何巧妙提问

谈判中应该适当地进行提问，这是发现对方需要的一种重要手段。

谈判，就是了解对方真实的需要，进而通过谈判解决问题。无论是对方个人的需要，还是他们所代表的团体的需要，都对谈判的成功起到至关重要的作用。

但这决不是轻而易举的。你必须运用各种技巧和方法，获得多种信息，才能真正了解对方在想些什么、谋求些什么。

提问是谈判的重要手段，边听边问可以引起对方的注意，引导他思考的方向；可以获得自己不知道的信息，尽量让对方提供自己未掌握的资料；可以传达自己的感受，引起对方的思考；可以控制谈判的方向，使话题趋向结论。

提出问题，应该让对方知道你想从这次谈话中得到什么。如果他明白了你的意图，他可以有的放矢地做出回答，你也就可以掌握大量信息。

谈判提问切忌随意性和威胁性，从措词到语调，提问前都要仔细考虑。提问恰当，有利于驾驭谈判进程；反之，将会损害自己的利益或使谈判节外生枝。

谈判中的提问，具有以下功能：

1. 引起对方的注意

这种类型的提问，其功能在于：既能引起对方的注意，但又不会使对方焦虑不安。

2. 可获得需要的信息

这种提问往往都会有一些典型的前导字词，如：“谁”、“什么”、“什么时候”、“哪个地方”、“会不会”、“能不能”等等。

在发出这种提问时，谈判者应事先把自己如此提问的意图示意对方，否则，很可能引起对方的焦虑。

3. 借提问传情达意

如：“你真的有信心在这里投资吗?”有许多问话表面上看来似乎是为获得自己期望的消息和答案，但事实上，却同时把自己的感受或已知的信息传达给了对方。

4. 引起对方思绪的活动

通过提问能使对方思绪随着提问者的问话而活动。这种问话常用到的词语有：“如何”、“为什么”、“是不是”、“会不会”、“请说明”等。

5. 做谈判结论用

借着提问使话题归于结论。如：“该是决定的时候了吧？”“这的确是真的，对不对？”

提出某一个问题，可能会无意中触动对方的敏感之处，使对方反感。所以，提问要注意对方的忌讳。

三、谈判中的提问形式

提问要问得巧，才是富有口才的标志。怎样才能问得巧呢？首先是选择恰当的提问形式。

谈判中的提问形式有如下几种：

1. 限制型提问

这是一种目的性很强的提问方法。它能帮助提问者获得较为理想的回答，减少被提问者说出拒绝的或提问者不愿接受的回答。

这种提问形式的特点是限制对方的回答范围，有意识、有目的地让对方在所限范围内做出回答。

2. 婉转型提问

这种提问是用婉转的方法和语气，在适宜的场所向对方发问。这种提问是在没有摸清对方虚实的情况下，先虚设一问，投一颗“问路的石子”，避免因为对方拒绝而出现难堪局面，又能探出对方的虚实，达到提问的目的。

例如，谈判一方想把自己的产品推销出去，但他并不知道对方是否会接受，又不好直接问对方要不要，于是他试探地问：“这种产品的功能还不错吧？你能评价一下吗？”

3. 启示型提问

这是一种声东击西、欲正故误、先虚后实、借古喻今的提问方法，以启发对方某个问题的思考并给出提问者想要得到的回答。

4. 攻击型提问

这种问话的直接目的是击败对手，故而要求这种问题干练、明了、击中对手要害。

5. 协商型提问

如果你要对方同意你的观点，应尽量用商量的口吻向对方提问，如：“你看这样写是否妥当？”这种提问，对方比较容易接受。而且，即使对方不能接受你的条件，谈判的气氛也能保持融洽，双方仍有合作的可能。

四、谈判的说服技巧

谈判中的说服技巧，归纳起来有以下几类：

1. 谈判开始时，要先讨论容易解决的问题，然后再讨论容易引起争论的问题。

2. 如果把还在争论的问题和已经解决的问题连成一气，就较有希望达成协议。

3. 双方彼此的期望与双方谈判的结果有着密不可分的关系，伺机传递信息给对方，影响对方的意见，进而影响谈判的结果。

4. 假如同时有两个信息要传递给对方，其中一个是令对方高兴的，另一个则是令对方不高兴的，则该先让对方知道那个较能投合他的心意的信息。

5. 强调双方处境的相同要比强调彼此处境的差异，更能使对方理解和接受。

6. 强调合同中有利于对方的条件，这样才能使合同较易签订。

7. 先透露一个使对方好奇而感兴趣的信息，然后再设法满足他的需要。这种信息千万不能带有威胁性，否则对方就不会接受了。

8. 说出一个问题的两方面，比仅仅说一方面更有效。

9. 等讨论过赞成或反对意见后，再提出你的意见。

10. 通常听话的人比较记得对方所说的头尾部分，中间部分则比较不容易记清楚，因此，说服对方时也要注意这一点。

11. 结尾比开头更能给听者深刻的印象，特别是当他们并不了解所讨论的问题时。

12. 与其让对方作结论，不如先由自己清楚地陈述出来。

13. 重复地说明一个问题，更能促使对方了解、接受。

五、谈判的应变技巧

尽管在谈判前做了充分的准备，但谈判场上的变化仍是让人难以预料。对方可能会采取多种战术：或先声夺人，或以逸待劳；或迂回试探，或直入主题……面对这些情况，就需要谈判者静观其变，沉着应付。下面就谈判中可能出现的几种情况提出相应的应变技巧。

1. 对方谨慎保守

谈判中为了防止过早暴露自己，双方都会尽量地保守秘密。由于双方都不可避免地以此招为谈判前提，常常会造成谈判一开始就陷入“口头官司”，久久不得解脱，使人厌倦。此时，你应在保持极大兴趣的姿态下，转入进攻性的积极提问。一旦你进入提问状态，你就成功了一半，总能攻破对方谨慎保守的大门。

为了使对方“泄密”，可以对你知道的问题反复提问，以试探对方的“诚实度”；或向对方其他成员提问，因为不可能人人都能回答得滴水不漏。提问时应注意不要带有明显的对抗情绪，如采用指责性、警告性、刺激性的提问方式，除非你感到非如此不能挽救濒临破裂的谈判。

2. 我方失误出错

一场谈判如同一场战斗，要了解那么多的材料，并进行综合、分析、推理、判断和决策。因此，出现判断或事实上的失误是难免的，关键是出错以后的挽救办法。

一是补充纠正。比如你失口认可了对方的报价。如果发觉得及时，可以马上纠正；如果发觉得较迟，你可通过助手补充纠正。

二是转移对方注意。即将对方的注意引到有利于我方的问题上来，将劣势变为优势。

3. 对手占住优势

此时，应坦然承认己方的不是或困难，不要死守着面子，千方百计辩解。这样对方的敌对意识也会大大削弱，从而有助于谈判氛围向相互体谅与帮助的方向转化，这正是“劣优相倚”的辩证法。

总之，谈判中不论出现什么意外情况都不要惊慌失措，而应像对待每一个需要解决的问题一样，从容不迫，灵活机动。

4. 怎样应付咄咄逼人的谈话

咄咄逼人的谈话，一般是有备而来，或是对自己的条件估计得比较充分、有信心战胜你。他的话锋一般是指向一个地方，对你的要害部位实行“重点攻击”，会令人开始就处于被动位置。对付的办法有多种，根据情况你可加以选择。

（1）后发制人

这是使自己能站稳脚跟的最有效办法。在中国古代哲学中，关于“以静制动”、“反守为攻”的论述很多。每个人也许都有这个经验：先把拳头缩回来，到一定程度，看准了对方，再猛烈地打过去，才会打得准、打得狠。

后发制人一般在以下两种情况下施行反攻，最为有效：

①当对方到了已经不能自圆其说的时候。咄咄逼人者，抱着这么一种观念，

他总有不攻自破的地方，总是有软弱的地方，只是你还没发现而已。等待时机，一旦其锋芒收敛，想作喘息、补充的时候，这时候你就可以反攻了。

②当对方已是山穷水尽的时候。这时就是对方已经把要进攻的全部进攻完毕，把要打击你的部位打击完毕，而后发现他连你的“伤口”部位还没找到，其锋芒所指，无非是微不足道的小错误，或者其打击的部位亦不全面，从本质上动摇不了你，这就是所谓的“山穷水尽”。他技穷之时，也是你反守为攻之时。

（2）针锋相对

针锋相对即是以对方同样的火力，向对方进攻。对方提什么问题，你就给予十分肯定或否定的回答，丝毫不退让，一点也不拖沓，也不拖泥带水，使对方无理可言。

（3）装作退却

假如对方的问话是你所必须回答的、不能推辞的，而又要对方跟着你的思路走，你可以装作在这一方面退却，对方乘机逼过来，你把他带得远了，让他完全进入了圈套，然后再回过头来对他反击。

（4）抓住一点，丝毫不让

这是在你几乎无计可施的时候，对方话锋之强烈、火药味儿之浓，使你无法反击，他提出的重大问题，你却无法一一回答，这种情况下怎么办？迅速找到他的谈话内容中的一个小漏洞，即使再微不足道也无所谓，可以把这一点无限扩大，使其不能再充分展开其他方面的进攻。你就在这一点上，来回与他周旋，并迅速地想出应付其他问题的办法。

（5）把球踢给对方

这是谈话中运用的一个很普遍、很实用的技巧。当对方的问题很难回答、问得角度很刁，你回答肯定、否定都可能出差错时，那就不要回答，把问题再还给对方，从哪个地方踢来的球，再踢回到哪儿，将对方一军。

比如，有一个国王故意问阿凡提：“人人都说你聪明，不知是真是假？如果你能数清天上有多少颗星，我就认为你聪明。”阿凡提说：“如果你能告诉我骑的毛驴有多少根毛，我就告诉你天上有多少颗星星。”

（6）打擦边球

打擦边球的技巧就是给予对方一个模棱两可的回答，好像打乒乓球时打出的擦边球，似乎球出台了，面对咄咄逼人的追问，你就还一个擦边球式的回答，看起来与对方的问题不相干，几乎没有回答他的追问，但又确实与此有关，使对方不能对你进行无理的指责。

六、如何才能迅速达成协议

作为谈判的双方，都希望能够迅速地达成协议。如果谈判的战线拉得太长，那么既浪费了大量的时间，又需要花费很大一部分精力，这是谈判双方都不情愿干的事情。谈判时若能争取做到速战速决，也不失为一种良策。

迅速达成协议要把握以下几点：

1. 协议应考虑对方的利益，并为对方所接受

一个协议的签订，不仅包含一方所要达到的目的，而且要包含对方需要达到的目的。若把对方谈判的目的看成是“他们企业的事”，因而置对方的要求和利益于不顾，这种观点最容易妨碍达成协议。因此要想双方快捷地达成协议，就要抛开只考虑自己利益的狭隘思想，从对方的立场出发去考虑他们的利益，提出能使对方心动和满意的方案，这样谈判才能迅速地达成协议。

2. 协助对手获得签订协议的新理由

通常情况下，购销业务的最高决策虽然是由企业的最高领导决定，但是直接参与谈判的代表往往是供销员，而非某个经理或董事长或全体职工。因此，要设法使谈判代表找到迅速签订协议的理由。这个理由不是能使对方感到对某一点或某一方面满意的理由，而应该是能够支持迅速达成协议的新理由。当谈判代表觉得已经掌握了充足的新理由，并且这些理由能够说服企业的经理和董事长，他就愿意在协议上迅速签字。

使谈判代表获得新理由的内容很多，可以是各种各样的信息，可以是新政策法规，也可以是新的管理办法和营业方式等等。谈判者要想迅速达成，他应当迅速为对手找到充足的理由，进而使对方及其上司都感到满意。

3. 从容易统一观点或对方已有经验的问题出发

俗话说：“万事开头难”，如果一开始就摆出棘手问题，将会使谈判难上加难。谈判前先考虑考虑双方最易于谈判的内容部分，可以把这一部分作为谈判的开始。这样顺水推舟，下面的问题也就比较容易解决了。另外，在谈判前，尽可能多了解一些关于谈判对手的谈判经历以及爱好和习惯等情况，选择从对方已有经验的问题出发，这样对方便能根据过去的经验迅速做出决定。

4. 谈判中不要太多地进行讨价还价

在当今时间就是金钱的年代，讲究谈判成效也是非常必要的。谈判中由于要考虑双方的利益和其他因素，就不可能做到面面俱到、事事称心。因此谈判中要把握好大局，紧紧围绕谈判中的决定性问题展开。在细节问题上不要浪费过多的

时间。俗话说：“舍不了孩子套不住狼。”在细节问题上适当表现出自己的大度，是为了更好地在重大问题上达成协议。以损失小利益来获得大利益，又何乐而不为呢？如果抱着不让别人占半点便宜、寸步不让的心态去谈判。这样就很可能寸步难行了。

5. 谈判前多筹备几种谈判方案

俗话说：“有备无患。”兵法中也说：“要打有准备之仗。”在谈判前多拟几种不同目标的方案和执行办法，是决策科学和迅速成交的需要，我们可以把这些方案分成主要协议和次要协议两类，在主要协议难于达成时，可以先考虑次要协议，然后再就主要协议进行协商。在协议难于达成时，还可以考虑改变协议的程度和范围，根据谈判中出现的实际情况及时地改变方案中的某些内容，也是经常出现的情况，这有利于协议的迅速达成。

七、转变话题，努力打破僵局

在谈判僵局之下，你必须具有足够的耐性与拥有不急于达成协议的条件，才有可能等待对手提出新方案。日本人在谈判中表现出来的持久性耐力是举世闻名的。因此，你如想等待对方提出新方案，必须具有长期等待的心理准备。如果你希望尽快打开僵局，消极等待便不是上策。

如作出一定的让步呢？

这种做法虽然有可能打破僵局，但这样常常会使谈判朝着不利于你的方向逆转。

因为，这暴露出你急于求成的心理，对方会利用你这种心理，迫你作出让步。你稍作让步，对方会认为你软弱，因此往往得寸进尺，以谋求更多的利益。

面对这种情况，你如不步步退让，就只有硬碰硬，结果又出现了僵局。

转变谈判的主题是打破僵局的一个办法。

在谈判中通常是大家心照不宣，谈判一日陷入僵局，彼此都在等待对方先作让步，以便乘虚而入，因此双方开始比耐心。

但是，如果双方都不肯妥协让步，这样僵持下去对大家都没有好处。因此，以一种适当的方式来打破僵局，是此时谈判双方的一种愿望。

这种情况下，一方主动转变一下谈判主题，从侧面表示希望双方共同努力来打破僵局，对方如果真有谈判诚意，对你的言外之意当然一清二楚，一般会作出相应的反应。这样，就有可能打破僵局，使谈判能进行下去。

当然，谈判中出现僵局，从某种意义上来说，并不一定是坏事。有些经验丰富的谈判者，常常把相持不下的僵局作为一种策略。在出现僵局的情况下，往往更能试探出对方的决心、诚意和实力。

打破谈判僵局，有些具体措施可以参考。比如：

更换谈判人员。

改期再谈。

找一个调解人。

向对方多提供几个方案，使其有更多的选择余地。

对商品的规格、条件作一些适当的修改。

说些笑话，缓和紧张气氛。

如此等等。

八、双赢的谈判艺术

双赢，是谈判艺术的最高境界，也是提高领导协调能力的要求。协调就是解决矛盾分歧。协调成功，双方满意，是领导人际关系成熟、领导艺术水平高明的体现。

1. 积极的态势

谈判毕竟不是打仗，双方虽在竞争，但并非是一场你死我活的搏斗。谈判追求的是利益的最大化；双赢，更是追求互惠互利的成功。因此，谈判双方应以平静的心态和积极的行动面对对手，这是双赢的前提。

（1）分歧是重组信号

如果因为下级与领导的观点有所不同，便会遭到领导的贬损与批判，久而久之，下级们就会保持沉默，组织内部就会形成“一言堂”的局面。实际上对于一个成熟的办公室主任而言，分歧就是人际关系需要“重组”的信号，甚至是调整关系、培养关系的契机。当分歧出现时，可以在语句上强调“我们”，而不是“你”、“我”的对立。

只有诚意，双方才能一起来解决问题。所以，重点是要找出“我们两人都愿意”的可能性与可行性，把协调视为“寻找交集点”、“扩展思维”的过程，而不是“制造敌人”。尤其要认清双方的不同不是敌对，只是不同而已。因此，心存“打倒”对方的偏激想法，只求赢得个人利益的想法是错误的。

不仅如此，办公室主任还应积极地视分歧为拓展人际影响范围的关键时刻，也就是培育个人恢宏气度、建立人际关系、提升领导协调能力的时候。

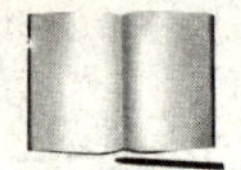

(2) 分歧是增进了解的时刻

分歧，就是增进了解的时候。在分歧中，办公室主任必须先明确对方真正诉求的主题：单纯寻求问题解决的可能性；或只是抒发个人对组织的不满、牢骚、愤怒；或是纯为鸡毛蒜皮的小事，无理取闹；或是几个人游戏，借此以引起注意；抑或是对方的自我困惑与矛盾。

身为办公室主任切勿落入对方情绪的旋涡里，而要以主动积极的态度协调分歧，增进了解。

(3) 分歧要求增加人性化的互动

遇有观点差异或人事困扰时，办公室主任要强调人性化的互动，而不是权威的屈服或强悍的抗拒。因为，“执拗的人自以为拥有看法，其实是看法拥有了他!”这句话值得深思。赢得一时的争论，并没有益处。任何协商，并非为所欲为，一吐为快，而是需要人性化的互动。

①表达诚意

表达诚意不是表面姿态，也不是说说而已。双赢的前提是强调把个人解决问题的诚意，先让对方了解传达诚意的信息，并使对方确实接受到这种诚意。

②保持礼貌

谈判出现分歧时，办公室主任仍需保持应有的礼貌风范，或谈判中应遵循规则，而不是自以为是地兴师问罪，藐视或刻意挖苦对方。因为办公室主任保持礼节与风度，采取“进退得宜”的方式，不只会解除他人的防卫，而且会给予对方思考的空间，如此反而能强化其说服影响力。

③维护尊严

有尊严，才能真正地沟通。没有尊严的维护，就谈不上沟通，而尊严必须包括双方的尊严。一位美国石油商人在谈到沙特特阿拉伯的石油大亨亚马尼的谈判艺术时心悦诚服。他说：“亚马尼在谈判时总是低声细语，绝不高声恫吓。他最厉害的一招是心平气和地重复一个又一个问题，最后把你搞得筋疲力尽，使得你不得不把自己的祖奶奶都拱手让出去。他是我打过交道的最难对付的谈判对手。”亚马尼能获得尊重就在于他能以自己的方式维护了双方的尊严。所以，在协调过程中，每个人的尊严都必须被维护，任何一方都应该尊重对方的人格尊严。

④平等尊重

谈判是为了双方获益，双赢是建立在双方平等尊重基础上的成功，如果强权一方以势压力，不仅不会达到双赢的结果，还会导致谈判的彻底破裂。

2. 双赢的典范

1986 年，东西半球的两个巨人——中国和美国开始了有关中国加入世界贸易组织协议（简称 WTO）的谈判。

这是关于中美双方利益的一件大事。对中国而言，加入世贸组织有助于排除经济贸易上的人为障碍，在平等的条件下参与世界竞争，有利于加速自身的经济体制改革，使国民经济持续高速地发展。对美国来说，中国这个庞大而充满潜力的市场，正是他们的商家和投资者大展拳脚的好地方，中国市场的开放将使美国获取巨大的经济利益。

然而，谈判一开始就产生了重大分歧。美国人的胃口太大，它无视中国还是个发展中国家的现实，要求中国全面开放市场，使自己能获取最大的利益。对此，中方当然不能答应，中国现在的经济实力还比较弱小，不足以与发达国家相抗衡，如果一下子让外国资本不加限制地涌入中国的市场，势必对我国的经济甚至政治造成强烈的冲击。双方为此展开激烈争论，互不相让，使谈判亮起红灯。

但分歧不是谈判的终结，而是新的开始。为了各自的利益，双方一次又一次地坐回谈判桌前，其间双方都试图摸清对方的底牌，并做出了某些妥协和让步，但因未能找到双方的“交集点”，在关键的问题上不能达成共识，结果，一次又一次地不欢而散。

一转眼，15 年过去了，谈判仍未能取得实质性的进展，双方如还不能签订协议的话，21 世纪将会面临更大的困难。

双方的高层领导人都清醒地意识到这一点。于是，各自派出了最强大的谈判阵容，旨在打破僵局。这场决战紧张激烈，扣人心弦。会谈中，双方的谈判高手都拿出了各自的法宝，力图说服对手。美国谈判代表团几度欲离京返美，却又几度临时改变主意回到谈判桌前。表面看，争论十分激烈，但分歧却在渐渐缩小，如同天堑两边架起的桥梁，双方都在努力地调整角度和方向，寻求最佳的对接点。

1999 年 11 月 15 日，北京。这天下午 3 时 50 分，中美关于中国加入世界贸易组织问题双边谈判的首席代表石广生和巴舍尔夫斯基满面笑容地走进中国对外经贸部二楼的签字大厅，他们频频向记者挥手致意，然后分别落座。这时，全场鸦雀无声，大家屏住呼吸，似乎连石广生和巴舍尔夫斯基签字时奋笔疾书的“沙沙”声都能听到，闪光灯亮成一片。接着，双方互相交换文本，双方代表热烈握手，全场爆发出长时间的热烈掌声。

人们终于在这个阳光明媚的日子，等到了这样一个历史性的时刻，中美就中国加入 WTO 达成双方协议。

2001 年 9 月 15 日凌晨 1 时，日内瓦 WTO 总部灯火通明。世界贸易组织中国工作组第 18 次会议的非正式会谈在世贸组织总部圆满结束，会议就中国加入世界贸易组织的法律文件达成一致。这是黎明到来前的最后一个长夜。此时此刻，中国代表团首席谈判代表龙永图疲惫的脸上终于露出了笑容。15 年的艰难跋涉即将有所回报。于是会谈刚一结束，中国工作组按捺不住心头的喜悦，在会议大厅的侧厅即兴举行了一个小型祝酒会，各国代表与中国代表团团长、外经贸部首席谈判代表龙永图和中国驻日内瓦代表团大使沙祖康等频频碰杯，以示庆祝。

会后，世贸组织总干事穆尔以“我们为中国取得突破喝彩”这一令人心动的标题发表了书面说明，他期待着两天以后“中国工作组会议以能够正式向各国部长们推荐中国入世的文件，为今年 11 月举行的多哈会议批准中国入世创造条件。”

中美关于中国入世谈判，被双方公认为是一个“双赢”的结果。

所谓“双赢”，首先是美国承诺了要解决中国永久最惠国待遇的问题，也就是美国必须放弃每年一度的审议中国最惠国待遇时对中国歧视性的做法，使中美的经济贸易关系回到一个正常的阶段。在这一点上，中方取得了很大的成功。其次，中方也做出了一些开放市场的承诺，这些承诺将给美国的商家和投资者带来极大的经济利益，但这种经济利益也是相互的。